Künstliche Intelligenz im Schulunterricht

Marco Barenkamp · Sandra Barenkamp

Künstliche Intelligenz im Schulunterricht

Neue Kompetenzen für Lehrkräfte in einer digitalen Welt

Springer VS

Marco Barenkamp
Wallenhorst, Deutschland

Sandra Barenkamp
Wallenhorst, Deutschland

ISBN 978-3-658-50908-8 ISBN 978-3-658-50909-5 (eBook)
https://doi.org/10.1007/978-3-658-50909-5

Die Deutsche Nationalbibliothek verzeichnet diese Publikation in der Deutschen Nationalbibliografie; detaillierte bibliografische Daten sind im Internet über https://portal.dnb.de abrufbar.

Springer VS ist ein Imprint der eingetragenen Gesellschaft Springer Fachmedien Wiesbaden GmbH und ist ein Teil von Springer Nature.
Die Anschrift der Gesellschaft ist: Abraham-Lincoln-Str. 46, 65189 Wiesbaden, Germany

Vorwort

Wir möchten Ihnen ein herzliches Dankeschön für den Kauf dieses Buches aussprechen und haben gleichzeitig einen wichtigen Hinweis für Sie.

Die rasante Entwicklung der Künstlichen Intelligenz, auch kurz KI genannt, ist nicht mehr nur ein Trend oder eine Zukunftsvision, sondern längst Teil unseres Alltags. KI durchdringt nahezu alle Lebensbereiche von der Automatisierung industrieller Prozesse über die medizinische Diagnostik bis hin zu den Algorithmen, die unsere sozialen Netzwerke und Online-Einkäufe bestimmen. Inmitten dieses technologischen Wandels nimmt das Bildungssystem eine Schlüsselrolle ein, denn es bildet die Grundlage, auf der die nächste Generation von Fachkräften, Innovatoren und verantwortungsvollen Menschen aufbaut.

Dieses Buch widmet sich der Frage, wie Bildung im Zeitalter der KI gestaltet werden kann und muss. Dabei steht nicht nur die Vermittlung technischer Kompetenzen im Fokus, sondern auch die Förderung von Kreativität, kritischem Denken und ethischem Bewusstsein. Die Fähigkeiten, die unsere Schülerinnen und Schüler heute erwerben, werden entscheidend dafür sein, wie sie morgen in einer digitalen Welt als Nutzer, Entwickler oder Kritiker von Technologie agieren.

Damit Sie bestmöglich von den Inhalten dieses Buches profitieren können, möchten wir Ihnen an dieser Stelle einen kurzen Überblick über den Aufbau und die thematische Gewichtung geben.

Kap. 1 bildet das inhaltliche Fundament des Buches und schafft ein gemeinsames Verständnis für die gesellschaftliche Relevanz von KI im Bildungsbereich. Kap. 2, 3, 4, 5 und 6 widmen sich praxisnahen Anwendungen im schulischen Alltag. Hier stehen konkrete Einsatzmöglichkeiten von der Unterrichtsgestaltung über die Leistungsbewertung bis hin zur Schulorganisation und Lehrerfortbildung mit KI im Mittelpunkt. Diese Kapitel richten sich insbesondere an Lehrerinnen und Lehrer, die nach direkt anschlussfähigen Konzepten für die schulische Praxis suchen. Dabei werden alle notwendigen Begriffe und technischen Grundlagen so weit erläutert, wie sie für ein pädagogisches Verständnis erforderlich sind. Vorkenntnisse im Bereich Informatik sind nicht notwendig.

Kap. 7 und 8 bieten eine vertiefende Auseinandersetzung mit den ethischen, gesellschaftlichen und technischen Grundlagen der Künstlichen Intelligenz. Sie richten sich an all jene, die ein fundiertes Verständnis für die Funktionsweise von KI-Modellen entwickeln möchten, entweder zur besseren Einordnung aktueller Entwicklungen, zur wissenschaftlichen Vertiefung oder aus persönlichem Interesse. Auch wenn diese Kapitel an einigen Stellen technischer gefasst sind, bleibt der Anspruch, die Inhalte verständlich und zugänglich aufzubereiten. Fachbegriffe werden eingeordnet und durch praxisnahe Beispiele aus dem Schulalltag veranschaulicht.

Kap. 9 schließlich wagt den Blick nach vorn. Es skizziert mögliche Entwicklungslinien der kommenden Jahre, beleuchtet neue Berufsbilder im Bildungsbereich, diskutiert Fragen der Chancengerechtigkeit im Zeitalter algorithmischer Systeme und stellt internationale Trends zur Diskussion. Dieses Kapitel versteht sich nicht als Schlusswort, sondern als Einladung zur Mitgestaltung, denn Bildung im Kontext von KI ist kein statisches Ziel, sondern ein fortlaufender Prozess, der Offenheit, Gestaltungswille und einen klaren Wertekompass erfordert.

Wir befinden uns an einem Punkt in der Geschichte, an dem es nicht mehr ausreicht, Kinder und Jugendliche mit klassischen Wissensgebieten wie Mathematik, Sprachen und Naturwissenschaften vertraut zu machen. Diese Disziplinen bleiben wichtig, doch sie müssen um neue Themen ergänzt werden: Programmieren, Datenkompetenz und ein tiefes Verständnis für die Funktionsweise und Auswirkungen von KI. Gleichzeitig dürfen wir nicht vergessen, dass die Technik allein kein Selbstzweck ist. Vielmehr sollten wir KI als Werkzeug begreifen, das den Menschen dient und nicht umgekehrt.

Die Bildungsforschung zeigt deutlich, dass Technologie nur dann wirksam ist, wenn sie sinnvoll eingesetzt wird. John Hattie (2023) betont in seiner vielbeachteten Meta-Analyse „Visible Learning", dass digitale Medien und Technologien *nicht per se lernwirksam* sind. Entscheidend ist, *wie sie in den Unterricht integriert* werden, also didaktisch durchdacht, zielgerichtet und mit aktivierenden Methoden kombiniert. Reine Technik, etwa Tablets ohne pädagogisches Konzept, zeigt eine geringe Wirkung auf den Lernerfolg. Hingegen sind jene Faktoren besonders wirksam, die auch durch KI-Systeme gestärkt werden können: individuelles Feedback, klar strukturierte Lernziele, Förderung metakognitiver Fähigkeiten oder adaptive Lernunterstützung.

Es kommt somit nicht nur auf Technik, Strukturen oder Curricula an. Der entscheidende Faktor für erfolgreichen Unterricht sind die Einstellungen und Überzeugungen der Lehrkräfte. John Hattie betont, dass besonders leidenschaftliche und inspirierte Lehrpersonen einen maßgeblichen Einfluss auf das Lernen haben. Dabei geht es nicht einfach um „die Lehrkraft", sondern darum, wie Lehrkräfte denken und handeln, zum Beispiel indem sie positive Beziehungen aufbauen, Lernen als herausfordernden, aber lohnenden Prozess begreifen und ihre Schüler als aktive Gestalter ihres Lernens sehen. Diese Erkenntnis ist gerade mit Blick auf den Einsatz von KI und digitalen Medien im Unterricht von großer Bedeutung, denn eine Lehrkraft kann KI nur dann „passionate and inspired" einsetzen, wenn sie sich selbst sicher und kompetent im Umgang mit ihr fühlt. Technologische Werkzeuge entfalten ihren pädagogischen Mehrwert nur dann, wenn sie didaktisch sinnvoll eingebettet und souverän mit Überzeugung, mit Kompetenz und mit pädagogischem Feingefühl umgesetzt werden.

Genau hier setzt dieses Buch an, denn es möchte aufzeigen, wie KI genutzt werden kann, um das Lernen nicht nur digitaler, sondern auch wirksamer zu machen. Es bietet konkrete Vorschläge, wie KI in den Unterricht integriert werden kann, um den Lernalltag spannender, effizienter und individualisierter zu gestalten. Es zeigt auf, wie Lehrkräfte sich auf diese Veränderungen vorbereiten können und welche Rolle Weiterbildungen und digitale Plattformen dabei spielen. Gleichzeitig möchten wir verdeutlichen, wie wichtig es ist, Schülerinnen und Schüler frühzeitig für die gesellschaftlichen und ethischen Fragestellungen zu sensibilisieren, die mit dem Einsatz von KI einhergehen.

Besonders wichtig war es uns bei der Erstellung dieses Buches, eine Brücke zwischen Theorie und Praxis zu schlagen. Die hier vorgestellten Ansätze und Methoden basieren auf fundierten wissenschaftlichen Erkenntnissen, sind aber so aufbereitet, dass sie direkt in der Praxis anwendbar sind. Dabei geht es nicht nur um die Frage, wie Lehrpläne angepasst werden können, sondern auch darum, wie eine Kultur des lebenslangen Lernens sowohl für Schülerinnen und Schüler als auch für Lehrkräfte geschaffen werden kann.

Doch es wäre zu kurz gegriffen, dieses Buch nur als Werkzeugkoffer für die Schule zu verstehen. Auch Eltern, die ihre Kinder in einer zunehmend digitalisierten Welt begleiten, werden hier wertvolle Einblicke und Hilfestellungen finden. Ebenso richtet sich dieses Buch an Studentinnen und Studenten im Lehramtsstudium, die die Weichen für ihre berufliche Zukunft stellen und sich mit den Anforderungen einer neuen Bildungsära auseinandersetzen möchten.

Eine zentrale Botschaft dieses Buches ist, dass Bildung nicht nur eine Vorbereitung auf die Zukunft sein sollte, sondern ein aktiver Gestaltungsprozess der Gegenwart. In einer Welt, die von Algorithmen und Daten geprägt ist, bleibt die menschliche Fähigkeit, kreativ, empathisch und kritisch zu denken, unverzichtbar. Bildung kann und muss einen Beitrag dazu leisten, dass KI nicht als Bedrohung, sondern als Chance wahrgenommen wird – eine Chance, die das Leben bereichern und globale Herausforderungen bewältigen kann.

Wir laden Sie herzlich ein, sich auf die folgenden Kapitel einzulassen, die Ihnen nicht nur theoretische Grundlagen, sondern auch praktische Werkzeuge an die Hand geben. Gemeinsam können wir daran arbeiten, dass das Bildungssystem den Anforderungen der KI-Ära gerecht wird und dabei die humanistischen Werte, die unsere Gesellschaft prägen, bewahrt.

Wir wünschen Ihnen eine spannende, anregende und bereichernde Lektüre.

Osnabrück, Deutschland
Dezember 2025

Marco Barenkamp
Sandra Barenkamp

Interessenkonflikt

Die Autor*innen haben keine relevanten Interessenskonflikte im Zusammenhang mit dieser Publikation.

Inhaltsverzeichnis

Über die Autoren

Prof. Dr. Marco Barenkamp LL.M, ist promovierter Wirtschaftsinformatiker und studierter Wirtschaftsjurist. Als Gründer und ehemaliger Vorstandsvorsitzender der LMIS AG mit Hauptsitz in Osnabrück ist er nunmehr im Aufsichtsrat der Gesellschaft tätig. Im Jahr 2022 wurde er in die Bundesfachkommission für Künstliche Intelligenz und Wertschöpfung 4.0 im Wirtschaftsrat Deutschland berufen, der er seit 2024 stellvertretend vorsitzt. Darüber hinaus ist er Mitglied des Herausgeberbeirats der Fachzeitschrift „Wirtschaftsinformatik und Management" und unterstützt als Vorsitzender des wissenschaftlichen Beirats der Studiengesellschaft für Künstliche Intelligenz die Förderung des öffentlichen Diskurses rund um gesellschaftliche Fragestellungen der KI. Überdies ist er Mitglied im wissenschaftlichen Beirat des international ausgerichteten Forschungsinstituts cyberintelligence institute (CII), das sich mit Fragen der digitalen Resilienz beschäftigt.

An der Schnittstelle von Politik und Wirtschaft engagiert er sich aktiv bundespolitisch für die Etablierung zukunftsorientierter Rahmenbedingungen für KI in Deutschland und der Europäischen Union. Marco Barenkamp agiert auf nationalen und internationalen Kongressen als Referent und Moderator und publiziert regelmäßig zu wissenschaftlichen und unternehmerisch-praktischen Fragestellungen aus dem Bereich der KI. Er forscht und lehrt an verschiedenen Hochschulen im In und Ausland als Honorarprofessor für Künstliche Intelligenz und Digitalisierung.

Sandra Barenkamp ist seit vielen Jahren als Lehrerin und Schulleiterin tätig und setzt sich intensiv mit der Weiterentwicklung von Unterricht und Schule im digitalen Zeitalter auseinander. Nach dem Studium der Fächer Mathematik, Sport und Deutsch auf Lehramt an Grund und Hauptschulen an der Universität Osnabrück widmete sie sich nicht nur der schulischen Praxis, sondern auch der Lehrerfortbildung und Hochschullehre.

Zunächst lehrte sie als Lehrbeauftragte im Fachbereich Sportwissenschaft der Universität Osnabrück, wo sie Studentinnen und Studenten gezielt auf die Herausforderungen des Lehrberufs vorbereitete.

Zudem war sie über mehrere Jahre neben ihrer Tätigkeit als Lehrerin in einer Grundschule als Trainerin für Unterrichtsqualität beim Regionalen Landesamt für Schule und Bildung (RLSB) Osnabrück in Niedersachsen tätig. Dabei lag ihr Fokus auf einer offenen, modernen und differenzierten Unterrichtsgestaltung und bildete so Kollegien verschiedener Schulformen von Grund, Haupt- und Realschulen bis hin zu Oberschulen fort. Ziel war es, die Förderung des selbstständigen und eigenverantwortlichen Lernens der Schülerinnen und Schüler zu unterstützen.

Anschließend übernahm sie die Aufgabe der Fachberaterin für Mathematik, wobei sie Mathematiklehrkräfte beriet und fortbildete.

Seit mehr als 10 Jahren leitet sie als Rektorin eine Grundschule und setzt sich dort für innovative Unterrichtskonzepte und eine zukunftsorientierte Schulentwicklung ein. Ihre Erfahrung aus Praxis, Fortbildung und Wissenschaft fließt in ihre Arbeit ein, um Bildung so zu gestalten, dass sie den Anforderungen einer digitalen Welt gerecht wird.

1 Warum dieses Buch?

Die Welt verändert sich in rasantem Tempo und die Künstliche Intelligenz (KI) ist eine der treibenden Kräfte dieses Wandels. Sie durchdringt nahezu alle Bereiche unseres Lebens. Doch welche Auswirkungen hat diese Entwicklung auf unser Bildungssystem? Wie können wir sicherstellen, dass Schülerinnen und Schüler auf eine Zukunft vorbereitet werden, in der KI nicht nur ein Werkzeug, sondern ein integraler Bestandteil ihres beruflichen und privaten Lebens ist?

Wir müssen uns klarmachen: Deutschland steht an einem Scheideweg. Einerseits gibt es eine lange Tradition der wissenschaftlichen Exzellenz und ein leistungsfähiges Bildungssystem, andererseits hinkt das Land in der digitalen Transformation und insbesondere in der Integration von KI-Technologien in das Bildungssystem hinterher. Der „Index of Readiness for Digital Lifelong Learning" des Centre for European Policy Studies (CEPS) bescheinigt Deutschland den letzten Platz in Europa (CEPS, 2019). Diese besorgniserregende Diagnose macht deutlich, dass dringender Handlungsbedarf besteht.

KI ist kein Zukunftsszenario mehr, sondern gelebte Realität. Die JIM-Studie 2023 des Medienpädagogischen Forschungsverbunds Südwest zeigt, dass 88 % der 12 bis 19-Jährigen täglich das Internet nutzen und eine wachsende Zahl von ihnen regelmäßig mit KI-Anwendungen interagiert (MPFS, 2023). Es fehlt jedoch häufig an einem grundlegenden Verständnis für die Funktionsweise und die ethischen Implikationen dieser Technologien.

Die Integration von KI in das Bildungssystem geht weit über die reine Vermittlung technischer Fähigkeiten hinaus. Es geht um die Etablierung einer neuen Denkweise, die kritisches Denken, Kreativität und digitale Souveränität fördert. Ziel ist es, Schülerinnen und Schüler darauf vorzubereiten, nicht nur passive Nutzer von Technologie zu sein, sondern auch aktive Gestalter ihrer Zukunft. Dabei geht es

M. Barenkamp, S. Barenkamp, *Künstliche Intelligenz im Schulunterricht*,
https://doi.org/10.1007/978-3-658-50909-5_1

nicht nur um das Programmieren von Algorithmen, sondern auch um die Fähigkeit, KI kritisch zu hinterfragen, ihre Chancen zu erkennen und ihre Risiken einzuschätzen.

An Lehrkräfte, angehende Pädagogen und Eltern

Wenn Sie als Lehrkraft vor der Herausforderung stehen, mit digitalen Werkzeugen umzugehen, sind Sie nicht allein: Eine Erhebung des Digitalverbands Bitkom aus 2023 ergab, dass sich 40 % der Lehrkräfte nicht ausreichend für den Einsatz digitaler Technologien qualifiziert fühlen (Bitkom, 2023). Ob Sie als angehender Pädagoge nach Orientierung suchen oder als Elternteil unsicher sind, wie Sie Ihr Kind auf eine zunehmend automatisierte Arbeitswelt vorbereiten können – dieses Buch ist für Sie. Wir bieten nicht nur theoretisches Wissen, sondern auch praxisnahe Anleitungen, konkrete Unterrichtskonzepte und Antworten auf die drängendsten Fragen im Umgang mit KI im Bildungskontext.

Die Bundesrepublik Deutschland sieht sich in dieser Hinsicht besonderen Herausforderungen gegenüber, da sie im Gegensatz zu zahlreichen anderen Staaten über keine nennenswerten Rohstoffe verfügt und ihre wirtschaftliche Leistungsfähigkeit auf Wissen, Innovation und der Veredelung von Prozessen stützt. Um diesen Standortvorteil auch in einer digitalisierten Zukunft zu bewahren, ist es unerlässlich, die Fähigkeit zur Nutzung und Weiterentwicklung von KI zu einer Kernkompetenz zu machen. Die wirtschaftliche Wettbewerbsfähigkeit des Landes hängt entscheidend davon ab, wie gut es gelingt, KI in Bildung, Forschung und Wirtschaft zu integrieren.

Die ICILS-Studie (International Computer and Information Literacy Study) von 2018 unterstreicht die Dringlichkeit, denn deutsche Schülerinnen und Schüler liegen bei der computer- und informationsbezogenen Kompetenz im internationalen Vergleich nur im Mittelfeld (Eickelmann et al., 2019). Ein Blick auf Länder wie Estland zeigt, dass eine frühe Integration digitaler Technologien in die Bildung große Vorteile bringt. Estland implementierte bereits das Proge-Tiger-Programm, das Programmieren und digitale Kompetenz von der Vorschule bis zum Gymnasium fördert (Education Estonia, 2022). Laut dem Digital Economy and Society Index (DESI) der EU-Kommission liegt Deutschland bei digitalen Kompetenzen hinter führenden Ländern wie Finnland, Niederlande und Estland. Deutschland hat noch Aufholpotenzial, doch dafür sind eine klare Strategie und entschlossenes Handeln erforderlich.

KI als Chance begreifen

Häufig wird KI als Bedrohung wahrgenommen. Sie könne Arbeitsplätze ersetzen, soziale Ungleichheiten verstärken und den Datenschutz gefährden. Wenn wir jedoch lernen, sie richtig einzusetzen, eröffnet sich ein enormes Potenzial. Im Bildungsbereich kann KI dazu beitragen, personalisierte Lernangebote zu schaffen, Lehrkräfte zu entlasten und neue Formen der Wissensvermittlung zu ermöglichen.

Ein inspirierendes Beispiel ist das „KI macht Schule"-Projekt des Fraunhofer-Instituts, das Schulen dabei unterstützt, KI-Themen in den Unterricht zu integrieren und Schülerinnen und Schülern ein grundlegendes Verständnis von KI-Technologien zu vermitteln (Fraunhofer IAIS, 2022). Das Bundesministerium für Bildung und Forschung (BMBF) fördert im Rahmen seiner KI-Strategie verschiedene Pilotprojekte zur Integration von KI im Unterricht, die innovative Konzepte erproben und evaluieren (BMBF, 2023).

Adaptive Lernplattformen können Schwächen frühzeitig erkennen und gezielte Unterstützung bieten. Automatisierte Korrektursysteme können Lehrkräfte von zeitaufwändigen Routineaufgaben entlasten und ihnen mehr Zeit für individuelle Betreuung geben.

Ethische Fragen und Herausforderungen

Dennoch sind bei der Implementierung von KI in der Bildung Herausforderungen und ethische Fragen zu berücksichtigen: Wie können wir gewährleisten, dass die von KI generierten Inhalte neutral und fair sind? Wie können wir algorithmische Verzerrungen verhindern? Wie können Lehrkräfte darauf vorbereitet werden, KI kompetent in ihren Unterricht zu integrieren? Welche Möglichkeiten und Richtlinien kann es geben, um Inhalte zu bewerten, bei denen Schülerinnen und Schüler KI als hilfreiches Werkzeug wie früher den Duden oder das Lexikon einsetzen? Denn klar ist, dass sie lernen müssen, kritische Verbraucher digitaler Inhalte zu sein, um Fake News und Deep Fakes erkennen und bewerten zu können.

Der „Monitor Digitale Bildung" der Bertelsmann Stiftung gibt wichtige Einblicke in den Stand der digitalen Bildung an deutschen Schulen und zeigt Entwicklungspotenziale auf (Bertelsmann Stiftung, 2022). Auch die Kultusministerkonferenz (KMK) hat mit ihrer Strategie „Lehren und Lernen in der digitalen Welt" einen Rahmen geschaffen, der die Bedeutung digitaler Kompetenzen, einschließlich des Umgangs mit KI, betont (KMK, 2021).

Die Integration von KI in die Bildung ist somit keine Option mehr, sondern eine Notwendigkeit. Deutschland darf diese Entwicklung nicht verschlafen. Es ist von entscheidender Bedeutung, dass wir jetzt die Weichen stellen, um sicherzustellen, dass kommende Generationen nicht nur kompetente Anwender, sondern auch kritische Denker und innovative Gestalter im Zeitalter der KI werden.

Was erwartet Sie in diesem Buch

Der Hauptteil des Buches widmet sich praxisnahen Ansätzen zur Integration Künstlicher Intelligenz in den schulischen Alltag. Wie kann KI sinnvoll in den Lehrplan eingebunden werden, welche digitalen Werkzeuge und Plattformen sind im Unterricht einsetzbar und wie lässt sich die Qualifizierung von Lehrkräften gestalten? Wir stellen erprobte Unterrichtskonzepte vor und geben fundierte Empfehlungen für die verschiedenen Akteure im Bildungssystem, sodass es „direkt losgehen kann".

Darauf aufbauend führen wir Sie im zweiten Teil in die grundlegenden technischen Konzepte der Künstlichen Intelligenz ein. Sie erfahren, wie Algorithmen, maschinelles Lernen und neuronale Netze funktionieren. All dies wird anschaulich erklärt und stets mit Blick auf das, was für die pädagogische Praxis tatsächlich relevant ist.

Im Verlauf des Buches begegnen Ihnen an verschiedenen Stellen Begriffe und technische Konzepte, die über das unmittelbar Pädagogische hinausgehen. Wo immer es für das Verständnis der behandelten Themen notwendig ist, erläutern wir diese Zusammenhänge sorgfältig und verständlich. Zugleich bleibt der Fokus stets auf dem, was für die praktische Bildungsarbeit relevant und anschlussfähig ist. Wenn Sie dennoch einzelne Aspekte vertiefen möchten, etwa die Funktionsweise neuronaler Netze oder die ethischen Grundlagen algorithmischer Entscheidungen, finden Sie jeweils einen Hinweis auf die Kapitel, in denen diese Themen ausführlicher behandelt werden.

Literatur

Bertelsmann Stiftung. (2022). *Monitor Digitale Bildung: Die Schulen im digitalen Zeitalter*. https://www.bertelsmannstiftung.de/de/publikationen/publikation/did/monitordigitalebildung1. Zugegriffen am 10.04.2025.

Bitkom. (2023). *Digitale Bildung 2023: Künstliche Intelligenz in der Schule*. https://www.bitkom.org/Presse/Presseinformation/BitkomStudieDigitaleBildungundKIinSchulen2023. Zugegriffen am 10.04.2025.

Bundesministerium für Bildung und Forschung (BMBF). (2023). *Künstliche Intelligenz in der Bildung*. https://www.bmbf.de/bmbf/de/bildung/digitalebildung/kiinderbildung/kiinderbildung.html. Zugegriffen am 10.04.2025.

Centre for European Policy Studies (CEPS). (2019). *Index of readiness for digital lifelong learning: Changing how Europeans upgrade their skills*. https://www.ceps.eu/cepspublications/indexofreadinessfordigitallifelonglearning/. Zugegriffen am 10.04.2025.

Education Estonia. (2022). *ProgeTiger programme*. https://educationestonia.org/progetiger/. Zugegriffen am 10.04.2025.

Eickelmann, B., Bos, W., Gerick, J., Goldhammer, F., Schaumburg, H., Schwippert, K., Senkbeil, M., & Vahrenhold, J. (Hrsg.). (2019). *ICILS 2018 #Deutschland: Computer und informationsbezogene Kompetenzen von Schülerinnen und Schülern im zweiten internationalen Vergleich und Kompetenzen im Bereich Computational Thinking*. Waxmann. https://doi.org/10.25656/01:18166. Zugegriffen am 10.04.2025.

Fraunhofer Institut für Intelligente Analyse und Informationssysteme (IAIS). (2022). *KI macht Schule*. https://www.kimachtschule.de/. Zugegriffen am 10.04.2025.

Kultusministerkonferenz (KMK). (2021). *Lehren und Lernen in der digitalen Welt: Die ergänzende Empfehlung zur Strategie ‚Bildung in der digitalen Welt'*. https://www.kmk.org/fileadmin/Dateien/veroeffentlichungen_beschluesse/2021/2021_12_09Lehrenund-LernenDigi.pdf. Zugegriffen am 10.04.2025.

Medienpädagogischer Forschungsverbund Südwest (MPFS). (2023). *JIMStudie 2023: Jugend, Information, Medien*. https://www.mpfs.de/studien/jimstudie/2023/. Zugegriffen am 10.04.2025.

Bildung für eine KI-getriebene Zukunft

2

Die Bildungslandschaft steht an einem Wendepunkt. Mit dem Einzug Künstlicher Intelligenz, oder auch kurz als KI bezeichnet, in nahezu alle Lebensbereiche erwächst für das Bildungssystem eine doppelte Herausforderung, denn einerseits muss es junge Menschen dazu befähigen, in einer von Algorithmen und datengetriebenen Prozessen geprägten Welt souverän zu agieren und andererseits muss es selbst zum lernenden System werden, das sich den dynamischen Veränderungen einer digitalen Gesellschaft flexibel und gestaltend anpasst. Bildung in der KI-Ära bedeutet daher weit mehr als die Einführung neuer Technologien in Schulen und Hochschulen, sie verlangt nach einem grundlegend neuen Verständnis von Lehren und Lernen.

Während KI-Systeme längst in der Wirtschaft, der Medizin oder im Verkehrssektor produktiv eingesetzt werden, sind viele Bildungseinrichtungen noch mit grundlegenden Fragen des digitalen Wandels beschäftigt. Die Integration von KI in den Unterrichtsalltag, die Fortbildung von Lehrkräften und die Entwicklung angepasster Curricula stehen erst am Anfang. Doch genau hier liegt die Chance, denn wer jetzt handelt, kann nicht nur bestehende Defizite aufholen, sondern.aktiv mitgestalten, wie Lernen in einer digital vernetzten Gesellschaft aussieht, nämlich individuell, adaptiv, datenbasiert und zugleich werteorientiert.

In diesem Kapitel wird beleuchtet, wie sich das Bildungssystem auf die Herausforderungen einer KI-getriebenen Zukunft vorbereiten kann. Dabei geht es nicht nur um technische Aspekte oder neue Lehrformate, sondern vor allem um ein pädagogisches Leitbild, das kritisches Denken, Kreativität und ethisches Urteilsvermögen stärkt. Der gezielte Einsatz von KI kann den Unterricht personalisieren, Lernprozesse sichtbar machen und Lehrkräfte entlasten. Zugleich wirft er grundlegende Fragen auf: Wie gehen wir mit algorithmischer Voreingenommenheit um?

M. Barenkamp, S. Barenkamp, *Künstliche Intelligenz im Schulunterricht*, https://doi.org/10.1007/978-3-658-50909-5_2

Welche Rolle spielt Datenschutz? Und wie sichern wir die Teilhabe aller Schülerinnen und Schüler unabhängig von Herkunft, Zugang zu Technologie oder Unterstützungsbedarf?

Zentrale Themen dieses Kapitels sind die curriculare Verankerung von KI-Kompetenzen, der gezielte Einsatz KI-gestützter Lernwerkzeuge, die Weiterbildung von Lehrkräften sowie die gesellschaftliche Akzeptanz neuer Technologien. Es wird aufgezeigt, wie Schulen, Hochschulen und Bildungspolitik den Wandel gestalten können und dies nicht als technologische Pflichtübung, sondern als bildungspolitische Chance. Denn nur ein Bildungssystem, das selbst lernfähig bleibt, kann künftige Generationen dazu befähigen, eine Welt mitzugestalten, in der KI nicht über den Menschen entscheidet, sondern ihm dient.

2.1 Anpassung des Bildungssystems an die Herausforderungen der KI-Ära

Die tiefgreifenden Veränderungen, die Künstliche Intelligenz in Gesellschaft und Arbeitswelt auslöst, machen eine strukturelle und konzeptionelle Neuausrichtung des Bildungssystems unabdingbar. Dabei geht es nicht nur um punktuelle Reformen oder die Ausstattung von Klassenzimmern mit digitalen Endgeräten, sondern gefragt ist eine systemische Transformation, die Bildungsziele, Lernkulturen und pädagogische Leitbilder gleichermaßen umfasst. KI wirkt dabei wie ein Katalysator, indem sie nicht nur bestehende Herausforderungen verstärkt, sondern zugleich neue Möglichkeiten eröffnet, Lernen individuell, effizient und gerecht zu gestalten.

Im Zentrum dieser Transformation steht die Erkenntnis, dass Bildung nicht mehr allein auf die Vermittlung statischen Wissens ausgerichtet sein darf. In einer Welt, in der sich technologische Entwicklungen in immer kürzeren Zyklen vollziehen, kommt es entscheidend auf die Fähigkeit zum lebenslangen, selbstständigen Lernen, zur kritischen Reflexion und zur kreativen Problemlösung an. Vor diesem Hintergrund erhält die in den letzten Jahren verstärkte Fokussierung auf die Förderung prozessbezogener Kompetenzen gegenüber den inhaltlichen eine neue Legitimation, wenn nicht gar eine dringliche Notwendigkeit. Das Bildungssystem muss verstärkt Kompetenzen vermitteln, die junge Menschen dazu befähigen, sich in komplexen, dynamischen und oft auch widersprüchlichen Informations- und Handlungsräumen sicher zu bewegen. Dies betrifft sowohl die technische als auch die ethisch-gesellschaftliche Dimension von KI.

Eine erste zentrale Herausforderung liegt in der curricularen Integration von KI-relevanten Inhalten. Diese beschränkt sich keineswegs auf das Fach Informatik. Vielmehr verlangt sie eine fächerübergreifende Verankerung, die sowohl

Grundlagenwissen über algorithmische Prozesse als auch Reflexionsfähigkeit im Umgang mit KI-Systemen vermittelt. Schülerinnen und Schüler sollen nicht nur wissen, was ein neuronales Netz ist, sondern auch verstehen, wie Vorurteile in Trainingsdaten entstehen oder welche gesellschaftlichen Folgen algorithmische Entscheidungen haben können (Höttges & Schulz, 2021).

Daneben ist die Qualifizierung des pädagogischen Personals ein entscheidender Hebel für die erfolgreiche Transformation. Lehrkräfte benötigen nicht nur technisches Know-how, sondern auch didaktisch-methodische Konzepte, um KI sinnvoll in ihre Unterrichtspraxis zu integrieren. Das setzt systematische und kontinuierliche Fortbildungsangebote voraus, die auf die unterschiedlichen Vorerfahrungen und Bedarfe der Lehrkräfte abgestimmt sind und idealerweise selbst KI-gestützt individualisiert und adaptiv funktionieren (Eickelmann & Drossel, 2020).

Hinzu kommt die Notwendigkeit, schulische Strukturen und Prozesse so weiterzuentwickeln, dass sie Innovationen nicht behindern, sondern ermöglichen. Das betrifft Fragen der Schulorganisation ebenso wie Prüfungsformate, Datenschutzregelungen und die Zusammenarbeit mit außerschulischen Partnern. Gerade im Bereich der Schulentwicklung wird deutlich: Die Einführung KI-gestützter Technologien verlangt nach einer Haltung, die Veränderung nicht als Risiko, sondern als Gestaltungschance begreift. Schulen müssen somit zu lernenden Organisationen werden, die offen sind für Experimente, Austausch und kontinuierliche Verbesserung.

Ein wichtiger Impuls in diese Richtung ist beispielsweise „Schule gestalten – Freiräume nutzen“ für die Gestaltung von Schulen in Niedersachsen, das durch das Niedersächsische Kultusministerium gefördert wird. Hierunter werden bestehende gesetzliche Spielräume gebündelt und Schulen dabei ermutigt, sie aktiv auszuschöpfen, beispielsweise durch alternative Leistungsbewertungen, flexible Stundenpläne oder projektorientiertes Arbeiten wie dem FREI Day oder durch Kooperationen mit außerschulischen Partnern (Niedersächsisches Kultusministerium, 2024). Ziel dabei ist es, pädagogische Innovation zu ermöglichen, ohne auf langwierige Gesetzesänderungen warten zu müssen. Dieser Prozess wird durch begleitende Fortbildungsangebote unterstützt, sodass das Bundesland Niedersachsen ein deutliches Zeichen für eine Kultur des Ermöglichens im Bildungssystem setzt.

In Baden-Württemberg gab es zwar in Teilen schon früher eine freiraumbetonte Praxis, diese war allerdings weniger strukturiert und nicht landesweit geregelt. Vielmehr entstanden dort lokal inspirierte Konzepte, wie etwa offene Ganztagsformate oder Naturzeiten, die exemplarisch aufzeigen, wie Schulen sich Räume für pädagogische Innovation schaffen können. Niedersachsen geht mit diesem Konzept nun einen Schritt weiter und verankert das Prinzip der Freiräume systematisch im Schulentwicklungsprozess (Landesjugendring Baden-Württemberg, 2023).

Letztlich muss die Anpassung des Bildungssystems in eine gesamtgesellschaftliche Strategie kohärent eingebettet sein. Es braucht politische Rahmensetzungen, die langfristig Orientierung bieten, Bildungsinnovationen fördern und soziale Ungleichheiten abbauen, wie beispielsweise durch gezielte Investitionen in benachteiligte Regionen durch niedrigschwellige Fortbildungsangebote oder durch die Entwicklung gemeinsamer Standards für KI-Bildung auf Länderebene.

Ein Beispiel für eine solche gezielte Investition stellt das Startchancen-Programm der Bundesländer dar. Es setzt an strukturellen Benachteiligungen an und fördert gezielt Schulen in schwieriger Lage. Durch zusätzliche Ressourcen, multiprofessionelle Teams und individuelle Förderung soll Bildungsgerechtigkeit gestärkt und der Bildungserfolg unabhängig von der sozialen Herkunft verbessert werden. Das Programm ist ein konkreter Schritt in Richtung eines chancengerechteren Bildungssystems und kann als Modell für zukünftige Maßnahmen dienen (KMK, 2024).

Bildungspolitik, Schulverwaltung, Wissenschaft und Zivilgesellschaft müssen dabei partnerschaftlich zusammenarbeiten, um einen nachhaltigen Strukturwandel zu ermöglichen.

Die Herausforderungen sind natürlich vielfältig, doch ebenso groß ist auch das Potenzial. Wenn es gelingt, KI nicht nur als technologische Neuerung, sondern als Anlass für eine tiefgreifende pädagogische Erneuerung zu begreifen, kann das Bildungssystem an Stärke und Relevanz gewinnen. Entscheidend ist dabei, dass Schulen nicht länger als Orte der Wissensvermittlung, sondern als Räume der gesellschaftlichen Gestaltung verstanden werden, also Räume, in denen junge Menschen lernen, mit Technologie verantwortlich umzugehen und Zukunft aktiv mitzugestalten.

2.2 Integration von KI in den Lehrplan

Die bloße Kenntnis technischer Grundlagen reicht nicht aus, um Schülerinnen und Schüler auf eine Zukunft vorzubereiten, in der Künstliche Intelligenz selbstverständlicher Bestandteil von Alltag, Arbeitswelt und gesellschaftlicher Aushandlungsprozesse ist. Vielmehr muss es das Ziel schulischer Bildung sein, KI als fächerübergreifendes Bildungsanliegen zu begreifen und auch als Instrument und Reflexionsgegenstand pädagogischen Handelns zu verstehen. Die Integration von KI in den Lehrplan ist dabei kein isoliertes Vorhaben einzelner Fächer, sondern Teil eines systemischen Wandels, der pädagogische Ziele, didaktische Formate und schulische Kulturen gleichermaßen betrifft.

Damit verbunden sind zwei komplementäre Aufgaben: Zum einen gilt es, grundlegende informatische Konzepte, algorithmisches Denken und datenbezogene Kompetenzen curricular möglichst frühzeitig zu verankern und zum anderen muss KI-Bildung auch Raum schaffen für gesellschaftliche, ethische und philosophische Fragestellungen. Wer mit KI arbeitet, muss nicht nur verstehen, wie sie funktioniert, sondern auch, welche Fragen sie aufwirft: nach Gerechtigkeit, Verantwortung, Machtverhältnissen oder Transparenz. Dieser doppelte Bildungsauftrag, also technisch und ethisch zugleich, verlangt nach curricularen Lösungen, die über rein additive Inhalte hinausgehen.

Gleichzeitig bieten KI-Technologien selbst neue Möglichkeiten für eine individualisierte, adaptive und feedbackorientierte Gestaltung von Unterricht. Damit einher geht jedoch die Anforderung, dass Lehrpläne nicht nur neue Inhalte aufnehmen, sondern auch didaktische Prinzipien anpassen müssen, beginnend bei standardisierten Lernwegen bis hin zu dynamischen Lernumgebungen, die unterschiedliche Zugänge, Geschwindigkeiten und Interessen berücksichtigen. Die curriculare Integration von KI ist deshalb auch ein Anlass, schulisches Lernen neu zu denken und dies nicht im Sinne technischer Machbarkeit, sondern entlang pädagogischer Zielsetzungen.

Im Folgenden wird dargestellt, wie eine Einführung von KI-Inhalten auf unterschiedlichen Bildungsstufen gelingen kann, welche Potenziale in der fächerübergreifenden Arbeit liegen und welche Rolle Hochschulen bei der vertieften Auseinandersetzung mit KI spielen. Ziel ist es, eine Bildungsarchitektur zu entwerfen, die technologische Kompetenz mit kritischem Denken verbindet und so den Weg ebnet für eine Generation, die KI nicht nur nutzt, sondern mitgestaltet.

2.2.1 Einführung in die KI in der Primarstufe

Die Vorstellung, Künstliche Intelligenz bereits in der Grundschule zu thematisieren, mag auf den ersten Blick ambitioniert oder sogar verfrüht erscheinen. Doch ein zweiter Blick zeigt jedoch, dass es in der Primarstufe nicht um technische Details oder mathematische Modellierungen geht, sondern um den Aufbau von Grundkompetenzen, die für ein späteres Verständnis von KI elementar sind. Dazu gehören unter anderem der Erwerb von algorithmischem Denken, ein erstes Verständnis datenbasierter Prozesse sowie die Fähigkeit, digitale Systeme hinterfragend zu betrachten. KI-Bildung in der Grundschule bedeutet also nicht, neuronale Netze zu erklären, sondern Denkweisen zu fördern, die solche Technologien später erfahrbar und verstehbar machen.

Zahlreiche Studien belegen, dass bereits Kinder im Grundschulalter in der Lage sind, Muster zu erkennen, logische Abfolgen zu verstehen und einfache Regelwerke zu formulieren, also Kompetenzen, die zentrale Voraussetzungen für ein grundlegendes Verständnis informatischer Systeme darstellen (Bocconi et al., 2022).

In diesem Zusammenhang hat sich das Konzept des „Computational Thinking" als besonders tragfähig erwiesen. Es beschreibt Denkstrategien, die helfen, komplexe Probleme in lösbare Teilprobleme zu zerlegen, systematisch nach Lösungen zu suchen und diese in klar strukturierten Schritten ohne einen Computer umzusetzen (Wing, 2006). Die frühe Förderung solcher Denkweisen bildet das Fundament für eine spätere Auseinandersetzung mit KI.

Ein niederschwelliger Einstieg gelingt oft über altersgerechte Robotik- oder Programmierangebote, wie sie etwa in Projekten wie „Blue-Bots", „Calliope mini" oder „Code it!" entwickelt wurden. Diese Angebote zielen nicht auf technisches Spezialwissen, sondern auf spielerisches Entdecken, Problemlösen und kreatives Gestalten. In der konkreten Umsetzung bedeutet das nämlich zum Beispiel, dass Kinder kleine Roboter so programmieren, dass sie einem Linienmuster folgen oder auf Licht reagieren. Dabei lernen sie grundlegende Prinzipien wie Bedingungen, Schleifen oder einfache Algorithmen, also die zentralen Bausteine für das spätere Verständnis von KI-Systemen (Kalelioğlu, 2015).

Doch auch jenseits expliziter Technikangebote kann KI in der Primarstufe zum Thema gemacht werden, wie etwa im Ethikunterricht, im Sachunterricht oder im sprachlichen Erzählen. So lassen sich Fragen aufwerfen wie: „Kann ein Roboter traurig sein?", „Dürfen Maschinen entscheiden, wer gewinnt?" oder „Wie kann ich erkennen, ob eine Geschichte von einem Menschen oder von einer Maschine geschrieben wurde?" Derartige Impulse fördern eine kindgerechte Auseinandersetzung mit grundlegenden Fragen zu Technik und Verantwortung. Gerade in dieser Altersgruppe ist es besonders wichtig, digitale Systeme nicht als magische Blackbox zu präsentieren, sondern sie als gestaltbare, durch Menschen programmierte Werkzeuge zu zeigen.

Eine besondere Chance liegt in der Verbindung von KI-Bildung mit Werten wie Fairness, Empathie und Gerechtigkeit. Wenn Kinder zum Beispiel mit einfachen Regeln arbeiten, können sie spielerisch erfahren, dass Regeln nicht immer fair sind, zum Beispiel, wenn ein Roboter nur bestimmte Farben erkennt oder bestimmte Stimmen nicht versteht. Diese Erfahrung kann eine Brücke schlagen zu späteren Diskussionen über algorithmische Voreingenommenheit oder diskriminierende Systeme. So wird bereits im Grundschulalter die Grundlage für ein kritisches, aufgeklärtes Technikverständnis gelegt.

Damit solche Angebote Wirkung entfalten können, bedarf es einer gezielten Unterstützung der Lehrkräfte. Viele Grundschullehrkräfte verfügen heute nicht über eine informatische Ausbildung und benötigen daher praxisnahe, verständlich aufbereitete Materialien sowie Fortbildungsangebote, die nicht auf technisches Vorwissen angewiesen sind. Erste Initiativen wie „KI macht Schule" zeigen, dass auch in dieser Altersstufe ein Zugang zu KI-Themen möglich ist, zumindest wenn er kindgerecht aufbereitet und pädagogisch begleitet ist (HPI, 2024).

Die Einführung von KI-Inhalten in der Primarstufe ist damit kein Plädoyer für eine frühe Technologisierung des Unterrichts, sondern Ausdruck einer Bildung, die Kinder in ihrer Neugier, in ihrem Denken und in ihrem Recht auf eine mündige Teilhabe an einer digitalisierten Gesellschaft ernst nimmt. Wer frühzeitig lernt, Systeme zu hinterfragen, Regeln zu reflektieren und mit digitalen Werkzeugen kreativ zu arbeiten, legt die Grundlage für eine spätere kritische und konstruktive Auseinandersetzung mit KI.

2.2.2 Einführung in die KI in der Sekundarstufe I

Mit dem Übergang zur Sekundarstufe I erweitern sich nicht nur die kognitiven Möglichkeiten der Schülerinnen und Schüler, sondern auch die curriculare und didaktische Verantwortung der Schule. Während in der Primarstufe vor allem die Grundlagen für ein technisches Weltverständnis und kritisches Denken gelegt werden, rückt in der Sekundarstufe I die systematische Auseinandersetzung mit digitalen Technologien stärker in den Vordergrund. Künstliche Intelligenz sollte in diesem Kontext nicht nur exemplarisch thematisiert, sondern als Querschnittsthema etabliert werden und das sowohl in der technischen als auch in der gesellschaftlich-ethischen Dimension.

Ein zentraler Anknüpfungspunkt ist dabei das Fach Informatik, das beispielsweise seit 2023/2024 als verpflichtendes Unterrichtsfach ab Kasse 10 (im darauffolgenden Schuljahr 2024/2025 im gleichen Umfang im 9. Schuljahrgang) eingeführt wurde (Niedersächsisches Kultusministerium, 2020). Hier kann der Umgang mit algorithmischen Verfahren, Datenstrukturen und einfachen Modellen des maschinellen Lernens konkret vermittelt werden. Erste Einblicke in die Funktionsweise von Klassifikationssystemen oder Entscheidungsbäumen sind in der Sekundarstufe I durchaus altersgerecht möglich, etwa über experimentelle Zugänge mit interaktiven Tools wie „Teachable Machine" oder blockbasierten Programmiersprachen wie „Scratch" und „Snap!" (Druga et al., 2017). Entscheidendes Ziel ist dabei nicht das technische Verständnis im Detail, sondern die Entwicklung eines strukturierten Denkens im Umgang mit datengetriebenen Entscheidungsprozessen.

Maschinelles Lernen ist ein Teilgebiet der Künstlichen Intelligenz, bei dem Computer aus Beispielen und Daten selbstständig Muster erkennen und daraus lernen, anstatt explizit programmiert zu werden. Vertiefte Informationen finden Sie in Abschn. 8.2.2.

Klassifikationssysteme sind Verfahren des maschinellen Lernens, die Daten automatisch in vordefinierte Kategorien oder Klassen einordnen wie zum Beispiel, ob eine E-Mail „Spam" oder „kein Spam" ist.

Ein **Entscheidungsbaum** ist ein Modell, das Entscheidungen durch eine Abfolge von Ja-Nein-Fragen oder Bedingungen trifft und so Schritt für Schritt zu einer Klassifikation oder Vorhersage gelangt.

Doch der Informatikunterricht allein kann der Vielschichtigkeit des Themas KI nicht gerecht werden. Um ein umfassendes Verständnis zu fördern, bedarf es einer fächerübergreifenden Verankerung und so können in den Gesellschaftswissenschaften Chancen und Risiken algorithmischer Systeme diskutiert, Fragen der Überwachung, Meinungsbildung oder Diskriminierung thematisiert werden. Im Deutschunterricht lassen sich maschinell generierte Texte mit menschlichen Texten vergleichen und zum Beispiel Kriterien für Kohärenz, Stil und Argumentation reflektieren. Im Kunstunterricht kann die kreative Zusammenarbeit mit KI über Bildgeneratoren oder Musiksysteme eine ästhetisch-gestalterische Auseinandersetzung anregen, die zugleich kritische Fragen nach Urheberschaft und Kreativität aufwirft.

Diese integrative Herangehensweise eröffnet somit nicht nur neue Perspektiven auf das Phänomen KI, sondern fördert auch metakognitive Kompetenzen, denn Schülerinnen und Schüler lernen, ihre eigenen Denk- und Entscheidungsprozesse mit denen technischer Systeme zu vergleichen und Unterschiede in Intention, Kontextsensitivität oder moralischer Urteilskraft zu erkennen. Gerade in einem Alter, in dem Fragen nach Identität, Zugehörigkeit und Verantwortung zentral werden, bietet die Auseinandersetzung mit KI einen fruchtbaren Boden für die Förderung von Medienkritik, digitaler Mündigkeit und ethischem Bewusstsein (Long & Magerko, 2020).

In der konkreten Unterrichtspraxis zeigt sich jedoch, dass es an systematischen Konzepten und curricularen Vorgaben häufig (noch) fehlt. Laut Informatik-Monitor, 2024/25 (Abb. 2.1) wird Informatik aktuell nicht in allen Bundesländern verpflichtend unterrichtet und auch fächerübergreifende Ansätze werden selten verbindlich verankert.

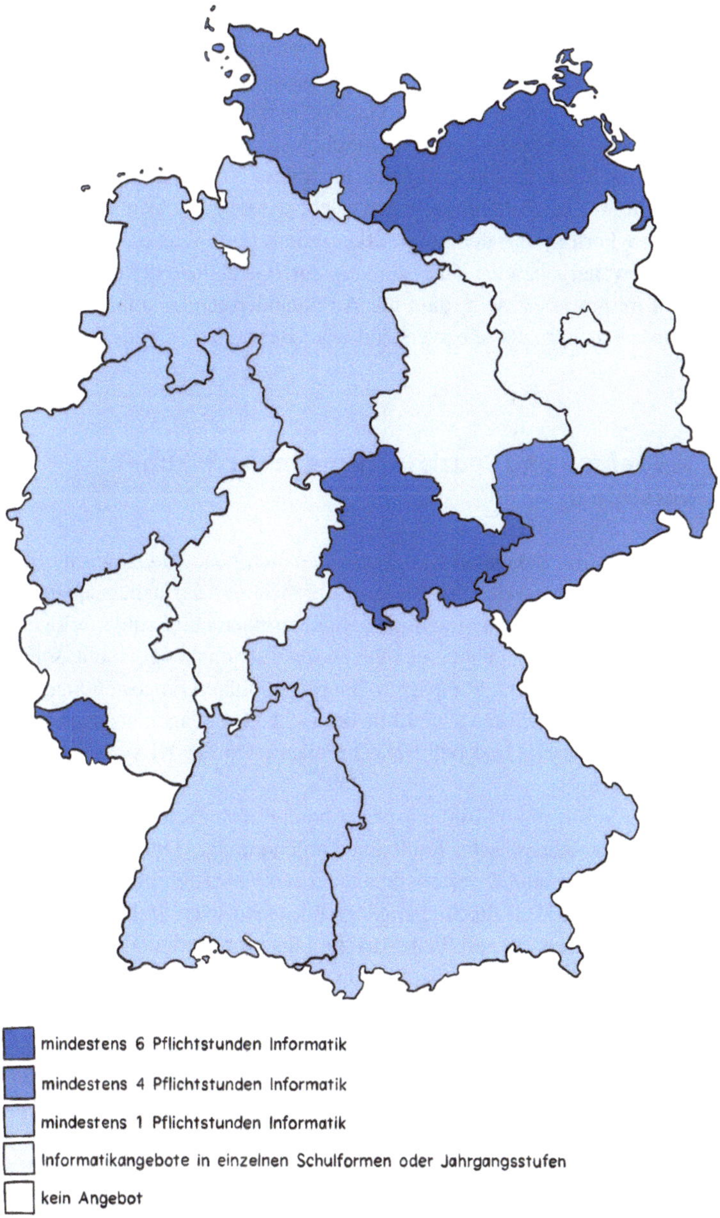

Abb. 2.1 Übersicht Verfügbarkeit des Faches Informatik. (Informatik-monitor, 2024)

Einzelne Modellprojekte wie „KI macht Schule" oder das bayerische Projekt „KI@School" zeigen allerdings, dass auch unter den gegebenen Rahmenbedingungen hochwertige, didaktisch durchdachte Konzepte durch projektorientierte Lernsettings, interdisziplinäre Unterrichtsreihen oder digitale Lernplattformen mit niedrigschwelligen Zugängen möglich sind (BMBF, 2023).

Damit KI in der Sekundarstufe I nicht als abstraktes Nischenthema, sondern als lebensweltlich relevantes Bildungsanliegen erlebt wird, bedarf es allerdings einer kontinuierlichen Fortbildung der Lehrkräfte, zudem einer Anpassung der Lehrpläne und einer weitergehenden Unterstützung durch geeignete didaktische Materialien. Es ist mithin notwendig, dass die Auseinandersetzung mit KI nicht nur punktuell erfolgt, sondern als selbstverständlicher Bestandteil schulischer Bildung etabliert wird.

2.2.3 Vertiefung und Spezialisierung in der Sekundarstufe II

Mit dem Eintritt in die Sekundarstufe II eröffnen sich neue pädagogische Spielräume für eine abermals vertiefte und noch differenzierte Auseinandersetzung mit dem Themenfeld der Künstliche Intelligenz. Schülerinnen und Schüler bringen zu diesem Zeitpunkt nicht nur ein höheres Maß an Abstraktionsfähigkeit mit, sondern auch die Bereitschaft, sich mit komplexen, interdisziplinären Fragestellungen auseinanderzusetzen. Damit rücken sowohl theoretische Grundlagen als auch gesellschaftliche, philosophische und politische Implikationen der KI verstärkt in den Fokus des Unterrichts.

Zugleich werden in dieser Bildungsphase häufig erste Weichenstellungen für die berufliche oder akademische Laufbahn vorgenommen. Eine fundierte, vertiefende Beschäftigung mit KI bietet hier nicht nur Orientierung, sondern auch konkrete Anschlussfähigkeit für Studiengänge mit technischem oder gesellschaftlichem Schwerpunkt oder für berufliche Ausbildungswege im digitalen Sektor. Das Bildungssystem ist daher gefordert, sowohl breite Orientierungsangebote als auch spezialisierte Vertiefungsmöglichkeiten bereitzustellen.

Ein erster Ansatzpunkt ist die Einführung von KI als eigenständiges Unterrichtsthema im Rahmen von Wahlpflicht- oder Projektkursen. Hier können Schülerinnen und Schüler eigenständig mit Modellen maschinellen Lernens experimentieren, etwa indem sie Datensätze analysieren, einfache neuronale Netze trainieren oder die Funktionsweise von Text- oder Bildgeneratoren nachvollziehen. Open-Source-Plattformen wie „Google Colab", visuelle Entwicklungsumgebungen wie „Machine Learning for Kids" oder Einstiegskurse auf MOOC-Plattformen wie

„Elements of AI“ bieten praxisnahe, niedrigschwellige und zugleich anspruchsvolle Zugänge, die auch ohne tiefgreifende Programmierkenntnisse genutzt werden können (Fellnhofer & Wild, 2021).

Neuronale Netze sind Modelle des maschinellen Lernens, die vom menschlichen Gehirn inspiriert sind und aus vielen miteinander verbundenen künstlichen „Neuronen“ bestehen, die gemeinsam komplexe Muster in Daten erkennen und daraus lernen können. Vertiefte Informationen finden Sie in Abschn. 8.2.3.

Neben dem technischen Zugang gewinnt die kritische Reflexion über die gesellschaftliche Rolle von KI an Bedeutung. In Fächern wie Philosophie, Sozialwissenschaften oder Politik können Debatten über algorithmische Entscheidungsprozesse, digitale Selbstbestimmung oder das Verhältnis von Mensch und Maschine fundiert geführt werden, beispielsweise anhand von Fallbeispielen zu algorithmischer Selektion im Bildungswesen oder automatisierten Bewerbungsverfahren. Solche Diskurse fördern nicht nur die Urteilskompetenz, sondern auch ein ethisch reflektiertes Technikverständnis, das in einer demokratischen Gesellschaft unverzichtbar ist (Gunkel, 2020).

Zudem eignet sich die gymnasiale Oberstufe in besonderem Maße für projektbasiertes Lernen. Interdisziplinäre Projekte, in denen Informatik, Ethik, Wirtschaft und Kunst miteinander verschränkt werden, ermöglichen eine authentische Auseinandersetzung mit realweltlichen Problemstellungen in Form von Hackathons, Schülerlaboren oder schulischen Forschungsprojekten. Derartige Formate tragen nicht nur zur fachlichen Vertiefung bei, sondern fördern auch kollaboratives Arbeiten, kreative Lösungsfindung und digitale Handlungskompetenz.

Nicht zuletzt ist die Integration von KI-Themen in Prüfungsformate und Abituraufgaben ein Indikator für die Ernsthaftigkeit der schulischen Auseinandersetzung. Erste Bundesländer wie Nordrhein-Westfalen oder Bayern haben bereits begonnen, KI als prüfungsrelevantes Thema im Informatikunterricht zu verankern. Langfristig wäre zu prüfen, inwiefern auch in gesellschaftswissenschaftlichen Fächern Aufgabenstellungen mit KI-Bezug, wie etwa zu Medienethik oder demokratischer Meinungsbildung im digitalen Raum, in zentralen Prüfungen berücksichtigt werden können.

Die Vertiefung in der Sekundarstufe II steht damit exemplarisch für eine zukunftsorientierte Bildung, die technisches Verständnis mit gesellschaftlicher Verantwortung verbindet. Ziel ist es, Schülerinnen und Schüler nicht nur auf die Anforderungen des digitalen Arbeitsmarkts vorzubereiten, sondern sie in die Lage zu versetzen, die Zukunft aktiv und als angehende Entwickler, als politisch wache Bürger oder als reflektierte Nutzer intelligenter Systeme kritisch mitzugestalten.

2.2.4 Fortgeschrittene KI-Kurse an Hochschulen

Hochschulen nehmen ebenso eine Schlüsselrolle in der Ausbildung derjenigen Fachkräfte ein, die die weitere Entwicklung, Implementierung und Bewertung Künstlicher Intelligenz in Gesellschaft, Wirtschaft und Bildung maßgeblich mitgestalten werden. Als Orte wissenschaftlicher Reflexion und technologischer Innovation sind sie gefordert, Studentinnen und Studenten nicht nur mit den theoretischen und praktischen Grundlagen der KI vertraut zu machen, sondern ihnen auch ein vertieftes Verständnis für deren gesellschaftliche, rechtliche und ethische Implikationen zu vermitteln. Fortgeschrittene KI-Kurse sind dabei nicht länger nur Bestandteil von Studiengängen der Informatik oder Ingenieurwissenschaften, sondern sie halten zunehmend Einzug in wirtschafts-, rechts-, sozial- und bildungswissenschaftliche Curricula.

In technikorientierten Studiengängen liegt der Fokus häufig auf maschinellem Lernen, neuronalen Netzen, Natural Language Processing, Computer Vision sowie auf Fragen der Modellierung, Trainingsdatenqualität und Performanz Messung. Diese Kurse bedienen sich aktueller Lösungen und verlangen von Studierenden nicht nur mathematische Grundlagenkenntnisse, sondern auch Programmiererfahrung und algorithmisches Denken. Die Komplexität der Inhalte verlangt in der Lehre didaktisch kluge Zugänge, etwa durch problemorientiertes Lernen, projektbasierte Formate und den Einsatz realer Datensätze (Choi et al., 2020). So erwerben Studentinnen und Studenten nicht nur technisches Wissen, sondern auch methodische Kompetenz im Umgang mit Unsicherheit, Modellgrenzen und Datenverzerrung.

Natural Language Processing ist ein Teilgebiet der Künstlichen Intelligenz, das Computern ermöglicht, menschliche Sprache zu verstehen, zu verarbeiten und selbst sinnvoll zu erzeugen (Chatbots oder Übersetzungsprogramme).

Computer Vision ist ein Bereich der Künstlichen Intelligenz, der Computern beibringt, Bilder und Videos zu „sehen", also visuelle Informationen zu erkennen, zu analysieren und zu interpretieren (Gesichts- oder Objekterkennung). Mehr zu diesen Konzepten in Abschn. 8.3.

Für Lehramtsstudiengänge sowie sozial- und geisteswissenschaftliche Studienrichtungen gewinnt die KI-Ausbildung zunehmend an Relevanz, allerdings natürlich mit anderem Schwerpunkt. Hier steht weniger die Implementierung von KI-Systemen im Vordergrund als vielmehr ihre Analyse, Bewertung und Gestaltung im gesellschaftlichen Kontext, was integraler Bestandteil des späteren Lehrunterrichts darstellen kann. Curricula, die sich mit den Auswirkungen von KI auf Bildungsprozesse, Chancengleichheit oder demokratische Teilhabe befassen, fördern ein interdisziplinäres Verständnis, das dringend notwendig ist, um eine breite gesellschaftliche Anschlussfähigkeit sicherzustellen. Gerade zukünftige Lehrkräfte müssen verstehen, wie KI Lernumgebungen verändert, wie Algorithmen in adaptive Systeme eingebettet sind und welche pädagogischen und ethischen Fragen sich daraus ergeben.

Ein zukunftsweisender Weg sind interdisziplinäre Wahlmodule oder Zertifikatsprogramme, wie sie an zahlreichen Hochschulen mittlerweile entwickelt wurden. Programme wie „AI Campus" oder „KI Campus Niedersachsen" bieten Studentinnen und Studenten aller Fachrichtungen oft in flexiblen, hybriden Formaten und mit didaktisch aufbereiteten Lehrvideos, Übungen und gegenseitigen Austauschmöglichkeiten einen niederschwelligen, qualitätsgesicherten Einstieg in die Thematik (AI Campus, 2024). Solche Angebote sind besonders geeignet, um das notwendige Orientierungswissen zu vermitteln, auf dem fachspezifische Vertiefungen aufbauen können.

Zudem zeigt sich in der Hochschullehre ein wachsender Bedarf an transdisziplinären Projektseminaren, in denen Studentinnen und Studenten aus verschiedenen Fachkulturen gemeinsam an praxisrelevanten Problemstellungen arbeiten, beispielsweise an der Entwicklung ethischer Leitlinien für KI-Anwendungen in der Bildung, an der Evaluation algorithmischer Entscheidungsverfahren im Recruiting oder an der Analyse von Bias in Trainingsdaten für Sprachmodelle. Solche Formate fördern nicht nur fachübergreifendes Denken, sondern bereiten auf reale berufliche Herausforderungen vor, in denen technologische, juristische, ökonomische und soziale Dimensionen zusammengedacht werden müssen.

Bias bezeichnet eine systematische Verzerrung in Daten oder Algorithmen, die dazu führt, dass ein Modell bestimmte Gruppen oder Ergebnisse bevorzugt oder benachteiligt und dies oft unbewusst und unbeabsichtigt. Mehr dazu in Abschn. 8.2.10.

Fortgeschrittene KI-Kurse an Hochschulen leisten damit mehr als nur Qualifizierung. Sie ermöglichen die wissenschaftliche Durchdringung einer Technologie, deren Wirkung weit über den technischen Raum hinausreicht. In einer Zeit, in der KI die Struktur gesellschaftlicher Teilhabe verändert, ist es Aufgabe der Hochschulen, nicht nur Spezialisten auszubilden, sondern eine akademisch gebildete Öffentlichkeit mitzugestalten, und zwar kritisch, differenziert und verantwortungsbewusst.

2.2.5 Fächerübergreifende Integration von KI

Die Integration von Künstlicher Intelligenz in den schulischen Unterricht darf nicht auf das Fach Informatik beschränkt bleiben, so wichtig und unverzichtbar es für die technische Grundbildung auch ist. Denn KI ist nunmehr weit mehr als eine reine Technologie, sie ist ein Querschnittsphänomen, das tief in unsere Lebenswelt eingreift und grundlegende Fragen über Wissen, Wahrheit, Verantwortung und gesellschaftliche Teilhabe aufwirft. Eine umfassende Bildung im Zeitalter der KI muss dieser Vielschichtigkeit Rechnung tragen und Wege eröffnen, das Thema in seiner Breite und Tiefe auch jenseits klassisch technischer Fächer zu bearbeiten (Abb. 2.2).

Gerade durch fächerübergreifende Zugänge kann KI in der Schule lebendig, kontextbezogen und anschlussfähig vermittelt werden. So lassen sich etwa im Deutschunterricht maschinell generierte Texte mit menschlichen Produktionen vergleichen wie etwa im Hinblick auf Argumentationsstruktur, sprachliche Kohärenz oder rhetorische Mittel. Eine solche Analyse fördert nicht nur die Textkompetenz, sondern auch ein kritisches Bewusstsein für die Leistungsfähigkeit und die Grenzen generativer KI-Systeme wie GPT. Darüber hinaus lassen sich Fragen nach Autorschaft, Originalität und Plagiat in einer Weise verhandeln, die unmittelbar mit zentralen Zielen der sprachlichen Bildung verbunden ist (Heid & Wernsmann, 2023).

Generative KI-Systeme sind Modelle, die nicht nur analysieren, sondern eigenständig neue Inhalte wie Texte, Bilder, Musik oder Videos basierend auf dem, was sie zuvor aus großen Datenmengen gelernt haben, erzeugen können.

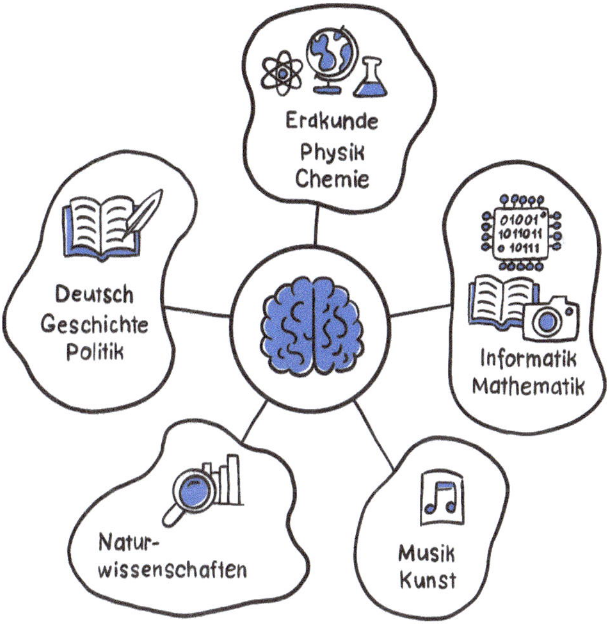

Abb. 2.2 Fächerübergreifender Einsatz von KI

Auch die Gesellschafts- und Geisteswissenschaften bieten zahlreiche Anknüpfungspunkte, denn in Fächern wie Politik, Sozialkunde oder Ethik kann über algorithmische Entscheidungsprozesse, ihre gesellschaftlichen Auswirkungen und mögliche Kontrollmechanismen diskutiert werden: Was bedeutet es, wenn KI über Kreditwürdigkeit entscheidet? Wie verändert sich Meinungsbildung, wenn soziale Netzwerke Inhalte algorithmisch priorisieren? Welche Verantwortung tragen Entwicklerinnen und Entwickler für die Folgen ihrer Systeme? Solche Fragen ermöglichen eine politisch-moralische Urteilsbildung, wie sie im schulischen Bildungsauftrag ausdrücklich gefordert wird (KMK, 2024).

In der Mathematik wiederum kann KI nicht nur als Anwendungsbeispiel für Statistik, Wahrscheinlichkeiten oder lineare Algebra dienen, sondern auch als Anlass, über Dateninterpretation, Repräsentativität oder Modellgrenzen zu sprechen. So lassen sich etwa einfache Regressionsmodelle nutzen, um den Zusammenhang zwischen Trainingsdaten und Vorhersagequalität zu verdeutlichen. Dies ist ein Wissen, das für das Verständnis von Bias, Overfitting oder algorithmischer Fairness absolut essenziell ist.

Die Naturwissenschaften wiederum bieten Raum, KI als Werkzeug der Erkenntnisgewinnung zu thematisieren wie etwa bei der automatisierten Auswertung experimenteller Daten oder der Simulation komplexer Systeme. Projekte, in denen Schülerinnen und Schüler etwa mit Sensoren arbeiten, Daten erfassen und mithilfe einfacher KI-Modelle auswerten, verbinden wissenschaftliches Arbeiten mit digitalen Kompetenzen und stärken das Verständnis datenbasierter Forschungspraxis.

Auch in den musischen Fächern lässt sich KI produktiv einsetzen. Musikgenerierung, Bildmanipulation oder interaktive Installationen, die mit KI arbeiten, eröffnen nicht nur kreative Spielräume, sondern werfen auch Fragen nach dem Verhältnis von Technik und Kunst auf. Was ist ein „originales" Werk? Kann eine KI kreativ sein oder ist sie nur ein Spiegel menschlicher Vorlagen? Solche Fragen lassen sich in Kunst, Musik oder Literatur auf fruchtbare Weise bearbeiten, ohne dass es einer technischen Vorbildung bedarf.

Damit diese Potenziale nicht dem Zufall einzelner engagierter Lehrkräfte überlassen bleiben, braucht es institutionelle Unterstützung. Fächerübergreifende Projekte müssen in den Stundenplänen verankert, Räume für Teamteaching geschaffen und Fortbildungen angeboten werden, die Lehrkräften helfen, die Potenziale der KI aus ihrer fachlichen Perspektive zu erschließen. Die Digitalisierung des Unterrichts darf nicht zu einer weiteren Fragmentierung des Kollegiums führen, sondern muss im Gegenteil Anlass sein, Kooperation, Austausch und gemeinsames pädagogisches Denken zu fördern.

Die fächerübergreifende Integration von KI ist damit nicht nur ein didaktisches Anliegen, sondern ein kulturpädagogisches, denn sie macht deutlich, dass Bildung im digitalen Zeitalter nicht die Anpassung an Technik bedeutet, sondern deren verantwortungsbewusste Gestaltung durch reflektierte, selbstbestimmte Subjekte. Schulen, die KI nicht nur lehren, sondern zum Gegenstand gemeinsamer Reflexion machen, tragen dazu bei, dass junge Menschen nicht Objekte technologischen Wandels bleiben, sondern zu dessen aktiven Gestaltern werden!

2.3 Lehrkräftefortbildung und Schulungen

Die Einführung Künstlicher Intelligenz in den Bildungsbereich stellt nicht nur Schülerinnen und Schüler vor neue Herausforderungen, sondern sie betrifft vor allem auch diejenigen, die täglich unterrichten, fördern, begleiten und gestalten: die Lehrkräfte. Ohne sie ist kein digitaler Wandel zu realisieren, keine curriculare Innovation umzusetzen und keine Schule nachhaltig zu verändern. Doch die Realität zeigt, dass viele Lehrkräfte sich im Umgang mit digitalen Technologien und insbesondere mit KI-Systemen unsicher, unzureichend vorbereitet oder allein gelassen fühlen (Bitkom, 2023). Die didaktische Integration von KI erfordert daher weit mehr als die Bereitstellung technischer Infrastruktur, sie verlangt nach fundierter, kontinuierlicher und differenzierter Fortbildung.

Dabei geht es nicht allein um den Erwerb technischer Kompetenzen. Lehrkräfte benötigen ebenso ein Verständnis für die Funktionsweise algorithmischer Systeme, für deren Potenziale in der Unterrichtsgestaltung wie auch für deren Risiken, etwa in Bezug auf Datenschutz, algorithmische Verzerrung oder pädagogische Verantwortung. KI-Kompetenz bedeutet deshalb immer auch ethische, rechtliche und didaktische Urteilsfähigkeit. Diese kann nicht durch punktuelle Informationsveranstaltungen erreicht werden, sondern bedarf einer systematischen, professionellen Weiterbildungskultur.

Besonders bedeutsam ist dabei die Anschlussfähigkeit an die schulische Praxis. Fortbildungen, die nicht auf abstrakte Theorien, sondern auf konkrete Unterrichtsszenarien, auf erprobte Tools und kollegialen Austausch setzen, werden von Lehrkräften als durchaus hilfreich und wirksam erlebt (Eickelmann et al., 2020). Gleichzeitig zeigt sich, dass Lehrkräfte keine homogene Gruppe sind. Ihre digitalen Vorerfahrungen, ihre Zugangsvoraussetzungen und ihre Erwartungen an KI im Unterricht unterscheiden sich stark und daher müssen Fortbildungsangebote flexibel, modular und differenziert gestaltet sein. Dabei müssen niedrigschwellige Einstiege ebenso berücksichtigt werden wie anspruchsvolle Vertiefungsformate für besonders interessierte oder bereits erfahrene Kolleginnen und Kollegen.

Ein weiterer Erfolgsfaktor liegt in der Einbindung digitaler Lernformate selbst. Blended Learning, Online-Kurse, Mikro-Lerneinheiten oder adaptive Plattformen können nicht nur die Erreichbarkeit und Flexibilität erhöhen, sondern auch exemplarisch zeigen, wie KI-basierte Systeme im Bildungskontext funktionieren, beispielsweise durch personalisierte Inhalte, automatisiertes Feedback oder formative Diagnostik. Fortbildung als solches wird damit nicht nur zum Ort des Wissens, sondern auch zum Erfahrungsraum, in dem didaktische Gestaltungspotenziale neuer Technologien unmittelbar erlebbar werden.

Schließlich ist Fortbildung nicht als isolierte Maßnahme zu verstehen, sondern als Teil einer umfassenden, kohärenten Schulentwicklung. Nur wenn individuelle Qualifizierung, kollegiale Zusammenarbeit und institutionelle Rahmenbedingungen aufeinander abgestimmt sind, kann eine nachhaltige Veränderung gelingen. Die gezielte Förderung von Multiplikatorinnen und Multiplikatoren, die Etablierung schulinterner Lernformate und die Verbindung von Fortbildung mit Schulprogrammarbeit sind hier zentrale Stellschrauben als Schlüssel zum nachhaltigen Erfolg.

Die folgenden Abschnitte zeigen, wie Fortbildungsmaßnahmen zur KI systematisch aufgebaut, methodisch gestaltet und institutionell verankert werden können, orientiert an den realen Bedingungen schulischer Arbeit und an dem Ziel, Lehrkräfte zu befähigen, digitale Bildungsräume kompetent, reflektiert und gestaltend zu nutzen.

2.3.1 Bedeutung der Lehrkräftefortbildung in der KI-Ära

Die erfolgreiche Integration Künstlicher Intelligenz in den schulischen Bildungsprozess steht und fällt mit der Professionalisierung der Lehrkräfte. Denn unabhängig davon, wie leistungsfähig ein System ist oder wie gut ein neues didaktisches Konzept konzipiert wurde, es entfaltet seine Wirkung erst dann, wenn Lehrkräfte es verstehen, didaktisch sinnvoll einsetzen und im Kontext ihrer pädagogischen Arbeit kritisch reflektieren können. Fortbildung ist deshalb nicht nur ein flankierender Prozess des digitalen Wandels, sondern dessen zentrales Herzstück.

Die Herausforderungen sind dabei komplex, denn Lehrkräfte sollen nicht nur technische Tools anwenden, sondern verstehen, wie KI-Systeme funktionieren, welche Annahmen ihnen zugrunde liegen und in welchen Kontexten sie pädagogisch sinnvoll eingesetzt werden können. Sie müssen die Möglichkeiten automatisierter Rückmeldesysteme ebenso einschätzen können wie die Risiken algorithmischer Verzerrung oder die Auswirkungen personalisierter Lernpfade auf Motivation, Selbststeuerung und soziale Teilhabe. Dieser komplexe Kompetenzrahmen kann nicht vorausgesetzt werden, sondern er muss gezielt aufgebaut, gepflegt und weiterentwickelt werden (Eickelmann & Drossel, 2020).

Zudem verändert KI nicht nur die Werkzeuge im Unterricht, sondern auch die Rolle der Lehrkraft selbst. Sie wird mehr denn je zur Gestalterin von Lernprozessen, zur Kuratorin digitaler Ressourcen, zur Moderatorin heterogener Lernwege und zur kritischen Instanz im Umgang mit automatisierten Entscheidungen. Fortbildung muss diesen Rollenwandel begleiten und dies nicht mit standardisierten Kursen, sondern mit Angeboten, die auf Reflexion, kollegialen Austausch und forschend-entwickelndes Lernen setzen. Lehrkräfte müssen darin unterstützt werden, nicht nur technologisch zu funktionieren, sondern pädagogisch souverän zu handeln.

Besonders wichtig ist dabei die Anschlussfähigkeit an die realen Bedingungen schulischen Alltags. Zu häufig sind Fortbildungsformate wenig praxisnah, wenig zeitlich flexibel und kaum auf die Bedarfe der jeweiligen Schulform oder des Fachteams abgestimmt. Studien zeigen, dass viele Lehrkräfte sich Fortbildungen wünschen, die in kleinen Einheiten, konkret auf den Unterricht bezogen und im Idealfall team- oder schulbezogen organisiert sind (Tulodziecki et al., 2019). Genau hier liegt ein Schlüssel zum Erfolg, denn wenn Fortbildung als kollektiver, schulintegrierter Lernprozess verstanden wird, kann sie nachhaltige Wirkung entfalten, insbesondere dann, wenn sie durch ein Leitbild schulischer Digitalisierung und durch unterstützende Rahmenbedingungen flankiert wird.

Auch der Einsatz KI-gestützter Lernplattformen in der Lehrkräftefortbildung selbst bietet Chancen durch adaptive Kursangebote, formative Diagnostik oder automatische Feedbacksysteme. Sie können nicht nur die Effektivität steigern, sondern zugleich exemplarisch zeigen, wie KI im Unterricht funktionieren kann. Die Fortbildung wird damit auch zu einem Erfahrungsraum, in dem Lehrkräfte nicht nur lernen, sondern erleben, reflektieren und diskutieren. Dies kann ein didaktisch wertvoller Mehrwert gegenüber rein rezeptiven Formaten sein.

Die Bedeutung von Fortbildung in der KI-Ära geht damit weit über technologische Fragen hinaus. Sie betrifft die pädagogische Substanz von Schule, die professionelle Identität von Lehrkräften und das Vertrauen in die eigene Gestaltungskraft angesichts tiefgreifender Veränderungen. Wer Lehrkräfte nicht in diesen Prozess einbindet, riskiert technologische Überforderung, pädagogische Entfremdung und letztlich einen Digitalisierungsprozess ohne bildungspolitische Substanz.

2.3.2 Schulungen und Workshops für Lehrkräfte

Schulungen und Workshops sind das Rückgrat professioneller Weiterentwicklung in der schulischen Praxis. Sie bieten nicht nur die Möglichkeit, neue Inhalte kennenzulernen, sondern dienen vor allem dem Erfahrungsaustausch, der methodischen Erprobung und der kollegialen Vernetzung. Im Kontext Künstlicher Intelligenz erhalten sie hierbei eine besondere Bedeutung, da viele Lehrkräfte mit den zugrunde liegenden Konzepten und Tools bisher kaum oder gar nicht in Berührung gekommen sind. Damit Schulungen in diesem Feld wirksam werden, müssen sie sowohl inhaltlich fundiert als auch didaktisch durchdacht sein.

Erfolgreiche KI-Schulungen zeichnen sich durch eine klare Differenzierung nach Vorkenntnissen und Zielgruppen aus. Einsteiger benötigen zunächst Grundlagen: Was ist KI und was nicht? Wie unterscheiden sich maschinelles Lernen, Deep Learning und klassische Softwarelösungen? Welche KI-Systeme begegnen uns bereits im Schulalltag, und wie können sie bewusst genutzt oder kritisch hinterfragt werden? Fortgeschrittene Nutzer hingegen interessieren sich häufig für konkrete Einsatzszenarien im Unterricht, etwa für den Einsatz von Chatbots zur Schreibförderung, für adaptive Lernplattformen oder für automatisierte Feedbacksysteme. Schulungen müssen diesen unterschiedlichen Bedarfen Rechnung tragen, idealerweise durch modulare Strukturen, die individuelle Lernpfade ermöglichen (Wiesner et al., 2022).

Maschinelles Lernen ist der Oberbegriff für Verfahren, bei denen Computer aus Daten lernen, während **Deep Learning** ein spezieller Teilbereich davon ist, der mit mehrschichtigen neuronalen Netzen arbeitet, um besonders komplexe Muster und Zusammenhänge in Sprache oder Bildern automatisch zu erkennen. Mehr dazu in Abschn. 8.2.2 und 8.2.3.

Darüber hinaus sollten Workshops immer einen hohen Anteil an Anwendung und Reflexion enthalten, denn Lehrkräfte profitieren besonders von Formaten, in denen sie selbst mit KI-gestützten Tools arbeiten können. Als Anwendungsszenario können sie zum Beispiel Texte mit Hilfe von Sprachmodellen analysieren, Bildgeneratoren im Kunstunterricht einsetzen oder mithilfe einfacher Machine-Learning-Demonstratoren den Zusammenhang zwischen Datensatz, Modellverhalten und Ergebnisqualität nachvollziehen. Solche Erfahrungen schaffen nicht nur Verständnis, sondern auch Vertrauen, was eine zentrale Voraussetzung für den Transfer in die eigene Unterrichtspraxis ist.

Ein weiterer Erfolgsfaktor ist die fachdidaktische Verankerung. KI-Schulungen entfalten ihre Wirkung nur dann nachhaltig, wenn sie nicht als technologische Spezialthemen isoliert werden, sondern in den konkreten Fachkontext eingebunden sind. Die Frage lautet nicht: „Wie bringe ich KI in die Schule?", sondern: „Wie kann KI mein Fach sinnvoll erweitern, meinen Unterricht bereichern oder meine Schülerinnen und Schüler stärker einbeziehen?" Workshops, die diese Fragen adressieren, führen häufiger zu dauerhaften Veränderungen im Unterrichtsverhalten (Schiefner-Rohs & Muuß-Merholz, 2020).

Schließlich sollten KI-Schulungen als Bestandteil einer längerfristigen Qualifizierungsstrategie verstanden werden. Zwar können Einzelveranstaltungen Impulse setzen, doch *nachhaltige* Wirkung entsteht vor allem dann, wenn sie in ein Konzept eingebettet sind, das auch Nachbereitung, kollegialen Austausch und Weiterentwicklung ermöglicht. Hierfür eignen sich beispielsweise schulintern begleitete Fortbildungsreihen, schulübergreifende Professionalisierungsnetzwerke oder digitale Fortbildungsplattformen, auf denen Material, Reflexionsaufgaben und Austauschformate dauerhaft verfügbar sind.

Workshops und Schulungen zur KI sind also nicht nur Orte des Kompetenzaufbaus, sondern sie sind auch Foren kollektiven pädagogischen Lernens. In ihnen entscheidet sich, ob KI im Bildungswesen als technisches Werkzeug konsumiert oder als pädagogische Herausforderung gestaltet wird.

2.3.3 Praxisorientierte Fortbildungen und Workshop-Konzepte

Damit Fortbildungen zur Künstlichen Intelligenz in der Schule mehr sind als einmalige Impulse, müssen sie dort ansetzen, wo Unterricht tatsächlich stattfindet, also im Spannungsfeld zwischen curricularen Anforderungen, pädagogischer Verantwortung und begrenzten zeitlichen Ressourcen. Praxisorientierte Konzepte sind deshalb nicht in erster Linie durch ihren technologischen Gehalt zu definieren, sondern durch ihre Passung zum Alltag von Lehrkräften, also durch Anwendungsnähe, didaktische Relevanz und klare Anschlussfähigkeit an bestehende Unterrichtsstrukturen.

Ein zentrales Merkmal erfolgreicher Fortbildungsformate ist die direkte Erprobung im eigenen Fachkontext. Die Frage, wie ein KI-Tool zur Textanalyse im Deutschunterricht integriert werden kann oder wie im Geografieunterricht eine Unterrichtseinheit zu KI-gestützter Satellitendatenauswertung entwickelt wird, ist nicht abstrakt zu beantworten. Vielmehr braucht es Formate, die die Teilnehmenden selbst zu Gestalterinnen und Gestaltern machen, beispielsweise durch Mini-Design-Projekte, in denen Unterrichtseinheiten geplant, Materialien erprobt und Ergebnisse gemeinsam reflektiert werden. Diese praxisnahen Formate aktivieren Erfahrungswissen, stärken kollegiale Zusammenarbeit und fördern eine nachhaltige Veränderung professioneller Routinen (Garet et al., 2001).

Workshops, die mit sogenannten „didaktischen Doppeldecker"-Ansätzen arbeiten, haben sich dabei als besonders wirksam erwiesen. Hierbei wird das jeweilige KI-Thema zunächst exemplarisch unterrichtlich durchgespielt, wie beispielsweise ein Schreibtraining mit einer Text-KI, und anschließend gemeinsam analysiert: Welche Lernziele wurden adressiert? Welche Rolle spielte die Lehrkraft? Welche ethischen Implikationen wurden sichtbar? Durch die Verbindung von Perspektivübernahme und Reflexion entstehen tiefgreifende Einsichten in die pädagogische Relevanz technischer Lösungen. Gerade bei komplexen Technologien wie KI hilft dieser doppelte Boden, die didaktische Tragfähigkeit möglichst realistisch einzuschätzen (Hochschulforum Digitalisierung, 2022).

Ein weiteres erfolgreiches Format ist die kollegiale Unterrichtsentwicklung im Rahmen schulinterner Professionalisierung. Dabei arbeiten Fachgruppen oder multiprofessionelle Teams an konkreten Fragestellungen: Wie kann KI zum Beispiel im bilingualen Unterricht unterstützend eingesetzt werden? Welche Tools eignen sich für Diagnose und Förderung in der Sekundarstufe I? Der Vorteil solcher schulnaher Formate liegt in der hohen Kontextpassung und in der Möglichkeit, Fortbildung als Teil einer gemeinsamen Schulentwicklung zu begreifen. Unterstützt durch externe Expertinnen und Experten oder durch KI-Lernplattformen, können solche Prozesse die Qualität der Zusammenarbeit nachhaltig steigern.

Zur langfristigen Sicherung dieser Effekte bedarf es geeigneter struktureller Rahmenbedingungen. Das schließt Zeitfenster für Fortbildung ebenso ein wie Zugriff auf Materialien, eine didaktisch geprüfte Toollandschaft und digitale Plattformen für den Austausch über Schulen hinweg. Auch hybride Fortbildungskonzepte, in denen Präsenzveranstaltungen mit digitalen Selbstlernphasen kombiniert werden, haben sich bewährt, insbesondere, wenn sie durch Aufgabenstellungen ergänzt werden, die zur praktischen Umsetzung im Unterricht anregen und eine begleitete Reflexion ermöglichen.

Nicht zuletzt zeigt sich in der Fortbildungspraxis immer wieder, dass Lehrkräfte am besten *voneinander* lernen. Praxisorientierte Workshop-Konzepte, die auf kollegiale Expertise setzen, Erfahrungswissen systematisieren und durch Impulse von außen ergänzen, entfalten deutlich größere Wirkung als frontale Wissensvermittlung. Sie fördern eine Professionalisierungskultur, in der Fragen erlaubt, Irritationen produktiv und Innovationen gemeinschaftlich getragen werden. Genau das ist erforderlich, wenn KI nicht als technischer Fremdkörper, sondern als Teil pädagogischer Gestaltung begriffen werden soll.

2.3.4 Langfristige Fortbildungsprogramme und Zertifizierungen

Ein zentrales Defizit vieler Fortbildungsinitiativen liegt sicherlich nicht in der Qualität einzelner Veranstaltungen, sondern in ihrer mangelnden strukturellen Verankerung. Oft bleiben sie (leider) isolierte Maßnahmen ohne Anschluss an schulische Entwicklungsziele, ohne Rückkopplung an Kollegien oder ohne Raum für Nachbereitung. Besonders im Kontext von KI, wo technologische Entwicklungen und didaktische Herausforderungen in hohem Tempo aufeinandertreffen, braucht es tragfähige Fortbildungsstrategien, die nicht nur individuelle Kompetenzen, sondern auch kollektive Lernprozesse stärken. Schulinterne Fortbildung und die Arbeit mit Multiplikatorenmodellen spielen hierbei eine Schlüsselrolle.

Zentrale Voraussetzung für wirksame schulinterne Fortbildungsstrategien ist die Orientierung an den konkreten schulischen Bedarfen. Nun lassen sich diese nicht pauschal bestimmen, sondern müssen im Dialog mit dem Kollegium, der Schulleitung und ggf. schulischen Steuergruppen gemeinsam identifiziert werden: Wo gibt es Unsicherheiten im Umgang mit KI-Tools? Welche Fächer möchten erste Unterrichtseinheiten mit KI gestalten? Welche ethischen Fragen bewegen das

Kollegium? Ein solches Bedarfserhebungsmodell bildet die Grundlage für passgenaue, anschlussfähige Fortbildung und vermeidet Maßnahmen „von der Stange“, die an der Realität vorbeigehen (Schneider & Ralle, 2021).

Ein besonders wirkungsvolles Instrument in diesem Kontext sind schulinterne Multiplikatorenmodelle. Dabei werden einzelne Lehrkräfte gezielt fortgebildet, um ihr Wissen im Kollegium weiterzugeben, etwa in Form von Teamfortbildungen, Hospitationen oder kollegialen Beratungsgesprächen. Multiplikatorinnen und Multiplikatoren übernehmen dabei nicht nur eine funktionale Rolle als „Tool-Experten“, sondern auch eine pädagogisch-moderierende Funktion. Sie kennen in dieser Rolle die schulspezifischen Rahmenbedingungen, genießen Vertrauen im Kollegium und können Veränderungsprozesse aus der Mitte der Schule heraus begleiten. Die Forschung zeigt, dass solche kollegial verankerten Fortbildungsansätze besonders nachhaltig sind, weil sie auf bestehende Kommunikationsstrukturen aufbauen und zugleich professionelles Lernen institutionalisieren (Lipowsky & Rzejak, 2019).

Damit diese Modelle erfolgreich greifen, braucht es jedoch systematische Unterstützung. Multiplikatorinnen und Multiplikatoren benötigen Zugang zu hochqualitativen Fortbildungsangeboten, idealerweise über Landesinstitute, Hochschulen oder zertifizierte Online-Plattformen. Zudem brauchen sie Zeitressourcen, Anerkennung ihrer Rolle im Schulentwicklungsprozess und Möglichkeiten zur eigenen Weiterqualifizierung und auch die Verknüpfung mit schulischen Steuergruppen, Medienbeauftragten oder Digitalteams kann sinnvoll sein, um KI-Themen als Teil der schulischen Gesamtstrategie zu verankern.

Besonders wirksam sind Fortbildungsstrategien hierbei, wenn sie zyklisch angelegt sind, also mit einer initialen Impulsphase, einer begleiteten Erprobungsphase im Unterricht und einer Auswertungs- und Weiterentwicklungsphase. In einem solchen Zyklus können Erfolge sichtbar gemacht, Schwierigkeiten bearbeitet und Innovationen nachhaltig verankert werden. Zugleich entsteht ein professionelles Lernklima, in dem Lehrkräfte sich gegenseitig stärken, Feedback geben und gemeinsam reflektieren. Gerade im komplexen Feld der KI, das Unsicherheiten und ethische Fragen aufwirft, ist ein solcher geschützter Raum für Austausch und Entwicklung unverzichtbar.

Insgesamt zeigt sich somit, dass eine schulinterne Fortbildung nicht nur ein Format ist, sondern eine Haltung, eine Kultur des gemeinsamen Lernens, der geteilten Verantwortung und der kollektiven Gestaltung. Wenn KI als Herausforderung ernst genommen wird, dann kann die Fortbildung dazu beitragen, dass Schule nicht nur auf digitale Entwicklungen reagiert, sondern diese aktiv mitgestaltet, und zwar professionell, kooperativ und systematisch verankert.

2.3.5 Förderung des kollegialen Austauschs und der Zusammenarbeit

Professionelle Entwicklung im Zeitalter der Künstlichen Intelligenz kann kein individueller Weg sein, sondern muss als ein kollektiver Prozess verstanden werden. Lehrkräfte stehen vor der Herausforderung, neue Technologien in ihre pädagogische Praxis zu integrieren, ohne auf etablierte Routinen oder umfangreiche Handreichungen zurückgreifen zu können. In dieser Unsicherheit entfaltet der kollegiale Austausch eine besondere Bedeutung, denn ebendieser bietet Raum für geteilte Reflexion, gegenseitige Unterstützung und die gemeinsame Entwicklung tragfähiger Lösungen. Schulen, die solche Austauschformate systematisch fördern, stärken nicht nur die individuelle Handlungssicherheit, sondern auch ihre kollektive Innovationskraft.

Zentrale Voraussetzung für wirksamen Austausch ist die institutionelle Verankerung. Kollegiale Zusammenarbeit darf nicht vom Zufall oder persönlichem Engagement Einzelner abhängen, sondern muss strukturell ermöglicht werden, beispielsweise durch festgelegte Zeiten für Fachgruppensitzungen, schulinterne Fortbildungstage, festgelegte Tipprunden in Dienstbesprechungen oder gemeinsame Projektphasen. In solchen Formaten können KI-relevante Fragestellungen systematisch aufgegriffen werden: Welche Tools wurden bereits ausprobiert? Welche Erfahrungen wurden gemacht? Welche didaktischen Formate haben sich als tragfähig erwiesen? Durch diese geteilte Auseinandersetzung entsteht nicht nur Wissen, sondern Vertrauen und damit eine essenzielle Ressource im Umgang mit technologischen Neuerungen (Wenger, 1998).

Besonders produktiv sind kollaborative Arbeitsformen, die über den Austausch hinausgehen und auf gemeinsame Entwicklung zielen wie Co-Teaching-Ansätze, in denen KI-gestützte Lernszenarien gemeinsam geplant und durchgeführt werden oder Hospitationen mit anschließender Reflexion über den KI-Einsatz im Unterricht sowie schulübergreifende Arbeitsgruppen, die Materialien oder Evaluationsraster zu KI-Themen entwickeln (Abb. 2.3). Solche Formate eröffnen nicht nur neue Perspektiven, sondern fördern auch eine Fehlerkultur, in der Unsicherheiten ausgesprochen und als Teil professionellen Lernens begriffen werden können (Schratz, 2014).

Ein weiterer Erfolgsfaktor liegt in der Vielfalt der beteiligten Perspektiven. Kollegialer Austausch darf und muss nicht auf das eigene Fach oder die eigene Schulform begrenzt bleiben. Gerade interdisziplinäre oder schulformübergreifende Netzwerke, wie etwa im Rahmen regionaler Netzwerkgruppen, Fortbildungsverbünde oder digitaler Plattformen, ermöglichen es, den KI-Einsatz im Unterricht aus unterschiedlichen Blickwinkeln zu beleuchten. Der Informatiklehrer bringt die technische Tiefe ein, die Deutschlehrerin die sprachliche Sensibilität, der Ethiklehrer die normativen Fragen. Aus dieser Pluralität kann eine differenzierte, alltagstaugliche und reflektierte KI-Praxis entstehen.

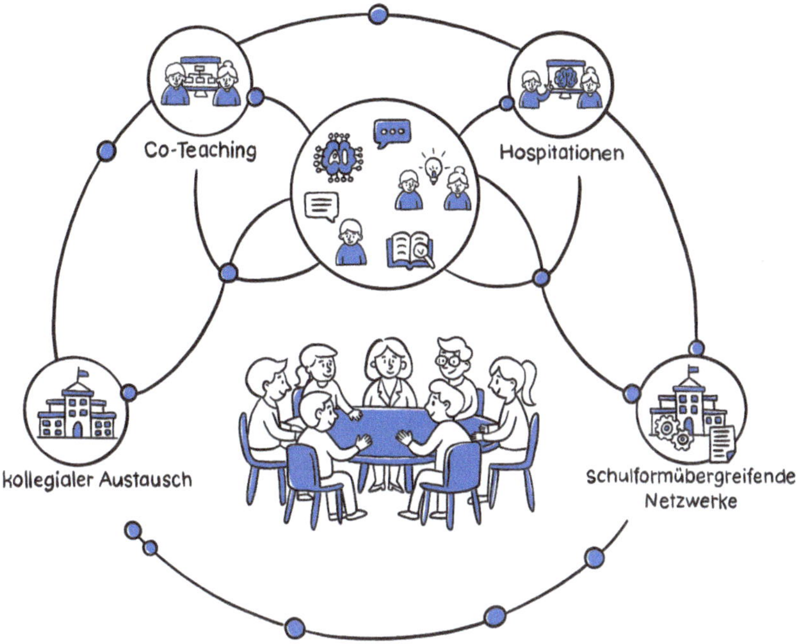

Abb. 2.3 Förderung des kollegialen Austauschs

Auch digitale Austauschformate gewinnen an Bedeutung, denn Online-Communities, Foren oder schulinterne Lernplattformen ermöglichen es, Erfahrungen, Materialien und Impulse kontinuierlich zu teilen und zwar unabhängig von Zeit und Ort. Entscheidend ist dabei, dass diese Plattformen nicht nur als Ablageorte, sondern als aktive Kommunikationsräume verstanden werden. Moderierte Austauschprozesse, thematische Foren und regelmäßige Impulsformate können dazu beitragen, dass aus digitalen Räumen lebendige Lernräume werden.

In der Förderung kollegialen Austauschs liegt letztlich ein doppelter Mehrwert, denn einerseits wird die Qualität des KI-Einsatzes im Unterricht durch gemeinsame Reflexion, erprobte Praktiken und kollektive Ressourcenentwicklung gesteigert. Andererseits entsteht eine Kultur des gemeinsamen Lernens, die Schule als professionellen, sich wandelnden und gestaltbaren Ort begreifbar macht. In einer Zeit, in der technologische Entwicklungen tief in pädagogische Praktiken eingreifen, ist diese Form der Zusammenarbeit kein Luxus, sondern Voraussetzung gelingender, ganzheitlicher Schulentwicklung.

2.3.6 Unterstützung durch digitale Ressourcen

Die erfolgreiche Fortbildung von Lehrkräften im Umgang mit Künstlicher Intelligenz hängt ebenso maßgeblich davon ab, ob digitale Ressourcen verfügbar, qualitativ hochwertig und didaktisch anschlussfähig sind. In einer Phase, in der technologische Entwicklungen schneller verlaufen als curricular-institutionelle Reaktionen darauf, werden digitale Fortbildungsangebote zu einer tragenden Säule kontinuierlicher Professionalisierung. Sie ermöglichen flexible Lernsettings, individuelle Vertiefungen und niedrigschwellige Einstiege sofern sie klug konzipiert, curricular eingebettet und adressatengerecht aufbereitet sind.

Digitale Ressourcen bieten insbesondere dort einen Mehrwert, wo Präsenzformate an ihre organisatorischen Grenzen stoßen wie etwa bei heterogenen Kollegien, begrenzten Zeitfenstern oder fehlenden externen Referenten oder Referentinnen. Webbasierte Plattformen wie der KI-Campus, die fobizz Akademie oder das Schulportal Hessen haben in den letzten Jahren gezeigt, dass qualitativ hochwertige, modular aufgebaute Lernangebote im Bereich Künstliche Intelligenz auch in der Fläche Wirkung entfalten können. Kurse zu maschinellem Lernen, Chatbots im Unterricht oder KI und Ethik werden dort zunehmend didaktisch aufbereitet, mit interaktiven Formaten angereichert und durch begleitende Community-Funktionen ergänzt (Fobizz, 2024; KI-Campus, 2024).

Ein zentraler Vorteil digitaler Ressourcen liegt dabei in ihrer Aktualisierbarkeit, denn während gedruckte Materialien schnell veralten, können digitale Angebote fortlaufend angepasst, erweitert oder auf neue Entwicklungen hin ausgerichtet werden, sei es im Hinblick auf neue Tools, wissenschaftliche Erkenntnisse oder bildungspolitische Rahmenbedingungen. Gleichzeitig ermöglichen adaptive Plattformen eine Individualisierung des Lernwegs, denn Lehrkräfte erhalten automatisiertes Feedback, können Lernpfade entsprechend ihrer Vorkenntnisse wählen und eigene Schwerpunkte setzen. Damit wird Fortbildung nicht nur flexibler, sondern auch wirksamer, insbesondere wenn die Lernplattformen selbst exemplarisch mit KI arbeiten, etwa durch personalisierte Aufgabenstellungen oder datengestützte Lernanalysen.

Zunehmend zeigt sich hier auch das Potenzial sogenannter OER (Open Educational Resources) im Kontext von KI-Fortbildung. Materialien, die frei verfügbar, bearbeitbar und anpassbar sind, ermöglichen nicht nur eine größere Reichweite, sondern fördern auch die kollaborative Weiterentwicklung im Kollegium. Wenn Unterrichtsbeispiele, Toolbeschreibungen oder Reflexionsaufgaben offen geteilt und gemeinsam weiterentwickelt werden, entsteht ein kollektives Repertoire, das über die einzelne Schule hinaus Wirkung entfalten kann. Plattformen wie das Portal WirLernenOnline oder OERinfo zeigen, wie solche Ansätze praktisch realisierbar sind.

Gleichwohl genügt es nicht, digitale Ressourcen einfach bereitzustellen, sie müssen vielmehr sinnvoll kuratiert, didaktisch eingebettet und mit konkreten Anwendungsszenarien verknüpft sein, denn Lehrkräfte benötigen Orientierung: Welche Ressource ist für mein Unterrichtsfach geeignet? Welche Tools sind datenschutzkonform? Welche Beispiele zeigen realistische Anwendungsmöglichkeiten im Schulkontext? Hier braucht es medienpädagogische Begleitung, technische Unterstützung und schulinterne Austauschformate, in denen digitale Materialien gemeinsam erprobt, bewertet und weiterentwickelt werden können.

Unterstützung durch digitale Ressourcen ist damit weit mehr als ein technologisches Add-on. Sie ist ein integraler Bestandteil einer professionellen, zukunftsfähigen Fortbildungskultur, wenn sie nicht als Ersatz, sondern als Ermöglichungsstruktur verstanden wird im Sinne eines selbstgesteuerten Lernens, kollegialen Austauschs und einer dauerhaften Integration von Künstlicher Intelligenz in eine pädagogisch reflektierte Schulentwicklung.

2.3.7 Entwicklung und Bereitstellung von Online-Kursen

Online-Kurse haben sich in der Fort- und Weiterbildung von Lehrerinnen und Lehrern als zentraler Baustein etabliert, insbesondere im Bereich der digitalen Bildung. Im Kontext Künstlicher Intelligenz gewinnen sie allerdings nochmals an Bedeutung, denn sie bieten die Möglichkeit, komplexe Inhalte strukturiert aufzubereiten, individuelle Lernpfade zu ermöglichen und Fortbildung auch dort zugänglich zu machen, wo Zeit, Ressourcen oder regionale Angebote begrenzt sind. Entscheidend ist jedoch, wie bereits ausgeführt, dass Online-Kurse nicht als reine Inhaltsvermittlung gedacht werden, sondern als didaktisch gestaltete Lernräume, die Reflexion, Anwendung und Transfer ermöglichen.

Die Entwicklung solcher Kurse stellt hohe Anforderungen an Konzeption, Gestaltung und Umsetzung. Erfolgreiche Formate zeichnen sich durch klare Lernziele, eine nachvollziehbare didaktische Dramaturgie und eine enge Verzahnung von Theorie und Praxis aus. Gerade bei Themen wie maschinellem Lernen, Sprachmodellen oder algorithmischen Entscheidungsprozessen sind anschauliche Beispiele, interaktive Visualisierungen und praxisorientierte Aufgabenstellungen unverzichtbar. Sie helfen, abstrakte Konzepte in schulische Kontexte zu überführen, beispielsweise durch die Analyse konkreter Unterrichtsszenarien oder die Entwicklung eigener Materialien (Kerres, 2018).

Ein weiterer Erfolgsfaktor liegt in der Modularität, was bedeutet, dass Online-Kurse so aufgebaut sein sollten, dass Lehrerinnen und Lehrer je nach Vorerfahrung, Fachbezug oder zeitlicher Verfügbarkeit gezielt Inhalte auswählen und in eigenem

Tempo bearbeiten können. Kurze Lerneinheiten, klare Zwischenziele und optionale Vertiefungsmodule erleichtern die Orientierung und erhöhen die Nutzungswahrscheinlichkeit. Plattformen wie der KI-Campus, fobizz oder edkimo zeigen, wie solche modularen Kurssysteme mit Selbsteinschätzungsfragen, Zertifikaten und anwendungsnahen Aufgaben sinnvoll kombiniert werden können (KI-Campus, 2024).

Zentral für die Qualität von Online-Kursen ist jedoch nicht nur die Gestaltung der Inhalte, sondern auch die pädagogische Begleitung. Asynchrone Lernformate sind dann besonders wirksam, wenn sie durch Foren, begleitete Diskussionen oder Sprechstunden ergänzt werden, in denen offene Fragen geklärt und Erfahrungen ausgetauscht werden können. Solche sozialen Komponenten fördern nicht nur die Motivation, sondern tragen wesentlich dazu bei, dass Gelerntes kritisch reflektiert und tatsächlich in die Unterrichtspraxis übertragen wird. Wo diese Begleitung aus Kapazitätsgründen nicht leistbar ist, können natürlich auch digitale Austausch-Formate oder moderierte Communitys unterstützend wirken.

Schließlich ist auch die technische und rechtliche Qualität von Bedeutung, wobei Barrierefreiheit, Datenschutz, Kompatibilität mit bestehenden Lernplattformen sowie die Verfügbarkeit von Open Educational Resources heute zentrale Qualitätskriterien darstellen. Gerade bei öffentlich finanzierten Angeboten muss sichergestellt sein, dass die entwickelten Materialien dauerhaft zugänglich, anpassbar und rechtlich eindeutig nutzbar sind. Die Zusammenarbeit mit Landesinstituten, Hochschulen und Bildungsinitiativen kann dabei helfen, eine hohe inhaltliche und technische Qualität sicherzustellen und gleichzeitig eine breite Anschlussfähigkeit im Bildungssystem gewährleisten.

Die Entwicklung und Bereitstellung von Online-Kursen zur Künstlichen Intelligenz ist damit weit mehr als ein technisches Projekt. Sie ist ein bildungspolitischer Auftrag, in dem Lehrerinnen und Lehrer nicht nur auf dem aktuellen Stand gehalten werden, sondern dazu befähigt werden, digitale Entwicklungen inhaltlich, didaktisch und ethisch einzuordnen. Gut gemachte Online-Kurse können dabei ein wirksames Instrument sein, wenn sie sich an den Bedürfnissen der Lehrenden, an den Bedingungen schulischer Realität und am Anspruch einer reflektierten pädagogischen Praxis orientieren.

2.3.8 Einsatz von Lehrvideos und interaktiven Lernplattformen

Lehrvideos und interaktive Lernplattformen haben sich in der Fortbildung von Lehrerinnen und Lehrern als wirksame Werkzeuge etabliert, besonders im Kontext Künstlicher Intelligenz, deren Inhalte häufig erklärungsbedürftig, abstrakt und für viele ungewohnt sind. Sie ermöglichen eine flexible, anschauliche und selbstgesteuerte Auseinandersetzung mit komplexen Themen, ohne dass man auf Präsenzformate oder synchrone Treffen angewiesen ist. Ihre Wirksamkeit hängt jedoch entscheidend davon ab, wie sie didaktisch gestaltet, methodisch eingebettet und technisch umgesetzt sind.

Lehrvideos sind dann besonders effektiv, wenn sie nicht nur informieren, sondern auch kognitiv aktivieren. Gut gestaltete Videos erklären zentrale Konzepte wie neuronale Netze, maschinelles Lernen oder algorithmische Entscheidungslogik durch anschauliche Visualisierungen, animierte Beispiele und praxisnahe Szenarien aus dem schulischen Alltag. Sie helfen Lehrerinnen und Lehrern, technisches Basiswissen aufzubauen, das für eine reflektierte Anwendung von KI im Unterricht notwendig ist, beispielsweise beim Einsatz von automatisierten Feedbacksystemen oder bei der kritischen Bewertung generativer Textsysteme. Entscheidend ist dabei die Verständlichkeit der Sprache, die Reduktion auf das Wesentliche und die direkte Anbindung an konkrete Unterrichtsbezüge.

Doch Videos allein reichen nicht aus, denn erst durch ihre Einbettung in interaktive Lernumgebungen wird eine vertiefte Auseinandersetzung möglich. Lernplattformen setzen deshalb auf die Kombination von Videosequenzen mit Aufgabenstellungen, Selbsttests, Reflexionsimpulsen und optionalen Transferaufträgen. Lehrerinnen und Lehrer können so nicht nur passiv konsumieren, sondern aktiv anwenden, reflektieren und eigenes Unterrichtsmaterial entwickeln. Insbesondere interaktive Elemente wie etwa Quizformate, Drag-and-Drop-Module oder dynamische Visualisierungen fördern das Verständnis und erhöhen die Motivation.

Darüber hinaus bieten solche Plattformen die Möglichkeit zur Individualisierung. Durch adaptive Lernpfade, Selbsteinschätzungsinstrumente oder die Möglichkeit zur freien Modulwahl lassen sich Lernprozesse flexibel an die Vorkenntnisse, Interessen und zeitlichen Ressourcen der Nutzerinnen und Nutzer anpassen. Für den schulischen Fortbildungskontext ist das ein großer Vorteil, denn Nutzerinnen und Nutzer können gezielt die Inhalte wählen, die für ihren Unterricht relevant sind, sei es ein Einstieg in KI-Grundlagen, eine vertiefende Einheit zu datengestützten Diagnoseverfahren oder eine kritische Reflexion über algorithmische Voreingenommenheit.

Ein weiterer Mehrwert interaktiver Plattformen liegt in ihrer sozialen Dimension, da viele Angebote Foren, gegenseitiges Feedback oder moderierte Diskussionen integrieren, um Austausch und kollektives Lernen zu ermöglichen. Gerade im KI-Bereich, der ethische, rechtliche und gesellschaftliche Fragen aufwirft, ist der dialogische Zugang besonders wichtig. Plattformen, die Raum für Debatte, kritisches Hinterfragen und kollegialen Transfer schaffen, leisten damit nicht nur einen Beitrag zur Wissensvermittlung, sondern zur Bildung einer reflektierten pädagogischen Haltung.

Wichtig ist jedoch, dass der Einsatz von Lehrvideos und Lernplattformen nicht zum Selbstzweck werden darf. Ihre Qualität zeigt sich nicht in technischen Raffinessen, sondern in ihrer Fähigkeit, nachhaltiges Lernen zu unterstützen, reale Unterrichtsbezüge herzustellen und Lehrerinnen und Lehrer zur selbstbewussten Auseinandersetzung mit KI zu befähigen. Nur dann tragen sie zur Professionalisierung im Sinne einer zukunftsorientierten Bildung bei.

2.3.9 Nachhaltigkeit und Qualitätssicherung von Fortbildungen

Die schulische Auseinandersetzung mit Künstlicher Intelligenz steht und fällt mit der Qualität der Lehrerfortbildung. Doch Qualität entsteht nicht allein durch gute Einzelmaßnahmen, sondern sie entsteht durch Kontinuität, Anschlussfähigkeit und institutionelle Verankerung wie zuvor bereits dargelegt. Im Fall der KI gilt dies in besonderem Maße: Die Dynamik technologischer Entwicklungen und die gesellschaftliche Tragweite ihrer Folgen erfordern Fortbildungsstrategien, die nicht nur informieren, sondern dauerhaft befähigen.

Nachhaltigkeit beginnt bei der strukturellen Verlässlichkeit, denn Lehrerinnen und Lehrer benötigen Fortbildungsangebote, auf die sie, abgestimmt auf ihre Fächer, Schulformen und Erfahrungsstufen, regelmäßig zugreifen können. Das setzt voraus, dass Fortbildung nicht als zusätzliche Belastung wahrgenommen wird, sondern als integraler Bestandteil professioneller Arbeit, etwa durch verbindlich eingeräumte Zeiten im Schuljahr, durch Budgetierung im Rahmen schulischer Entwicklungspläne oder durch die gezielte Einbindung in Steuergruppen, Fachkonferenzen und schulinterne Fortbildungsstrukturen.

Ein zweiter Baustein nachhaltiger Fortbildung ist die kontinuierliche Qualitätssicherung. Diese darf sich nicht auf Teilnehmerzahlen oder Zufriedenheitsabfragen beschränken, sondern muss die Wirksamkeit in den Blick nehmen: Hat sich das Unterrichtsverhalten verändert? Wurden neue Formate implementiert? Wurde kollegialer Austausch angeregt? Solche Effekte sind schwer messbar, aber über formative Evaluationen, begleitende Reflexionen oder kollegiale Hospitationen durchaus erfassbar und auch durchaus notwendig, um Fortbildung nicht als punktuelles Angebot, sondern als Teil eines Schülerinnen und Schülern Systems zu begreifen (Lipowsky, 2020).

Besondere Aufmerksamkeit verdient auch die Frage der Verstetigung: Wie wird gewährleistet, dass Fortbildungsinhalte nicht nach kurzer Zeit wieder verpuffen? Hier zeigt sich der hohe Wert schulinterner Multiplikatorinnen und Multiplikatoren, von Fachgruppenarbeit und von digitalen Lernarchitekturen, in denen Materialien,

Kurse und Erfahrungen dauerhaft verfügbar sind. Ebenso wichtig ist eine transparente Dokumentation, denn wenn Fortbildungsergebnisse festgehalten, in kollegialen Kontexten diskutiert und in Schulprogramme oder Medienbildungskonzepte integriert werden, entsteht Verbindlichkeit und zugleich ein wachsendes kollektives Wissen, das die Schule als Organisation selbst stärkt.

Nicht zuletzt hängt Nachhaltigkeit eng auch mit der Qualität der Angebote zusammen. Gute Fortbildung zeichnet sich nicht allein durch Fachwissen aus. Sie nimmt idealerweise die Perspektive der Lehrerinnen und Lehrer ernst, bietet konkrete Beispiele aus der Schulpraxis, berücksichtigt unterschiedliche Vorerfahrungen und stellt den pädagogischen Mehrwert in den Mittelpunkt. Im Kontext von KI bedeutet das auch, Grenzen aufzuzeigen, Risiken zu thematisieren und Raum für kritische Reflexion zu schaffen. Nur so kann sich ein verantwortungsvoller, pädagogisch fundierter Umgang mit neuen Technologien entwickeln.

In der Summe zeigt sich somit, dass Fortbildung im Bereich Künstlicher Intelligenz mehr sein muss als ein Reagieren auf digitale Trends. Sie ist eine bildungspolitische, schulorganisatorische und pädagogische Aufgabe, die langfristig gedacht, professionell begleitet und kontinuierlich retrospektiv überprüft werden muss. Schulen, denen es gelingt, Fortbildung als integralen Teil ihrer eigenen Lernkultur zu etablieren, schaffen nicht nur Kompetenz, sondern auch Vertrauen in die eigene Gestaltungsfähigkeit, in technologische Entwicklungen und in das gemeinsame Ziel einer zeitgemäßen, werteorientierten Bildung.

2.4 Personalisierung und individuelle Förderung durch KI

Die Idee, Lernprozesse stärker an den individuellen Voraussetzungen, Interessen und Potenzialen von Schülerinnen und Schülern auszurichten, gehört seit Langem zu den zentralen pädagogischen Leitbildern. Begriffe wie Binnendifferenzierung, individuelle Förderung oder adaptives Lernen sind seit Jahrzehnten integraler Bestandteil bildungspolitischer Programme, schulischer Konzepte und fachdidaktischer Diskurse. In der Praxis jedoch bleibt die Umsetzung häufig fragmentarisch, oftmals limitiert durch Zeitressourcen, Klassengrößen, heterogene Leistungsniveaus und strukturelle Rahmenbedingungen. Mit dem Einzug Künstlicher Intelligenz in den Bildungsbereich eröffnet sich nun erstmals die Möglichkeit, diese Vision einer konsequent individualisierten Lernbegleitung technisch zu unterstützen und damit ein zentrales Versprechen moderner Bildung einzulösen.

Künstliche Intelligenz kann Lernprozesse dabei nicht nur dokumentieren, sondern analysieren, interpretieren und in Echtzeit auch auf sie reagieren. Durch kontinuierliche Diagnostik, automatisiertes Feedback und adaptive Steuerung lassen sich Lernumgebungen gestalten, die auf Tempo, Vorwissen, Interessen und Unterstützungsbedarfe einzelner Schülerinnen und Schüler eingehen. Dabei wird mitnichten die Rolle der Lehrperson ersetzt, sondern vielmehr qualitativ ergänzt oder verschoben: von der vorrangigen Vermittlung hin zur pädagogischen Gestaltung lernförderlicher Rahmenbedingungen. Lehrerinnen und Lehrer erhalten neue Instrumente, um Lernprozesse sichtbar zu machen, gezielt zu fördern und fundiert zu begleiten.

Doch der Einsatz KI-gestützter Individualisierung bringt auch selbstverständlich neue Herausforderungen mit sich, insbesondere im Hinblick auf pädagogische Verantwortung, Datenschutz, Transparenz und die Gefahr einer technokratischen Entwertung pädagogischer Beziehungen. Die Vorstellung, Lernen vollständig automatisieren zu können, widerspricht dem Anspruch auf eine ganzheitliche, beziehungsorientierte Bildung und daher bedarf es eines reflektierten und verantwortungsvollen Umgangs mit den Möglichkeiten personalisierter Lernsysteme.

In diesem Kapitel wird untersucht, welche Potenziale und Grenzen KI in der individualisierten Förderung hat. Es geht zentral um die Frage, wie Lernstandsdiagnostik, Differenzierung und individuelle Lernwege durch intelligente Systeme unterstützt werden können und zugleich auch um die pädagogischen, ethischen und organisatorischen Voraussetzungen, unter denen dies geschehen sollte. Die Perspektive wechselt damit auf die Ebene der Schülerinnen und Schüler, jener Akteure also, für die der digitale Wandel im Bildungswesen nicht nur ein Thema, sondern gelebte Realität ist.

2.4.1 KI-gestützte Lernstandsdiagnostik und formative Rückmeldung

Eine der zentralen pädagogischen Aufgaben von Schule ist es, Lernprozesse sichtbar zu machen und auf dieser Grundlage gezielte Förderung zu ermöglichen. Während sich diese Forderung im bildungspolitischen Diskurs längst etabliert hat, stellt ihre *Umsetzung* in der Unterrichtspraxis eine permanente Herausforderung dar. Lehrkräfte müssen Lernstände diagnostizieren, individuelle Fehlerschwerpunkte identifizieren, Rückmeldung geben und auf unterschiedliche Entwicklungsverläufe reagieren und dies oft unter Bedingungen knapper Zeit, großer Heterogenität und unzureichender diagnostischer Instrumente. Künstliche Intelligenz kann hier einen substanziellen Beitrag leisten, und zwar durch automatisierte, kontinuierliche und datenbasierte Analysen, die nicht nur *punktuelle* Leistungen, sondern ganze *Lernverläufe* abbilden.

KI-gestützte Diagnosesysteme arbeiten auf der Grundlage großer Datenmengen und können dabei Muster erkennen, die für menschliche Beobachtende schwer zugänglich sind, wie zum Beispiel wiederkehrende Fehlertypen, Zusammenhänge zwischen Bearbeitungsgeschwindigkeit und Lösungsqualität oder diskrete Veränderungen im Antwortverhalten. In adaptiven Lernsystemen wie Bettermarks, Matific oder Sofatutor werden solche Analysen bereits eingesetzt, um Schülerinnen und Schüler individuell zu begleiten. Dort passen sich Aufgaben an das Kompetenzniveau an, Rückmeldungen werden in Echtzeit generiert und Lernfortschritte werden kontinuierlich dokumentiert (Ifenthaler & Yau, 2020).

Formative Rückmeldungen, die sich auf diese Diagnosen stützen, gehen über einfache Richtig-Falsch-Antworten hinaus. Sie können Hinweise auf Denkfehler geben, gezielte Tipps zur Strategiewahl bieten oder zur Wiederholung bestimmter Inhalte motivieren. Besonders wertvoll sind dabei Systeme, die nicht nur Ergebnisse bewerten, sondern Lernprozesse rekonstruieren, zum Beispiel durch Analyse von Lösungswegen, Interaktionsmustern oder Zwischenantworten. Die Lehrkraft erhält dadurch ein sehr differenziertes Bild, das deutlich über klassische Leistungsbewertungen hinausgeht und pädagogisch fundierte Interventionen ermöglicht.

Wichtig ist dabei, dass die Lehrperson *nicht* durch das System *ersetzt* wird, sondern in ihrer diagnostischen Kompetenz *gestärkt* wird. Intelligente Assistenzsysteme können Hinweise liefern, Muster sichtbar machen und Vorschläge unterbreiten, aber die pädagogische Deutung und Entscheidung *bleibt jedoch bei der Lehrerin oder dem Lehrer.* Gerade im Zusammenspiel aus menschlicher Intuition und datenbasierter Analyse liegt das besondere Potenzial dieser Form der Diagnostik, denn sie entlastet, ohne zu entmündigen, und unterstützt, ohne zu determinieren.

Dennoch bedarf der Einsatz solcher Systeme einer kritischen Reflexion. Zum einen müssen die Algorithmen transparent sein. Lehrerinnen und Lehrer müssen somit verstehen können, auf welcher Grundlage Empfehlungen erfolgen. Zum anderen dürfen Rückmeldesysteme nicht dazu führen, dass Schülerinnen und Schüler ausschließlich auf algorithmisch erzeugte Hinweise reagieren und der persönliche Austausch mit der Lehrkraft an Bedeutung verliert. Pädagogisch wertvoll bleibt die Rückmeldung nur dann, wenn sie in einen dialogischen, wertschätzenden Prozess eingebettet ist, beispielsweise durch begleitende Gespräche, Feedbackrunden oder gemeinsame Zielvereinbarungen.

Ein weiteres Spannungsfeld liegt im Umgang mit sensiblen Lerndaten. Die Erhebung, Verarbeitung und Interpretation personenbezogener Informationen muss datenschutzrechtlich abgesichert und ethisch verantwortet werden. Schulen und Schulträger stehen hier in der Pflicht, klare Regeln zu definieren, Transparenz zu gewährleisten und sowohl Lehrpersonen als auch Schülerinnen und Schüler in den reflektierten Umgang mit solchen Daten einzuführen (Zawacki-Richter et al., 2019).

Insgesamt zeigt sich aber, dass die KI-gestützte Diagnostik und Rückmeldung keine Zukunftsvision ist, sondern bereits heute Teil vieler Lernumgebungen. Ihr Potenzial liegt nicht nur in der technischen Effizienz, sondern in der Möglichkeit, individuelle Lernprozesse tiefer zu verstehen, gezielter zu fördern und auf dieser Grundlage eine gerechtere und passgenauere Bildung zu ermöglichen. Damit sie dieses Potenzial entfalten können, müssen sie jedoch pädagogisch eingebettet, kritisch reflektiert und von gut geschulten Lehrerinnen und Lehrern verantwortungsvoll genutzt werden.

2.4.2 Adaptive Lernsysteme und individualisierte Lernpfade

Ein zentrales Versprechen Künstlicher Intelligenz im Bildungsbereich liegt in ihrer Fähigkeit, Lernprozesse nicht nur zu analysieren, sondern auch aktiv zu steuern. Adaptive Lernsysteme nutzen die durch KI gewonnenen Daten, um Inhalte, Aufgabenstellungen und Lernwege dynamisch an das individuelle Lernverhalten von Schülerinnen und Schülern anzupassen. Sie reagieren auf Stärken, Schwächen, Bearbeitungsgeschwindigkeit oder bevorzugte Lernstrategien und eröffnen damit die Möglichkeit, dass jede Schülerin und jeder Schüler auf einem eigenen, passgenauen Lernpfad voranschreiten kann.

Diese Systeme bauen auf lernanalytische Verfahren auf, die kontinuierlich Daten über Interaktionen, Antwortmuster und Fortschritt sammeln. Auf dieser Grundlage generiert das System automatisch Vorschläge zur nächsten Lerneinheit, empfiehlt Wiederholungen oder setzt neue Schwerpunkte. So entstehen personalisierte Lernumgebungen, in denen weder alle das Gleiche zur gleichen Zeit bearbeiten noch schwächere oder stärkere Schülerinnen und Schüler ausgebremst oder überfordert werden. Bekannte Beispiele wie Knewton, ALEKS oder Bettermarks zeigen, wie solche adaptiven Prozesse konkret in digitalen Übungsplattformen umgesetzt werden, insbesondere im Bereich der Mathematik, der Spracherwerbsförderung oder des individualisierten Lesetrainings (Walkington, 2013).

Die technische Leistungsfähigkeit solcher Systeme ist zwar beeindruckend, aber entscheidend ist ihre pädagogische Einbettung. Adaptive Lernumgebungen ersetzen nicht den Unterricht, sondern ergänzen ihn sinnvoll. Sie bieten Lehrerinnen und Lehrern neue Möglichkeiten, Schülerinnen und Schüler differenziert zu begleiten, zu entlasten und gezielt zu unterstützen. Dabei behalten die Lehrkräfte jederzeit die Möglichkeit zur Steuerung und Intervention, beispielsweise, wenn ein Lernpfad pädagogisch nicht sinnvoll erscheint oder wenn soziale, emotionale oder motivationale Faktoren besondere Aufmerksamkeit erfordern.

Zugleich eröffnen adaptive Systeme die Chance, selbstgesteuertes Lernen zu stärken. Schülerinnen und Schüler lernen, Verantwortung für ihren eigenen Lernprozess zu übernehmen, Entscheidungen zu treffen und ihre Lernstrategien zu reflektieren. Die KI fungiert dabei als Begleiterin, nicht als Dirigentin und je nach System können sogar personalisierte Lernziele mit der Schülerin oder dem Schüler gemeinsam festgelegt und überprüft werden. Damit entsteht ein digital unterstützter, aber pädagogisch gelenkter Lernraum, in dem Individualisierung nicht in Isolation, sondern im Dialog geschieht.

Gleichzeitig sind natürlich auch die Grenzen adaptiver Systeme zu benennen, denn automatisierte Entscheidungen über Lernstoff, Tempo oder Aufgabenreihenfolge basieren auf den verfügbaren Daten und diese sind immer nur ein Ausschnitt der pädagogischen Realität. Faktoren wie familiäre Belastungen, soziale Interaktionen, kultureller Hintergrund oder emotionale Verfassung lassen sich (noch) nicht valide erfassen und können daher nicht angemessen in die Steuerung einbezogen werden. Die Lehrperson bleibt deshalb unverzichtbar als professionelle Instanz, die technische Empfehlungen mit pädagogischer Urteilskraft abgleicht.

Auch didaktisch ist Sorgfalt geboten, denn nicht jede Form des Lernens lässt sich adaptiv abbilden. Kreatives Schreiben, philosophisches Argumentieren, soziales Handeln oder gemeinschaftliches Problemlösen entziehen sich weitgehend einer rein algorithmischen Steuerung, sodass hier adaptive Systeme als flankierende Instrumente gedacht werden müssen.

Insgesamt gilt allerdings, dass adaptive Lernsysteme neue Möglichkeiten der Binnendifferenzierung, der Individualisierung und der lernbegleitenden Diagnostik eröffnen. Ihr Potenzial entfalten sie jedoch nur dann, wenn sie bewusst, kritisch, mündig, fachkundig und pädagogisch reflektiert eingesetzt werden. Lehrerinnen und Lehrer sind dabei nicht nur Nutzerinnen und Nutzer, sondern Gestaltende, denn sie entscheiden, wie die Technik im Dienst des Lernens steht und wie sich die individuelle Förderung jedes einzelnen Kindes mit den Zielen einer chancengerechten Bildung verbinden lässt.

Ein Beispiel für eine bereits etablierte Plattform, die diese Form der personalisierten Lernunterstützung im deutschsprachigen Raum anbietet, ist „Learnattack". Die von Duden entwickelte Lernumgebung richtet sich hierbei an Schülerinnen und Schüler aller weiterführenden Schulformen und verbindet interaktive Aufgabenformate mit videobasierter Wissensvermittlung, digitalen Übungseinheiten und adaptiven Lernempfehlungen. Die Inhalte sind curricular strukturiert, decken zentrale Fächer wie Mathematik, Deutsch, Englisch und die Naturwissenschaften ab und bieten Schülerinnen und Schülern eine strukturierte Möglichkeit, Lernlücken zu erkennen und gezielt zu schließen. Lehrkräfte können diese Angebote beispielsweise zur individuellen Vorbereitung auf Klassenarbeiten, zur Wiederholung zentraler Unterrichtsinhalte oder im Rahmen von Hausaufgabenformaten mit differenziertem Anspruchsniveau sinnvoll ergänzend nutzen (Learnattack, 2025).

2.4.3 Pädagogische Chancen und Grenzen der Automatisierung

Automatisierung durch Künstliche Intelligenz verspricht Effizienz, Präzision und Individualisierung. Dies sind drei Ziele, die in einer zunehmend komplexen schulischen Wirklichkeit hochrelevant erscheinen. In Zeiten wachsender Heterogenität, steigender Arbeitsbelastung und differenzierter Förderbedarfe werden KI-gestützte Systeme von vielen Technik-zugewandten Lehrerinnen und Lehrern auch als potenzielle Entlastung empfunden, denn sie übernehmen Diagnosefunktionen, bieten sofortige Rückmeldungen, helfen bei der Differenzierung und unterstützen die Dokumentation von Lernprozessen. Und tatsächlich eröffnet die Automatisierung didaktischer Teilprozesse einen neuen Handlungsspielraum, natürlich sofern sie nicht zum Ersatz, sondern zur Ergänzung pädagogischen Handelns wird.

Denn auf der positiven Seite steht zunächst die Möglichkeit, zeitintensive, aber pädagogisch relevante Aufgaben an die KI zu delegieren. Automatisierte Rückmeldungen auf Routineaufgaben, die Analyse großer Datenmengen zur Lernverlaufsbeobachtung oder die Zuweisung von Übungsmaterialien entlang individueller Bedarfe verschaffen Lehrerinnen und Lehrern neue Zeitressourcen, eben jene Ressourcen, die für zwischenmenschliche Interaktion, pädagogische Begleitung oder kreative Unterrichtsgestaltung genutzt werden können. Die Automatisierung schafft somit, wenn sie richtig eingesetzt wird, Raum für das, was Schule im Kern ausmacht, nämlich Beziehung, Dialog und Persönlichkeitsentwicklung (Hattie, 2023).

Auch im Bereich der Fehlerdiagnostik, der Sprachverarbeitung oder der Leseförderung zeigt sich das Potenzial algorithmischer Systeme, denn KI kann Strukturen erkennen, Fehlermuster kategorisieren und adaptive Lernpfade anbieten, die von klassischen Unterrichtsmaterialien kaum abgebildet werden können. Besonders in großen Lerngruppen oder bei stark differenzierter Leistungsbreite kann dies zu einer präziseren Förderung führen, zumindest dann, wenn die Empfehlungen der Systeme von der Lehrperson kritisch geprüft und didaktisch eingebettet werden.

Gleichzeitig sind aber auch klare Grenzen zu benennen, denn Lernen ist mehr als die Aneignung von Inhalten. Es ist ein sozialer, emotionaler und kultureller Prozess, der auf Beziehung, Motivation und Wertorientierung beruht. KI-Systeme operieren hingegen datenbasiert, denn sie erkennen *Muster*, aber keine *Bedeutung*! Sie analysieren *Verhalten*, aber nicht *Intention*. Sie geben *Rückmeldung*, aber keine

Ermutigung. Eine automatisierte Entscheidung über den nächsten Lernschritt ersetzt nicht das pädagogische Gespür, das zwischen Überforderung und Unterforderung, zwischen Anspannung und Desinteresse, zwischen Wissenslücke und Selbstzweifel unterscheiden kann.

Auch ethische Fragen sind zu bedenken: Was bedeutet es für das Selbstbild von Schülerinnen und Schülern, wenn sie durch Systeme kategorisiert und gesteuert werden? Welche Wirkung hat es, wenn ein Algorithmus vorschlägt, dass ein Kind bestimmte Aufgaben „nicht mehr benötigt" oder „nicht schaffen wird"? Selbst wenn solche Empfehlungen technisch korrekt sind, stellen sie pädagogisch hochsensible Interventionen dar und dürfen niemals ohne die reflektierte Einordnung durch eine Lehrerin oder einen Lehrer umgesetzt werden.

Zudem besteht die Gefahr einer schleichenden Entpädagogisierung des Unterrichts. Wenn Prozesse der Rückmeldung, Differenzierung oder gar der Bewertung zunehmend ausgelagert werden, droht der pädagogische Kern des Unterrichts, also das gemeinsame Deuten, Verstehen und Gestalten von Lernprozessen, in den Hintergrund zu geraten. Die Lehrperson würde dann zur Aufsicht über Prozesse, die sie nicht mehr selbst verantwortet. Eine solche Entwicklung widerspricht nicht nur dem Anspruch professionellen Lehrerhandelns, sondern auch dem Bildungsauftrag der Schule als Ort persönlicher Entwicklung und gesellschaftlicher Teilhabe.

Die entscheidende pädagogische Frage lautet deshalb nicht, ob automatisiert wird, sondern wie, wo und in welchem Maß. Automatisierung darf somit keinesfalls Selbstzweck sein, sondern muss einer pädagogischen Absicht folgen. Sie ist dann sinnvoll, wenn sie Lehrerinnen und Lehrer unterstützt, ohne sie zu entmündigen, wenn sie Schülerinnen und Schüler fördert, ohne sie auf Datenmuster zu reduzieren. Der verantwortungsvolle Umgang mit KI beginnt somit nicht erst bei der Technik, sondern beim pädagogischen Urteil und dieses bleibt, auch in der digitalsten aller Schulen, immer uns Menschen vorbehalten.

2.4.4 Diklusion: Inklusion, Differenzierung und Begabtenförderung

Schule ist ein Ort der Vielfalt, denn Schülerinnen und Schüler bringen unterschiedliche sprachliche, kulturelle, kognitive und soziale Voraussetzungen mit. Dies ist ein Umstand, der seit Langem eine zentrale Herausforderung und zugleich einen normativen Anspruch an das Bildungssystem darstellt. Die Aufgabe ist, Heterogenität nicht nur zu tolerieren, sondern produktiv zu gestalten. Der Auftrag zur Inklusion, zur individuellen Förderung und zur chancengerechten Bildung verlangt nach differenzierten Lernangeboten, die dem Einzelnen gerecht werden, ohne die Gemeinschaft aus dem Blick zu verlieren.

Ein innovatives Konzept, das diesen Anspruch aufgreift und weiterentwickelt, ist das der Diklusion. Dabei handelt es sich um ein Kunstwort aus Digitalität und Inklusion und es beschreibt den gezielten Einsatz digitaler Technologien zur Unterstützung inklusiver Bildungsprozesse durch adaptive Differenzierung, barrierearme Gestaltung und begabungsfördernde Lernumgebungen. Diklusion bringt Inklusion, individuelle Förderung und den sinnvollen Einsatz digitaler Medien in einem ganzheitlichen Ansatz zusammen (Kerres, 2022).

Künstliche Intelligenz kann im Sinne der Diklusion neue Möglichkeiten eröffnen, pädagogisch auf Vielfalt zu reagieren, wenn ihr Einsatz einer klaren bildungsethischen Orientierung folgt. Ein zentraler Beitrag liegt hierbei in der Fähigkeit KI-gestützter Systeme, individuelle Lernstände differenziert zu erfassen und daraus personalisierte Lernangebote abzuleiten. Für Schülerinnen und Schüler mit Unterstützungsbedarf kann dies bedeuten, dass Inhalte in angepasstem Tempo, mit vereinfachter Sprache oder zusätzlicher visueller Unterstützung automatisiert, barrierearm und in Echtzeit vermittelt werden. Plattformen wie Navigium, Blitzrechnen oder KI-basierte Leseförderprogramme bieten bereits heute Funktionen, die auf unterschiedliche Lernniveaus reagieren, sprachliche Barrieren abbauen und durch wiederholte Rückmeldung Sicherheit geben (Eickelmann et al., 2021).

Zugleich kann KI auch in der Begabtenförderung eine Rolle spielen, um ihnen Lernumgebungen anzubieten, die sich flexibel an das Lerntempo anpassen, Zusatzaufgaben generieren oder explorative Lernpfade ermöglichen. All dies hilft leistungsstarken Schülerinnen und Schülern, ihr Potenzial auszuschöpfen, ohne dabei auf Kosten der anderen zu lernen oder auf separate Förderformate angewiesen zu sein. In dieser Hinsicht kann KI einen Beitrag zur integrativen Begabtenförderung leisten, und zwar differenziert, entkoppelt vom klassischen Gleichschrittprinzip und eingebettet in eine inklusive Lerngruppe.

Darüber hinaus kann die algorithmische Auswertung von Lernverläufen Lehrerinnen und Lehrern frühzeitig Hinweise auf Entwicklungen geben, die sonst leicht übersehen werden wie etwa schleichende Rückschritte, Stagnation in Teilkompetenzen oder systematische Fehlerquellen bei bestimmten Aufgaben. Solche Hinweise ermöglichen präventives, pädagogisches Handeln und stärken die Rolle der Lehrkraft als Förderinstanz.

Allerdings ist auch in diesem Kontext Zurückhaltung geboten, denn eine zu starke Abhängigkeit von automatisierten Systemen birgt, wie bereits dargelegt, die Gefahr der Reproduktion von Voreingenommenheit, insbesondere dann, wenn Trainingsdaten bestimmte Lerngruppen systematisch benachteiligen oder wenn Lernverläufe auf Defizitdiagnosen verengt werden. Besonders im Bereich der sonderpädagogischen Förderung und der interkulturellen Bildung müssen KI-Systeme daher mit besonderer Sorgfalt eingesetzt und regelmäßig überprüft werden. Eine algorithmisch begründete Entscheidung über das „richtige Niveau" darf nicht zur Festschreibung von Bildungswegen führen, sondern muss immer als Ausgangspunkt für pädagogisches Handeln verstanden werden.

Auch die soziale Dimension darf nicht vernachlässigt werden. Differenzierung durch Technik darf nicht zur Vereinzelung führen und gerade inklusive Bildungssettings leben von Kooperation, Beziehung und gemeinschaftlichem Lernen. KI-gestützte Individualisierung muss daher stets eingebettet sein in eine Unterrichtskultur, die Vielfalt wertschätzt, Austausch fördert und soziale Teilhabe sicherstellt. Differenzierung ist kein Selbstzweck, sondern sie dient dem Ziel, allen Schülerinnen und Schülern Zugang zu Bildung zu ermöglichen und zugleich ihre Verschiedenheit als Stärke zu begreifen.

In der Konsequenz bedeutet dies, dass der sinnvolle Einsatz von KI im Umgang mit Heterogenität pädagogisches Feingefühl, diagnostische Kompetenz und eine reflektierte Haltung verlangt. Lehrerinnen und Lehrer sind dabei nicht nur Anwenderinnen und Anwender technischer Lösungen, sondern Gestalter von Lernumgebungen, in denen sich jedes Kind, unabhängig von Herkunft, Fähigkeit oder Lernweg, ernst genommen, gefördert und gefordert fühlt.

Literatur

AI Campus. (2024). *Der Lernplattform für Künstliche Intelligenz.* https://ki-campus.org/. Zugegriffen am 03.05.2025.

Bitkom. (2023). *Digitale Bildung 2023: Künstliche Intelligenz in der Schule.* https://www.bitkom.org/Presse/Presseinformation/BitkomStudieDigitaleBildungundKIinSchulen2023. Zugegriffen am 08.05.2025.

BMBF – Bundesministerium für Bildung und Forschung. (2023). *KI in der Bildung – Pilotprojekte für die Schule.* https://www.bmbf.de/bmbf/de/bildung/digitalebildung/kiinderbildung/kiinderbildung.html. Zugegriffen am 05.05.2025.

Bocconi, S., Chioccariello, A., Dettori, G., Engelhardt, K., Kampylis, P., & Voogt, J. (2022). *Developing computational thinking in compulsory education – Implications for policy and practice.* EUR 30665 EN, Publications Office of the European Union. https://doi.org/10.2760/145019

Choi, J., Ribeiro, A. H., & Goodman, B. (2020). Teaching artificial intelligence: Exploring effective strategies for undergraduate education. *Proceedings of the AAAI Conference on Artificial Intelligence, 34*(9), 13670–13674. https://doi.org/10.1609/aaai.v34i09.7089

Druga, S., Williams, R., Breazeal, C., & Resnick, M. (2017). „Hey Google is it OK if I eat you?": Initial explorations in child-agent interaction. In *Proceedings of the 2017 conference on interaction design and children* (S. 595–600). https://doi.org/10.1145/3078072.3084330

Eickelmann, B., & Drossel, K. (2020). *Schule digital – der Länderindikator 2020: Kompetenzorientierter Unterricht mit digitalen Medien.* Waxmann. https://doi.org/10.31244/9783830992580

Eickelmann, B., Gerick, J., & Bos, W. (Hrsg.). (2020). *Schule digital – der Länderindikator 2020: Kompetenzorientierter Unterricht mit digitalen Medien.* Waxmann. https://doi.org/10.31244/9783830992580

Eickelmann, B., Labusch, A., & Vennemann, M. (2021). Digitale Bildung für alle – Herausforderungen und Perspektiven für mehr Bildungsgerechtigkeit. In S. Mikelskis-Seifert & I. Parchmann (Hrsg.), *Digitalisierung in der Schule* (S. 145–162). Waxmann.

Fellnhofer, K., & Wild, B. (2021). Artificial intelligence education and the elements of AI. In: *Proceedings of the 13th international conference on computer supported education.* https://doi.org/10.5220/0010484905940601

Fobizz. (2024). *Digitale Lehrerfortbildung im Bereich KI.* https://fobizz.com. Zugegriffen am 05.05.2025.

Garet, M. S., Porter, A. C., Desimone, L., Birman, B. F., & Yoon, K. S. (2001). What makes professional development effective? Results from a national sample of teachers. *American Educational Research Journal, 38*(4), 915–945. https://doi.org/10.3102/00028312038004915

Gunkel, D. J. (2020). *An introduction to ethics in robotics and AI.* MIT Press.

Hasso-Plattner-Institut (HPI). (2024). *KI-Toolbox Grundschule.* https://hpi.de/schulcloud/angebote/ki-toolbox-grundschule.html. Zugegriffen am 01.05.2025.

Hattie, J. (2023). *Visible learning: The Sequel: A synthesis of over 2,100 meta-analyses relating to achievement.* Routledge.

Heid, U., & Wernsmann, M. (2023). Künstliche Intelligenz und Bildung: Interdisziplinäre Perspektiven für Schule und Hochschule. *Zeitschrift für Didaktik der Gesellschaftswissenschaften, 14*(2), 35–52. https://doi.org/10.3224/zgdg.v14i2.03

Hochschulforum Digitalisierung. (2022). *KI in der Lehrer:innenbildung: Didaktische Konzepte und Praxisbeispiele.* HFD Arbeitspapier Nr. 60. https://hochschulforumdigitalisierung.de/sites/default/files/dateien/HFD_AP_60_KI_Lehrerbildung.pdf. Zugegriffen am 05.05.2025.

Höttges, S., & Schulz, A. (2021). *KI in Schule und Unterricht – Wie Künstliche Intelligenz das Lernen verändert.* Bertelsmann Stiftung. https://www.bertelsmann-stiftung.de/de/publikationen/publikation/did/ki-in-schule-und-unterricht. Zugegriffen am 05.05.2025.

Ifenthaler, D., & Yau, J. Y.-K. (2020). Utilising learning analytics to support study success in higher education: A systematic review. *Educational Technology Research and Development, 68*, 1961–1990. https://doi.org/10.1007/s11423-020-09788-z

Informatik-Monitor. (2024). *Informatik-Monitor 2024/25.* Gesellschaft für Informatik; Stifterverband; Heinz-Nixdorf-Stiftung. https://informatik-monitor.de/2024-25. Zugegriffen am 30.07.2025.

Kalelioğlu, F. (2015). A new way of teaching programming skills to K-12 students: Code.org. *Computers in Human Behavior, 52*, 200–210. https://doi.org/10.1016/j.chb.2015.05.047

Kerres, M. (2018). *Mediendidaktik: Konzeption und Entwicklung digitaler Lernangebote* (5. Aufl.). De Gruyter Oldenbourg.

Kerres, M. (2022). *Diklusion: Bildung in der digitalen Welt inklusiv gestalten.* Friedrich Verlag. https://www.friedrich-verlag.de/Diklusion. Zugegriffen am 30.07.2025.

KI-Campus. (2024). *Lernplattform für Künstliche Intelligenz.* https://ki-campus.org. Zugegriffen am 06.05.2025.

Kultusministerkonferenz (KMK). (2024). *Startchancen-Programm. Kultusministerkonferenz.* https://www.kmk.org. Zugegriffen am 05.05.2025.

Landesjugendring Baden-Württemberg. (2023). *Das ist unser Ganztag – Jugendgerechte Bildungslandschaften gestalten.* https://ljrbw.de/beschluesse/reader/das-ist-unser-ganztag. Zugegriffen am 30.07.2025.

Learnattack. (2025). *Lernplattform für Schule: Erklärvideos, interaktive Aufgaben und individuelle Förderung.* https://learnattack.de/. Zugegriffen am 01.10.2025.

Lipowsky, F. (2020). Nachhaltigkeit von Lehrerfortbildungen – Bedingungen, Konzepte und Perspektiven. In W. Bos, B. Eickelmann, & J. Gerick (Hrsg.), *Digitalisierung in der Lehrerbildung: Perspektiven aus der Bildungsforschung* (S. 213–231). Waxmann.

Lipowsky, F., & Rzejak, D. (2019). Wirkungen von Lehrerfortbildungen auf die Unterrichtsqualität: Befunde und Gestaltungsempfehlungen. In E. Terhart, H.-G. Bennewitz, & M. Rothland (Hrsg.), *Handbuch der Forschung zum Lehrerberuf* (2. Aufl., S. 1279–1296). Waxmann.

Long, D., & Magerko, B. (2020). What is AI literacy? *Computing in Science & Engineering, 22*(1), 4–13. https://doi.org/10.1109/MCSE.2020.2968510

Niedersächsisches Kultusministerium. (2020). *Informatik wird ab dem Schuljahr 2023/2024 Pflichtfach – Weitere Qualifizierungskurse für Lehrkräfte starten [Presseinformation].* https://www.mk.niedersachsen.de/startseite/aktuelles/presseinformationen/informatik-wird-ab-dem-schuljahr-2023-2024-pflichtfach-weitere-qualifizierungskurse-fur-lehrkrafte-starten-184807.html. Zugegriffen am 30.07.2025.

Niedersächsisches Kultusministerium. (2024). *Schule gestalten – Freiräume nutzen. Handreichung für Schulleitungen und Lehrkräfte.* https://www.mk.niedersachsen.de/startseite/aktuelles/schule_gestalten_freiraume_nutzen/schule-gestalten-freiraume-nutzen-224546.html. Zugegriffen am 30.07.2025.

Schiefner-Rohs, M., & Muuß-Merholz, J. (2020). Digitale Transformation und Schule: Bedingungen für gelingende Fortbildung. In A. Breiter et al. (Hrsg.), *Bildung und Digitalisierung – Konstellationen, Konzepte, Konsequenzen* (S. 215–232). Springer VS.

Schneider, J., & Ralle, B. (2021). Schulinterne Lehrerfortbildung als Organisationsentwicklung: Erfahrungen, Modelle, Perspektiven. *Zeitschrift für Bildungsforschung, 11*(3), 395–410. https://doi.org/10.1007/s35834-021-00301-3

Schratz, M. (2014). Professionelles Lernen in der Schule: Vom kollegialen Austausch zur kollaborativen Praxis. *Zeitschrift für Pädagogik, 60*(5), 678–692.

Tulodziecki, G., Herzig, B., & Grafe, S. (2019). *Medienbildung und Digitalisierung: Eine Einführung.* Klinkhardt.

Walkington, C. (2013). Using adaptive learning technologies to personalize instruction to student interests: The impact of relevant contexts on performance and learning outcomes. *Journal of Educational Psychology, 105*(4), 932–945. https://doi.org/10.1037/a0031882

Wenger, E. (1998). *Communities of practice: Learning, meaning, and identity.* Cambridge University Press.

Wiesner, C., Herzig, B., & Irion, T. (2022). Qualifizierungsangebote für Lehrkräfte im Bereich KI. *Tendenzen und Perspektiven der Medienbildung, 9*(1), 54–68. https://doi.org/10.21240/mpaed/09/2022.10.18.X

Wing, J. M. (2006). Computational thinking. *Communications of the ACM, 49*(3), 33–35. https://doi.org/10.1145/1118178.1118215

Zawacki-Richter, O., Marín, V. I., Bond, M., & Gouverneur, F. (2019). Systematic review of research on artificial intelligence applications in higher education – Where are the educators? *International Journal of Educational Technology in Higher Education, 16*(1), 1–27. https://doi.org/10.1186/s41239-019-0171-0

KI im Klassenzimmer

3

Die Integration von Künstlicher Intelligenz (KI) in den Unterricht ist kein Zukunftsszenario, sondern kann bereits jetzt Teil des pädagogischen Alltags, zum Beispiel in Form automatisierter Feedbacksysteme, adaptiver Lernplattformen oder generativer Schreibassistenzen sein. Doch wie lassen sich diese Technologien sinnvoll in bestehende didaktische Konzepte einbetten? Welche Fachlogiken müssen berücksichtigt werden? Und wie kann die Lehrkraft ihre professionelle Gestaltungshoheit bewahren, ohne sich technisch überfordert zu fühlen? Dieses Kapitel führt in die didaktischen Prinzipien ein und zeigt schulpraktische Anwendungsszenarien auf. Dabei steht stets im Vordergrund, dass KI den Unterricht nicht ersetzen, sondern erweitern, differenzieren und individualisieren soll.

3.1 Didaktische Prinzipien für den KI-Einsatz im Unterricht

Die Integration Künstlicher Intelligenz in den Unterricht wirft eine zentrale Frage auf, die allen technischen Überlegungen vorgelagert ist: Wozu setzen wir KI im Unterricht überhaupt ein und wie gestalten wir ihren Einsatz so, dass er pädagogisch sinnvoll, lernwirksam und ethisch verantwortbar bleibt? Die Versuchung, neue digitale Werkzeuge aus reinem Innovationsinteresse zu nutzen, ist groß. Doch genau hierin liegt die erste didaktische Herausforderung: Nicht die Technik darf den Unterricht steuern, sondern die pädagogische Intention muss die Auswahl, Gestaltung und Reflexion der Werkzeuge leiten.

Die Bildungsforschung ist sich in diesem Punkt einig. John Hattie (2023) betont, dass technologische Werkzeuge nur dann einen positiven Effekt auf den

M. Barenkamp, S. Barenkamp, *Künstliche Intelligenz im Schulunterricht*, https://doi.org/10.1007/978-3-658-50909-5_3

Lernerfolg haben, wenn sie didaktisch klug in klar strukturierte Lernprozesse, in eine vertrauensvolle Lernbeziehung und in aktivierende Methoden eingebettet sind, die das Denken und die Selbstverantwortung der Schülerinnen und Schüler stärken. Reine Technologie, etwa die bloße Verfügbarkeit von Tablets oder Chatbots, hat isoliert betrachtet letztlich keine nennenswerte Wirksamkeit. Sie kann diese allerdings entfalten, wenn sie eingebettet wird in zielgerichtete, kompetenzorientierte und reflektierte Lernsettings.

Der Einsatz von KI im Unterricht folgt daher keinen standardisierten Rezepten, sondern muss sich an didaktischen Prinzipien orientieren, die gleichermaßen technisch informierte wie pädagogisch durchdachte Handlungsentscheidungen ermöglichen. Im Folgenden werden Prinzipien dargestellt, die eine Leitlinie für die Gestaltung von KI-unterstütztem Unterricht bilden (Abb. 3.1).

Pädagogische Zielklarheit statt Technikbegeisterung

KI darf nicht zum Selbstzweck werden. Jede Entscheidung für ein KI-Werkzeug muss von der Frage geleitet sein, welches Lernziel damit besser (oder überhaupt erst) erreicht werden kann. So kann ein generativer Textassistent im Deutschunterricht helfen, kreative Schreibprozesse anzustoßen oder Texte zu überarbeiten. Der Fokus liegt dabei allerdings nicht auf dem Tool selbst, sondern auf der Förderung sprachlicher Ausdrucksfähigkeit, der Stärkung von Schreibmotivation und der Schulung textkritischer Kompetenzen.

Eine Lehrkraft könnte ihre Klasse beispielsweise verschiedene Textvorschläge zu einer Charakterisierung jeweils auf Basis unterschiedlich formulierter Beschreibungen einer Figur aus einem Jugendroman erstellen lassen. Die KI-Ausgaben könnten anschließend im Klassengespräch verglichen, hinterfragt und von den Schülerinnen und Schülern überarbeitet werden. Das Ziel wäre dabei selbstverständlich nicht die Übernahme der KI-generierten Texte, sondern die sehr bewusste Auseinandersetzung mit Sprache und Textqualität.

> Ein **generativer Textassistent** ist ein KI-gestütztes System, das aus kurzen Eingaben vollständige, inhaltlich passende Texte formulieren kann. Mehr dazu in Abschn. 8.3.

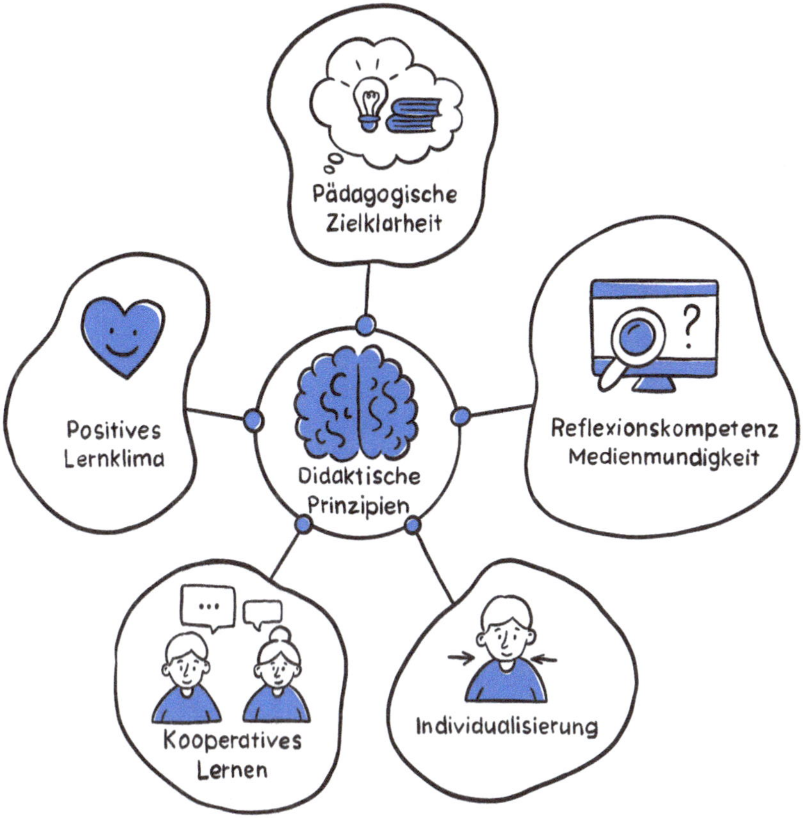

Abb. 3.1 Prinzipien für die Gestaltung von KI-unterstütztem Unterricht

Förderung von Reflexionskompetenz und Medienmündigkeit

KI kann und soll Lernprozesse anstoßen, aber sie darf keine Denkprozesse *ersetzen*. Gerade weil viele KI-Systeme wie etwa Chatbots plausibel klingende, aber teils fehlerhafte oder verzerrte Inhalte generieren können, muss ihre Nutzung stets von ausreichender kritischer Reflexion begleitet werden. Schülerinnen und Schüler sollten somit lernen, *mit KI* zu denken, nicht *durch KI* zu denken. Ein gelungener Unterricht setzt daher darauf, Prompt-Transparenz herzustellen („Was habe ich eingegeben?“), Ergebnisse zu hinterfragen („Was fehlt? Was stimmt nicht?“) und Vergleiche mit eigenen Lösungen zu ermöglichen („Wie hätte ich es gelöst?“).

> Ein **Prompt** ist eine Texteingabe, mit der eine künstliche Intelligenz zu einer bestimmten sprachlichen Handlung angeregt wird. Er besteht aus Worten oder Sätzen, die die Aufgabe, den Stil oder den gewünschten Inhalt der Antwort festlegen, und wirkt somit als eine Art Steuerung für das Verhalten des Textassistenten.

Im Politikunterricht könnte beispielsweise eine Unterrichtseinheit zum Thema „Fake News“ so gestaltet werden, dass Schülerinnen und Schüler ein KI-generiertes Nachrichtenbild zu einem aktuellen politischen Thema auf seine Wirkung hin analysieren. Der Vergleich mit authentischen Pressefotos sowie die Diskussion über Bildkomposition, Emotionalisierung und Kontextinformation würde somit nicht nur Medienkritik fördern, sondern auch ein tieferes und damit wichtiges Verständnis für die Mechanismen algorithmischer Bildgenerierung ermöglichen (KMK, 2021).

Individualisierung durch adaptive Unterstützung

Ein zentrales Versprechen von KI besteht in der Fähigkeit, konkrete Lernprozesse zu individualisieren, beispielsweise durch adaptive Rückmeldungen, niveaudifferenzierte Aufgabenstellungen oder automatisierte Textvereinfachungen. Hierbei können intelligente Lernsysteme, wie sie derzeit an verschiedenen Schulen getestet werden, Bearbeitungsmuster analysieren und gezielt Aufgaben vorschlagen, die spezifische Kompetenzbereiche fördern (Lazarides, 2025).

Im Fach Mathematik kann ein solches System eingesetzt werden, um nach jeder Aufgabenbearbeitung unmittelbares Feedback zu geben. Bei wiederkehrenden Fehlern werden den Schülerinnen und Schülern ergänzende Übungen angeboten, die gezielt auf erkannte Schwächen eingehen. Die Lehrkraft behielte dabei selbstverständlich die Übersicht über den Lernfortschritt der Klasse, während individuelle Förderung ohne permanente Einzelbetreuung ermöglicht würde.

Kooperatives Lernen mit und über KI

Der Einsatz von KI im Unterricht darf selbstverständlich nicht in isolierte Einzelleistungen münden, denn gerade in einer zunehmend von Algorithmen geprägten Welt braucht es soziale Lernformen, die das gemeinsame Nachdenken über Technologie fördern. Denkbar wäre hierbei etwa ein Szenario im Deutschunterricht, bei dem Kleingruppen literarische Textauszüge kreativ beispielsweise als Dystopie, Krimi oder Nachrichtentext umgestalten. Die selbst produzierten Texte könnten im Anschluss mit KI-generierten Varianten verglichen werden.

Diese Gegenüberstellung würde in dieser Hinsicht nicht nur die kreative Leistung der Schülerinnen und Schüler sichtbar machen, sondern auch eine kritische Auseinandersetzung mit stilistischen Entscheidungen, inhaltlicher Tiefe und sprachlicher Gestaltung anregen. Ein solches Szenario kann sowohl metakognitive Fähigkeiten als auch kollaboratives Denken fördern, also letztlich Kompetenzen, die als besonders förderlich für nachhaltiges Lernen gelten (Reiss et al., 2021; Luckin et al., 2016).

Technisch-pädagogische Verantwortung ernst nehmen

Die Nutzung von KI im Klassenzimmer ist, wie bereits erläutert, immer auch insbesondere im Hinblick auf Datenschutz, Urheberrecht und Transparenz eine Frage der Verantwortung. Lehrkräfte müssen nicht nur wissen, wie ein Programm funktioniert, sondern auch, unter welchen Bedingungen es eingesetzt werden darf. In einigen Bundesländern wurden deshalb Systeme eingerichtet, über die Schulen datenschutzkonform mit KI-basierten Text- oder Dialogsystemen arbeiten können.

Eine Schule kann in diesem Fall im Rahmen eines Projekttages eine Unterrichtsreihe gestalten, in der Schülerinnen und Schüler lernen, eigene KI-Prompts zu entwickeln, die Ergebnisse zu interpretieren und dabei gleichzeitig zu hinterfragen, wie die dahinterliegenden Datenmengen beschaffen sind, wer sie kontrolliert und welche sozialen Implikationen dies hat. Solche Projekte würden technische Kompetenz ideal mit digitalkritischer Bildung verbinden (vgl. KMK, 2021).

Aufbau eines positiven Lernklimas

Auch wenn KI-Systeme mittlerweile sehr leistungsfähig sein können, so können sie eines nicht, nämlich ein positives Klassenklima erzeugen. Diese Aufgabe bleibt unersetzlich bei der Lehrkraft und Studien zeigen immer wieder, dass die emotionale Qualität der Lehrer-Schüler-Beziehung ein zentraler Faktor für gelingende Lernprozesse gerade in digitalen Kontexten ist, in denen Orientierung, Struktur und Vertrauen besonders wichtig sind. Erst wenn sich Schülerinnen und Schüler sicher fühlen, beginnt wirkliche Partizipation (Hattie, 2023).

In der Lehrkräftebildung könnte dieses Prinzip beispielsweise durch eine Übung erfahrbar gemacht werden, bei der zwei Teams ein digitales Unterrichtsszenario planen. Das eine ist hierbei rein technikzentriert, das andere mit empathischer Einstiegsphase, strukturierendem Feedback und aktivierender Gesprächsführung. Die Auswertung würde verdeutlichen, wie stark Beziehung und Resonanz auch in technisch geprägten Settings lernwirksam sind (Lazarides, 2025).

Fehlerfreundlichkeit
Ein Unterricht, der auf KI basiert, muss nicht nur technisch vorbereitet, sondern auch didaktisch resilient gestaltet sein. Wenn die Internetverbindung ausfällt oder eine Plattform überlastet ist, darf das Lernziel deshalb nicht verloren gehen. Lehrkräfte, die KI im Unterricht nutzen, brauchen nicht nur Toolkenntnisse, sondern auch die Fähigkeit, kompetent mit Unwägbarkeiten umzugehen.

Beispielsweise könnte in einem solchen Fall eine Lehrkraft in einer Biologiestunde eine Visualisierung einer interaktiven Zellmodellierung mit KI geplant haben. Bei technischem Ausfall müsste die geplante Darstellung durch eine analoge Gruppenarbeit ersetzt werden, bei der die Bestandteile der Zelle auf großen Papierbögen dargestellt und später gemeinsam mit zuvor generierten Bildern verglichen werden. Die pädagogische Wirkung bestünde hierbei also nicht nur in der Wissensaneignung, sondern auch in der Erfahrung von Selbstwirksamkeit im Umgang mit Unvorhergesehenem (vgl. Reiss et al., 2021).

3.2 Fachspezifische Beispiele und Szenarien

Während die vorherigen Ausführungen grundsätzliche didaktische Leitlinien für den Einsatz von KI im schulischen Kontext exemplarisch skizziert haben, richtet sich der Blick nun auf die konkrete Unterrichtspraxis in den Fächern. Wie können KI-gestützte Werkzeuge fachlich sinnvoll eingebettet werden? Welche Lernsituationen lassen sich besonders gewinnbringend durch KI unterstützen? Und wo liegen fachliche Chancen, aber auch mögliche Begrenzungen?

Der folgende Abschnitt adressiert diese Fragen anhand exemplarischer Fächer und konkreter Szenarien, die sowohl die Potenziale als auch die didaktischen Fallstricke sichtbar machen. Dabei geht es nicht um fertige Unterrichtskonzepte, sondern um Denkmodelle, die Anschluss an die Lebenswelt der Schülerinnen und Schüler finden und auf bildungspolitische Zielvorstellungen wie individuelle Förderung, kritische Urteilskraft, Kreativität und Selbstverantwortung einzahlen können.

3.2.1 Deutsch: Sprachproduktion, Textkritik und Schreibkompetenz

Der Deutschunterricht bietet vielfältige Anknüpfungspunkte für den Einsatz generativer KI. So könnten Schülerinnen und Schüler mithilfe eines Textgenerators kreative Schreibideen entwickeln, Argumentationslinien erproben oder Sachtexte sprachlich vereinfachen. Ein didaktisch besonders geeigneter Zugang liegt in der Gegenüberstellung eigener und KI-generierter Texte. Dabei könnten Schülerinnen und Schüler nicht nur Unterschiede im Schreibstil, in der Textlogik oder der sprachlichen Angemessenheit analysieren, sondern auch ein Gespür für Sprachnuancen entwickeln. Gerade in der Oberstufe lassen sich auf diese Weise Schreibprozesse differenzierter reflektieren, wie etwa im Rahmen von Erörterungen oder literarischen Analysen.

Beispielszenario

Ein konkretes Beispiel für die Integration von KI-gestütztem Feedback in den Deutschunterricht zeigt sich an der Erich-Kästner-Gemeinschaftsschule in Ostfildern. Dort gestaltet der Deutschlehrer seinen Unterricht so, dass Künstliche Intelligenz als Teil einer durchdachten Lernarchitektur wirkt. Zu Beginn jeder Stunde erhalten die Schülerinnen und Schüler einen QR-Code, mit dem sie sich auf Tablets in ein schulisch zugelassenes Chatbot-System einloggen.

Dieses System führt die Schülerinnen und Schüler durch Aufgaben, die auf Textverstehen, Interpretation und schriftlicher Reflexion basieren. So begegnen ihnen zum Beispiel Fragen zu literarischen Gattungen, wie etwa den Merkmalen der Kurzgeschichte, zu Figurenkonstellationen oder stilistischen Besonderheiten eines Textes. Die Eingaben der Schülerinnen und Schüler werden vom Chatbot nicht bewertet, sondern aufgegriffen, weitergedacht und bei Bedarf hinterfragt. Das System regt an, gibt Rückmeldungen wie „Bitte überprüfe noch einmal den Textabschnitt“ oder verweist gezielt auf Aspekte, die bislang unberücksichtigt blieben.

Die Lehrkraft bleibt dabei präsent, beobachtet die Interaktionen, greift gezielt ein und kann über ein Dashboard die Lernverläufe analysieren. Besonders hilfreich ist die Möglichkeit, sprachliche Unterstützung anzubieten: Der Chatbot beherrscht mehrere Sprachen, was mehrsprachigen Schülerinnen und Schülern eine gleichberechtigte Teilhabe ermöglicht und dies ohne die kognitiven Anforderungen zu reduzieren.

Ein **Dashboard** ist eine digitale Benutzeroberfläche, die wichtige Informationen übersichtlich und in Echtzeit darstellt. Im schulischen Kontext zeigt es einer Lehrkraft beispielsweise auf einen Blick, wie weit einzelne Schülerinnen und Schüler in einer Übungseinheit fortgeschritten sind, welche Aufgaben sie bereits bearbeitet haben, an welchen Stellen typische Fehler auftreten und welche Kompetenzen noch unsicher sind.

Am Ende der Stunde bewerten die Schülerinnen und Schüler über einen weiteren QR-Code den Unterricht. Die Bewertung erfolgt niedrigschwellig durch Sterne und freie Kommentare.

Dieses Beispiel zeigt exemplarisch, wie KI im Deutschunterricht als dialogischer Partner fungieren kann, der individuelles Lernen unterstützt, Rückmeldeschleifen eröffnet und Differenzierung im Regelunterricht ermöglicht. Entscheidend bleibt dabei die Rolle der Lehrkraft, die den Einsatz didaktisch rahmt, die Inhalte verantwortet und die Qualität der Interaktion professionell steuert (Meisoll, 2025).

3.2.2 Fremdsprachen: Dialogtraining und Wortschatzarbeit

In modernen Fremdsprachen bieten KI-gestützte Dialogsysteme die einzigartige Möglichkeit, sprechend zu lernen. Schülerinnen und Schüler könnten mit einer KI Gespräche führen, die sich an ihrem individuellen Niveau orientieren und ihnen in Echtzeit Rückmeldungen geben. Anders als in statischen Übungsformaten ist hier eine direkte authentische, fehlerfreundliche und wiederholbare Kommunikation möglich. Szenarien wie das Rollenspiel „Hotelrezeption" oder „Arztbesuch im Ausland" lassen sich in Simulationen einüben und anschließend sprachlich reflektieren.

Beispielszenario
Ein Unterrichtsbaustein besteht darin, dass Schülerinnen und Schüler eine Reise ins Ausland planen. Sie simulieren dabei mit der KI ein Telefongespräch mit einem Hotel oder eine Beschwerdesituation am Flughafen. Dabei entstehen Dialoge, die anschließend in Partnerarbeit transkribiert und auf sprachliche Strategien untersucht werden. Die Lehrkraft wählt nun typische Formulierungen aus und erarbeitet mit der Klasse Redemittel, Idiome, Alternativen und kulturelle Konventionen.

3.2.3 MINT-Fächer: adaptive Aufgaben, Modellierungen und Feedbackkultur

Die MINT-Fächer bieten aufgrund ihrer Struktur besonders viele Anknüpfungspunkte für KI. In der Mathematik werden Aufgaben adaptiv an den Leistungsstand der Schülerinnen und Schüler angepasst. Lernsysteme sind hierbei in der Lage, Lösungswege nachzuvollziehen und individuelle Hinweise zu geben, etwa bei Rechenfehlern oder konzeptuellen Missverständnissen. Eine solche Rückmeldung erfolgt hierbei nicht wertend, sondern unterstützend und kann die Fehlerkultur im Unterricht dadurch positiv beeinflussen.

Beispielszenario
In einer Einheit zur Bruchrechnung wird eine KI dazu genutzt, individuelle Fehlerprofile zu erstellen. Schülerinnen und Schüler bearbeiten Aufgaben am Tablet und die KI erkennt typische Fehler (z. B. bei der Erweiterung oder Kürzung) und bietet gezielte Übungen diesbezüglich an. Die Lehrkraft nutzt dabei ein modernes interaktives Dashboard zur Überblicksgewinnung wie zum Beispiel bettermarks, eine digitale Mathematikplattform für die Klassen 4 bis 13, und kann somit einzelne Gruppen gezielt unterstützen. Am Ende steht eine Reflexionsphase, in der die Schülerinnen und Schüler ihren eigenen Fortschritt verbalisieren sollen.

Im naturwissenschaftlichen Unterricht wird KI eingesetzt, um komplexe Prozesse zu visualisieren oder hypothetische Experimente zu simulieren. Denkbar ist ein Unterrichtsszenario, in dem chemische Reaktionen als animierte Modelle plastisch dargestellt werden, die auf definierte Parameterveränderungen in Echtzeit reagieren. Die Auswertung von Messdaten wird ebenso durch KI assistiert, etwa durch die Identifikation von Anomalien oder die Vorhersage von beispielsweise fehlenden Werten.

Beispielszenario
In einer Chemieeinheit zur Reaktionsgeschwindigkeit verändern Schülerinnen und Schüler experimentelle Parameter (Temperatur, Konzentration, Katalysator) in einer Simulation. Die KI visualisiert die jeweilige Reaktion in Echtzeit und zeigt Molekülbewegungen sowie Reaktionsraten. Anschließend formulieren die Schülerinnen und Schüler Hypothesen und testen diese direkt mit Änderungen am Modell. Das Erlebte wird entsprechend dokumentiert und mit realen Experimenten verglichen.

3.2.4 Geschichte: Analyse, Urteilsbildung und Perspektivenvielfalt

Gerade in Fächern wie Geschichte, Geografie oder Politik stehen nicht nur Fakten, sondern vor allem auch Deutungen, Narrative und Anschauungen im Zentrum. KI kann dazu beitragen, diese kontroversen Perspektiven aufzudecken, Argumentationsmuster zu analysieren oder alternative Erklärungen zu generieren. So kann eine Klasse verschiedene historische Einschätzungen eines identischen Ereignisses von einer KI generieren lassen, um diese anschließend kritisch zu vergleichen: Wer spricht? Mit welcher Intention? Was wird betont, was verschwiegen?

Beispielszenario
In einer Geschichtseinheit zum Thema „Mauerbau 1961" wird die KI beauftragt, aus verschiedenen politischen Perspektiven (westlich, östlich, neutral) eine kurze Darstellung zu liefern. Die Schülerinnen und Schüler analysieren diese Texte in Gruppen, markieren Framing-Elemente und rekonstruieren, welche konkreten historischen Narrative transportiert werden. Die Ergebnisse werden gesammelt und gemeinsam diskutiert.

3.2.5 Kunst: Kreative Erweiterung und neue Darstellungsformen

Auch in den praktisch-kreativen Fächern lassen sich Einsatzmöglichkeiten von KI finden. Im Kunstunterricht werden beispielsweise Bildgeneratoren verwendet, um Stile bekannter Künstler und Epochen zu imitieren, visuelle Konzepte zu erproben oder Ideen in neue Kontexte zu übertragen. Ein Unterrichtsprojekt besteht beispielsweise darin, eine klassische Bildkomposition in einem anderen kulturellen oder historischen Rahmen generieren zu lassen und anschließend gestalterisch zu interpretieren.

Beispielszenario
In einer Einheit zu „Stillleben und Symbolik" könnten Schülerinnen und Schüler ein barockes Stillleben durch eine KI in ein futuristisches Setting übersetzen lassen. Die Klasse analysiert, welche Elemente wie transformiert wurden und welche Konnotationen verloren oder hinzugewonnen wurden. Im Anschluss gestalten sie sogar eigene Varianten und reflektieren ästhetische Entscheidungen.

3.2.6 Religion/Ethik: Wertebildung, Perspektivwechsel und Argumentieren

Fächer mit weltanschaulichem und philosophischem Bezug bieten durchaus vielfältige Möglichkeiten, KI als Impulsgeber für Reflexion, Diskussion und Perspektivwechsel zu nutzen. So können Schülerinnen und Schüler moralische Dilemmata bearbeiten und die KI bitten, verschiedene Positionen aus unterschiedlichen weltanschaulichen oder kulturellen Blickwinkeln darzustellen, die eigentlich unvereinbar sind.

Beispielszenario: In einer Einheit zum Thema „Gerechtigkeit“ könnte die Klasse ein Fallbeispiel erhalten (z. B. Verteilung medizinischer Ressourcen). Die KI formuliert drei ethische Positionen und die Schülerinnen und Schüler in Gruppen analysieren die Argumentationsstruktur und bewerten die jeweilige Position vor dem Hintergrund ihrer eigenen Werte.

3.2.7 Wirtschaft: Berufswelt, Zukunftskompetenzen und KI-Verständnis

Gerade in den berufsorientierenden Fächern ist der KI-Einsatz gleich mehrfach anschlussfähig. Einsatzbar ist sie hier zum einen als ein Thema, aber zum anderen auch als Werkzeug selbst. Die Analyse von Berufsbildern, Veränderungen in der Arbeitswelt oder das Erstellen von Bewerbungstexten kann durch KI unterstützt, aber auch kritisch hinterfragt werden.

Beispielszenario
Eine Klasse erstellt Bewerbungsschreiben für ein Schülerpraktikum zunächst ohne KI-Unterstützung, wobei sie nach dem ersten Entwurf Unterstützung durch eine KI erhalten, die alternative Formulierungen vorschlägt. Im Anschluss vergleichen die Schülerinnen und Schüler beide Varianten, diskutieren Sprache, Ton und Wirkung und reflektieren die Rolle automatisierter Assistenzsysteme im Bewerbungsprozess. Ergänzend recherchieren sie mithilfe der KI zu Berufsbildern und aktuellen Veränderungen durch Automatisierung.

3.2.8 Informatik: Prompt Engineering, Datenanalyse und Modellkritik

Das Fach Informatik bietet natürlich besonders direkte Zugänge zum Thema KI. Neben Grundlagenwissen über die Funktionsweise, Modellarchitekturen oder Trainingsdaten können hier auch reflektierte Kompetenzen im Umgang mit KI-Werkzeugen aufgebaut werden wie Prompt Engineering, Fehlersuche, Bias-Analyse und der Aufbau kleinerer KI-Modelle.

Beispielszenario
In einer Einheit zur Textverarbeitung beschäftigen sich Schülerinnen und Schüler mit Prompt-Optimierung. Dabei erhalten sie eine komplexe Aufgabe (z. B. „Erkläre das Prinzip der Blockchain einfach, aber korrekt“), die sie in Kleingruppen

mit unterschiedlichen Prompts bearbeiten. Die erhaltenen generierten Ergebnisse werden verglichen, bewertet und dokumentiert. Parallel erarbeiten sie die Kriterien eines „guten Prompts“ und reflektieren, wie Sprache das Ergebnis beeinflusst. Abschließend diskutieren sie ethische Fragen wie Transparenz, Trainingsdaten und Bias.

3.2.9 Philosophie: Sprachkritik und Argumentationslogik

Im Philosophieunterricht kann KI als Diskussionsimpuls dienen oder zur gezielten Reflexion über Sprache, Wahrheit und Erkenntnis eingesetzt werden. KI-Systeme erzeugen letztlich ohne Bewusstsein oder Intentionalität Texte und gerade dieser Unterschied zwischen Mensch und Maschine bietet einen reichhaltigen Zugang zu erkenntnistheoretischen Fragen.

Beispielszenario
Die Schülerinnen und Schüler formulieren ein ethisches Problem (z. B. „Darf man lügen, um ein Leben zu retten?“) und lassen sich dazu Stellungnahmen von der KI generieren. Diese dienen nun als Ausgangspunkt für eine Argumentationsanalyse. Hierbei werden Fragen adressiert wie: Welche Prämissen werden gesetzt? Gibt es logische Brücken oder Fehlschlüsse?

Fachspezifische Einsatzszenarien können das Potenzial von KI im Unterricht somit konkret erfahrbar machen. Entscheidend ist jedoch, dass die Technik nicht das Fachliche übertrumpft. Der Mehrwert liegt nicht in der Digitalisierung an sich, sondern in der intelligenten didaktischen Rahmung. Wenn KI dazu beiträgt, fachliche Tiefenstrukturen zu erschließen und Schülerinnen und Schüler zum Denken anzuregen und Differenzierung zu ermöglichen, dann kann sie eine wertvolle Bereicherung darstellen. Voraussetzung bleibt eine souveräne Lehrkraft, die didaktisch führt, kritisch auswählt und reflektiert einbettet.

3.3 KI-gestützter Unterricht konkret: Ausgearbeitete Szenarien für die Primarstufe

Die Diskussion um den Einsatz von KI in der Schule wird bislang fast ausschließlich im Kontext weiterführender Schulformen geführt. Doch auch in der Primarstufe sind erste Schritte in KI-gestützten Lernprozessen möglich, wenn sie altersgemäß gestaltet, pädagogisch durchdacht und methodisch eingebettet sind. Die hier vorgestellten Szenarien zeigen exemplarisch, wie digitale Werkzeuge mit

KI-Funktionalität Lernprozesse in der Grundschule unterstützen können, ohne die Schülerinnen und Schüler zu überfordern oder die pädagogische Beziehung zu schwächen.

Dabei steht nicht die Technologie im Mittelpunkt, sondern das, was Kinder durch sie lernen können, nämlich wie man Informationen strukturiert, sprachlich gestaltet, kreativ verarbeitet oder kritisch hinterfragt. Die Technik wird auf das reduziert, was sie in diesem Alter sein soll, nicht mehr als ein unterstützendes Medium für aktives, entdeckendes Lernen. Im Zentrum stehen Neugier, Staunen und selbsttätiges Handeln und nicht Automatisierung oder Leistungsmessung.

Die Auswahl der nachfolgenden Szenarien soll eine möglichst breite Darstellung ermöglichen. KI darf in allen der vorgestellten Szenarien in der Primarstufe nicht als eigenständiges Thema, sondern als Werkzeug im Dienst des Lernens eingesetzt werden mit klaren Grenzen, behutsamer Anleitung und stets im Dienst einer kindgerechten Didaktik.

3.3.1 Deutsch: Eine Geschichte schreiben mit Hilfe von KI-generierten Bildern

Thema: Fantasiegeschichten entwickeln und verschriftlichen

Jahrgangsstufe: 3. Klasse

Kompetenzschwerpunkte: Erzählen und Schreiben einfacher Geschichten, Aufbau sprachlicher Kohärenz sowie Kreativität, Bildimpulsverarbeitung, mündlich-schriftlicher Ausdruck

Zielstellung: Die Schülerinnen und Schüler entwickeln auf Grundlage von KI-generierten Bildern eigene Fantasiegeschichten. Sie üben dabei, sprachlich zusammenhängende Texte zu verfassen, Handlungsverläufe zu planen und Figuren sprachlich zu charakterisieren.

Einstieg (im Klassengespräch, 10 min): Die Lehrkraft zeigt ein ungewöhnliches Bild, das mit einer Bild-KI erzeugt wurde (beispielsweise ein fliegendes Haus über einem Wasserfall mit sprechenden Tieren). Die Klasse beschreibt, was zu sehen ist, sammelt erste Ideen: Wer lebt dort? Was passiert dort? Welche Stimmung herrscht?

Ideenfindung (Partnerarbeit, 15 min): Die Schülerinnen und Schüler wählen ein weiteres KI-generiertes Bild aus einer vorbereiteten Galerie. In Partnerarbeit überlegen sie sich eine passende Geschichte: Wer ist die Hauptfigur? Wo spielt die Geschichte? Was passiert zuerst, was zum Schluss?

Textproduktion (Einzelarbeit, 25 min): Die Kinder schreiben ihre Geschichte selbstständig mit klarer Struktur auf. Die Lehrkraft unterstützt mit Schreibrahmen (beispielsweise Satzanfängen) und stellt einfache Wortlisten zur Verfügung. Ziel ist ein kreativer, erzählerisch nachvollziehbarer Text.

Präsentation und Reflexion (im Klassengespräch, 15 min): Einige Kinder lesen ihre Geschichten vor. Die Klasse hört zu und überlegt: Passt die Geschichte zum Bild? Ist die Handlung spannend? Haben wir uns ähnliche Dinge vorgestellt? Die Rolle der Bilder wird reflektiert und es wird geprüft, ob sie geholfen haben, Ideen zu finden.

Didaktischer Kommentar: Gerade im Anfangsunterricht des Schreibens können visuelle Impulse Türen zur Fantasie öffnen. KI-generierte Bilder bieten dabei eine neue Form von Anregung. Sie sind fremd genug, um ungewöhnlich zu sein, gleichzeitig aber auch offen genug, um eigene Gedanken zu ermöglichen. Entscheidend ist, dass die Kinder nicht über das Bild sprechen *müssen*, sondern *dürfen*. Die Geschichte bleibt ihr eigenes Werk.

Transparenz und Medienbildung: Die Lehrkraft erklärt in einfacher Sprache, dass die Bilder von einem Computer erzeugt wurden, der viele andere Bilder „gelernt" hat. Es wird bewusst gemacht, dass die Bilder keine echten Fotos sind. Die Kinder lernen, zwischen Fantasie und Realität zu unterscheiden.

Differenzierung:

- Kinder mit Förderbedarf erhalten strukturierende Hilfen wie Schreibpläne oder Piktogramme
- Stärkere Kinder dürfen Dialoge einbauen oder mehrere Bilder verknüpfen
- Erweiterung: Die Bilder und Geschichten können in einem digitalen Bilderbuch gesammelt und veröffentlicht werden

3.3.2 Sachunterricht: Tier-Steckbriefe erstellen mit KI-gestützter Recherchehilfe

Thema: Tiere in ihrer Umwelt – Informationen strukturieren und darstellen

Jahrgangsstufe: 4. Klasse

Kompetenzschwerpunkte: Wissen über Tiere, Strukturierung und Darstellung von Sachinformationen sowie Informationsentnahme, Medienkompetenz, Präsentationsfähigkeit

Zielstellung: Die Schülerinnen und Schüler recherchieren Informationen über ein selbst gewähltes Tier mithilfe einer altersgerecht geführten KI-Anwendung wie zum Beispiel dem „Tier Bot" im gesicherten Raum bei fobizz. Sie strukturieren die Informationen in einem Steckbrief und gestalten ein Plakat oder ein digitales Poster.

Einstieg (im Klassengespräch, 10 min): Die Lehrkraft fragt: „Welches Tier würdet ihr gerne einmal erforschen?" Es wird gemeinsam geklärt, was man über ein Tier wissen kann (Lebensraum, Nahrung, Feinde, Besonderheiten) und wie man diese Informationen verständlich darstellen kann.

Recherchieren mit KI (Partnerarbeit, 20 min): Die Kinder wählen ein Tier aus und stellen mit Unterstützung der Lehrkraft einfache Fragen an eine kindgerechte KI-Anwendung (beispielsweise „Was frisst ein Igel?" oder „Wo leben Koalas?"). Die Antworten werden gemeinsam gelesen, markiert und notiert. Die Lehrkraft unterstützt dabei, unklare Formulierungen zu klären.

Steckbriefgestaltung (Einzel- oder Partnerarbeit, 25 min): Die Schülerinnen und Schüler übertragen die Informationen in eine vorstrukturierte Steckbrief-Vorlage. Sie formulieren einfache Sätze, ergänzen passende Bilder (gezeichnet oder gedruckt) und gestalten ihren Steckbrief anschaulich. Wer möchte, kann auch ein digitales Plakat mit Unterstützung erstellen.

Präsentation und Auswertung (im Klassengespräch, 15 min): Die Kinder stellen ihre Tiersteckbriefe vor. Die Klasse überlegt: Was war besonders spannend? Gab es Informationen, die überraschten? Wie gut konnte man die Texte verstehen? Abschließend wird reflektiert: Hat die KI beim Recherchieren geholfen? Woran erkennt man gute Informationen?

Didaktischer Kommentar: Die KI dient in diesem Szenario als unterstützendes Rechercheinstrument, das kindgerecht strukturiert sein muss, beispielsweise durch klare Fragestellungen, begrenzte Antwortlänge und begleitete Interpretation. Entscheidend ist nicht die Vollständigkeit der Information, sondern primär der Prozess des Ordnens, Auswählens und Darstellens. Die KI hilft hier, Barrieren im Zugang zu Sachtexten zu reduzieren, ohne das selbstständige Denken zu ersetzen.

Transparenz und Medienbildung: Die Lehrkraft erklärt, dass die KI keine Tiere „kennt", sondern Informationen aus vielen Texten neu formuliert. Es wird geübt, Antworten zu hinterfragen (beispielsweise „Woher weiß die KI das?") und mit anderen Quellen zu vergleichen.

Differenzierung:

- Kinder mit geringer Lesekompetenz arbeiten mit klar strukturierten Fragen und vorgegebenen Antwortbausteinen
- Fortgeschrittene Kinder dürfen eigene Texte formulieren oder zusätzliche Informationen einfügen
- Erweiterung: Die Steckbriefe werden zu einem Klassenlexikon gebündelt

3.3.3 Mathematik: Rechengeschichten durch KI visualisieren

Thema: Mathematische Grundoperationen in Sachaufgaben erkennen und darstellen

Jahrgangsstufe: 2. Klasse

Kompetenzschwerpunkte: Verstehen und Lösen einfacher Sachaufgaben, Förderung des Operationsverständnisses sowie Visuelles Denken, Sprachförderung, kreative Darstellung

Zielstellung: Die Schülerinnen und Schüler erfinden einfache Rechengeschichten zu Plus- und Minusaufgaben und visualisieren diese mithilfe von KI-generierten Bildern. Durch die Verbindung von Sprache, Bild und Zahl entwickeln sie ein besseres Verständnis für mathematische Operationen im Alltag.

Einstieg (im Klassengespräch, 10 min): Die Lehrkraft stellt zwei Rechengeschichten vor (beispielsweise „Emma hat 5 Äpfel. Sie kauft 3 dazu.“). Gemeinsam wird geklärt: Welche Rechnung gehört dazu? Wie könnte man sich die Situation vorstellen? Was ist wichtig für eine gute Rechengeschichte?

Rechengeschichten erfinden (Partnerarbeit, 15 min): Die Kinder denken sich eigene Rechengeschichten zu einer vorgegebenen Aufgabe (beispielsweise 8 – 3 = ?) aus oder zu einer Aufgabe ihrer Wahl. Sie schreiben die Geschichte auf oder diktieren sie der Lehrkraft/Sprachassistenz.

Visualisierung mit KI (mit Unterstützung, 15 min): Die Kinder beschreiben ihre Rechengeschichte mit einfachen Worten (beispielsweise „Ein Junge hat 8 Bonbons und isst 3.“). Die Lehrkraft oder ein unterstützendes Tool wandelt diese Beschreibung in ein Bild um. Die Kinder vergleichen das Bild mit ihrer Vorstellung: Passt es? Muss man etwas ändern?

Mathematik sichtbar machen (Einzelarbeit, 20 min): Die Schülerinnen und Schüler ergänzen ihre Geschichte und das Bild auf einem Arbeitsblatt. Sie notieren die Rechnung, geben eine Antwort auf die Frage und gestalten das Blatt kindgerecht.

Optional: Austausch mit Partnerkind über die Geschichte und das Bild.

Präsentation und Auswertung (im Klassengespräch, 10 min): Einige Kinder zeigen ihr Bild und erzählen ihre Rechengeschichte. Gemeinsam wird überlegt, ob die Rechnung richtig ist. Stimmt die Geschichte zur Aufgabe? Was hat die KI gut dargestellt und was war vielleicht anders als erwartet?

Didaktischer Kommentar: In der frühen Mathematikförderung hilft die enge Verknüpfung von Sprache, Handlung und Zahl beim Aufbau tragfähiger Vorstellungen. KI-generierte Bilder können dabei sowohl Impuls und Reflexionsanlass sein, solange sie nicht das Denken ersetzen. Entscheidend ist die Verbindung von eigenem Erzählen, rechnerischem Denken und bildlicher Vorstellungskraft.

Transparenz und Medienbildung: Die Lehrkraft erklärt in einfacher Sprache, dass die KI Bilder „erfindet“, die zu einer Beschreibung passen. Die Kinder lernen, kritisch zu prüfen, ob das Bild wirklich das zeigt, was sie gemeint haben.

Differenzierung:
- Kinder mit Sprachförderbedarf erhalten Satzbausteine oder Bildkarten als Hilfen
- Fortgeschrittene Kinder dürfen eigene Aufgabenpaare mit unterschiedlichem Kontext erstellen
- Erweiterung: Eine Klassenwand mit Rechengeschichten als Bild-Text-Galerie

3.3.4 Musik: Klanggeschichten mit KI gestalten

Thema: Geräusche erkennen, zuordnen und kreativ einsetzen

Jahrgangsstufe: 3. Klasse

Kompetenzschwerpunkte: Hören und Gestalten mit Klängen, strukturierte musikalische Improvisation sowie Zuhören, Teamarbeit, kreative Ausdrucksfähigkeit

Zielstellung: Die Schülerinnen und Schüler erstellen eine kurze Klanggeschichte, in der sie selbst erzeugte Geräusche mit KI-generierten Klängen kombinieren. Ziel ist das bewusste Wahrnehmen, Unterscheiden und Einsetzen von Alltagsgeräuschen im musikalischen Kontext.

Einstieg (im Klassengespräch, 10 min): Die Lehrkraft spielt drei ungewöhnliche Geräusche vor, beispielsweise raschelnde Blätter, einen Roboter oder eine knarrende Tür. Die Kinder raten, was zu hören ist. Anschließend wird gemeinsam überlegt: Woher kennt man solche Geräusche? Was lösen sie aus?

Ideensammlung (Kleingruppenarbeit, 15 min): Die Kinder denken sich eine kleine Geschichte aus, in der mindestens drei verschiedene Geräusche vorkommen, beispielsweise „Ein Ausflug in den Zauberwald“. Sie notieren den Ablauf in einfacher Sprache (beispielsweise „Im Wald raschelt es. Dann hört man einen Zauberer. Am Ende donnert es.“)

Geräusche kombinieren (Gruppenarbeit, 25 min): Die Gruppen wählen passende Geräusche aus einer KI-generierten Bibliothek wie beispielsweise MMAudio aus (beispielsweise Tierlaute, Fantasiesounds, mechanische Geräusche) und kombinieren diese mit selbst erzeugten Klängen (mit Instrumenten, Alltagsgegenständen oder Stimme). Sie proben ihre Klanggeschichte mehrmals.

Aufführung und Reflexion (im Klassengespräch, 15 min): Die Gruppen führen ihre Klanggeschichte auf. Die Zuhörenden beschreiben: Was hat man gehört? Was war besonders spannend? Welche Klänge kamen von der KI, welche von den Kindern selbst? Gemeinsam wird überlegt, was beim nächsten Mal noch verbessert werden kann.

Didaktischer Kommentar: Geräusche sind eine zentrale Brücke zwischen Lebenswelt und Musik. Die Kombination aus KI-generierten und selbst erzeugten Klängen eröffnet neue Ausdrucksmöglichkeiten, ohne den handlungsorientierten Charakter des Musikunterrichts zu verlieren. Entscheidend ist, dass die Kinder aktiv gestalten und nicht passiv konsumieren.

Transparenz und Medienbildung: Die Lehrkraft erklärt, dass die KI Klänge „errechnet", aber nicht selbst hört. Es wird darüber gesprochen, was einen echten Klang von einem künstlich erzeugten Klang unterscheidet. Die Kinder lernen, bewusst zuzuhören und Klangquellen zu vergleichen.

Differenzierung:

- Kinder mit Unterstützungsbedarf erhalten eine Geräusche-Liste mit Symbolen oder Bildern
- Stärkere Kinder dürfen eigene KI-Geräusche vorschlagen oder mit rhythmischen Elementen erweitern
- Erweiterung: Die Klanggeschichten werden aufgenommen und zu einem digitalen Hörbuch zusammengefügt

3.3.5 Kunst: Traumwelten zeichnen mit KI-gestützten Bildimpulsen

Thema: Fantasie und Wirklichkeit – eigene Bildideen entwickeln und gestalten

Jahrgangsstufe: 3. oder 4. Klasse

Kompetenzschwerpunkte: Bildbetrachtung, gestalterische Umsetzung eigener Bildideen sowie Kreativität, visuelle Ausdrucksfähigkeit, Sinnerfassung

Zielstellung: Die Schülerinnen und Schüler lassen sich von KI-generierten Fantasiebildern zu eigenen Zeichnungen anregen. Sie setzen sich mit Bildelementen auseinander, übernehmen, verändern und ergänzen diese in eigenen Arbeiten und reflektieren Unterschiede zwischen maschineller und menschlicher Gestaltung.

Einstieg (im Klassengespräch, 10 min): Die Lehrkraft zeigt ein von der KI erzeugtes Bild, beispielsweise eine Unterwasserstadt mit leuchtenden Bäumen oder ein fliegendes Klassenzimmer mit Tieren. Die Kinder beschreiben, was sie sehen, welche Details auffallen und welche Gefühle das Bild auslöst.

Impuls und Ideenfindung (Einzelarbeit, 10 min): Jedes Kind wählt ein KI-generiertes Bild aus einer vorbereiteten Auswahl. Es notiert oder erzählt zur Vorbereitung: Was passiert dort? Wer lebt an diesem Ort? Welche Farben oder Formen möchte ich übernehmen?

Gestaltungsphase (Einzelarbeit, 30 min): Die Kinder gestalten ein eigenes Bild mit Stiften, Wasserfarben oder Collagetechnik. Sie lassen sich vom KI-Bild inspirieren, ohne es zu kopieren. Wer möchte, darf neue Elemente erfinden oder das Fantasiebild mit der realen Welt kombinieren.

Bildbetrachtung und Gespräch (im Klassengespräch, 15 min): Einige Bilder werden präsentiert. Die Klasse überlegt: Woran erinnert uns das? Wie wurde das KI-Bild verändert? Was ist besonders gelungen? Die Kinder reflektieren, was sie selbst erfunden haben und was sie sich vielleicht von der KI „ausgeliehen" haben.

Didaktischer Kommentar: Kunstunterricht in der Grundschule lebt vom Entdecken, Nachahmen und Verwandeln. KI-generierte Bilder können als Impuls dienen, der die Fantasie anregt, ohne ein starres Vorbild zu sein. Entscheidend ist, dass die Kinder selbst Schöpfer ihres Werkes mit eigenen Ideen, eigenem Stil und eigener Handschrift bleiben.

Transparenz und Medienbildung: Die Lehrkraft erklärt altersgerecht, dass der Computer viele Bilder „gesehen" hat und daraus etwas Neues zusammensetzt. Die Kinder lernen, zwischen fremder Vorlage und eigener Gestaltung zu unterscheiden und über kreative Prozesse zu sprechen.

Differenzierung:

- Kinder mit Unterstützungsbedarf erhalten Formhilfen oder dürfen aus Bildteilen collagieren
- Stärkere Kinder kombinieren mehrere Impulsbilder oder fügen Textfragmente hinzu
- Erweiterung: Ausstellung der Werke mit Erklärungskarten „Was war meine Idee?"

3.3.6 Religion/Ethik: Perspektivwechsel mit KI-gestützten Geschichten

Thema: Freundschaft, Mitgefühl und faires Handeln

Jahrgangsstufe: 3. Klasse

Kompetenzschwerpunkte: Werte erkennen und benennen, ethische Urteilsbildung im Alltag sowie Perspektivübernahme, Empathie, Gesprächskompetenz

Zielstellung: Die Schülerinnen und Schüler beschäftigen sich mit dem Thema Freundschaft und reflektieren Verhaltensweisen in sozialen Situationen. KI-generierte Kurzgeschichten dienen als Impuls für Gespräche, Perspektivwechsel und Rollenspiele. Die Kinder üben, Gefühle zu benennen, Handlungsalternativen zu entwickeln und sich in andere hineinzuversetzen.

Einstieg (im Klassengespräch, 10 min): Die Lehrkraft fragt: „Was macht einen guten Freund oder eine gute Freundin aus?“ Es wird gesammelt, wann man sich über jemanden freut und wann man enttäuscht ist. Erste Beispiele aus dem Alltag werden genannt.

Impulse durch KI-Geschichte (Vorlesen, 10 min): Die Lehrkraft liest eine von der KI verfasste Kurzgeschichte vor, beispielsweise über einen Streit auf dem Pausenhof, bei dem ein Kind ausgeschlossen wurde. Die Geschichte endet offen: „Leo stand allein am Rand. Was sollten die anderen tun?“

Perspektivwechsel und Diskussion (Partnerarbeit, 15 min): In Partnerarbeit überlegen die Kinder: Wie fühlt sich Leo? Was könnten die anderen sagen oder tun? Wie wäre ich selbst in dieser Situation? Anschließend werden Ideen im Klassengespräch gesammelt.

Rollenspiel und Reflexion (Gruppenarbeit, 20 min): Kleine Gruppen spielen die Geschichte nach und erstellen eigene Enden. Sie zeigen, wie man trösten, sich entschuldigen oder helfen kann. Danach besprechen alle gemeinsam: Welche Lösung hat gut funktioniert? Was war schwer?

Didaktischer Kommentar: Die KI dient in diesem Szenario nicht als Autorität, sondern als neutraler Impulsgeber: Sie liefert anonymisierte Alltagssituationen, die die Kinder zum Nachdenken und Handeln anregen. Entscheidend ist die Offenheit der Geschichte, die Lösung entsteht somit im gemeinsamen Gespräch, nicht durch Vorgaben.

Transparenz und Medienbildung: Die Lehrkraft erklärt, dass die Geschichte nicht „wirklich passiert“ ist, sondern von einer Maschine erfunden wurde. Dies wird genutzt, um über den Unterschied zwischen echten Erfahrungen und digitalen Texten nachzudenken.

Differenzierung:
- Kinder mit Sprachschwierigkeiten können Bildkarten oder Satzanfänge nutzen
- Fortgeschrittene Kinder schreiben eine eigene Fortsetzung zur Geschichte
- Erweiterung: Sammlung von „guten Ideen für schwierige Situationen“ als Klassenposter

3.3.7 Englisch: Wortschatz festigen durch KI-gestützte Dialoge

Thema: Tiere und einfache Alltagskommunikation im Englischen

Jahrgangsstufe: 4. Klasse

Kompetenzschwerpunkte: Hörverstehen und Sprechen im Anfangsunterricht Englisch, Wortschatz zu Tieren, Farben und einfachen Tätigkeiten sowie Sprachhandlungskompetenz, Freude am Sprechen, kommunikative Sicherheit

Zielstellung: Die Schülerinnen und Schüler üben einfache englische Satzmuster, indem sie über eine betreute Anwendung wie beispielsweise Xeropan mit einem virtuellen Tier in einen einfachen Dialog treten. Die KI übernimmt die Rolle eines Tieres (beispielsweise „a talking cat"), stellt einfache Fragen oder reagiert auf Aussagen der Kinder. Dabei wird der bekannte Wortschatz wiederholt, erweitert und spielerisch angewendet.

Einstieg (im Klassengespräch, 10 min): Die Lehrkraft fragt: „Which animals do you like?" und notiert Wortvorschläge an der Tafel. Gemeinsam wird erarbeitet, welche Farben, Größen oder Tätigkeiten man beschreiben kann („a big red dog", „the cat is jumping"). Die Kinder wiederholen zentrale Satzmuster chorisch oder in Partnerarbeit.

Interaktive Phase mit der KI (Einzel- oder Partnerarbeit, 20 min): Über eine altersgerecht konfigurierte Anwendung treten die Kinder in ein Gespräch mit einem „sprechenden Tier", das einfache Fragen stellt (beispielsweise „What is your name?", „Do you like bananas?") oder auf Aussagen antwortet („That's funny!"). Die KI spricht langsam und reagiert nur auf vordefinierte Satzstrukturen. Die Kinder lesen ihre Antworten laut vor oder sprechen sie ein.

Sprachhandlungsübung (Gruppenarbeit, 15 min): Die Kinder erfinden in kleinen Gruppen eigene Tiere („a dancing giraffe", „a sleepy panda") und überlegen, was dieses Tier sagen könnte. Sie schreiben einen kurzen Dialog auf Englisch, der dann vorgelesen oder als kleines Rollenspiel mit einem Kind als „KI-Tier" aufgeführt wird.

Reflexion und Festigung (im Klassengespräch, 10 min): Die Klasse überlegt: Was hat Spaß gemacht? Welche Wörter waren neu? War es schwer, die Fragen zu verstehen? Die Kinder berichten, was das virtuelle Tier „gesagt" hat und wie sie geantwortet haben.

Didaktischer Kommentar: Die KI wird hier nicht als Wissensquelle eingesetzt, sondern als sprechendes Gegenüber, das motivierend, aber didaktisch begrenzt interagiert. Entscheidend ist die Steuerung durch die Lehrkraft: Welche Satzmuster sollen geübt werden? Welche sprachlichen Strukturen sind erlaubt? Die Kinder erleben Sprache als Medium zur Kommunikation und nicht als Vokabelliste.

Transparenz und Medienbildung: Die Lehrkraft erklärt, dass das Tier kein echtes Tier ist, sondern ein Computer, der bestimmte Wörter „gelernt" hat. Die Kinder lernen, was Spracheingabe bedeutet, und dass nicht alle Antworten „richtig" sind, sondern manchmal einfach „programmierte Reaktionen".

Differenzierung:

- Kinder mit geringer Sprachsicherheit erhalten Antwortkarten oder Bildstützen
- Fortgeschrittene Kinder dürfen neue Satzmuster ausprobieren oder eigene Fragen stellen
- Erweiterung: Die Kinder gestalten eine „Tierkartei“ mit Charaktereigenschaften und Beispieldialogen

3.3.8 Sport: Bewegungsaufgaben mit KI-generierten Bildkarten

Thema: Bewegungsspiele gestalten und umsetzen mit visuellen Bewegungsimpulsen

Jahrgangsstufe: 2.–4. Klasse

Kompetenzschwerpunkte: Bewegungserfahrung, Koordination, Reaktionsfähigkeit, Regelverständnis sowie Kreativität, Teamarbeit, Kommunikationsfähigkeit

Zielstellung: Die Schülerinnen und Schüler entwickeln kleine Bewegungsspiele und Bewegungsfolgen auf Basis von KI-generierten Bildkarten, die Figuren, Tiere oder Tätigkeiten in Bewegung darstellen. Die Bilder dienen als kreative Impulse, die die Kinder in eigene Bewegungen übersetzen. Sie trainieren dabei motorische Fähigkeiten, fördern Fantasie und bauen soziale Kompetenzen aus.

Einstieg (im Klassengespräch, 5 min): Die Lehrkraft zeigt ein KI-generiertes Bild, beispielsweise ein tanzendes Nilpferd auf einem Ball. Die Kinder beschreiben, was sie sehen und überlegen, wie man sich dazu bewegen könnte. Erste Bewegungsvarianten werden im Stehen ausprobiert.

Bewegungsimpulse entdecken (Stationenarbeit, 20 min): An vier bis fünf Stationen liegen unterschiedliche KI-Bildkarten aus: Tiere beim Turnen, Fantasiewesen beim Rennen, Roboter beim Balancieren usw. Die Kinder durchlaufen die Stationen in Gruppen, sehen sich die Karten an und entwickeln eigene Bewegungsaufgaben („Hüpfe wie der Känguru-Bär“, „Schleiche wie das Roboter-Kätzchen“).

Spielentwicklung (Gruppenarbeit, 15 min): Jede Gruppe erfindet ein kurzes Bewegungsspiel mit ihrer Lieblingskarte. Dabei werden Regeln vereinbart („Wer schafft es dreimal um das Hütchen zu schleichen, ohne umzufallen?“). Die Spiele werden mit einfachen Materialien vorbereitet und anschließend der Klasse erklärt.

Durchführung und Feedback (15 min): Die Gruppen spielen nacheinander ihre Bewegungsspiele an. Die Lehrkraft moderiert, achtet auf Sicherheit und regt zur Rückmeldung an: Was war besonders witzig? Was schwer? Gab es gute Ideen, wie man die Bewegung umsetzen konnte?

Didaktischer Kommentar: Im Primarsportunterricht geht es nicht um Leistung, sondern um Bewegungsfreude, Körpererfahrung und soziales Miteinander. KI-generierte Bilder dienen hier als „Fantasieanlass“. Sie fordern nicht zum Nachahmen auf, sondern inspirieren zu eigenständigem Handeln. Gerade weil die Darstellungen oft überzogen oder skurril sind, fördern sie das kreative und ungezwungene Ausprobieren.

Transparenz und Medienbildung: Die Lehrkraft macht deutlich, dass diese Wesen und Bewegungen nicht echt sind, sondern sie wurden vom Computer „erfunden“. So entsteht ein Gespräch über Realität und Fiktion, über digitale Erzeugnisse und echte Bewegung. Die Kinder lernen, dass man digitale Bilder zum Mitmachen und Mitdenken nutzen kann.

Differenzierung:
- Kinder mit motorischen Einschränkungen erhalten alternative Bewegungsvarianten
- Fortgeschrittene Kinder dürfen komplexere Aufgaben entwickeln oder mit Geräuschen kombinieren
- Erweiterung: Die Klasse erstellt eigene Bewegungskarten mit Zeichnungen und Spielideen

3.3.9 Fächerübergreifend: Unser Zukunftsdorf – ein KI-gestütztes Mini-Projekt

Thema: Leben, Lernen und Zusammenleben in der Zukunft

Jahrgangsstufe: 4. Klasse

Kompetenzschwerpunkte: Verknüpfung von Themen aus Sachunterricht, Deutsch, Kunst und Mathematik sowie Problemlösen, kreative Planung, Kommunikation, Medienkompetenz

Zielstellung: Die Schülerinnen und Schüler entwickeln gemeinsam eine Vision davon, wie ein kleines Dorf in der Zukunft mit Fokus auf Wohnen, Energie, Zusammenleben, Verkehr und Schule aussehen könnte. Unterstützt durch KI-generierte Bilder und Texte sammeln sie Ideen, planen Modelle, gestalten Plakate und präsentieren ihre Zukunftsvision der Klasse. Die KI dient dabei als Werkzeug zur Anregung, Visualisierung und Strukturierung von Gedanken.

Einstieg und Ideenfindung (Klassengespräch, ca. 45 min): Die Lehrkraft stellt die Frage: „Wie wollt ihr in 30 Jahren leben?“ Gemeinsam wird überlegt, was es im Dorf alles geben muss wie Häuser, Schule, Spielplätze, Tiere, Strom, Essen und Fahrzeuge. Erste Vorstellungen werden mit Hilfe von KI-Bildern visualisiert und auf einem großen Planungsplakat gesammelt.

Gruppenphase: Planungs- und Gestaltungsarbeit (mehrere Einheiten à 45 min): In Gruppen beschäftigen sich die Kinder mit verschiedenen Bereichen:

- Gruppe Wohnen: Wie sehen die Häuser der Zukunft aus? Welche Materialien gibt es?
- Gruppe Mobilität: Welche Fahrzeuge gibt es? Wie bewegt man sich umweltfreundlich?
- Gruppe Lernen: Wie sieht die Schule aus? Welche Rolle spielt KI beim Lernen?
- Gruppe Gemeinschaft: Welche Treffpunkte und Feste gibt es? Wer hilft wem?

Jede Gruppe nutzt kindgerecht gesteuerte KI-Anwendungen wie beispielsweise schulKI um passende Bilder oder Ideenskizzen zu erhalten, die sie zeichnerisch, sprachlich oder gestalterisch weiterentwickelt.

Umsetzung: Modellbau, Plakate und Texte (3–4 Unterrichtsstunden): Die Gruppen setzen ihre Ideen mit Zeichnungen, Pappmodellen, Kurztexten, einfachen Rechenaufgaben (beispielsweise wie viel Platz braucht ein Haus?) kreativ um und nutzen KI-gestützte Bilder hierbei als Impuls. Dabei werden Planungspläne erstellt, eigene Figuren oder Tiere erfunden und Rollen verteilt.

Abschlusspräsentation (90 min): Jede Gruppe stellt ihren Teil des Zukunftsdorfes vor. Die Kinder präsentieren Bilder, Modelle und erzählen kurze Geschichten (beispielsweise „Ein Tag im Zukunftsdorf"). Die Klasse diskutiert: Was finden wir gut? Was ist vielleicht zu kompliziert? Wie haben uns die KI-Ideen geholfen?

Didaktischer Kommentar: Das Projekt verbindet kindliche Zukunftsfragen mit aktiver Gestaltung und sinnvollem KI-Einsatz. Die KI gibt dabei keine Lösungen vor, sondern liefert Materialien zur Weiterarbeit. Entscheidend ist die Balance aus technischer Neugier, sozialem Lernen und kreativer Freiheit.

Transparenz und Medienbildung: Die Lehrkraft spricht offen über die KI-Impulse und macht deutlich, wie die Texte und Bilder entstanden sind. Die Kinder lernen, KI als Werkzeug zu verstehen, das hilfreich, aber zugleich begrenzt ist. Dabei wird auch überlegt, was man der KI nicht überlassen sollte (beispielsweise Entscheidungen über Gefühle oder Regeln).

Differenzierung:

- Gruppenaufgaben werden je nach Niveau aufbereitet (beispielsweise Text vs. Bild vs. Modell)
- Einzelne Kinder können gezielt gestalterisch oder sprachlich arbeiten
- Erweiterung: Präsentation des Projekts vor Parallelklassen oder Eltern

3.4 Ausgearbeitete Szenarien für die Sekundarstufe I

Nach den Beispielen für die Primarstufe folgen nun Szenarien für die Sekundarstufe I. Auch sie stehen unter dem Anspruch, dass KI keinesfalls Selbstzweck im Unterricht sein darf. Technik muss sich der Didaktik unterordnen und nicht umgekehrt. Sie entfaltet ihren pädagogischen Wert erst dann, wenn sie fachlich fundiert und lernzielorientiert eingebunden ist.

Die folgenden Unterrichtsszenarien zeigen, wie KI-Systeme in realitätsnahen Lernsituationen didaktisch sinnvoll genutzt werden können. Der Fokus soll nicht der Ersatz für Lehrkraft oder Eigenaktivität sein, sondern als Anstoß dienen für Denken, Forschen, Gestalten und Argumentieren. Sie verbinden fachliche Anforderungen mit überfachlichen Kompetenzen, betten sich in curriculare Kontexte ein und stellen Fragen nach Transparenz, Verantwortung und Urteilsbildung.

Die Auswahl ist bewusst heterogen und umfasst verschiedene Fächer, Jahrgangsstufen und Kompetenzbereiche, um Raum für Adaption zu lassen. Guter Unterricht entsteht nicht durch das Befolgen von Vorlagen, sondern durch Variation, pädagogisches Gespür und einen wachen Blick für das, was Schülerinnen und Schüler in einer zunehmend automatisierten Welt tatsächlich brauchen, nämlich die Fähigkeit, sich selbstständig, kritisch und souverän in digitalen Bildungsprozessen zu bewegen.

3.4.1 Deutsch: Figurencharakterisierung im Vergleich Mensch-KI

Thema: Literarische Figuren erfassen und beschreiben – eine Vergleichsanalyse

Jahrgangsstufe: 8. Klasse

Kompetenzschwerpunkte: Charakterisierung literarischer Figuren, Textanalyse sowie Reflexion textgenerierender Systeme, Bewertung von Argumentationsstrukturen

Zielstellung: Die Schülerinnen und Schüler lernen, eine literarische Figur differenziert zu beschreiben und dabei sowohl äußerliche Merkmale als auch innere Eigenschaften mit Textbelegen zu begründen. Sie reflektieren den Unterschied zwischen menschlich verfassten und KI-generierten Texten und erarbeiten Kriterien guter sprachlicher Gestaltung.

Einstieg (im Klassengespräch, 10 min): Die Lehrkraft zeigt zwei anonymisierte Charakterisierungen einer bekannten Figur (beispielsweise Effi Briest oder Rico aus „Rico, Oskar und die Tieferschatten"). Die Klasse diskutiert: Welche wirkt treffender? Warum?

Erarbeitungsphase I (Einzelarbeit, 25 min): Die Schülerinnen und Schüler verfassen eine eigene Charakterisierung der Figur anhand vorgegebener Textauszüge. Dabei orientieren sie sich an zuvor gemeinsam erarbeiteten Kriterien (z. B. Beschreibung, Beleg, sprachliche Klarheit).

Erarbeitungsphase II (Stillarbeit mit KI, 10 min): Die Schülerinnen und Schüler geben eine inhaltlich vergleichbare Aufgabenstellung in ein Text-KI-System wie zum Beispiel schulKI ein. Der Prompt ist vorgegeben und lautet z. B.: „Charakterisiere die Figur XY aus dem Roman Z. Nutze dafür Textstellen und formuliere einen zusammenhängenden Text."

Analysephase (Partnerarbeit, 20 min): Die selbst verfassten Texte werden mit den KI-generierten Versionen verglichen. Die Paare markieren Unterschiede in Struktur, Ausdruck, inhaltlicher Tiefe und Texttreue. Anschließend erstellen sie eine Gegenüberstellung der Stärken und Schwächen beider Varianten.

Reflexion (im Klassengespräch, 10 min): Die Klasse diskutiert: Was gelingt der KI? Was fehlt? Wie wird Sprache dort verwendet? Welche Wirkung hat das auf den Leser? Abschließend sammelt die Klasse Merkmale guter Charakterisierungen aus beiden Quellen.

Didaktischer Kommentar: Dieses Szenario fördert nicht nur die Textkompetenz, sondern macht Unterschiede zwischen menschlicher Sprachverwendung und KI-gestützter Textproduktion erfahrbar. Es erlaubt eine strukturierte Auseinandersetzung mit Textqualität, Argumentation und Deutung. Zugleich bietet es einen niedrigschwelligen Einstieg in den produktiven, aber kritischen Umgang mit generativer KI.

Transparenz und Medienbildung: Vor dem Einsatz wird geklärt, wie die KI arbeitet, welche Datenbasis sie nutzt und warum ihre Antworten nicht objektiv oder unfehlbar sind. Begriffe wie „Prompt" und „generierter Text" werden erklärt.

Differenzierung:

- Schwächere Schülerinnen und Schüler erhalten Unterstützung durch Satzstarter und Formulierungshilfen
- Stärkere Schülerinnen und Schüler analysieren argumentative Tiefe oder sprachliche Stilsicherheit
- Die Reflexionsphase kann optional erweitert werden durch eine kreative Umschreibung des KI-Textes

3.4.2 Fremdsprachen: Rollenspiel mit KI-Dialogpartnern

Thema: Mündliche Ausdrucksfähigkeit und Sprachstrategien in Alltagssituationen

Jahrgangsstufe: 9. Klasse

Kompetenzschwerpunkte: Mündliche Interaktion, idiomatische Wendungen, Sprachbewusstheit sowie Problemlösekompetenz, Perspektivenübernahme, digitale Souveränität

Zielstellung: Die Schülerinnen und Schüler üben, sich in einer realitätsnahen Kommunikationssituation in der Fremdsprache auszudrücken. Sie erweitern ihren Wortschatz für Beschwerden und Rückfragen, trainieren spontane Reaktionen und reflektieren die Struktur von Gesprächen. Die KI dient dabei als variabler Dialogpartner.

Einstieg (im Klassengespräch, 10 min): Die Lehrkraft schildert eine typische Alltagssituation: „Du hast in einem Hotel eingecheckt, aber das Zimmer entspricht nicht deinen Erwartungen." Im Klassengespräch werden Vokabeln, Redemittel und typische Satzmuster gesammelt.

Vorbereitung (Partnerarbeit, 15 min): Die Schülerinnen und Schüler erstellen in Paaren kurze Dialogskizzen zur Beschwerdesituation. Dabei legen sie fest, welche Aspekte bemängelt werden (z. B. Lärm, Sauberkeit, fehlende Ausstattung) und welche Lösungen sie fordern. Es wird ein sprachlicher Erwartungshorizont erarbeitet.

Durchführung (Einzelarbeit mit KI, 15 min): Jede Schülerin und jeder Schüler führt ein Rollenspiel mit der KI beispielsweise auf schulKI, indem sie bzw. er als Gast agiert und die KI die Hotelrezeption darstellt. Die KI reagiert dynamisch auf Beschwerden, stellt Rückfragen oder bietet Lösungen an. Die Gespräche werden (sofern technisch möglich) automatisch über Word im Microsoft 365 transkribiert oder von den Schülerinnen und Schüler stichwortartig dokumentiert.

Auswertung (Gruppenarbeit, 15 min): Die Schülerinnen und Schüler vergleichen ihre Dialoge mit den vorher geplanten Sprechakten. Welche Reaktionen waren realistisch? Wo gab es Verständnisschwierigkeiten? Wie flexibel haben sie reagiert? Die Gruppe sammelt typische Redemittel und analysiert idiomatische Strukturen.

Reflexion (im Klassengespräch, 10 min): Im Klassengespräch wird diskutiert, wie hilfreich die KI war: Was gelang gut? Welche Antworten waren überraschend? Wie klar muss ein Prompt sein, damit die KI passend reagiert? Abschließend notieren die Schülerinnen und Schüler Tipps für zukünftige KI-Interaktionen in der Fremdsprache.

Didaktischer Kommentar: Das Szenario fördert kommunikative Kompetenz und Sprachbewusstheit. Die KI dient nicht als perfekte Sprachquelle, sondern als variabler, fehlertoleranter Dialogpartner. Der spielerische Umgang senkt Hemmschwellen, ermöglicht Wiederholungen und steigert die Sprechintensität. Wichtig ist die Reflexionsphase, in der sich Schülerinnen und Schüler ihre kommunikativen Strategien bewusst machen.

Transparenz und Medienbildung: Die Lehrkraft erklärt vorab, dass die KI keine muttersprachliche Kompetenz besitzt und manchmal auf untypische Weise antwortet. Die Dialoge werden nicht bewertet, sondern dienen dem Sprachtraining. Begriffe wie „Prompt" und „interaktives System" werden geklärt.

Differenzierung:
- Schwächere Schülerinnen und Schüler nutzen vorbereitete Satzbausteine oder erhalten Situationskarten mit konkreten Formulierungen.
- Fortgeschrittene Schülerinnen und Schüler improvisieren frei, erweitern den Dialog oder schreiben eine schriftliche Reklamation im Anschluss.
- Inklusive Settings können auf schriftliche Kommunikation oder KI-basierte Textchats ausweichen.

3.4.3 Mathematik: Individuelle Fehleranalyse mit KI-Unterstützung

Thema: Bruchrechnung verstehen und Fehler erkennen

Jahrgangsstufe: 7. Klasse

Kompetenzschwerpunkte: Brüche addieren, erweitern, kürzen, mathematische Argumentation sowie Fehlerreflexion, Selbstdiagnose, digitale Werkzeugnutzung

Zielstellung: Die Schülerinnen und Schüler bearbeiten Übungsaufgaben zur Bruchrechnung, erhalten individualisiertes Feedback durch eine KI und lernen, eigene Fehler zu analysieren. Sie trainieren dabei mathematisches Begründen und entwickeln ein Verständnis für typische Fehlermuster.

Einstieg (im Klassengespräch, 10 min): Die Lehrkraft stellt zwei beispielhafte Rechenwege an der Tafel gegenüber, einen korrekten und einen mit einem typischen Fehler (z. B. falsche Erweiterung). Die Klasse diskutiert: Wo liegt der Fehler? Warum ist er typisch? Was wäre ein Hinweis zur Korrektur?

Bearbeitung (Einzelarbeit, 25 min): Die Schülerinnen und Schüler lösen differenzierte Aufgaben zur Addition und Subtraktion von Brüchen. Jede Aufgabe wird nach Eingabe in ein KI-gestütztes System wie bettermarks mit individuellem Feedback versehen. Die Hinweise beziehen sich nicht auf das Ergebnis, sondern auf den Rechenweg (z. B. „Du hast beide Nenner multipliziert. Überlege, ob das immer sinnvoll ist.").

Fehleranalyse (Partnerarbeit, 15 min): Die Schülerinnen und Schüler vergleichen ihre eigenen Fehleranalysen mit den KI-Hinweisen. In Paaren formulieren sie zu jedem Fehler eine Verständnishilfe für andere (z. B. „Wenn du … machst, kann dir helfen, an … zu denken").

Sicherung (im Klassengespräch, 10 min): Die Klasse sammelt typische Fehler und wirksame Gegenstrategien. Die Lehrkraft erstellt daraus ein gemeinsames „Fehlermuster-Plakat" für das Klassenzimmer.

Didaktischer Kommentar: Die KI dient in diesem Szenario nicht als Lösungslieferant, sondern als unterstützender Diagnostikhelfer. Durch die Fehlerfokussierung wird das Verständnis für mathematische Strukturen gestärkt, ohne dass die Lösungsfindung automatisiert wird. Entscheidend ist die Phase der Fehlererklärung durch die Schülerinnen und Schüler selbst, die ihre Denkprozesse explizieren.

Transparenz und Medienbildung: Vor der Bearbeitung wird erklärt, wie die KI typische Fehler erkennt (z. B. durch Vergleich mit Musterdaten). Die Schülerinnen und Schüler reflektieren, dass Feedback von Maschinen nicht „richtig oder falsch" im absoluten Sinn ist, sondern auf erkannten Mustern basiert.

Differenzierung:
- Aufgaben sind in drei Niveaus gestuft (Reproduktion, Anwendung, Transfer)
- Schülerinnen und Schüler mit besonderem Förderbedarf erhalten klarere Zwischenschritte
- Stärkere Schülerinnen und Schüler entwickeln selbst Aufgaben, die eine typische Fehlerquelle enthalten, und lassen Mitschüler diese finden

3.4.4 Sport: Bewegungsanalyse mit KI-gestütztem Feedback im Geräteturnen

Thema: Technikverbesserung durch videobasiertes Bewegungsfeedback

Jahrgangsstufe: 8. Klasse

Kompetenzschwerpunkte: Koordination, Technikschulung, Bewegungsbeobachtung sowie Selbstreflexion, Feedbackkultur, Mediennutzung in körperlichen Lernprozessen

Zielstellung: Die Schülerinnen und Schüler lernen, Bewegungsabläufe beim Geräteturnen (beispielsweise Sprung über den Kasten oder Radschlag) gezielt zu beobachten und zu verbessern. Mithilfe einer KI-gestützten Videoanalyse wie yogger.io erhalten sie Rückmeldung zu Haltung, Timing und Bewegungsphasen. Sie reflektieren die Hinweise und leiten gezielte Übungsschritte zur Technikverbesserung ab.

Einstieg (im Klassengespräch, 10 min): Die Lehrkraft zeigt anonymisierte Videoausschnitte einer Turnübung. Die Klasse diskutiert: Welche Kriterien machen eine technisch saubere Bewegung aus? Wie kann man typische Fehler erkennen? Welche Rolle spielt dabei die Perspektive des Beobachtenden?

Aufwärm- und Technikphase (Gruppenarbeit, 15 min): Die Schülerinnen und Schüler üben die gewählte Technik in Kleingruppen an Stationen. Dabei filmen sie sich gegenseitig mit Tablets unter Beachtung datenschutzrechtlicher Vorgaben (beispielsweise Einwilligung, Nutzung nur im Unterricht, kein Speichern außerhalb der Schulplattform, anschließender Löschung).

KI-gestützte Analyse (Einzelarbeit, 10 min): Die aufgenommenen Sequenzen werden mit einer KI-gestützten Anwendung ausgewertet, die Rückmeldungen zur Haltung, Symmetrie, Ablaufgeschwindigkeit oder Sprungphase gibt. Diese werden automatisch in einfacher Sprache angezeigt oder durch Farbcodierung visualisiert.

Techniktraining II (Einzel- oder Partnerarbeit, 15 min): Die Schülerinnen und Schüler trainieren erneut auf Basis der Rückmeldungen. Ziel ist es, gezielt einen Aspekt (beispielsweise Absprungwinkel, Körperspannung) zu verbessern. Anschließend kann eine erneute Aufnahme zur Überprüfung erfolgen.

Reflexion (im Klassengespräch, 10 min): Die Klasse diskutiert: Welche Hinweise waren hilfreich? Gab es Widersprüche zwischen eigenem Empfinden und KI-Rückmeldung? Was können wir aus maschinellem Feedback lernen und wo bleiben menschliche Beobachtung und Empathie unverzichtbar?

Didaktischer Kommentar: Sportlicher Lernerfolg entsteht durch Rückmeldung, Wiederholung und Korrektur. Die KI fungiert hier als ergänzender Beobachtungshelfer, nicht als Bewertungsinstanz. Entscheidend ist, dass die Schülerinnen und Schüler Verantwortung für ihr eigenes Bewegungshandeln übernehmen und digitale Rückmeldung in handlungsleitende Strategien übersetzen.

Transparenz und Medienbildung: Im Vorfeld wird erklärt, wie das System Bewegung erkennt und interpretiert. Es wird verdeutlicht, dass keine personenbezogenen Daten gespeichert werden und dass maschinelle Rückmeldungen technische Unterstützung bieten, aber nicht pädagogisches Urteilsvermögen ersetzen können.

Differenzierung:

- Bewegungsanfänger erhalten individuelle Übungsvorgaben (beispielsweise Teilbewegungen wie das Aufhocken und Abspringen oder eine Hockwende über die Bank)
- Fortgeschrittene analysieren zusätzlich Bewegungsmerkmale von Vorbildern (beispielsweise Wettkampfvideos)
- In heterogenen Gruppen übernehmen stärkere Schülerinnen und Schüler Coachingfunktionen innerhalb der Partnerarbeit

3.4.5 Musik: Musikstile erkennen und eigene Kompositionen reflektieren

Thema: Stilanalyse und kreative Musikproduktion mit KI-Unterstützung

Jahrgangsstufe: 9. Klasse

Kompetenzschwerpunkte: Stilkunde, musikalische Ausdrucksformen, Kompositionstechniken sowie Kreativität, ästhetische Urteilskraft, Medienkritik

Zielstellung: Die Schülerinnen und Schüler lernen, musikalische Stile (beispielsweise Barock, Blues, Pop) anhand typischer Merkmale zu erkennen und diese gezielt in eigenen Musikstücken zu nutzen. Mit KI-Unterstützung durch beispielsweise Klangio analysieren sie Musikbeispiele und erhalten Rückmeldungen zu Struktur, Rhythmik, Harmonik und Instrumentierung.

Einstieg (im Klassengespräch, 10 min): Die Lehrkraft spielt drei kurze Musikbeispiele unterschiedlicher Stilrichtungen. Die Klasse diskutiert: Was macht den jeweiligen Stil aus? Welche Instrumente, Rhythmen oder Harmonien fallen auf? Wie unterscheiden sich Aufbau und Wirkung?

Analysephase (Gruppenarbeit, 20 min): In Kleingruppen analysieren die Schülerinnen und Schüler mit Hilfe einer KI-Anwendung digitale Musikbeispiele. Die KI identifiziert Strukturmerkmale (beispielsweise AABA-Form, Refrain Gestaltung) und schlägt stilistische Einordnungen vor. Die Ergebnisse werden dokumentiert und mit eigenen Eindrücken verglichen.

Kreativphase (Einzelarbeit, 20 min): Die Schülerinnen und Schüler erstellen kurze eigene Kompositionen oder Beats, angelehnt an einen gewählten Stil. Dabei können sie auf Sample-Bibliotheken und KI-gestützte Begleitautomatik zurückgreifen. Anschließend lassen sie sich Feedback zu Tempo, Harmonie oder stilistischer Passung geben.

Präsentation und Reflexion (im Klassengespräch, 15 min): Die Kompositionen werden in Auszügen vorgespielt. Die Klasse diskutiert: Ist der gewählte Stil erkennbar? Wie klar war die Rückmeldung der KI? Welche Entscheidungen haben die Schülerinnen und Schüler bewusst getroffen und welche basierten auf Vorschlägen der KI?

Didaktischer Kommentar: Musikalisches Lernen lebt von aktiver Gestaltung und ästhetischer Reflexion. Die KI wird hier zum Impulsgeber für Stilanalyse und zur Orientierungshilfe bei der kreativen Umsetzung. Entscheidend ist, dass die Technik nicht normierend wirkt, sondern stilistische Vielfalt ermöglicht und eigene Entscheidungen anregt.

Transparenz und Medienbildung: Die Funktionsweise der KI (beispielsweise Training auf Musikdatenbanken, Erkennung von Tonarten oder Taktarten) wird vorab erläutert. Die Klasse reflektiert, dass KI nur Vorschläge generiert und keine künstlerische Intention besitzt. Urheberrechtliche Fragen (beispielsweise bei KI-generierten Samples) werden thematisiert.

Differenzierung:
- Weniger erfahrene Schülerinnen und Schüler nutzen vorgegebene Muster oder Begleitraster
- Fortgeschrittene kombinieren mehrere Stile oder arbeiten mit differenzierter Instrumentierung
- Optional: Kompositionen können in einem digitalen Musikportfolio gesammelt und reflektiert werden

3.4.6 Kunst: Bildanalyse und kreative Neuinterpretation mit KI-Unterstützung

Thema: Stilmerkmale erkennen und visuelle Transformationen reflektieren

Jahrgangsstufe: 9. Klasse

Kompetenzschwerpunkte: Bildanalyse, Kunststile, visuelle Gestaltungsmittel sowie Kreativität, kritisches Denken, Medienkompetenz

Zielstellung: Die Schülerinnen und Schüler lernen, gestalterische Merkmale eines Kunstwerks zu identifizieren und inhaltlich zu deuten. Anschließend erstellen sie mithilfe einer KI eine stilistische Transformation eines eigenen oder vorgegebenen Bildes und reflektieren die Wirkung, Ästhetik und Aussagekraft der Veränderung.

Einstieg (im Klassengespräch, 10 min): Die Lehrkraft zeigt ein bekanntes Gemälde (beispielsweise von Monet oder Picasso) und stellt die Frage: Was kennzeichnet den Stil dieses Werks? Welche Farben, Formen oder Perspektiven fallen auf? Welche Stimmung entsteht?

Analysephase (Partnerarbeit, 15 min): Die Schülerinnen und Schüler analysieren verschiedene Kunstwerke nach Kriterien wie Farbgebung, Komposition, Linienführung, Symbolik. Sie fassen ihre Ergebnisse schriftlich zusammen und wählen einen Stil aus, den sie besonders interessant finden.

Gestaltungsphase mit KI (Einzelarbeit, 20 min): Die Schülerinnen und Schüler erstellen entweder ein eigenes Bild (digital oder analog eingescannt) oder wählen ein vorgegebenes Motiv aus. Mithilfe einer KI-Anwendung wie Adobe Firefly transformieren sie dieses Bild in einen anderen Stil (beispielsweise „im Stil des Expressionismus“ oder „wie ein Werk von Hokusai“). Die KI-Ausgabe wird dokumentiert und mit dem Ausgangswerk verglichen.

Reflexion (im Klassengespräch, 15 min): Gemeinsam werden ausgewählte Bildpaare betrachtet: Was hat sich verändert? Ist der neue Stil erkennbar? Welche Wirkung entsteht? Wie verändert sich die Aussage durch die Transformation? Wo verläuft die Grenze zwischen Interpretation und Beliebigkeit?

Didaktischer Kommentar: Kunstunterricht mit KI bietet die Chance, Stilmerkmale nicht nur theoretisch zu analysieren, sondern gestalterisch erfahrbar zu machen. Die KI dient als Mittel zur Variation, nicht als Erzeuger „richtiger" Kunst. Entscheidendes Lernziel ist das Bewusstsein für visuelle Sprache und ästhetische Wirkung, nicht die Perfektion digitaler Bilder.

Transparenz und Medienbildung: Die Klasse bespricht vorab, wie Bild-KI arbeitet, mit welchen Trainingsdaten sie gefüttert wurde und wo urheberrechtliche und ethische Fragen liegen (beispielsweise Stilübernahme lebender Künstlerinnen oder Künstler). Die Schülerinnen und Schüler lernen, zwischen Inspiration, Imitation und eigener Gestaltung zu unterscheiden.

Differenzierung:

- Weniger geübte Schülerinnen und Schüler arbeiten mit klaren Vorgaben und vorstrukturierten Motiven
- Fortgeschrittene setzen komplexere stilistische Kombinationen um oder konzipieren eigene ästhetische Transformationen
- Optional: Ausstellung der Bildpaare mit schriftlichen Reflexionen in der Schule oder im digitalen Klassenraum

3.4.7 Chemie: Erklärvideos zu chemischen Reaktionen mit KI-Feedback

Thema: Verbrennungsreaktionen verstehen und visualisieren

Jahrgangsstufe: 8. Klasse

Kompetenzschwerpunkte: Stoffumwandlungen, Reaktionsgleichungen, Visualisierung naturwissenschaftlicher Prozesse sowie Medienproduktion, Argumentationsfähigkeit, Verständnissicherung

Zielstellung: Die Schülerinnen und Schüler erklären eine einfache chemische Reaktion (beispielsweise Verbrennung von Magnesium) und visualisieren sie mithilfe eines selbst gestalteten Erklärvideos. Eine KI-basierte Rückmeldung wie von beispielsweise Clipchamp unterstützt sie bei der sprachlichen Strukturierung und inhaltlichen Genauigkeit ihrer Darstellung.

Einstieg (im Klassengespräch, 10 min): Die Lehrkraft demonstriert eine einfache Verbrennungsreaktion (beispielsweise Magnesiumband) und fragt: Was genau passiert auf Teilchenebene? Welche Fachbegriffe braucht man zur Erklärung? Wie könnte man das anschaulich erklären?

Planung (Partnerarbeit, 15 min): Die Schülerinnen und Schüler erarbeiten ein Storyboard für ein eigenes Erklärvideo. Sie klären, welche Begriffe erklärt werden müssen, welche Visualisierungen sie verwenden möchten und wie der Aufbau ihres Videos strukturiert sein soll.

Produktion und Feedback (Einzel- oder Partnerarbeit, 25 min): Mit einfachen Tools (beispielsweise Präsentationssoftware oder Kamera) nehmen die Schülerinnen und Schüler ihr Video auf oder gestalten es digital. Die entstandenen Erklärtexte werden zusätzlich durch eine KI-Anwendung wie Microsoft Copilot überprüft, die Rückmeldungen zu Verständlichkeit, Fachsprache und Aufbau gibt.

Auswertung und Diskussion (im Klassengespräch, 15 min): Gemeinsam werden ausgewählte Videos betrachtet. Die Klasse reflektiert: Was wurde gut erklärt? Welche Visualisierung war hilfreich? War das KI-Feedback nachvollziehbar und hilfreich? Wie unterscheidet sich maschinelle von menschlicher Rückmeldung?

Didaktischer Kommentar: Naturwissenschaftliches Lernen erfordert nicht nur das Verständnis fachlicher Inhalte, sondern auch die Fähigkeit, diese verständlich zu kommunizieren. Das Erklärvideo verknüpft fachliche Präzision mit medialer Gestaltungskompetenz. Die KI wird zum unterrichtsnahen Unterstützungsinstrument, ohne das Urteil der Schülerinnen und Schüler oder der Lehrkraft zu ersetzen.

Transparenz und Medienbildung: Die Funktionsweise der textanalytischen Rückmeldung durch die KI wird vorab thematisiert. Begriffe wie „Prompt“, „Sprachmodell“ und „Strukturfeedback“ werden erklärt. Datenschutz und Urheberrecht (beispielsweise bei verwendeten Bildern oder Audios) werden mit den Schülerinnen und Schülern reflektiert.

Differenzierung:

- Schülerinnen und Schüler mit Förderbedarf erhalten Satzbausteine und fachsprachliche Hilfen
- Fortgeschrittene integrieren Reaktionsgleichungen oder bauen komplexere Visualisierungen ein
- Optionale Erweiterung: gegenseitiges Feedback der Videos mit zusätzlichen Reflexionsbögen

3.4.8 Politik: Perspektivwechsel durch KI-generierte Argumente

Thema: Argumentieren und Position beziehen im Kontext gesellschaftlicher Kontroversen

Jahrgangsstufe: 9. Klasse

Kompetenzschwerpunkte: Argumentationskompetenz, Perspektivenvielfalt, Urteilsbildung sowie Kritisches Denken, Diskursfähigkeit, digitale Quellenkritik

Zielstellung: Die Schülerinnen und Schüler setzen sich mit verschiedenen Positionen zur Klimapolitik auseinander und trainieren die Fähigkeit, Argumente einzuordnen, zu gewichten und eigene Standpunkte zu entwickeln. Mithilfe einer KI wie fobizz lassen sie unterschiedliche Argumentationslinien generieren und reflektieren deren Plausibilität, Relevanz und sprachliche Gestaltung.

Einstieg (im Klassengespräch, 10 min): Die Lehrkraft stellt die Leitfrage: „Sollten in Deutschland schärfere gesetzliche Regelungen zum CO_2-Ausstoß gelten?" Erste Meinungen werden gesammelt, typische Argumente notiert und in Pro- und Contra-Richtungen geordnet.

Erarbeitungsphase I (Einzelarbeit mit KI, 15 min): Die Schülerinnen und Schüler wählen eine Position (pro oder contra) und fordern von der KI passende Argumente an, beispielsweise durch den Prompt: „Nenne drei Argumente für/gegen strengere Klimaschutzgesetze in Deutschland." Die generierten Argumente werden gesichtet, paraphrasiert und nach Überzeugungskraft bewertet.

Erarbeitungsphase II (Gruppenarbeit, 20 min): In Kleingruppen sammeln die Schülerinnen und Schüler ihre Argumente, recherchieren zusätzlich Fakten (beispielsweise aus bereitgestellten Quellen) und bereiten eine kurze Stellungnahme oder eine Rollendiskussion vor. Dabei reflektieren sie auch, welche Argumente maschinell erzeugt wurden und woran sie deren Herkunft oder Qualität erkennen konnten.

Diskussionsphase (im Klassengespräch, 15 min): Die Gruppen stellen ihre Positionen vor. Die Klasse diskutiert: Welche Argumente waren stark, welche problematisch? Welche Rolle spielte dabei die KI? Wurde dadurch eher Perspektivenvielfalt gefördert oder verzerrt?

Didaktischer Kommentar: Dieses Szenario verbindet politische Bildung mit diskursiver Sprachbildung und fördert eine kritische Haltung gegenüber KI-Texten. Die Schülerinnen und Schüler erleben, dass maschinell generierte Texte nicht neutral oder zuverlässig sind, sondern dass es ihrer eigenen Urteilskraft bedarf, um sie einzuordnen. Gleichzeitig eröffnet die KI niedrigschwellige Zugänge zu Perspektivübernahme und Argumentationsaufbau.

Transparenz und Medienbildung: Es wird erklärt, dass die KI nicht „weiß“, was richtig ist, sondern Muster reproduziert. Die Herkunft und Entstehungsweise der generierten Texte wird thematisiert, ebenso wie die Verantwortung der Nutzenden für deren Einordnung und Verwendung.

Differenzierung:
- Weniger geübte Schülerinnen und Schüler erhalten Mustersätze und Argumentationshilfen
- Fortgeschrittene hinterfragen zusätzlich die Struktur oder manipulative Sprachstrategien der KI-Beiträge
- Erweiterung: Entwicklung eines eigenen Leitfadens zur Bewertung von Argumenten aus KI-Systemen

3.4.9 Ethik: Dilemma-Gespräche mit KI-Impulsen zur Gewissensbildung

Thema: Ethische Urteilsbildung am Beispiel medizinischer Entscheidungen

Jahrgangsstufe: 10. Klasse

Kompetenzschwerpunkte: moralische Urteilsbildung, Argumentieren in Dilemma-Situationen, Werteverständnis sowie Empathie, kritisches Denken, Dialogfähigkeit

Zielstellung: Die Schülerinnen und Schüler setzen sich mit einer ethischen Konfliktsituation auseinander, beispielsweise der Frage, ob ein lebensverlängernder Eingriff bei schwerster Krankheit erfolgen sollte. Mithilfe eines Sprachmodells wie fobizz generieren sie Perspektiven, formulieren begründete Positionen und reflektieren die Rolle von KI im ethischen Diskurs.

Einstieg (im Klassengespräch, 10 min): Die Lehrkraft stellt ein ethisches Dilemma vor: Eine Familie muss entscheiden, ob bei einem geliebten Angehörigen mit schwerer Hirnschädigung lebensverlängernde Maßnahmen fortgesetzt werden sollen. Die Klasse sammelt erste Gedanken und Gefühle bewusst ohne sofortiges Urteilen.

Positionierung und Perspektivübernahme (Einzelarbeit, 15 min): Die Schülerinnen und Schüler formulieren spontan ihre eigene Haltung zum Fall. Anschließend nutzen sie ein KI-System, um alternative Sichtweisen zu generieren (beispielsweise religiöse oder ärztliche Argumente). Diese Perspektiven werden paraphrasiert und eingeordnet.

Dilemmagespräch (Gruppenarbeit, 20 min): In Kleingruppen diskutieren die Schülerinnen und Schüler die Situation, vertreten unterschiedliche Positionen (auch bewusst fremde) und formulieren Argumente. Die Rolle der KI-Impulse wird kritisch mitreflektiert: Welche Perspektiven haben gefehlt? Welche wurden nur technisch, nicht menschlich dargestellt?

Reflexion (im Klassengespräch, 15 min): Die Klasse reflektiert, wie sich ihre Sichtweise durch die Diskussion verändert hat. Es wird thematisiert, wie KI mit Werten umgeht und wo ihre Grenzen liegen. Abschließend notieren die Schülerinnen und Schüler Kriterien für ein verantwortungsbewusstes ethisches Urteil.

Didaktischer Kommentar: Ethische Bildung braucht Ambiguitätstoleranz, Perspektivübernahme und argumentative Präzision. Die KI fungiert hier nicht als moralische Instanz, sondern als strukturierter Impulsgeber. Ihr Einsatz verdeutlicht, dass Wertefragen nicht automatisierbar sind und dass ethische Urteile auf reflektiertem menschlichem Nachdenken beruhen müssen.

Transparenz und Medienbildung: Vorab wird erklärt, dass KI keine Werte „kennt", sondern Argumentationsmuster auf Basis ihrer Trainingsdaten erzeugt. Die Schülerinnen und Schüler lernen, ethische Tiefe von formaler Richtigkeit zu unterscheiden und die Rolle maschineller Perspektiven kritisch zu bewerten.

Differenzierung:

- Einfache Impulsfragen unterstützen lernschwächere Schüler beim Einstieg
- Fortgeschrittene analysieren zusätzlich die impliziten Menschenbilder in den KI-Argumenten
- Erweiterung: schriftliche Stellungnahme mit Rückgriff auf mindestens zwei KI-generierte Perspektiven

3.4.10 Fächerübergreifend: Projekt mit KI-gestützter Recherche

Thema: Zukunft denken – KI nutzen – gesellschaftliche Verantwortung gestalten

Jahrgangsstufe: 10. Klasse

Kompetenzschwerpunkte: Recherche- und Bewertungskompetenz, Gestaltung von Text- und Bildinhalten, gesellschaftlich-technische Zusammenhänge sowie Kreativität, Teamarbeit, Planungskompetenz, kritischer Umgang mit digitalen Medien

Zielstellung: Die Schülerinnen und Schüler entwickeln im Rahmen eines interdisziplinären Projekts Visionen für eine lebenswerte Stadt der Zukunft. Sie nutzen KI-Systeme zur Recherche, Ideenfindung, Textproduktion und Bildgestaltung, reflektieren die jeweiligen Ergebnisse kritisch und präsentieren ein multimediales Endprodukt.

Projektstart (im Klassengespräch, 45 min): Die Lehrkraft stellt die Leitfrage: „Wie könnte eine gerechte, nachhaltige und lebenswerte Stadt im Jahr 2050 aussehen?“ Erste Gedanken werden gesammelt, Teilaspekte identifiziert (beispielsweise Energie, Mobilität, Bildung, Wohnen, Kultur). Projektgruppen bilden sich entsprechend der Interessen.

Recherchephase (Gruppenarbeit, 90 min): Die Gruppen nutzen KI-Anwendungen wie beispielsweise Perplexity zur Recherche: Welche Lösungsansätze werden international diskutiert? Was sind aktuelle Entwicklungen im jeweiligen Themenfeld? Die Ergebnisse werden gesichtet, Quellen geprüft und strukturiert dokumentiert.

Konzeptions- und Entwurfsphase (Gruppenarbeit, 90 min): Die Schülerinnen und Schüler erstellen mit Unterstützung von Text-KI erste Textentwürfe für die Projektbeschreibung (beispielsweise Vision, Ziele, Argumente). Bild-KI wie beispielsweise Adobe Firefly wird genutzt, um erste visuelle Entwürfe (beispielsweise für Stadtansichten, Gebäude, Verkehrskonzepte) zu generieren. Die Ergebnisse dienen als Ausgangspunkt für die Weiterarbeit und kritische Bewertung.

Reflexion und Überarbeitung (im Klassengespräch, 45 min): Die Gruppen präsentieren Zwischenstände. Die Klasse diskutiert: Welche Impulse der KI waren hilfreich? Wo zeigt sich Klischeehaftigkeit oder fehlender Kontextbezug? Was muss verändert werden, damit die Vision realitätsnah, gerecht oder innovativ ist?

Abschlusspräsentation (Gruppenarbeit, Präsentation, 45 min): Die Projektteams bereiten eine multimediale Präsentation vor (beispielsweise Poster, digitales Storyboard, kurze Videoclips) und präsentieren ihre „Stadt der Zukunft“. Die Ergebnisse werden reflektiert, Unterschiede im Einsatz der KI diskutiert und die Bedeutung menschlicher Kreativität betont.

Didaktischer Kommentar: Dieses Projekt verknüpft fachliche Tiefe mit kreativer Freiheit, Digitalisierung mit Zukunftskompetenz. Die KI tritt hier als Werkzeug auf, das vielfältig einsetzbar ist, aber zeitgleich kritisch begleitet werden muss. Der didaktische Mehrwert liegt in der bewussten Auseinandersetzung mit automatisierten Vorschlägen und der eigenständigen Weiterentwicklung durch die Schülerinnen und Schüler.

Transparenz und Medienbildung: Im gesamten Projektverlauf wird thematisiert, wie KI-Systeme arbeiten, welche Trainingsdaten zugrunde liegen und wo ihre Gestaltungsgrenzen liegen. Aspekte wie Urheberrecht, Bias, Originalität und menschliche Verantwortung fließen explizit in die Reflexion ein.

Differenzierung:

- Unterschiedliche Rollen in der Gruppe (Recherche, Text, Technik, Präsentation) ermöglichen individuelle Schwerpunkte
- Niedrigschwellige Tools und klar strukturierte Arbeitsphasen erleichtern die Teilhabe aller Schülerinnen und Schüler
- Erweiterung: Die besten Projektideen können an kommunale Institutionen weitergeleitet oder in schulischen Ausstellungen präsentiert werden

3.5 Ausgearbeitete Szenarien für die Sekundarstufe II

Digitale Technologien verändern nicht nur das Lernen, sondern auch das Denken. In der gymnasialen Oberstufe, wo Lernprozesse zunehmend von Analyse, Urteil und Abstraktion geprägt sind, rückt der KI-Einsatz in ein neues Spannungsfeld, um nicht mehr vorrangig der Unterstützung von Verstehen und Wiederholen zu dienen, sondern selbst zum Gegenstand kritischer Reflexion, zum Werkzeug wissenschaftspropädeutischen Arbeitens und zum Anlass gesellschaftlicher Standortbestimmung wird.

Die hier vorgestellten Szenarien gehen davon aus, dass Schülerinnen und Schüler in der Sekundarstufe II über eine zunehmend differenzierte Medien- und Urteilskompetenz verfügen oder diese unter gezielter Anleitung entwickeln können. Die produktive Reibung steht im Mittelpunkt, bei der zwischen Originaltext und KI-generierter Umschreibung, zwischen algorithmischer Analyse und menschlicher Interpretation, zwischen Effizienzversprechen und ethischer Verantwortung unterschieden wird. Die Technik wird nicht idealisiert, sondern geprüft, verglichen, durchschaut und bewusst eingesetzt, um Lernprozesse zu vertiefen und intellektuell zu weiten.

Wie schon in den vorherigen Kapiteln liegt der Fokus nicht auf Tools oder Plattformen, sondern auf didaktisch begründeten Entscheidungen: Wo stiftet KI einen fachlichen Mehrwert? Wann provoziert sie produktive Irritation? Und wie lässt sich verhindern, dass sie Denkprozesse ersetzt, anstatt sie anzuregen? Die Szenarien verstehen sich nicht als feste Rezepte, sondern als Einladung zum Nachdenken über eine Schule, die auf dem Weg zur Mündigkeit auch die neuen Werkzeuge kritisch nicht nur mitdenkt, sondern auch mitgestaltet.

3.5.1 Deutsch: Argumentative Textkompetenz mit KI analysieren

Thema: Argumentationsstrategien in schulischen und KI-generierten Texten

Jahrgangsstufe: 12. Klasse

Kompetenzschwerpunkte: Analyse und Bewertung argumentativer Texte, Textproduktion, Sprach- und Stilreflexion sowie Urteilsfähigkeit, Medienkritik, Schreibkompetenz, metasprachliche Reflexion

Zielstellung: Die Schülerinnen und Schüler analysieren, vergleichen und bewerten argumentierende Texte, die sowohl von Mitschülerinnen und Mitschülern verfasst als auch mithilfe einer KI generiert wurden. Ziel ist es, die Qualität von Argumentation zu erkennen, sprachlich-stilistische Merkmale zu reflektieren und eigene Texte bewusster zu gestalten.

Einstieg (Klassengespräch, 10 min): Die Lehrkraft konfrontiert die Klasse mit zwei anonymisierten Texten zur gleichen Fragestellung (beispielsweise „Sollte in der Schule das Smartphone dauerhaft erlaubt sein?"). Die Texte unterscheiden sich in ihrer sprachlichen Qualität, Struktur und Argumentation. Der eine Text stammt von einer KI, der andere von einem Menschen. Die Klasse diskutiert erste Eindrücke, ohne die Herkunft zu kennen.

Vergleichende Analyse (Einzelarbeit, 30 min): Die Schülerinnen und Schüler analysieren die Texte mit einem Kriterienraster (Argumentationsaufbau, Sprachstil, Kohärenz, Ausdruck). Ziel ist nicht die „Entlarvung" der KI, sondern die bewusste Auseinandersetzung mit Argumentationsstrategien und sprachlicher Gestaltung. Am Ende wird aufgelöst, welcher Text maschinell verfasst wurde und warum das nicht immer sofort zu erkennen war.

Reflexion im Klassengespräch (15 min): Was macht einen guten argumentativen Text aus? Welche Unterschiede sind bedeutsam? Woran erkennt man Tiefe in der Argumentation jenseits von sprachlicher Korrektheit? Die Klasse diskutiert auch: Was sollte KI beim Schreiben nicht übernehmen?

Eigene Textproduktion (Einzelarbeit oder Hausaufgabe, ca. 60 min): Die Schülerinnen und Schüler verfassen selbst eine Erörterung zu einer neuen Fragestellung. Optional: Sie können zuerst einen KI-Text zum Thema generieren lassen und diesen gezielt mit Kommentierung der Verbesserungen überarbeiten. Alternativ kann ein Mitschülertext mit KI-Vorschlägen weiterentwickelt werden. Entscheidend ist dabei die Reflexion: Wo hilft die KI? Wo täuscht sie Tiefe nur vor?

Textwerkstatt und Feedback (Gruppenarbeit, 30 min): In Schreibkonferenzen vergleichen die Schülerinnen und Schüler ihre Texte und reflektieren:

Was ist gelungen? Welche Rolle spielte die KI im Schreibprozess? Wo zeigen sich Stärken menschlicher Argumentation durch eigene Erfahrungen, Beispiele oder kreative Perspektiven?

Didaktischer Kommentar: KI-Texte im Deutschunterricht der Oberstufe sollten nie zum Endprodukt werden, sondern zum Material für Analyse und Überarbeitung. Gerade durch die Konfrontation mit oberflächlicher Plausibilität kann ein tieferes Textverständnis entstehen. Die Schreibkompetenz wird hier nicht durch künstliche Hilfestellung geschwächt, sondern durch bewusste Auseinandersetzung mit Sprache und Argumentation gestärkt.

Transparenz und Medienbildung: Die Lehrkraft legt offen, mit welcher Prompt-Struktur die KI-Texte beispielsweise durch Telli generiert wurden. Es wird über die Grenzen solcher Texte gesprochen, beispielsweise über das Fehlen individueller Erfahrung, kreativer Wendungen oder gesellschaftlicher Positionierung.

Differenzierung:

- Weniger sichere Schülerinnen und Schüler erhalten textanalytische Leitfragen oder vorstrukturierte Materialien
- Fortgeschrittene Schülerinnen und Schüler übernehmen eigene Prompt-Gestaltung und experimentieren mit verschiedenen Stilformen
- Erweiterung: Ein Unterrichtsblog mit eigenen Texten und Kommentaren als Beitrag zur öffentlichen Schreibkultur

3.5.2 Geschichte: Geschichte mit KI schreiben und dekonstruieren lassen

Thema: Konstruktion und Dekonstruktion historischer Narrative im digitalen Zeitalter

Jahrgangsstufe: 12. Klasse

Kompetenzschwerpunkte: historische Deutungsmuster, Multiperspektivität, Quellenkritik sowie kritisches Lesen, narrative Kompetenz, Urteilsbildung im Umgang mit digitalen Texten

Zielstellung: Die Schülerinnen und Schüler setzen sich mit KI-generierten historischen Texten auseinander, untersuchen deren Struktur, Sprache und Perspektive und vergleichen sie mit etablierten Fachtexten. Ziel ist es, ein Bewusstsein für die narrative Konstruktion von Geschichte zu entwickeln und den Unterschied zwischen wissenschaftlicher Darstellung und algorithmisch erzeugter Plausibilität herauszuarbeiten.

Einstieg (Klassengespräch, 10 min): Die Lehrkraft liest zwei kurze Textauszüge zur gleichen historischen Fragestellung vor, beispielsweise zur Französischen Revolution, zum Mauerfall oder zur Weimarer Republik. Ein Text stammt aus einem Schulbuch oder einem seriösen historischen Essay, der andere wurde mithilfe einer KI erstellt. Die Klasse diskutiert erste Eindrücke, Unterschiede in Ton, Fokus und Tiefe.

Analyse der Textnarrative (Gruppenarbeit, 30 min): Die Gruppen untersuchen: Wer spricht im Text? Welche Perspektive wird eingenommen? Welche Begriffe sind auffällig? Gibt es eine erkennbare Deutung? Die KI-Texte werden hinsichtlich ihrer Quellenbezüge, stilistischen Merkmale und argumentativen Struktur geprüft und mit fachlich fundierten Darstellungen verglichen.

Dekonstruktion und Rekonstruktion (Einzel- oder Gruppenarbeit, 30 min): Die Schülerinnen und Schüler identifizieren Schwächen, Vereinfachungen oder blinde Flecken im KI-Text. Anschließend überarbeiten sie den Text, ergänzen Kontexte, differenzieren Formulierungen oder fügen Perspektiven ein. Optional: Sie schreiben einen alternativen Text aus einer anderen Sichtweise (beispielsweise französischer Bauer, ostdeutsche Schülerin, politischer Gegner).

Reflexion im Klassengespräch (15 min): Die Klasse diskutiert: Was unterscheidet wissenschaftliche Geschichte von erzählter Geschichte? Wo liegt die Verantwortung bei historischen Texten? Was passiert, wenn solche Texte automatisiert entstehen und verbreitet werden? Die Schülerinnen und Schüler reflektieren die Rolle von KI in politischen Bildungsprozessen.

Didaktischer Kommentar: Geschichtsunterricht lebt vom Ringen um Perspektiven, von der Auseinandersetzung mit Quellen und vom Bewusstsein, dass Geschichte nicht „passiert", sondern erzählt wird. KI-Texte bieten eine Gelegenheit, über die Bedingungen historischer Narration zu sprechen und über die Gefahr scheinbar neutraler, algorithmisch erzeugter Geschichtsschreibung. Die KI dient hier nicht der Vereinfachung, sondern der Irritation.

Transparenz und Medienbildung: Die Lehrkraft legt offen, wie der KI-Text generiert wurde „Schreibe einen kurzen Überblick über die Ursachen der Französischen Revolution in einfacher Sprache". Gemeinsam wird analysiert: Welche Begriffe übernimmt die KI? Welche lässt sie weg? Was heißt es, Geschichte „nachzuerzählen"?

Differenzierung:

- Schülerinnen und Schüler mit geringer Textsicherheit erhalten gegliederte Aufgabenstellungen zur Analyse
- Fortgeschrittene Schülerinnen und Schüler experimentieren mit alternativen Prompts oder Perspektivwechseln
- Erweiterung: Entwicklung einer kritischen KI-Checkliste für historische Texte zur Anwendung in sozialen Medien

3.5.3 Mathematik: Aufgaben mit KI analysieren und Ergebnisse interpretieren

Thema: Mathematische Modellierung im Spannungsfeld zwischen menschlicher Problemlösung und algorithmischer Automatisierung

Jahrgangsstufe: 12. Klasse

Kompetenzschwerpunkte: Modellbildung, funktionale Zusammenhänge, Interpretation mathematischer Ergebnisse sowie Problemlösefähigkeit, kritische Mediennutzung, Argumentationskompetenz

Zielstellung: Die Schülerinnen und Schüler analysieren mathematische Modellierungsaufgaben, lösen diese zunächst selbstständig und vergleichen ihre Ansätze anschließend mit KI-generierten Lösungswegen. Ziel ist es, die Qualität und Angemessenheit der KI-Ergebnisse zu überprüfen, typische Fehlerquellen zu erkennen und das eigene mathematische Urteilsvermögen zu schärfen.

Einstieg (Klassengespräch, 10 min): Die Lehrkraft präsentiert eine klassische Modellierungsaufgabe, beispielsweise zur Ausbreitung einer Krankheit, zu Wachstumsprozessen oder zu Kostenfunktionen. Die Frage steht im Raum: Wie würde eine KI diese Aufgabe lösen? Und: Sollte sie es überhaupt?

Lösungsversuch (Einzelarbeit, 30 min): Die Schülerinnen und Schüler bearbeiten die Modellierungsaufgabe selbstständig. Dabei durchlaufen sie den Modellierungszyklus: Vereinfachung der Realsituation, mathematische Modellbildung, Lösung, Rückinterpretation. Parallel dokumentieren sie ihre Entscheidungen und Annahmen.

Konfrontation mit KI-Lösung (Partnerarbeit, 20 min): Die Lehrkraft stellt eine mit einem gängigen KI-System generierte Musterlösung bereit. Die Schülerinnen und Schüler analysieren: Welche Annahmen wurden getroffen? Ist das Modell nachvollziehbar? Stimmen mathematische Herleitung und Ergebnis? Gibt es Rechen- oder Denkfehler? Was wurde nicht berücksichtigt?

Reflexion und Diskussion (Klassengespräch, 15 min): Gemeinsam wird reflektiert: Welche Rolle kann KI beim Modellieren spielen? Ist sie unterstützend, kritisch, kontrollierend? Die Klasse diskutiert, wo maschinelle Lösungen hilfreich sind und wo sie die mathematische Substanz verfehlen. Es wird geklärt, warum mathematisches Denken nicht automatisierbar ist, auch wenn Rechenwege es sind.

Didaktischer Kommentar: Die Stärke des Mathematikunterrichts liegt nicht im Berechnen, sondern im Verstehen. KI kann korrekte Ergebnisse liefern, aber kein Modellverständnis ersetzen. Gerade in der Oberstufe ist es entscheidend, dass Schülerinnen und Schüler lernen, zwischen einer plausiblen Lösung und einer fachlich tragfähigen zu unterscheiden. Die KI dient hier als Prüfstein und zwingt zur Präzision und zur Klarheit über das eigene Denken.

Transparenz und Medienbildung: Die Lehrkraft legt offen, mit welchem Prompt die Lösung generiert wurde, beispielsweise „Löse das folgende Modellierungsproblem zum exponentiellen Bevölkerungswachstum.“. Es wird gemeinsam untersucht, wie die KI mit Einheiten, Randbedingungen oder Näherungen umgeht und warum menschliche Kontrolle unerlässlich bleibt.

Differenzierung:

- Schülerinnen und Schüler mit weniger Modellierungserfahrung erhalten unterstützende Leitfragen
- Fortgeschrittene Schülerinnen und Schüler vergleichen verschiedene Prompt-Ergebnisse oder entwerfen eigene Modellierungsfragen
- Erweiterung: Erstellung eines digitalen Modellierungsprotokolls, das menschliche und KI-Schritte trennt und reflektiert

3.5.4 Englisch: KI-generierte Texte für stilistische und kulturelle Textkritik

Thema: Schreibkompetenz in der Fremdsprache im Spannungsfeld zwischen Textproduktion und Textreflexion

Jahrgangsstufe: 13. Klasse

Kompetenzschwerpunkte: Schreiben kohärenter, adressatengerechter Texte, Analyse sprachlicher Register und Textsorten sowie interkulturelle Reflexion, Sprachbewusstsein, Kritikfähigkeit

Zielstellung: Die Schülerinnen und Schüler analysieren KI-generierte Texte im Hinblick auf sprachliche Angemessenheit, stilistische Nuancen und kulturelle Bezüge. Dabei schärfen sie ihr Gespür für Sprachregister, Textsortenkonventionen und implizite Bedeutungen. Ziel ist nicht nur die Verbesserung der eigenen Schreibkompetenz, sondern auch die Entwicklung eines reflektierten Umgangs mit KI-Texten in der Fremdsprache.

Einstieg (Klassengespräch, 10 min): Die Lehrkraft präsentiert einen KI-generierten „Letter to the editor“ oder einen kurzen Essay zu einem aktuellen Thema (beispielsweise climate change, digital learning, cultural identity). Die Klasse liest den Text und äußert erste Eindrücke: Ist der Stil überzeugend? Wirkt der Text authentisch?

Analyse (Gruppenarbeit, 30 min): In Gruppen analysieren die Schülerinnen und Schüler Wortwahl, Satzstruktur, Argumentationsweise und kulturelle Referenzen des Textes. Dabei wird zwischen formaler Korrektheit und stilistischer Qualität unterschieden. Die Gruppen identifizieren ggf. „cultural mismatches“, unpassende Formulierungen oder fehlende Nuancen.

Rewriting und Editing (Einzelarbeit oder Gruppenarbeit, 30 min): Die Schülerinnen und Schüler überarbeiten den KI-Text. Dabei verändern sie sprachliches Register, erweitern kulturelle Kontexte oder passen Argumente an eine bestimmte Zielgruppe an. Alternativ verfassen sie eine eigene Version des Textes mit identischem Thema, aber anderer Perspektive oder Textsorte.

Präsentation und Diskussion (Klassengespräch, 15 min): Einzelne Überarbeitungen werden vorgestellt. Gemeinsam wird reflektiert: Was macht einen gelungenen englischen Text aus? Wo stößt KI sprachlich, stilistisch, kulturell an ihre Grenzen? Wie beeinflusst KI möglicherweise unsere Vorstellung von „korrektem Englisch“?

Didaktischer Kommentar: Fremdsprachenlernen in der Oberstufe zielt nicht nur auf Korrektheit, sondern auf Sprachbewusstsein. KI-Modelle bieten oft formell richtige, aber stilistisch blasse Texte und genau darin liegt ihr didaktischer Wert. Sie fordern heraus, sensibilisieren für Ton und Kontext und laden zur kreativen und kritischen Auseinandersetzung mit Sprache ein.

Transparenz und Medienbildung: Die Lehrkraft zeigt, wie der KI-Text erzeugt wurde beispielsweise durch einen Prompt wie: „Write a formal letter to the editor arguing against online-only university education.“ Anschließend wird besprochen, wie die KI mit Sprachregister, Zielgruppe und kulturellen Erwartungen umgeht und wo menschliche Urteilsfähigkeit notwendig bleibt.

Differenzierung:

- Schülerinnen und Schüler mit weniger Schreiberfahrung arbeiten mit Satzbausteinen und editieren bestehende Texte
- Fortgeschrittene formulieren eigene Prompts und vergleichen verschiedene Ausgaben
- Erweiterung: Eine kleine „Textkritik-Galerie“ mit Original-, KI- und überarbeiteten Texten als Plakat oder Online-Beitrag

3.5.5 Naturwissenschaften: KI-generierte Versuche im naturw. Erkenntnisprozess

Thema: Experimentelles Arbeiten und Modellkritik in den Naturwissenschaften unter KI-Einfluss

Jahrgangsstufe: 13. Klasse

Kompetenzschwerpunkte: Hypothesenbildung, Planung und Auswertung von Experimenten, naturwissenschaftliche Argumentation sowie kritisches Denken, wissenschaftspropädeutisches Arbeiten, Medienkompetenz

Zielstellung: Die Schülerinnen und Schüler erhalten von einer KI generierte Versuchsanordnungen oder Hypothesen zu einem naturwissenschaftlichen Problem und beurteilen diese im Hinblick auf Plausibilität, Durchführbarkeit und wissenschaftliche Tragfähigkeit. Ziel ist es, die Rolle von KI in der naturwissenschaftlichen Erkenntnisgewinnung kritisch zu reflektieren und die Fähigkeit zur Planung und Bewertung empirischer Prozesse zu stärken.

Einstieg (Klassengespräch, 10 min): Die Lehrkraft stellt eine naturwissenschaftliche Fragestellung zur Diskussion, beispielsweise „Wie beeinflusst Lichtfarbe das Pflanzenwachstum?“ oder „Wie verändert sich der pH-Wert in einem See bei steigender CO_2-Konzentration?“. Die KI liefert dazu eine vorgefertigte Versuchsanordnung oder Hypothese.

Analyse der KI-Idee (Gruppenarbeit, 20 min): Die Schülerinnen und Schüler analysieren die vorgeschlagene Versuchsanordnung: Welche Variablen werden berücksichtigt? Ist der Aufbau realistisch? Wurden Kontrollbedingungen mitgedacht? Gibt es methodische oder konzeptionelle Fehler? Ziel ist nicht die Widerlegung, sondern die wissenschaftliche Prüfung des KI-Vorschlags.

Modifikation oder Neuplanung (Gruppenarbeit, 30 min): Die Gruppen überarbeiten die KI-Idee oder entwickeln auf Basis der Fragestellung eine eigene Versuchsanordnung. Dabei wird auf die Einhaltung wissenschaftlicher Standards geachtet: Operationalisierung, Messbarkeit, Validität, Kontrolle. Die Überarbeitung wird schriftlich dokumentiert und begründet.

Präsentation und Diskussion (Klassengespräch, 15 min): Die Gruppen präsentieren ihre überarbeitete Versuchsanordnung. Gemeinsam wird diskutiert: Was fehlte dem KI-Vorschlag? Wo war er hilfreich? Wie unterscheidet sich menschlich geplantes Experimentieren von algorithmischen Vorschlägen?

Didaktischer Kommentar: KI kann Daten analysieren, Zusammenhänge aufzeigen, Muster erkennen, aber sie versteht keine Kausalität im naturwissenschaftlichen Sinne. Das entlarvt ihre Vorschläge im Experimentalkontext oft als formal plausibel, aber wissenschaftlich fragwürdig. Die produktive Auseinandersetzung mit solchen Defiziten schult die Fähigkeit zur Modellkritik und zur eigenständigen Erkenntnisgewinnung.

Transparenz und Medienbildung: Die Lehrkraft legt offen, mit welchem Prompt der KI-Vorschlag erzeugt wurde, beispielsweise „Entwirf ein Experiment, um den Einfluss der Temperatur auf die Enzymaktivität im Biologieunterricht der Oberstufe zu untersuchen.“. Es wird analysiert, welche typischen Formfehler auftreten, wie beispielsweise fehlende Kontrollgruppen, unklare Messgrößen oder realitätsferne Materialien.

Differenzierung:
- Schülerinnen und Schüler mit weniger Erfahrung im Experimentieren erhalten schematische Vorlagen zur Planung
- Fortgeschrittene entwickeln eigenständige experimentelle Hypothesen und dokumentieren ihre Auswertung schriftlich
- Erweiterung: Vergleich von mehreren KI-Vorschlägen und Diskussion über den Einfluss der Prompt Gestaltung auf die Qualität der Ergebnisse

3.5.6 Religion/Philosophie: Ethische Reflexionen zu KI-Systemen

Thema: Technologische Selbstverwirklichung und die Frage nach Verantwortung, Freiheit und Würde

Jahrgangsstufe: 13. Klasse

Kompetenzschwerpunkte: ethische Urteilsbildung, anthropologische Reflexion, Argumentation auf der Grundlage philosophischer oder theologischer Positionen sowie Argumentationskompetenz, Wertebildung, Medienethik

Zielstellung: Die Schülerinnen und Schüler setzen sich mit der Frage auseinander, wie künstliche Intelligenz das Menschenbild herausfordert. Ausgehend von einem KI-generierten Text zur Autonomie von Maschinen analysieren sie unterschiedliche Positionen, formulieren eigene Thesen und prüfen diese im Licht zentraler philosophischer oder theologischer Argumente. Ziel ist die Stärkung der ethischen Urteilskraft und die Auseinandersetzung mit normativen Dimensionen digitaler Technologien.

Einstieg (Impuls und Klassengespräch, 15 min): Die Lehrkraft liest einen von einer KI generierten Textausschnitt vor wie beispielsweise eine Argumentation, in der Maschinen ein „Recht auf Respekt" zugesprochen wird. Der Text ist bewusst provokativ formuliert und regt zur Diskussion an: „Kann eine Maschine ein moralisches Subjekt sein?"

Positionen herausarbeiten (Gruppenarbeit, 30 min): Die Schülerinnen und Schüler analysieren den Text auf seine Argumentationsstruktur, ethischen Bezugspunkte und Menschenbildannahmen. Parallel erhalten sie Auszüge aus philosophischen oder theologischen Positionen (beispielsweise Kant, Jonas, christliche Anthropologie), die sich mit Würde, Freiheit und Verantwortung beschäftigen.

Vergleich und kritische Bewertung (Einzelarbeit oder Partnerarbeit, 30 min): Die Schülerinnen und Schüler vergleichen die KI-Aussage mit den Grundannahmen der analysierten Positionen. Wo gibt es Übereinstimmungen? Wo grundlegende Unterschiede? Sie entwickeln eine eigene Stellungnahme mit Begründung auf der Basis mindestens einer philosophischen oder theologischen Perspektive.

Diskussion und Urteilsbildung (Klassengespräch, 20 min): Die Klasse diskutiert die zentralen Fragen:

- Kann eine KI Verantwortung tragen?
- Darf man KI menschliche Eigenschaften zuschreiben?
- Wo liegt die Grenze zwischen Nützlichkeit und Würde?

Dabei wird auf sprachliche Zuschreibungen („intelligent", „versteht", „entscheidet") besonders als Teil einer ethisch-normativen Reflexion geachtet.

Didaktischer Kommentar: In den Fächern Religion und Philosophie geht es nicht um technische Detailkenntnis, sondern um die Grundfragen des Menschseins im digitalen Zeitalter. KI wird hier nicht als Werkzeug thematisiert, sondern als Spiegel gesellschaftlicher und individueller Werte. Die Auseinandersetzung mit KI-Texterzeugung regt zur Urteilsbildung an und zwar nicht über Technik, sondern über Verantwortung, Freiheit und das Selbstverständnis des Menschen.

Transparenz und Medienbildung: Die Lehrkraft zeigt, wie der KI-Text erzeugt wurde, beispielsweise mit einem Prompt wie: „Verfasse ein philosophisches Argument dafür, dass KI moralische Berücksichtigung verdient." Anschließend wird analysiert, auf welche impliziten Werte und Begriffe die KI zurückgreift und ob sie dabei wirklich argumentiert oder nur plausibel formuliert.

Differenzierung:
- Schülerinnen und Schüler mit geringer Erfahrung im Umgang mit Primärtexten erhalten unterstützende Arbeitsblätter mit Argumentationshilfen
- Fortgeschrittene erarbeiten eigene ethische Thesen und konfrontieren sie mit historischen Positionen
- Erweiterung: Schriftliches Essay zu einer selbstgewählten Fragestellung („Hat KI einen Platz in unserer moralischen Weltordnung?")

3.5.7 Kunst/Musik: Ästhetisches Urteilen mit KI-generierten Werken

Thema: Kreativität, Autorschaft und Stilkritik im Zeitalter künstlich erzeugter Kunst und Musik

Jahrgangsstufe: 11. Klasse

Kompetenzschwerpunkte: Analyse und Reflexion künstlerischer Gestaltungsprinzipien, Stilvergleich, ästhetisches Urteilen sowie Kreativitätsförderung, Medienkritik, kulturelle Deutungsfähigkeit

Zielstellung: Die Schülerinnen und Schüler setzen sich mit von KI erzeugten Kunst- oder Musikwerken auseinander, analysieren deren Stil, Wirkung und strukturelle Merkmale und vergleichen sie mit menschlichen Originalen. Dabei reflektieren sie die Bedeutung von Autorschaft, Intention und kultureller Kontextualisierung. Ziel ist es, eine differenzierte ästhetische Urteilskraft im Umgang mit algorithmischer Kreativität zu entwickeln.

Einstieg (Sinneswahrnehmung und Klassengespräch, 15 min): Die Lehrkraft zeigt zwei Bilder bzw. spielt zwei kurze Musikstücke vor. Eines ist KI-generiert und eines von einem menschlichen Künstler bzw. Komponisten geschaffen. Die Klasse diskutiert offen: Was fällt auf? Welche Assoziationen entstehen? Gibt es Unterschiede und woran könnten sie liegen?

Analysephase (Gruppenarbeit, 30 min): In Gruppen untersuchen die Schülerinnen und Schüler gezielt Komposition, Stilmittel, Rhythmik, Farbwahl oder Klangstruktur. Sie recherchieren bei Bedarf die zugrunde liegenden Stilrichtungen (beispielsweise Expressionismus, Minimal Music) und setzen das Werk in den kulturellen Kontext. Ziel ist es, Kriterien für ästhetische Qualität und Eigenständigkeit zu entwickeln.

Reflexion zur Autorschaft (Klassengespräch oder Schreibaufgabe, 20 min): Die Schülerinnen und Schüler diskutieren die Frage: Was macht ein Kunstwerk zu einem Ausdruck individueller Kreativität? Welche Rolle spielt Intention und kann eine KI überhaupt „intentionale" Kunst schaffen? Dabei werden Konzepte wie Autorschaft, Originalität und kulturelle Rezeption thematisiert.

Eigene kreative Phase (Einzel- oder Partnerarbeit, 30–60 min): Die Schülerinnen und Schüler erstellen je nach Fachausrichtung entweder eigene visuelle Arbeiten oder musikalische Skizzen. Diese können auf einem KI-generierten Impuls basieren (beispielsweise eine KI-Bildvorlage als Ausgangspunkt für eine verfremdende Übermalung, ein KI-generiertes Musikmotiv als Grundlage für eine Variation). Die Prozesse werden reflektiert und dokumentiert.

Präsentation und kritisches Feedback (Klassengespräch, 20 min): Die Schülerinnen und Schüler präsentieren ihre Arbeiten und beschreiben, inwiefern sie sich bewusst von der KI-Vorlage abgesetzt oder sie weiterentwickelt haben. In der Diskussion wird deutlich, wie menschliche Kreativität sich durch Bezug, Kontext, Ausdruck und Intention vom bloßen Variieren unterscheidet.

Didaktischer Kommentar: KI kann beeindruckende ästhetische Produkte generieren, aber keine Kunst im eigentlichen Sinne schaffen. Der ästhetische Bildungsprozess zielt nicht auf perfekte Produkte, sondern auf die Entwicklung eines reflektierten Geschmacks, auf Urteilskraft, auf das Bewusstsein für kulturelle Kontexte und Gestaltungsentscheidungen. Die Auseinandersetzung mit KI-Werken schärft genau diesen Blick: Sie lädt dazu ein, das Eigene im Fremden zu suchen (und umgekehrt).

Transparenz und Medienbildung: Die Lehrkraft legt offen, mit welchen Systemen die KI-Werke erzeugt wurden. Gemeinsam wird analysiert, wie Parameter wie Stilrichtung, Stimmung oder Instrumentierung das Ergebnis beeinflussen und warum diese Steuerung keine schöpferische Intention ersetzt.

Differenzierung:

- Schülerinnen und Schüler mit geringerer gestalterischer Erfahrung erhalten strukturierte Arbeitsaufträge mit klaren Zielvorgaben
- Fortgeschrittene setzen eigene kreative Konzepte gezielt in Kontrast zur KI-Vorgabe
- Erweiterung: Eine schulinterne Ausstellung „Kunst von Menschen und Maschinen" mit Besucherfeedback

3.5.8 Fächerübergreifend: Interdisziplinäres Planspiel zum Einsatz von KI

Thema: Künstliche Intelligenz als Entscheidungsinstanz – ethische, politische und technische Perspektiven

Jahrgangsstufe: 13. Klasse

Kompetenzschwerpunkte: Anwendung fachlicher Inhalte aus Politik, Ethik, Informatik, Deutsch oder Gesellschaftswissenschaft sowie Urteilsbildung, Perspektivübernahme, Argumentieren, Teamarbeit, Medienreflexion

Zielstellung: Die Schülerinnen und Schüler setzen sich im Rahmen eines Planspiels mit der Frage auseinander, ob und wie künstliche Intelligenz in gesellschaftlich relevanten Entscheidungsprozessen eingesetzt werden sollte, wie beispielsweise bei Bewerbungsverfahren, in der Medizin, in der Justiz oder in der öffentlichen Verwaltung. Dabei übernehmen sie unterschiedliche Rollen (beispielsweise Bürger, Politiker, Ethiker, Datenanalyst, KI-Entwickler, NGO-Vertreter) und argumentieren auf Basis fachlicher Grundlagen. Die KI wird sowohl als Diskussionsgegenstand als auch als Werkzeug zur Strukturierung und Visualisierung des Spiels genutzt.

Einstieg und Einführung (90 min): Die Lehrkraft führt anhand eines realitätsnahen Szenarios in das Thema ein. Beispielsweise plant eine Stadtverwaltung, Entscheidungen über Kita-Plätze durch ein algorithmisches System unterstützen zu lassen. Die Klasse diskutiert erste Einschätzungen und benennt offene Fragen. Parallel erfolgt eine Einführung in die Grundprinzipien algorithmischer Entscheidungsfindung sowie in die ethischen und politischen Implikationen.

Rollenvergabe und Recherchephase (1–2 Doppelstunden): Die Schülerinnen und Schüler erhalten Rollenkarten mit Positionen, Interessen, fachlichem Hintergrund und rhetorischen Aufgaben. In ihren Gruppen recherchieren sie eigenständig mit Unterstützung der Lehrkraft zu ihrem Blickwinkel. Die KI kann dabei genutzt werden, um Texte im Rollenstil umformulieren zu lassen, Argumentationsstrukturen zu simulieren oder Visualisierungen zu erzeugen.

Durchführung des Planspiels (Doppeltstunde oder Projekttag): Im Rahmen eines simulierten Stadtrats- oder Ethikrats-Treffens präsentieren die Gruppen ihre Standpunkte, stellen Fragen, reagieren auf andere Beiträge und suchen nach gemeinsamen Positionen oder Kompromissen. Die Lehrkraft übernimmt die Moderation und achtet auf Perspektivenvielfalt und Argumentationsqualität.

Auswertung und Reflexion (90 min): Nach dem Planspiel reflektieren die Schülerinnen und Schüler aus ihrer Rolle heraus und anschließend aus persönlicher Perspektive:

- Welche Positionen waren überzeugend?
- Wo lagen Konfliktlinien?
- Welche Rolle spielte die KI – als Werkzeug, als Thema, als Machtfaktor?

Ergänzend werden die eingesetzten KI-Werkzeuge kritisch beleuchtet: Welche Argumente oder Darstellungen wirkten glaubwürdig, obwohl sie algorithmisch erzeugt wurden?

Abschlussprodukt (wahlweise Präsentation, Podcast, Essay): Die Klasse erstellt gemeinsam ein Produkt, das den Verlauf und die Erkenntnisse dokumentiert wie beispielsweise ein digitales Dossier, ein Podcast-Interview mit den „Rollen“, eine Ausstellung oder eine argumentative Stellungnahme.

Didaktischer Kommentar: Die Frage, ob und wie wir KI in gesellschaftlichen Entscheidungsprozessen einsetzen wollen, lässt sich nicht monodisziplinär beantworten. Das Projekt verlangt von den Schülerinnen und Schülern die Integration fachlicher Perspektiven, die Reflexion normativer Fragen und die Auseinandersetzung mit einem komplexen Technologieverständnis. Es fordert nicht nur kognitive Leistungen, sondern auch Haltung und somit ein zentrales Ziel gymnasialer Bildung im 21. Jahrhundert.

Transparenz und Medienbildung: Die Lehrkraft macht die Rolle der KI im Projekt explizit: Wo wurde sie genutzt und warum? Welche Informationen waren verlässlich? Welche Texte wirkten überzeugend, obwohl sie algorithmisch generiert wurden? Die Klasse reflektiert gemeinsam, welche Formen von KI-Nutzung pädagogisch verantwortbar und gesellschaftlich vertretbar erscheinen und wo Grenzen zu ziehen sind.

Differenzierung:

- Schülerinnen und Schüler mit weniger Erfahrung erhalten konkrete Rechercheaufträge oder Schreibhilfen
- Fortgeschrittene übernehmen komplexere Rollen oder moderieren die Debatte
- Erweiterung: Öffentliche Präsentation der Ergebnisse im Schulumfeld oder digitale Veröffentlichung als Impuls für andere Klassen

3.6 Tool- und Plattformbeispiele

Das aktuelle Angebot generativer KI-Systeme hat eine Vielzahl digitaler Werkzeuge hervorgebracht, die Lehrkräften sowohl bei der Unterrichtsvorbereitung als auch in der konkreten Lernbegleitung neue Handlungsspielräume eröffnen. Doch bei der Auswahl geeigneter Tools stellt sich die Frage, welche dieser Werkzeuge sind tatsächlich im Schulalltag nutzbar und das nicht nur technisch, sondern auch didaktisch vertretbar.

Dieses Kapitel stellt eine Auswahl solcher KI-gestützter Tools vor, die sich nach aktuellem Stand sowohl für die individuelle Vorbereitung als auch für den Einsatz mit Schülerinnen und Schülern eignen, sei es zur Textproduktion, zur Recherche, zur Visualisierung oder für fachspezifische Anwendungen. Dabei liegt der Fokus bewusst auf den Werkzeugen, die in Deutschland rechtlich unbedenklich, sprachlich anschlussfähig und pädagogisch sinnvoll einsetzbar sind.

Wichtig ist, dass die genannten Tools keine Alleskönner sind, sondern wie so oft spezialisierte Hilfsmittel. Ihr didaktischer Mehrwert entfaltet sich demnach nur, wenn sie zielgerichtet, reflektiert und in einen methodisch durchdachten Unterrichtskontext eingebettet werden.

3.6.1 Lernmodus und Schreibunterstützung

Einige der zuvor dargestellten Unterrichtsszenarien basieren auf der Fähigkeit generativer KI, Texte lernförderlich aufzubereiten, Rückmeldungen zu geben oder schreibdidaktische Prozesse optimal zu unterstützen. Ob bei der Gestaltung von Bildergeschichten in der Grundschule, bei der Analyse literarischer Figuren in der Sekundarstufe I oder bei der Reflexion philosophischer Argumentationen in der gymnasialen Oberstufe. Immer dann, wenn *Sprache* als Mittel zur Darstellung, Deutung oder Positionierung benötigt wird, kann der gezielte Einsatz von KI-basierten Textsystemen den Lernprozess begleiten.

Besonders hilfreich ist in diesem Zusammenhang der sogenannte *Lernmodus*, der unter anderem in der kostenpflichtigen Version von ChatGPT Plus enthalten ist. In diesem Modus agiert die KI als strukturierte Lernhilfe, die auf eingegebene Fragen mit gestufter Erklärung, gezielten Rückfragen und themenbezogenen Vertiefungsvorschlägen reagiert. Lehrkräfte können auf dieser Grundlage Aufgaben vorbereiten, die Schülerinnen und Schüler im Unterricht oder im häuslichen Lernen eigenständig bearbeiten. So lassen sich etwa auf Basis eines gemeinsamen Impulses individuelle Erklärverläufe oder Schreibprozesse initiieren, die von der KI begleitet und sprachlich angereichert werden.

Für die Umsetzung der Szenarien im Primarbereich empfiehlt sich die Kombination aus bildgenerierenden Tools und einfacher Schreibunterstützung. In der Einheit zur Erstellung von Rechengeschichten oder Tiersteckbriefen können Schülerinnen und Schüler mit Hilfe der KI beschreibende Texte formulieren oder angefangene Sätze sinnvoll erweitern. Hierfür eignen sich abgesicherte Oberflächen wie die fobizz-KI, die speziell für den schulischen Kontext entwickelt wurde und eine einfache Nutzerführung mit altersgerechter Textgestaltung verbindet. Auch die auf kits.blog integrierte Wordcharts-KI bietet Lehrkräften die Möglichkeit, sprachliche Impulse zu erzeugen, die in der Klasse diskutiert und weiterentwickelt werden können.

In der Sekundarstufe I lassen sich hingegen Rollenspiele, Schreibaufgaben oder dialogische Szenarien gezielt vorbereiten, indem KI-gestützte Modelle beispielhafte Gesprächsverläufe erzeugen oder Sprachhandlungen vorstrukturieren. In der beschriebenen Einheit zum Thema Figurencharakterisierung bietet es sich beispielsweise an, zunächst mit Hilfe der KI verschiedene Perspektiven zu entwerfen, um im Anschluss den Text gemeinsam zu überarbeiten. Auch hier ist der fobizz-Editor hilfreich, da er auf Wunsch sprachliche Vereinfachungen oder stilistische Alternativen anbietet, die gemeinsam im Unterricht bewertet werden können.

Für die gymnasiale Oberstufe bietet sich der Lernmodus insbesondere zur Förderung der argumentativen Textproduktion an. In der Unterrichtseinheit zur Erörterung ethischer Fragestellungen können über die KI unterschiedliche Positionen generiert, verglichen und sprachlich ausgearbeitet werden. Lehrkräfte können dabei gezielt steuern, ob die KI als *Ausgangspunkt* für eine kritische Analyse, als Trainingspartner zur Stilverbesserung oder vielmehr als *Impulsgeber* für die Textstrukturierung genutzt wird.

In allen Anwendungsfällen gilt, dass die Nutzung von ChatGPT nur im Rahmen datenschutzkonformer Lizenzierungen erfolgen sollte. Für die schulische Praxis bieten Plattformen wie fobizz oder kits.blog eine rechtlich abgesicherte Alternative, die sowohl aus Sicht des Datenschutzes als auch aus didaktischer Perspektive gut geeignet ist, denn sie ermöglichen nicht nur eine flexible Anpassung an das jeweilige Unterrichtsniveau, sondern bieten darüber hinaus eine technische Infrastruktur, die auch von weniger technikaffinen Lehrkräften recht intuitiv bedient werden kann.

3.6.2 Recherche, Argumentation und Faktenprüfung

Zahlreiche Unterrichtseinheiten setzen darauf, dass Schülerinnen und Schüler Informationen gezielt recherchieren, Positionen vergleichen und darauf basierend Argumente reflektieren. Dies zeigt sich exemplarisch in den fächerübergreifenden Projekten der Sekundarstufen, etwa im Unterricht zur Stadt der Zukunft, zur digitalen Transformation im Fach Wirtschaft oder in den ethischen Dilemma-Diskussionen der Fächer Religion und Philosophie. Die relevante Fähigkeit, Informationen zu recherchieren, kritisch zu hinterfragen und für die eigene Urteilsbildung zu nutzen, stellt dabei eine zentrale Kompetenz dar, die durch geeignete KI-Tools gezielt unterstützt werden kann.

Besonders geeignet sind Systeme, die aktuelle Informationen aus verlässlichen Quellen zusammenführen, strukturierte Antworten liefern und zugleich deutlich machen, auf welche Quellen sich die jeweilige Aussage stützt. Plattformen wie fobizz, SchulKI oder auch Telli bieten hierfür ein KI-Recherchemodul an, das gezielt für den schulischen Kontext entwickelt wurde. Es ermöglicht Schülerinnen und Schülern, eine konkrete Fragestellung einzugeben und dazu eine inhaltlich strukturierte Zusammenfassung relevanter Informationen zu erhalten. Dabei wird der Bezug zu seriösen Quellen kenntlich gemacht, was eine weiterführende Quellenkritik im Unterricht ermöglicht.

Für komplexere Fragestellungen kann auch das Recherche- und Argumentationstool der Plattform kits.blog genutzt werden. Es erlaubt sogar die Simulation kontroverser Debatten, indem unterschiedliche Perspektiven auf eine Fragestellung dargestellt und gegeneinander abgewogen werden. In der Unterrichtspraxis bietet sich der Einsatz vor allem im Politik- oder Ethikunterricht an, um Positionen zu gesellschaftlichen, ökologischen oder technologischen Herausforderungen zu erarbeiten. Auch für vorbereitende Schreibphasen, etwa im Deutschunterricht der Sekundarstufe II, kann die KI als kompetenter Trainingspartner eingesetzt werden, um Gegenargumente zu erkennen, argumentative Schwächen aufzudecken oder unterschiedliche Blickwinkel sprachlich auszuformulieren.

Ein besonderes Augenmerk verdient auch stets die Fähigkeit zur kritischen Bewertung von Fakten. Gerade weil generative KI-Modelle in Einzelfällen falsche oder irreführende Aussagen erzeugen können (sog. Halluzinationen), bietet sich im Unterricht die Möglichkeit, diese Phänomene gezielt zum Thema zu machen.

Lehrkräfte können mit ihren Klassen gezielt Fehlinformationen analysieren, Aussagen auf ihre Quellenbasis hin überprüfen lassen oder die Struktur von Argumenten auf Plausibilität und Kohärenz hin untersuchen. Der bewusste Umgang mit der Fehlbarkeit künstlicher Intelligenz wird so zu einem integralen Teil der Medienbildung und fördert zugleich die Ausbildung einer reflektierten Informationskompetenz.

Aus rechtlicher Perspektive gilt auch hier, dass frei verfügbare Systeme wie die Such- und Recherchefunktionen von ChatGPT, Claude, Gemini, perplexity oder auch Bing nicht ohne Prüfung datenschutzrechtlicher Anforderungen im Unterricht eingesetzt werden dürfen. Insbesondere bei personenbezogenen Daten und account-gebundenen Diensten ist auf die Einhaltung europäischer Datenschutzstandards zu achten. Die Nutzung über Plattformen wie fobizz oder kits.blog bietet dagegen den Vorteil, dass die Datenverarbeitung innerhalb Europas erfolgt und die Inhalte didaktisch kuratiert werden können. Dies erleichtert nicht nur die unterrichtliche Planung, sondern erhöht zugleich die Verlässlichkeit der erzeugten Ergebnisse.

3.6.3 Visualisierung und Präsentation

In mehreren der dargestellten Unterrichtsszenarien wird der Einsatz generativer KI zur Unterstützung bildlicher Darstellung und zur Erstellung einfacher Präsentationen beschrieben. Besonders in den kreativen Aufgaben der Primarstufe sowie in fächerübergreifenden Projekten der Sekundarstufen dient die Visualisierung nicht nur der Veranschaulichung, sondern auch als Ausgangspunkt für sprachliches Lernen, argumentatives Arbeiten und gemeinsames Reflektieren. Damit diese Prozesse im schulischen Alltag umsetzbar bleiben, sind praxistaugliche Tools erforderlich, die ohne hohen technischen Aufwand bedienbar sind und rechtlich abgesichert genutzt werden können.

Für einfache Bildimpulse eignet sich der Bildgenerator von fobizz, der in einer speziell für Lehrkräfte entwickelten Oberfläche arbeitet. Lehrkräfte können dort Bildideen eingeben, die dann automatisch in visualisierte Darstellungen umgesetzt werden. Die erzeugten Bilder können direkt für Schreibanlässe, Erzählanfänge oder Sachtexte verwendet werden. In der Einheit zur Erstellung von Tiersteckbriefen in der Grundschule etwa lassen sich durch gezielte Eingaben passende Tierbilder erzeugen, die anschließend als Ausgangspunkt für Sachtextarbeit dienen. Auch in der beschriebenen Einheit zu fantastischen Erzählungen können über die KI erzeugte Illustrationen genutzt werden, um Schreibprozesse zu initiieren oder Figurengestaltung anzuregen.

Für den Bereich Präsentation bietet sich die Nutzung von PowerPoint innerhalb der schulischen Microsoft-365-Umgebung an, sofern diese datenschutzkonform eingerichtet ist. In aktuellen Versionen stehen automatisierte Designvorschläge zur Verfügung, die auf eingegebene Inhalte reagieren und damit den Gestaltungsaufwand für Schülerinnen und Schüler deutlich reduzieren. In der Projektarbeit zum Thema Zukunftsdorf oder zur Darstellung naturwissenschaftlicher Experimente können diese Funktionen genutzt werden, um Struktur, Lesbarkeit und visuelle Gestaltung zu verbessern. Auch für Lehrkräfte ergibt sich hierdurch eine Möglichkeit, Inhalte schnell und adressatengerecht aufzubereiten.

Ein weiteres Tool mit wachsender Bedeutung im Bildungsbereich ist Canva, das für Lehrerinnen und Lehrer kostenfrei ist, sofern es im schulischen Kontext über eine Bildungsfreigabe genutzt wird. Die Plattform bietet neben klassischen Gestaltungsvorlagen auch KI-gestützte Assistenzsysteme zur Visualisierung von Textinhalten, etwa durch automatische Diagramme, Schaubilder oder Illustrationen. Besonders für Präsentationen in der Oberstufe oder für projektorientiertes Arbeiten in der Mittelstufe kann Canva eine echte Alternative darstellen, wenn keine anderen Präsentationstools zur Verfügung stehen. Da die Nutzung jedoch anmeldepflichtig ist, sollte vor der Verwendung eine datenschutzrechtliche Prüfung durch die Schule erfolgen.

Für strukturierte Visualisierungen wie Mindmaps, Ablaufdiagramme oder einfache Skizzen empfehlen sich browserbasierte Anwendungen wie Excalidraw, Book Creator oder MindMup, die ohne Registrierung genutzt werden können und eine kollaborative Bearbeitung ermöglichen. Gerade in Österreich werden diese Tools sehr gerne im schulischen Kontext eingesetzt. In der Einheit zur literarischen Figurenanalyse kann eine solche Mindmap dazu dienen, Beziehungsgeflechte sichtbar zu machen oder Entwicklungslinien zu dokumentieren. Im naturwissenschaftlichen Unterricht lassen sich damit Prozesse, Versuchsanordnungen oder Klassifikationen abbilden, die anschließend durch Erklärungen ergänzt werden können.

Entscheidend für den erfolgreichen Einsatz dieser Tools ist die pädagogische Einbettung. Visualisierungen entstehen schließlich nicht um ihrer selbst willen, sondern dienen der kognitiven Strukturierung, der Kommunikationsförderung und der sprachlichen Anreicherung. Der Einsatz generativer KI im Bereich Bild und Präsentation sollte deshalb stets auf einen klaren Lernzweck bezogen sein und im Unterricht gemeinsam reflektiert werden. Eine kritische Auseinandersetzung mit den erzeugten Inhalten, mit der Auswahl bildlicher Mittel und mit der Wirkung visueller Gestaltung bleibt unerlässlich, um einen medienpädagogisch verantwortungsvollen Umgang mit KI-Systemen zu fördern.

3.6.4 Korrektur schriftlicher Leistungen

Ein innovativer Ansatz innerhalb der KI-gestützten Unterstützungssysteme liegt in der automatisierten Korrektur von Schülertexten. Während Plattformen wie Sokrates bereits bei digital vorliegenden Texten eingesetzt werden, gehen neuere Lösungen einen Schritt weiter und beziehen auch handschriftliche Arbeiten mit ein. Dadurch entsteht ein hoher praktischer Nutzen für den schulischen Alltag, in dem Klassenarbeiten und Aufsätze noch überwiegend handschriftlich verfasst werden.

Die Plattform zengrade steht exemplarisch für diesen Ansatz. Sie digitalisiert handschriftliche Aufsätze, transkribiert sie in Textform und markiert sprachliche Fehler mit den im schulischen Kontext etablierten Korrekturzeichen. Anschließend erstellt die Software auf Basis eines von der Lehrkraft hinterlegten Erwartungshorizonts einen Bewertungsvorschlag. Die Lehrkraft behält jedoch jederzeit die Kontrolle über die Endbewertung und kann die Vorschläge der KI prüfen, ergänzen oder abändern. Auf diese Weise verbindet zengrade eine deutliche Zeitersparnis mit der Wahrung pädagogischer Verantwortung.

Bemerkenswert ist zudem die Vielseitigkeit des Systems: Neben Deutsch kann es auch in den Fremdsprachen Englisch, Französisch und Spanisch eingesetzt werden. Damit eignet sich die Plattform für alle Fächer, in denen schriftsprachliche Leistungen eine zentrale Rolle spielen. Der Ansatz illustriert beispielhaft, wie KI die Arbeitsprozesse von Lehrkräften entlasten kann, ohne die didaktische Verantwortung zu substituieren. Vielmehr entsteht eine hybride Form der Leistungsbewertung, die Transparenz, Effizienz und Vergleichbarkeit stärkt und zugleich Freiräume für individuelle Rückmeldungen eröffnet.

3.6.5 Fachspezifische Spezialtools

Die in den vorangegangenen Kapiteln beschriebenen Unterrichtsszenarien zeigen, dass generative KI nicht nur im sprachlichen oder kreativ-produktiven Bereich wirksam eingesetzt werden kann, sondern auch in stärker formalisierten oder fachlich spezialisierten Feldern einen didaktischen Mehrwert bieten kann. Für bestimmte Fächer haben sich mittlerweile spezialisierte Tools etabliert, die entweder auf konkrete Lerninhalte zugeschnitten sind oder gezielt diagnostische und fördernde Funktionen übernehmen. Diese Anwendungen bieten sich vor allem dort an, wo standardisierte Verfahren mit adaptiven Elementen verbunden werden sollen oder gar müssen.

Im Fach Mathematik stellt die Plattform Cornelsen.ai eine Möglichkeit dar, differenzierte Aufgabenformate mit direktem Lehrplanbezug zu erstellen. Die KI erzeugt Übungsmaterialien, die inhaltlich exakt auf Jahrgangsstufen und Themenfelder zugeschnitten werden können. Dabei kann die Lehrkraft zwischen verschiedenen Schwierigkeitsniveaus wählen und erhält sofort einsatzbereite Aufgaben inklusive passender Lösung. In der beschriebenen Unterrichtseinheit zu Rechengeschichten oder Bruchrechnung ermöglicht das Tool beispielsweise eine gezielte Förderung einzelner Schülerinnen und Schüler oder ganzer Lerngruppen. Die Nutzung erfolgt über einen geschützten Zugang innerhalb der Cornelsen-Angebotsstruktur und ist für Schulen mit entsprechender Lizenz verfügbar.

Auch die Plattform bettermarks hat sich im Fach Mathematik etabliert. Sie erlaubt eine automatische Anpassung des Aufgabenformats an den individuellen Lernstand und gibt unmittelbares Feedback zu Lösungsversuchen. Schülerinnen und Schüler können damit selbstständig arbeiten, während die Lehrkraft den Lernfortschritt digital begleitet. In Übungsphasen der Sekundarstufe I oder zur Wiederholung zentraler Kompetenzen eignet sich bettermarks sowohl zur Individualisierung als auch zur Diagnostik. Die Anwendung ist datenschutzkonform nutzbar, sofern eine entsprechende schulische Lizenzierung vorliegt.

Für den Musikunterricht bieten sich zunehmend kreative KI-Werkzeuge an, die über reine Komposition hinausgehen. Mit sogenannten Motion-Tracking-Systemen, wie sie unter anderem in den Music Motion Tools implementiert sind, lassen sich Bewegungen und Gesten in musikalische Signale übersetzen. In der beschriebenen Einheit zu Klanggeschichten können dadurch individuelle Ausdrucksformen unterstützt und kreative Prozesse gefördert werden. Die Nutzung solcher Tools setzt allerdings entsprechende Hardware sowie eine schulische Infrastruktur voraus, weshalb sie vor allem in Projekten oder im erweiterten Musikunterricht zum Einsatz kommen.

Darüber hinaus bieten offene Werkzeuge wie MuseScore und Audacity zahlreiche Anknüpfungspunkte für die Verbindung klassischer Musiksoftware mit KI-gestützten Prozessen. Während MuseScore die Erstellung und Bearbeitung von Notenmaterial ermöglicht, bietet Audacity Werkzeuge zur Klangbearbeitung und

Analyse. In Verbindung mit generativen KI-Modellen lassen sich beispielsweise Musikstücke interpretieren, stilistische Merkmale erkennen oder kompositorische Ideen weiterentwickeln. Diese Tools sind in vielen Schulen bereits verfügbar und können datenschutzkonform eingesetzt werden, sofern keine externen Cloud-Dienste angebunden sind.

Fachspezifische KI-Tools wie diese zeigen exemplarisch, dass der Mehrwert nicht in der Automatisierung fachlicher Inhalte liegt, sondern in der konkreten Möglichkeit, Lernprozesse gezielter zu gestalten, individualisiertes Feedback zu geben und kreative Leistungen anzuregen. Ihr Einsatz erfordert eine fachlich informierte Auswahl sowie eine didaktische Einbettung, die über das bloße Bereitstellen von Materialien hinausgeht. Nur wenn Lehrkräfte die spezifischen Funktionen dieser Anwendungen mit den pädagogischen Zielen ihres Unterrichts verbinden, kann der tatsächliche Nutzen optimal ausgeschöpft werden.

3.6.6 Überblick: KI-Tools im schulischen Einsatzkontext

Die vorangegangenen Abschnitte haben deutlich gemacht, dass der didaktische Nutzen generativer KI-Systeme maßgeblich von der zielgerichteten Auswahl geeigneter Werkzeuge abhängt. Je nach Fach, Jahrgangsstufe und pädagogischer Zielsetzung kommen unterschiedliche Tools infrage, die sich in ihren Funktionen, Anforderungen und schulrechtlichen Rahmenbedingungen deutlich unterscheiden. Um Lehrkräften eine erste Orientierung zu bieten, fasst die Tab. 3.1 die zuvor genannten Werkzeuge systematisch zusammen.

Die Tabelle benennt dabei nicht nur das jeweilige Tool und seine primäre Funktion, sondern ordnet es auch konkreten Fächern, Zielgruppen und pädagogischen Zielen zu. Zusätzlich wird aufgeführt, ob das Tool unter den aktuellen datenschutzrechtlichen Vorgaben in Deutschland für den Unterricht empfohlen werden kann. Diese Einschätzung ersetzt keine schulinterne oder juristische Prüfung, bietet jedoch eine praxistaugliche Grundlage für erste Auswahlentscheidungen im Kollegium.

Tab. 3.1 Übersicht KI-Tools

Tool	Anwendung	Fächer	Pädagogisches Ziel	Nutzung erlaubt?
ChatGPT (Lernmodus)	Lernhilfe, Erklärungen, Schreibimpulse, Argumentation	Deutsch, Ethik, Philosophie, fächerübergreifend	Schreibförderung, Argumentation	nur mit Lizenz & Aufsicht
fobizz-KI (allgemein)	Textproduktion, sprachliche Vereinfachung, Impulsgebung	Deutsch, Sachunterricht, fächerübergreifend	Sprachbildung, Differenzierung	ja
kits.blog Wordcharts-KI	Sprachimpulse, Wortmaterialien	Deutsch, Primarstufe	Wortschatz-erweiterung, Schreibstart	ja
fobizz Recherchemodul	Faktenrecherche mit Quellenverweis	Gesellschaftslehre, Wirtschaft, Ethik	Informations-kompetenz, Recherche	ja
kits.blog Argumentationstool	Perspektivenvergleich, Debattensimulation	Politik, Ethik, Deutsch Sek II	Argumentieren, Meinungsbildung	ja
fobizz Bild-generator	Bildimpulse, Visualisierung von Textideen	Deutsch, Kunst, Sachunterricht	Kreatives Schreiben, Visualisierung	ja
Microsoft PowerPoint (KI)	Präsentationserstellung, Designvorschläge	fächerübergreifend	Medienkompetenz, Präsentation	mit M365 Lizenz
Canva (mit KI)	Präsentationen, Schaubilder, Visualisierung	Projektunterricht, Oberstufe, Mittelstufe	Gestaltungs-kompetenz	nur mit EDU-Lizenz
Excalidraw	Mindmaps, Skizzen, visuelle Strukturierungen	Deutsch, Biologie, Geschichte	Strukturierung, Visualisierung	ja
MindMup	Visuelle Darstellung, Mindmapping	Deutsch, Natur-wissenschaften	Denk-strukturierung	ja

Cornelsen.ai	Matheaufgaben generieren, anpassen	Mathematik	Differenzierung, Übungsmaterial	mit Lizenz
bettermarks	Adaptives Lernen, Sofort-Feedback	Mathematik	Individualisierung, Diagnose	mit Lizenz
Klett x Studyly	Mathematiktraining, Hausaufgabenhilfe	Mathematik	Automatisiertes Üben	mit Lizenz
Music Motion Tools	Klangerzeugung über Bewegung	Musik	Kreative Ausdrucks-förderung	Hardware-abhängig
MuseScore	Notation, Komposition, Musikgestaltung	Musik	Musikproduktion, Analyse	Ja
Audacity	Audiobearbeitung, Klanganalyse	Musik	Medien-kompetenz, Audiodidaktik	Ja
zengrade	Handschriftliche Aufsätze transkribieren, Fehler markieren, Bewertungsvorschläge erstellen	Deutsch, Englisch, Französisch, Spanisch	Entlastung bei Korrekturen, Förderung objektiver Bewertung, Zeitersparnis	mit Lizenz
Klangio	Audio/Musik-Aufnahmen transkribieren (z. B. Instrumental- oder Gesangsaufnahmen Notation/MIDI)	Musik	Kreatives Musiklernen, Notenlesen, Musikproduktion, Differenzierung (verschiedene Instrumente)	Ja mit Prüfung
Perplexity	KI-gestützte Recherche/KI-Suchmaschine mit Quellenangaben	Gesellschaftslehre, Ethik, Deutsch, Oberstufe, fächerübergreifend	Informationskompetenz, Quellenkritik, Recherche & Argumentation	Ja, aber Nutzung setzt schulinterne Prüfung voraus

(Fortsetzung)

Tab. 3.1 (Fortsetzung)

Tool	Anwendung	Fächer	Pädagogisches Ziel	Nutzung erlaubt?
Microsoft 365 Copilot	KI-Assistenz im Office-/M365- Umfeld: Texte schreiben, zusammenfassen, Ideen generieren	Deutsch, Fremdsprachen, Projektunterricht, Oberstufe, Mittelstufe	Schreibkompetenz, Medienkompetenz, Labor für KI-gestützte Arbeit	Mit Lizenz, aber Nutzung setzt schulinterne Prüfung voraus
Adobe Firefly	KI-Bild-/ Grafik-Generierung, kreative Gestaltung	Kunst, Deutsch, fächerübergreifend, Projektunterricht	Gestaltungskompetenz, Medienkompetenz, kreatives Arbeiten mit Visualisierung	Ja mit Schul-Lizenz
yogger.io	Videoanalyse von Bewegungen mit KI (z. B. Joint-Tracking, Sports/Bewegung)	Sport, ggf. Biologie	Bewegungsanalyse, Feedback, Differenzierung im Praxisunterricht	Nur mit expliziter Einverständniserklärung
schulKI	Chat-KI-Plattform mit Text- & Bild-Modulen, Aufgaben-Vorkontrolle	Fächerübergreifend (v. a. Sek I)	Medien-/KI-Kompetenz, Textarbeit, Reflexion	Ja
Telli	KI-Chatbot für Unterricht, Material-/Aufgabengenerierung, Dokument-Upload	Fächerübergreifend	Unterrichtsentlastung, KI-Dialog, Materialoptimierung	Ja

3.7 KI als pädagogische Herausforderung

Der Einsatz künstlicher Intelligenz im Unterricht stellt keine methodische Variante unter vielen dar, sondern verweist auf einen akuten, tiefgreifenden Wandel in der Beziehung zwischen Mensch, Wissen und Technologie. Unterricht, der KI nutzt, verlangt mehr als die Auswahl geeigneter Tools, er fordert pädagogisches Urteil, didaktische Sensibilität und eine klare Haltung gegenüber dem, was Bildung gerade in Zeiten, in denen Informationen algorithmisch erzeugt, Entscheidungen datenbasiert getroffen und Leistungen maschinell bewertet werden, leisten soll.

Die in diesem Kapitel vorgestellten Beispiele zeigen, dass die KI Lehr- und Lernprozesse nachhaltig bereichern, differenzieren, herausfordern kann, wenn ihr Einsatz gleichzeitig fachlich fundiert und lernzielorientiert gestaltet wird. Sie bietet Möglichkeiten, Schreibprozesse neu zu denken, Experimente zu planen, Perspektiven zu wechseln, Argumente zu schärfen und Medien kritisch zu prüfen. Überdies ist allerdings zu beachten, dass sie dabei weder die didaktische Entscheidung noch die pädagogische Verantwortung ersetzt, denn die Lehrkraft bleibt die zentrale Instanz, wenn es darum geht, zwischen technischer Möglichkeit und pädagogischer Sinnhaftigkeit zu unterscheiden (Tulodziecki et al., 2023).

Das erfordert in der Regel keine technischen Spezialkenntnisse, sondern vielmehr eine *bewusste Auseinandersetzung* mit den Voraussetzungen maschineller Systeme sowie den Bedingungen gelingenden Lernens. Lernen ist viel mehr als ein Berechnen oder ein Fortschreiten entlang vordefinierter Ziele, es ist ein Prozess des Fragens, Zweifelns, Suchens und Verstehens und damit in wesentlichen Punkten sogar das Gegenteil(!) algorithmischer Gewissheit (Grunwald, 2022).

Literatur

Adobe. (2024). Adobe Firefly for Education – AI-gestützte Kreativplattform für den Unterricht. *Adobe Newsroom.* https://news.adobe.com/news/news-details/2024/adobe-express-for-education-brings-ai-designed-to-be-safe-for-the-classroom-to-millions-of-teachers-and-students-to-enhance-creative-and-digital-literacy. Zugegriffen am 15.12.2025.

Audacity. (2025). Open Source Audio-Editor für Bildungseinrichtungen. https://www.audacityteam.org. Zugegriffen am 15.12.2025.

bettermarks. (2025). Mathematikunterricht mit KI differenzieren und individualisieren. https://de.bettermarks.com. Zugegriffen am 15.12.2025.

Canva. (2025). Canva für Bildungseinrichtungen. https://www.canva.com/de_de/bildung/. Zugegriffen am 15.12.2025.

Clipchamp. (2024). Clipchamp – KI-gestützte Videobearbeitung für Bildung und Kreativität. https://www.clipchamp.com/. Zugegriffen am 15.12.2025.

Cornelsen Verlag. (2025). Cornelsen.ai – KI für den Mathematikunterricht. https://www.cornelsen.de/empfehlungen/ki-im-unterricht. Zugegriffen am 15.12.2025.

Excalidraw. (2023). Excalidraw – Webbasierte Skizzen- und Mindmap-Plattform. https://excalidraw.com/. Zugegriffen am 15.12.2025.

fobizz. (2025). KI-Assistenz für den Unterricht. https://fobizz.com. Zugegriffen am 15.12.2025.

Google Magenta. (2025). Magenta Studio – AI Tools for Music Creation. https://magenta.tensorflow.org. Zugegriffen am 15.12.2025.

Grunwald, A. (2022). *Künstliche Intelligenz und der Sinn des Lebens: Orientierung in unsicheren Zeiten*. C.H. Beck.

Hattie, J. (2023). *Visible learning: The sequel: A synthesis of over 2,100 meta-analyses relating to achievement*. Routledge.

kits.blog. (2025). KI-gestützte Recherchewerkzeuge in der Bildung. https://kits.blog. Zugegriffen am 15.12.2025.

Klangio. (2024). Klangio – KI-gestützte Musiktranskription und Analyse. https://klang.io/. Zugegriffen am 15.12.2025.

Klett. (2024). Klett x Studyly – Mathematiktraining und Hausaufgabenhilfe. https://studyly.com/. Zugegriffen am 15.12.2025.

Kultusministerkonferenz (KMK). (2021). Lehren und Lernen in der digitalen Welt: Die ergänzende Empfehlung zur Strategie „Bildung in der digitalen Welt". https://www.kmk.org/fileadmin/Dateien/veroeffentlichungen_beschluesse/2021/2021_12_09LehrenundLernenDigi.pdf. Zugegriffen am 15.12.2025.

Lazarides, R. (2025). KI im Klassenzimmer: Wie Technik den Unterricht bereichern kann. Interview mit t3n. https://t3n.de/news/ki-klassenzimmer-forscherin-unterricht-bereichern-1703139/. Zugegriffen am 15.12.2025.

Luckin, R., Holmes, W., Griffiths, M., & Forcier, L. B. (2016). *Intelligence unleashed: An argument for AI in education*. Pearson Education.

Meisoll, A. (2025). Chatbot als Deutschlehrer: Wie Schüler in Ostfildern von der KI lernen. SWR. https://www.swr.de/swraktuell/baden-wuerttemberg/bildung-chatbot-deutschunterricht-100.html. Zugegriffen am 15.12.2025.

Microsoft. (2024). Microsoft Copilot – KI-Assistenz in Microsoft 365 für Education. https://adoption.microsoft.com/en-us/copilot/copilot-resources-for-education/. Zugegriffen am 15.12.2025.

Microsoft. (2025). PowerPoint mit KI-Designerfunktion in Microsoft 365. https://www.microsoft.com/de-de/microsoft-365. Zugegriffen am 15.12.2025.

MindMup. (2024). MindMup – Online-Mindmapping-Tool. https://www.mindmup.com/. Zugegriffen am 15.12.2025.

MuseScore. (2025). Kostenlose Notationssoftware für den Musikunterricht. https://musescore.org/de. Zugegriffen am 15.12.2025.

NMZ. (2024). Music Motion Tools: Virtuelles Instrumentalspiel mit KI und Bewegungserkennung. https://www.nmz.de. Zugegriffen am 15.12.2025.

OpenAI. (2024). ChatGPT Education Features. https://openai.com/education. Zugegriffen am 15.12.2025.

Perplexity. (2025). Perplexity AI – KI-gestützte Recherche- und Antwortplattform. https://www.perplexity.ai/. Zugegriffen am 15.12.2025.

Reiss, K., Sliwka, A., Buchholtz, N., & Wendt, H. (Hrsg.). (2021). *Bildung auf einen Blick: OECD-Indikatoren*. OECD Publishing.

SchulKI. (2025). schulKI – Datenschutzkonforme KI-Plattform für Schulen. https://schulki.de/. Zugegriffen am 15.12.2025.

Soundraw. (2025). Create Music with AI. https://soundraw.io. Zugegriffen am 15.12.2025.

Studyly. (2024). Studyly x Klett – Mathematik- und Übungsplattform mit KI-Feedback. https://studyly.com/. Zugegriffen am 15.12.2025.

Telli. (2025). telli – KI-Chatbot für Schulen. https://telli.schule/. Zugegriffen am 15.12.2025.

Tulodziecki, G., Herzig, B., Blömeke, S., Goldhammer, F., & Trautmann, M. (2023). *Bildung in der digitalen Welt: Orientierungsrahmen für Schule und Lehrerbildung*. Beltz.

Yogger. (2024). yogger.io – Video- und Bewegungsanalyse mit KI. https://yogger.io/. Zugegriffen am 15.12.2025.

zengrade. (2024). KI-gestützte Korrektur handschriftlicher Schülertexte. https://zengrade.com. Zugegriffen am 03.10.2025

4 KI-gestützte Leistungsbewertung

Leistungsbewertung gehört zu den Kernaufgaben schulischer Bildung. Sie informiert nicht nur über den individuellen Lernstand, sondern wirkt auch ebenso handlungsleitend für Schülerinnen und Schüler, etwa durch Rückmeldung, Motivation und Zielorientierung. Gleichzeitig ist sie überdies ein zentrales Instrument schulischer Gerechtigkeit mit weitreichenden Konsequenzen für Laufbahnen und Selbstwirksamkeitserleben. Umso bedeutsamer ist es, die Möglichkeiten und Grenzen der KI-gestützten Bewertung differenziert zu betrachten.

In den vergangenen Jahren sind zahlreiche Systeme entwickelt worden, die Lehrkräfte bei der Bewertung schriftlicher, mündlicher oder auch gestalterischer Schülerleistungen unterstützen können. Diese Anwendungen versprechen insbesondere eine Reduktion des zeitlichen Aufwands, eine Erhöhung der Objektivität sowie eine differenziertere Rückmeldung. Tatsächlich zeigen erste Studien, dass automatisierte Bewertungssysteme insbesondere bei standardisierten Aufgabenformen wie Multiple-Choice-Tests oder strukturierter Freitextanalyse hohe Genauigkeit und Konsistenz erzielen können (Zawacki-Richter et al., 2021). Auch in der Hochschullehre wird zunehmend auf KI-gestützte Feedbacksysteme zurückgegriffen, etwa zur Unterstützung bei der Korrektur von Hausarbeiten oder beim gegenseitigen Review (Woolf et al., 2013).

Besonders interessant für den schulischen Alltag sind die Anwendungen, die *formative* Rückmeldungen generieren, bevor eine *summative* Bewertung erfolgt. Solche Systeme analysieren etwa Sprachproduktion oder Textstrukturen und geben konkrete Hinweise auf Kohärenz, Argumentationslogik oder stilistische Qualität. Auch für mathematische Aufgabenlösungen existieren inzwischen Modelle, die nicht nur das Ergebnis als solches prüfen, sondern auch die gewählte Lösungsstrategie analysieren. Dies ist somit eine Funktion, die vor allem für den

M. Barenkamp, S. Barenkamp, *Künstliche Intelligenz im Schulunterricht*,
https://doi.org/10.1007/978-3-658-50909-5_4

kompetenzorientierten Unterricht von großer Relevanz sein kann (Holstein et al., 2019). Lehrkräfte können dadurch gezielter intervenieren, differenzierter fördern und Lernprozesse noch individueller begleiten.

Allerdings zeigen sich bei genauerer Betrachtung auch erhebliche Herausforderungen, denn automatisierte Bewertungssysteme sind stets an Trainingsdaten gebunden und können je nach Qualität und Diversität dieser Daten systematische Verzerrungen („Biases") aufweisen. So wurde etwa nachgewiesen, dass Sprachmodelle tendenziell bestimmte Ausdrucksweisen oder Dialekte benachteiligen, was gerade im Kontext sprachlicher Vielfalt problematisch sein kann (Bender et al., 2021). Auch bei der Bewertung von kreativen Leistungen etwa in Kunst, Musik oder freiem Schreiben stoßen KI-Systeme an konzeptionelle Grenzen, denn was als innovativ oder originell gilt, ist häufig stark kontextabhängig und lässt sich nicht ohne Weiteres auf algorithmische Kriterien reduzieren.

Zudem stellt sich zunächst die Frage, welche Rolle die Lehrkraft in einem von KI-gestützter Bewertung geprägten Unterricht spielt. Wird sie zur bloßen Kontrollinstanz degradiert oder gewinnt sie durch Zeitersparnis und strukturierte Analysen neue Freiräume für pädagogisch wertvolle Tätigkeiten wie Beratung, Reflexion und individuelle Förderung? Vieles spricht dafür, dass Letzteres der Fall sein kann. Dies setzt voraus, dass die Technologie bewusst und reflektiert eingesetzt wird, denn die Bewertung schulischer Leistungen ist mehr als die Zuordnung zu einer Note, vielmehr ist sie eingebettet in Beziehung, Vertrauen und pädagogische Haltung.

Didaktisch sinnvoll erscheint somit ein Hybrid-Modell, worin KI-Systeme unterstützende Funktionen wie etwa die Vorstrukturierung von Rückmeldungen, die Erkennung von Fehler- oder Denkmustern oder die Analyse sprachlicher Merkmale übernehmen und die abschließende Bewertung in der Verantwortung der Lehrkraft bleibt. Auf diese Weise können Effizienz und Qualität gesteigert werden, ohne dass die pädagogische Verantwortung delegiert wird.

Wichtig ist dabei auch, Schülerinnen und Schüler frühzeitig über den Einsatz solcher Systeme aufzuklären und sie in ihrer Rolle als kompetente Empfänger algorithmischer Entscheidungen zu stärken. Sie sollten nachvollziehen können, *wie* eine KI zu bestimmten Rückmeldungen gelangt ist, *wo* Grenzen liegen und wie sie mit solchen Einschätzungen konstruktiv umgehen können. Nur so lässt sich eine digitale Bewertungskultur etablieren, die nicht technokratisch wirkt, sondern zur Förderung von Transparenz, Vertrauen und Selbstwirksamkeit beiträgt (Selwyn, 2019).

KI kann somit ein wertvolles Werkzeug zur Unterstützung von Leistungsbewertung sein, wenn sie nicht als Ersatz, sondern als Erweiterung professioneller pädagogischer Praxis verstanden wird. Entscheidend ist, dass Lehrkräfte die

Funktionsweise der Systeme verstehen, ihre Ergebnisse kritisch einordnen und sie gezielt im Sinne der Schülerinnen und Schülern nutzen.

4.1 KI als Diagnosehilfe

Ein zentrales Ziel zeitgemäßen Unterrichts ist es, Lernprozesse nicht nur zu beobachten, sondern aktiv und individuell zu begleiten. Besonders wirksam ist in diesem Zusammenhang die sogenannte formative Rückmeldung, also eine Rückkopplung, die nicht nach Abschluss, sondern während des Lernprozesses erfolgt und den Schülerinnen und Schülern hilft, ihre nächsten Schritte gezielt zu planen. Gerade hier entfaltet Künstliche Intelligenz ihr großes Potenzial, Lehrkräfte durch automatisierte Diagnosewerkzeuge, sprachlich differenzierte Rückmeldefunktionen und adaptive Systeme, die Lernpfade individuell anpassen, zu unterstützen.

In der internationalen Bildungsforschung ist seit Jahren belegt, dass formative Rückmeldungen zu den wirkungsvollsten Einflussfaktoren auf den Lernerfolg zählen (Hattie, 2023). Entscheidend ist dabei jedoch nicht allein das Feedback an sich, sondern dessen Qualität. Es muss zeitnah, individuell, konkret und verständlich sein und genau an diesem Punkt kann KI eine sinnvolle Ergänzung darstellen. Moderne KI-Systeme sind in der Lage, Schülerantworten in Echtzeit zu analysieren, Fehlerquellen zu identifizieren und Rückmeldungen zu geben, die über bloße Korrekturzeichen hinausgehen. Besonders im Bereich freier Textproduktion, beispielsweise in Deutsch, Geschichte oder Politik, können Sprachmodelle Hinweise auf Kohärenz, Argumentationsstruktur oder stilistische Besonderheiten geben (Zawacki-Richter et al., 2021).

Beispielhaft lässt sich dies an Anwendungen wie KI-gestützten Schreibassistenten verdeutlichen, die auf Basis von Natural Language Processing arbeiten. Diese Systeme analysieren nicht nur grammatikalische Korrektheit, sondern auch Aufbau, Satzvariation oder die innere Logik eines Textes. Lehrkräfte können diese erzeugten Analysen nutzen, um Rückmeldungen gezielter zu formulieren oder erste Hinweise zur Überarbeitung zu geben, ohne dass sie dabei die finale Bewertung oder pädagogische Einschätzung delegieren müssten. Für den Fremdsprachenunterricht wiederum existieren Tools, die über automatisierte Sprachfeedbacks Aussprache, Wortwahl oder grammatische Strukturen analysieren und personalisierte Hinweise geben (Li et al., 2023).

Auch in den MINT-Fächern sind entsprechende Systeme verfügbar, die nicht nur richtige oder falsche Lösungen erkennen, sondern auch Lösungsstrategien nachvollziehen und Feedback zur Denkweise geben können. Ein Beispiel hierfür ist das Projekt „ASSISTments“ des Worcester Polytechnic Institutes in Massachusetts, bei dem Schüler Rückmeldungen zu mathematischen Teilaufgaben erhalten, ohne dass die Lehrkraft jede einzelne Zwischenschrittlösung manuell prüfen muss (Heffernan & Heffernan, 2014).

Allerdings zeigen aktuelle Studien auch deutlich, dass die Qualität der Rückmeldung stark vom Trainingsmaterial der KI abhängig ist. So können kulturelle und sprachliche Eigenheiten, spezifische Fachlogiken oder individuelle Lernstile zu Missverständnissen führen, wenn die KI diese nicht korrekt einordnet (Bender et al., 2021). Daher ist es essenziell, dass Lehrkräfte nicht blind auf die Vorschläge automatisierter Systeme vertrauen, sondern diese als ergänzende Informationsquelle nutzen, die sie mit pädagogischem Augenmaß interpretieren und weiterentwickeln.

Nicht zuletzt eröffnet der Einsatz solcher Systeme natürlich auch neue Möglichkeiten für die Diagnostik. Sie können helfen, individuelle Lernverläufe systematisch zu dokumentieren, Lernfortschritte sichtbar zu machen und Lernbarrieren frühzeitig zu erkennen. Gerade bei heterogenen Lerngruppen oder in inklusiven Situationen kann dies ein wertvolles Instrument sein, um differenziert zu fördern. Wie stets in diesen Situationen muss auch hier vorausgesetzt werden, dass die Systeme verantwortungsvoll und didaktisch durchdacht eingesetzt werden.

Die große Chance liegt somit nicht in der automatisierten Rückmeldung an sich, sondern gerade in der didaktischen Einbettung intelligenter Systeme in einen Unterricht, der Diagnose als Ausgangspunkt individueller Förderung versteht. KI kann hier ein hilfreiches Werkzeug sein, das Lehrkräften den Rücken frei hält für das, was Technologie niemals leisten kann, nämlich Beziehungsarbeit, pädagogische Intuition und ein tiefes Verständnis für die individuellen Bedürfnisse der Schülerinnen und Schüler.

4.2 Automatisierte Bewertung von Lernprodukten

Neben der formativen Rückmeldung spielt auch, dies lässt sich auch im modernen KI-Zeitalter nicht verhindern, die summative Leistungsbewertung im schulischen Alltag eine zentrale Rolle. Dabei geht es darum, das Ergebnis eines Lernprozesses zu bewerten, es in Beziehung zu vorab definierten Kriterien zu setzen und letztlich auch in eine Note zu überführen. Dieser Prozess ist in der Praxis häufig mit erheblichem Zeitaufwand verbunden, insbesondere bei freien, komplexen oder kreativen Aufgabenstellungen. Gerade hier wird deutlich, warum die automatisierte Bewertung durch KI von vielen Lehrkräften als unterstützende Entlastung wahrgenommen wird.

Mittlerweile existieren Systeme, die in der Lage sind, Schülertexte in Bezug auf sprachliche Qualität, argumentative Logik oder Struktur zu analysieren. Diese Modelle wurden auf umfangreichen Textkorpora trainiert, um Muster in Argumentationen, Redundanzen oder stilistischen Brüchen zu erkennen. Dabei geht es keineswegs nur um Rechtschreibung oder Grammatik, sondern vielmehr sind diese Systeme in der Lage, Texte im Hinblick auf Kohärenz, inhaltliche Dichte oder sachlogische Konsistenz zu beurteilen und auf mögliche Brüche oder Unklarheiten hinzuweisen. Lehrkräfte erhalten damit eine erste Einschätzung, die ihnen hilft, die Qualität eines Textes schneller und strukturierter zu erfassen.

Ein konkretes Beispiel für den schulischen Einsatz bietet die Plattform Sokrates, die in Österreich ausgiebig und aktuell auch in Pilotprojekten an deutschen Schulen genutzt wird. Dort können Lehrkräfte Texte einreichen, die automatisiert analysiert und mit Hilfe eines Kriterienrasters strukturiert ausgewertet werden. Die Rückmeldungen orientieren sich an den Kompetenzen des Lehrplans und können mit individuellen Kommentaren ergänzt werden. Studien zeigen, dass der Einsatz solcher Systeme die Korrekturzeit erheblich reduzieren kann und gleichzeitig die Vergleichbarkeit der Bewertung stärkt (Meurers et al., 2020).

Ein weiteres Beispiel stellt die Plattform zengrade dar, die speziell für die Korrektur handschriftlicher Aufsätze entwickelt wurde. Lehrkräfte können Schülertexte als PDF hochladen, woraufhin das System die Handschrift transkribiert, sprachliche Fehler markiert und mit den gängigen Korrekturzeichen versieht. Auf Basis eines zuvor hinterlegten Erwartungshorizonts generiert die Software KI-gestützte Bewertungsvorschläge, die von der Lehrkraft überprüft und angepasst werden können. Neben Deutsch wird zengrade auch in den Fremdsprachen Englisch, Französisch und Spanisch eingesetzt und ermöglicht so eine Entlastung in allen Fächern, in denen schriftsprachliche Leistungen im Vordergrund stehen (zengrade, 2024).

Auch im Fach Mathematik lassen sich KI-basierte Systeme zur Bewertung und individuellen Unterstützung einsetzen. Die Plattform bettermarks bietet adaptive interaktive Schulbücher an, in denen Lernende Aufgaben digital bearbeiten und dabei unmittelbares Feedback erhalten. Dieses beschränkt sich nicht nur auf eine Rückmeldung im Sinne von „richtig“ oder „falsch“, sondern umfasst fehlerbasiertes Feedback, das gezielt auf typische Bearbeitungsmuster eingeht. So erhalten Schüler Hinweise, wenn sie beispielsweise einen Bruch falsch erweitert oder eine Rechenregel unzutreffend angewendet haben. Nach mehreren Fehlversuchen wird zudem ein vollständiger Lösungsvorschlag eingeblendet, der nachvollziehbare Rechenschritte enthält. Die Lehrkraft erhält über ein Analyse-Dashboard einen Überblick über den Bearbeitungsstand und häufige Fehlerquellen innerhalb der Lerngruppe. Zwar ersetzt das System keine tiefgreifende Diagnose durch die

Lehrperson, doch es unterstützt die formative Rückmeldung im Unterricht und ermöglicht eine gezielte Begleitung individueller Lernverläufe (DFKI, 2023).

Trotz dieser vielversprechenden Entwicklungen darf die automatisierte Bewertung natürlich nicht als *Ersatz* für die pädagogische Beurteilung durch die Lehrkraft verstanden werden. KI-gestützte Bewertungssysteme können *unterstützen*, aber sie *entscheiden nicht*. Denn maschinelle Systeme bewerten stets entlang vorher definierter Parameter, die nicht immer dem pädagogischen Anspruch genügen, individuelle Lernwege und kreative Lösungen angemessen zu würdigen. Besonders bei offenen, mehrdeutigen oder kreativen Aufgaben zeigt sich, dass menschliches Urteilsvermögen unverzichtbar bleibt.

Zudem besteht die Gefahr, dass, wie zuvor erörtert, Bewertungsmodelle auf Basis von Trainingsdaten bestimmte sprachliche oder kulturelle Muster bevorzugen und dadurch ungewollt diskriminierende Tendenzen verstärken. Studien haben beispielsweise gezeigt, dass Schüler mit nicht-standardsprachlichem Ausdrucksstil oder kreativer Ausdrucksweise durch automatische Bewertungsraster benachteiligt werden können, wenn diese nicht entsprechend angepasst sind (Flor et al., 2021). Umso wichtiger ist es, dass Lehrkräfte die automatisierten Vorschläge stets kritisch prüfen und lediglich als Ausgangspunkt für eine fundierte, pädagogisch begründete Beurteilung nutzen.

Die große Stärke solcher Systeme liegt somit in der Entlastung bei der Erstkorrektur, der Strukturierung von Rückmeldungen und der Möglichkeit, auch umfangreiche Texte schnell auf bestimmte Qualitätsmerkmale hin zu überprüfen. Damit können Zeitressourcen geschaffen werden, die es der Lehrkraft ermöglichen, sich intensiver mit individuellen Förderbedarfen oder der qualitativen Differenzierung von Leistungen zu beschäftigen. Voraussetzung dafür ist jedoch, dass die Systeme transparent arbeiten, konfigurierbar sind und jederzeit durch menschliche Urteile ergänzt oder korrigiert werden können.

Insgesamt gilt auch hier der Grundsatz, der sich durch alle Kapitel dieses Buches zieht. *KI ist ein Werkzeug*, das dann sein Potenzial entfaltet, wenn es mit pädagogischer Verantwortung, reflektierter Anwendung und einer klaren didaktischen Zielsetzung kombiniert wird. Die Bewertung von Lernprodukten ist kein rein technischer Akt. Sie ist immer auch ein pädagogischer Prozess, der Beziehung, Kontextwissen und Erfahrung erfordert. KI kann diesen Prozess bereichern, aber sie kann ihn nicht ersetzen.

4.3 Unterstützung bei der Erstellung individueller Lernkontrollen

Die Erstellung von Lernkontrollen gehört zu den klassischen wiederkehrenden Aufgaben im schulischen Alltag und verlangt hierbei ein hohes Maß an didaktischer Präzision, Differenzierungskompetenz und Zeitaufwand. Lehrkräfte stehen dabei regelmäßig vor der Herausforderung, Aufgaben so zu formulieren, dass sie unterschiedlichen Kompetenzniveaus gerecht werden, curriculare Anforderungen abbilden und gleichzeitig eine valide Leistungsmessung ermöglichen. Der gezielte Einsatz von KI kann diesen Prozess erheblich erleichtern und gleichzeitig die Qualität von Lernkontrollen erhöhen, denn moderne KI-Anwendungen sind inzwischen in der Lage, auf Basis definierter Lernziele und Kompetenzbereiche passgenaue Aufgaben zu generieren. Dabei greifen sie auf umfangreiche Datenbanken zurück, die mit Aufgabenformaten, Bewertungsrastern und Lösungsmustern hinterlegt sind. Besonders hilfreich ist dies in differenzierenden Unterrichtsszenarien, in denen Lehrkräfte für unterschiedliche Lerngruppen parallel Aufgaben entwickeln müssen. Die KI kann hier Varianten einer Aufgabe auf verschiedenen Anforderungsniveaus vorschlagen und gleichzeitig Hinweise zur passenden Zuordnung im Sinne der Bildungsstandards geben.

Ein praxisrelevantes Beispiel für den Einsatz KI-gestützter Technologien in der schulischen Leistungsdiagnostik ist das Werkzeug ItemForge, das im Rahmen bildungswissenschaftlicher Forschung zur automatisierten Aufgabengenerierung entwickelt und erprobt wurde. Es erlaubt die systematische Erstellung von Testaufgaben auf Basis sogenannter Item-Modelle, die bestimmte kognitive Anforderungen und inhaltliche Schwerpunkte repräsentieren. Ausgehend von einem solchen „Parent Item" kann das System automatisch zahlreiche inhaltlich verwandte, aber formal unterschiedliche Aufgabenvarianten erzeugen. Diese sogenannten „Siblings" sind dabei nicht willkürlich variiert, sondern orientieren sich an vorher definierten Parametern wie Schwierigkeitsgrad, Operatorenwahl oder Kontextbezug. Besonders im Mathematikunterricht oder in naturwissenschaftlichen Fächern bietet sich dadurch die Möglichkeit, differenzierte Lernkontrollen schnell und zuverlässig zu erstellen, inklusive passender Lösungsschritte. Die Lehrkraft bleibt dabei zentrale Instanz: Sie kann Aufgaben anpassen, didaktisch zuschneiden oder gezielt für bestimmte Lernniveaus auswählen. Die Zeitersparnis bei gleichzeitiger Qualitätssteigerung ist insbesondere im differenzierenden Unterricht ein erheblicher Vorteil (Goldhammer et al., 2024; Stoeckigt et al., 2022).

Auch im sprachlichen und gesellschaftswissenschaftlichen Bereich zeigen sich erste Erfolge, denn mithilfe KI-gestützter Textanalyse Tools lassen sich

Aufgabenstellungen entwickeln, die gezielt auf bestimmte Textsorten, Themen oder Sprachhandlungen abzielen können. Die KI kann beispielsweise verschiedene Varianten einer Interpretationsaufgabe oder einer Erörterung anbieten, jeweils abgestimmt auf das angestrebte Niveau im Rahmen der KMK-Kompetenzmodelle. Lehrkräfte gewinnen dadurch nicht nur Zeit, sondern auch didaktische Flexibilität, da sie Aufgaben gezielt auf individuelle Schülergruppen zuschneiden können.

Ein weiterer relevanter Aspekt ist überdies die Möglichkeit, Aufgaben nach bestimmten kognitiven Anforderungsniveaus zu generieren. Angelehnt an Taxonomien wie die von Bloom et al., können Lehrkräfte gezielt Aufgaben erstellen lassen, die etwa auf die Anwendung, Analyse oder Bewertung von Inhalten abzielen. Die KI unterstützt dabei nicht nur bei der Formulierung der Aufgaben, sondern auch bei der Entwicklung von Beurteilungskriterien, sodass eine konsistente Bewertung über verschiedene Leistungsstände hinweg erleichtert wird (Luckin et al., 2016).

Trotz dieser Potenziale ist es unerlässlich, dass Lehrkräfte die finale Verantwortung für die Auswahl und Gestaltung der Lernkontrollen behalten, denn auch wenn die Vorschläge der KI in vielen Fällen korrekt und anschlussfähig sind, bleiben die Einschätzung der Passung zur Lerngruppe, die Berücksichtigung von Kontextfaktoren und die didaktische Einbettung in die Unterrichtsreihe Aufgaben der professionellen pädagogischen Praxis. KI kann diesen Prozess vorbereiten, strukturieren und anregen, aber sie kann und soll nicht die pädagogische Urteilskraft ersetzen.

Zudem ist darauf zu achten, dass automatisiert generierte Aufgaben nicht zu einer Standardisierung des Unterrichts führen, bei der individuelle Lernwege oder kreative Formate zu kurz kommen. Die Qualität von Aufgaben misst sich nicht allein an ihrer formalen Korrektheit, sondern auch an ihrer Anschlussfähigkeit an Lernprozesse, ihrer Relevanz für die Lebenswelt der Schülerinnen und Schülern und ihrem Potenzial zur Förderung von Selbstwirksamkeit. Im besten Fall entsteht ein produktives Zusammenspiel, bei dem die KI erste Impulse liefert, Varianten generiert und bei der Systematisierung unterstützt. Die Lehrkraft trifft auf dieser Grundlage bewusste Entscheidungen, modifiziert Aufgaben, ergänzt sie durch offene oder projektorientierte Formate und sorgt für eine pädagogisch sinnvolle Differenzierung. Damit wird KI nicht zum Ersatz für die didaktische Kreativität, sondern zu einem Werkzeug, das diese gezielt unterstützt.

4.4 Objektivierung und Zeitersparnis

Ein zentrales Versprechen beim Einsatz von KI in der schulischen Leistungsbewertung ist, wie inzwischen deutlich geworden sein dürfte, die Aussicht auf mehr *Objektivität* und eine spürbare *Reduktion des zeitlichen Aufwands* und tatsächlich können KI-gestützte Systeme dazu beitragen, Bewertungsvorgänge effizienter zu gestalten. Dies geschieht etwa durch automatisierte Analysen, standardisierte Kriterienraster oder strukturierte Rückmeldungen und die Hoffnung vieler Lehrkräfte besteht darin, durch diese Unterstützung entlastet zu werden, ohne die Qualität der Beurteilung zu gefährden. Gleichzeitig muss jedoch abermals und mit Nachdruck betont werden, dass diese Systeme nur Werkzeuge sind. Die letztliche Verantwortung für die Bewertung bleibt weiterhin stets bei der Lehrkraft.

Objektivität in der schulischen Leistungsbewertung ist ein erstrebenswertes Ziel, aber in der Praxis nur begrenzt erreichbar, denn jede Bewertung ist bewusst oder unbewusst eingebettet in Kontexte, Beziehungskonstellationen und implizite Erwartungshaltungen. KI kann hier helfen, bestimmte systematische Verzerrungen zu reduzieren, indem sie beispielsweise anonymisiert Texte analysiert, ohne durch Namen, Handschrift oder Vorannahmen beeinflusst zu sein. Auch bei der Bewertung sprachlicher oder mathematischer Leistungen können standardisierte Kriterien automatisiert überprüft werden, was die Vergleichbarkeit zwischen Klassen oder Jahrgängen erhöht (Williamson & Piattoeva, 2022).

Insbesondere bei wiederkehrenden Aufgabenformaten, etwa bei Interpretationen, Textanalysen oder argumentativen Erörterungen, kann eine KI strukturierte Rückmeldungen auf Basis von zuvor definierten Leistungsmerkmalen geben. Lehrkräfte erhalten damit eine *zusätzliche* Einschätzung, die sie in ihre Urteilsbildung einbeziehen können und gerade bei der Bewertung umfangreicher Arbeiten, die normalerweise mit hohem Korrekturaufwand verbunden sind, kann dies zu einer spürbaren zeitlichen und vor allem kognitiven Entlastung führen.

Auch in der Fehleranalyse kann KI wertvolle Dienste leisten, denn Systeme, die auf maschinellem Lernen basieren, sind in der Lage, typische Fehlerprofile zu identifizieren und mit früheren Leistungen derselben Schülerin oder desselben Schülers in Beziehung zu setzen. Dadurch entstehen sehr differenziertere Einblicke in individuelle Lernentwicklungen, die für die pädagogische Weiterarbeit hilfreich sind. Die Möglichkeit, Lernverläufe automatisiert zu dokumentieren und zu visualisieren, eröffnet neue Perspektiven für die Leistungsbewertung im Sinne einer lernprozessbegleitenden Diagnostik (Holstein et al., 2019).

Allerdings birgt die Entlastung durch KI auch die Gefahr des schleichenden Verlusts der pädagogischen Deutungsmacht. Sobald Bewertungsergebnisse ohne eigene Prüfung übernommen werden, sobald Lehrkräfte automatisierten Analysen mehr Vertrauen schenken als ihrer eigenen professionellen Intuition, wird die Rolle der Lehrkraft als verantwortliche Instanz geschwächt. Der Einsatz von KI darf daher niemals dazu führen, dass die pädagogische Verantwortung an eine Maschine delegiert wird. Vielmehr ist die Lehrkraft gefordert, die Vorschläge der KI kritisch zu prüfen, zu hinterfragen und im konkreten Fall zu kontextualisieren.

Hinzu kommt auch, dass KI-Systeme nicht frei von impliziten Annahmen sind, denn ihre Trainingsdaten, ihre Bewertungslogik und ihre Gewichtungskriterien beruhen auf normativen Setzungen, die nicht immer transparent sind. Wer etwa bestimmt, was eine gute Argumentation ausmacht oder wie sprachliche Komplexität zu bewerten ist, trifft eine inhaltliche Entscheidung, die pädagogisch eingeordnet werden muss. Hier braucht es ein hohes Maß an professioneller Reflexionsfähigkeit, um die Vorschläge der KI nicht als objektiv gegeben hinzunehmen, sondern lediglich als Ausgangspunkt für pädagogische Urteile zu nutzen (Selwyn, 2019).

Die Herausforderung besteht also darin, ein produktives Verhältnis zwischen technischer Unterstützung und pädagogischer Eigenverantwortung zu entwickeln. Lehrkräfte müssen in der Lage sein, die Möglichkeiten der KI zu nutzen, ohne sich von ihr abhängig zu machen. Dazu gehört somit nicht nur technisches Verständnis, sondern auch ein klares Bewusstsein für die eigenen Bewertungsmaßstäbe, für pädagogische Haltungen und für die Bedeutung von Kontextwissen.

Der Gewinn liegt nicht in der Automatisierung von Urteilen, sondern in der Schaffung von Freiräumen für pädagogisch bedeutsame Aufgaben. Wo Zeit gespart wird, kann Qualität durch vertiefte Gespräche mit Schülerinnen und Schülern, durch individuelle Fördermaßnahmen oder durch die gemeinsame Reflexion über Leistung und Lernen erhöht werden. KI wird damit nicht zur Richterin, sondern zur Assistentin in einem komplexen pädagogischen Prozess, der weiterhin menschliche Urteilskraft, Einfühlungsvermögen und Verantwortung erfordert.

4.5 Lernstandsanalyse und individuelle Förderung

Die Diagnose individueller Lernstände gehört zu den anspruchsvollsten Aufgaben im schulischen Alltag. Sie bildet die Grundlage für passgenaue Förderentscheidungen, wirkt in schulische Unterstützungsnetzwerke hinein und hat damit unmittelbare Bedeutung für die Leistungsbeurteilung. In der Praxis bedeutet das, dass sich Lehrkräfte ein fundiertes Bild über Lernfortschritte, kognitive Strategien und mögliche Barrieren verschaffen müssen und dies oft unter erheblichem Zeitdruck, bei begrenzten Ressourcen und innerhalb heterogener Lerngruppen. Genau an dieser Schnittstelle setzt der Einsatz KI-gestützter Analyseverfahren an, denn sie können Diagnosedaten systematisch aufbereiten, Fehlermuster präzise erfassen und Förderpotenziale sichtbar machen.

Die Grundlage bilden häufig etablierte Verfahren, die längst Teil schulischer Diagnostikroutinen sind wie etwa die Hamburger Schreibprobe (HSP), der DEMAT zur Erfassung mathematischer Basiskompetenzen oder die ELFE 1–6 als Lesefertigkeitstest. Diese Testformate liefern durch standardisierte Durchführung und normierte Auswertung wichtige Vergleichswerte und sind für die Unterrichts- und Förderplanung im Schulalltag in der Regel fest verankert. Ihre Aussagekraft stößt jedoch genau dann an Grenzen, wenn es um die kontinuierliche Begleitung individueller Lernverläufe oder die Analyse komplexer Fehlermuster geht und hier beginnt der eigentliche Mehrwert KI-gestützter Verfahren.

Am Beispiel der HSP lässt sich dies exemplarisch verdeutlichen, denn während herkömmliche Auswertungsbögen sich primär auf die quantitative Fehleranzahl fokussieren, ermöglichen KI-basierte Systeme sogar eine qualitative Differenzierung der Fehlerarten. So kann erfasst werden, ob ein Kind bei der Verschriftlichung eines lauttreuen Wortes wie Haus tatsächlich phonetisch sicher arbeitet oder ob morphologische Strukturen, beispielsweise bei zusammengesetzten Wörtern wie Hausdach, korrekt verarbeitet werden. Über semantisch trainierte Textanalysen lässt sich darüber hinaus rekonstruieren, ob orthografische Fehler zufällig oder regelgeleitet auftreten, ob Regelstrategien aktiv genutzt werden oder eher intuitives Schreiben dominiert. Solche Rückmeldungen erlauben daher eine deutlich präzisere Förderplanung, als es mit klassischer Fehlerzählung möglich wäre (May, 2020).

Noch differenzierter zeigen sich die Potenziale im Bereich der Mathematikdiagnostik. Programme, die auf adaptiven KI-Algorithmen basieren, erkennen nicht nur das Ergebnis einer Rechenaufgabe, sondern rekonstruieren auf Basis der Eingabemuster typische Bearbeitungsfehler, wie etwa beim Umgang mit Stellenwerten oder bei der Anwendung von Umkehraufgaben. Die Analyse erfolgt dabei nicht ausschließlich auf der Ebene von *Richtig* oder *Falsch*, sondern schließt wichtige implizite Denkstrategien ein. In Kombination mit lernstandabhängigen Aufgabenempfehlungen kann so sogar eine Förderung erfolgen, die sich nicht an einem pauschalen Kompetenzniveau, sondern an individuellen Denkprozessen orientiert (Brügelmann & Brinkmann, 2021).

Auch im Bereich der Lesediagnostik entstehen mit Systemen zur Sprachanalyse neue Möglichkeiten, die auf natürlichen Sprachmodellen basieren. So können mündliche Leseleistungen hinsichtlich Lesegenauigkeit, Leseflüssigkeit und Betonungsmuster ausgewertet werden. Diese können im Anschluss automatisiert mit altersbezogenen Normwerten abgeglichen und somit als Grundlage für die Auswahl von Lesetexten oder die Gestaltung von Lesetrainings genutzt werden. Eine aufwändige manuelle Transkription ist somit nicht mehr erforderlich.

Zugleich verändern sich aber auch die didaktischen Voraussetzungen für Förderung. Denn die Datenlage wird in dem Maße dichter, wie Diagnoseinstrumente digitalisiert und durch KI-Module erweitert werden. Das eröffnet Chancen, aber auch neue Anforderungen, denn Lehrkräfte müssen in der Lage sein, algorithmisch erzeugte Rückmeldungen kritisch zu hinterfragen, sie in pädagogische Kontexte einzuordnen und daraus praktikable Förderentscheidungen abzuleiten. Wie zuvor mehrfach betont, kann die Technik dabei unterstützen, aber sie ersetzt weiterhin nicht das pädagogische Urteil.

Im schulischen Alltag zeigt sich der Nutzen dann besonders deutlich, wenn Förderentscheidungen nicht isoliert, sondern im Team getroffen werden wie etwa im Rahmen von Pädagogischen Konferenzen. Hier kann die KI-gestützte Auswertung helfen, strukturierte Daten über mehrere Kompetenzbereiche hinweg verfügbar zu machen, etwa durch Fehlerprofile, Verlaufsdiagnosen oder automatisierte Risikoindikatoren, wobei die Entscheidung über Art, Intensität und Dauer einer Förderung jedoch in der Verantwortung des pädagogischen Personals bleibt.

Perspektivisch kann dies auch zu einer neuen Form professionellen Handelns führen, denn Lehrkräfte, die ihre Förderplanung auf Grundlage valider Daten treffen, die Entwicklungsverläufe kontinuierlich dokumentieren und Lernprozesse gezielt begleiten, gewinnen an diagnostischer Handlungssicherheit.

4.6 Feedbackkultur und Schülerpartizipation

Leistungsbewertung ist im schulischen Kontext nicht nur ein Verfahren zur Feststellung von Kompetenzen, sondern immer auch Teil einer Beziehungsgestaltung zwischen Lehrkraft und Schülerinnen und Schülern. Sie trägt wesentlich zur Entwicklung von Selbstbild, Motivation und Lernbereitschaft bei. Eine differenzierte und wertschätzende Rückmeldekultur stärkt das Vertrauen der Schülerinnen und Schüler in ihre eigenen Fähigkeiten und unterstützt sie dabei, Verantwortung für ihren Lernprozess zu übernehmen. KI-gestützte Systeme können dazu beitragen, diese Kultur weiterzuentwickeln.

Digitale Rückmeldesysteme auf Basis künstlicher Intelligenz sind in der Lage, individuelles Feedback niedrigschwellig, sprachlich verständlich und zeitnah bereitzustellen. Damit erfüllen sie zentrale Kriterien effektiver Rückmeldung, wie sie in der pädagogischen Forschung vielfach formuliert wurden. Die Meta-Analyse von Hattie, (2023) zeigt, dass der größte Effekt nicht von der Note, sondern von der Qualität der Rückmeldung ausgeht. Besonders dann, wenn diese konkrete Hinweise auf Verbesserungsmöglichkeiten gibt, auf Lernstrategien eingeht und als dialogisches Angebot verstanden wird, steigt ihre Wirksamkeit überdies deutlich.

KI kann hier unterstützen, indem sie Rückmeldungen nicht nur formal, sondern auch inhaltlich auf die jeweilige Leistung zuschneidet. So analysieren moderne Schreib- und Lernplattformen etwa typische Muster in Schülertexten, erkennen unscharfe Begriffe, widersprüchliche Aussagen oder logische Brüche und geben darauf bezogene Hinweise zur Überarbeitung. Diese Rückmeldungen können von den Schülerinnen und Schülern direkt aufgegriffen und als Grundlage zur Reflexion genutzt werden. In vielen Fällen erleben Schülerinnen und Schüler dies als sehr hilfreich, weil sie ein unmittelbares, individuelles Echo auf ihr Tun erhalten und nicht auf die nächste Unterrichtsstunde warten müssen (Luckin et al., 2016).

Von besonderem Interesse ist zudem für eine moderne Schule die Möglichkeit, Schülerinnen und Schüler aktiv in den Bewertungsprozess einzubeziehen. Durch KI-gestützte Systeme können Schüler beispielsweise Rückmeldungen an Mitschüler verfassen und dabei auf Kriterienraster oder sprachliche Gerüste zurückgreifen, die sie in ihrer Formulierung unterstützen. Dies fördert nicht nur das Verständnis für Qualitätsmerkmale, sondern auch die metakognitive Auseinandersetzung mit dem eigenen Lernprozess. In mehreren Studien wurde belegt, dass die Verbindung von gegenseitigem Feedback und KI-gestützter Assistenz zu einer höheren Akzeptanz von Rückmeldungen und zu einer Steigerung der Selbsteinschätzung führt (Winstone & Boud, 2020).

Gleichzeitig eröffnet sich durch den Einsatz von KI aber auch die Möglichkeit, Bewertungsgespräche zu entlasten und zu vertiefen. Lehrkräfte können auf automatisiert generierte Feedbackbausteine zurückgreifen, diese anpassen und in persönlichen Gesprächen gezielt aufgreifen. Das entlastet den Schreibaufwand, ohne die Qualität des Austauschs zu mindern, denn wenn organisatorische Hürden reduziert werden, kann sich die Aufmerksamkeit stärker auf die Inhalte und das persönliche Gegenüber richten.

Nicht zu unterschätzen ist auch der Beitrag zur Transparenz. KI-gestützte Systeme erlauben es, Kriterien offen zu legen, Rückmeldeprozesse nachvollziehbar zu machen und Leistungen differenziert einzuordnen. Schülerinnen und Schüler gewinnen dadurch Einblicke in die Logik der Bewertung und können besser einschätzen, was von ihnen erwartet wird. Dies ist insbesondere bei Leistungsängsten, Unsicherheiten oder in leistungsheterogenen Gruppen von zentraler Bedeutung.

Allerdings muss auch hier gelten, dass KI nur einen Beitrag leisten kann, wenn sie in ein pädagogisch verantwortetes Gesamtkonzept eingebunden ist. Rückmeldung ist kein technischer Vorgang, sondern ein *zutiefst menschlicher Prozess*, der Empathie, Kontextwissen und Vertrauen erfordert. Die automatisierte Analyse kann Hinweise geben, Muster aufzeigen und Formulierungshilfen bieten, doch das Gespräch, die Ermutigung, das Ernstnehmen der Perspektive der Schülerinnen und Schülern bleiben unersetzlich.

Ein weiterer vielversprechender Einsatzbereich Künstlicher Intelligenz liegt in der Förderung emotionaler Reflexion. Rückmeldungen im Unterricht sollten nicht nur fachliche Leistungen betreffen, sondern immer auch das subjektive Erleben von Lernprozessen berücksichtigen. KI-gestützte Feedbackformate, wie etwa sogenannte Feedbacktickets, können hier gezielt ansetzen. Solche Formate laden Schülerinnen und Schüler ein, unmittelbar nach einer Stunde oder Unterrichtseinheit über ihre Gefühle, bedeutsame Momente oder Herausforderungen zu reflektieren. Die KI generiert dazu individuell angepasste Reflexionsfragen, strukturiert die Antworten und unterstützt die Lehrkraft dabei, Muster im emotionalen Erleben der Schülerinnen und Schülern zu erkennen.

Ein Beispiel besteht darin, dass nach einer Projektphase in der Sekundarstufe I Schülerinnen und Schüler in einem digitalen Ticket auf Fragen antworten, wie „was sie heute überrascht hat“, „ob es einen Moment gab, der sie frustriert hat“ oder „worauf sie stolz sind“. Die KI analysiert die Antworten nach Themenfeldern wie Motivation, Unsicherheit oder Zusammenarbeit und stellt der Lehrkraft aggregierte Rückmeldungen zur Verfügung. Diese erscheinen etwa in Form einer Wortwolke oder eines zusammenfassenden Eindrucks. So wird der *emotionale Gehalt von Unterricht sichtbar* und kann in der weiteren Arbeit gezielt aufgegriffen werden. Die emotionale Dimension des Lernens bleibt damit nicht im Verborgenen, sondern wird zum Gegenstand bewusster pädagogischer Gestaltung.

In einem weiteren Schritt können die Rückmeldungen dazu genutzt werden, mit einzelnen Schülerinnen und Schülern oder der gesamten Klasse in den Dialog zu treten. Auf diese Weise entsteht eine Feedbackkultur, die nicht nur auf fachliche Ergebnisse ausgerichtet ist, sondern auch personale und soziale Entwicklung mit einbezieht. Gerade im Kontext zunehmend digitalisierter Lernumgebungen kann eine solche emotionale Rückmeldung maßgeblich dazu beitragen, Beziehungsqualität, Empathie und individuelle Förderung zu stärken.

Neben der emotionalen Reflexion spielt auch die sprachliche Korrektur in vielen Fächern eine wichtige Rolle. KI-gestützte Systeme bieten hier mittlerweile weit mehr als einfache Rechtschreibprüfungen. Sie analysieren Texte differenziert nach Fehlertypen und stellen die Ergebnisse übersichtlich gegliedert dar. In einem tabellarischen Feedbackbericht werden etwa Rechtschreibfehler, grammatische Abweichungen, Zeichensetzungsprobleme und unklare Satzstrukturen einzeln ausgewiesen. Für jede Kategorie enthält die Rückmeldung konkrete Beispiele, eine Fehlerbeschreibung und gegebenenfalls alternative, korrekte Formulierungen.

Diese Form der systematischen Rückmeldung ist für die Lehrkraft ebenso hilfreich wie für die Schülerinnen und Schülern, denn sie ermöglicht einen schnellen Überblick über typische Fehlerquellen und entlastet die Korrekturarbeit. Gleichzeitig bietet sie den Schülerinnen und Schülern einen klaren Orientierungsrahmen, um ihre Texte gezielt zu überarbeiten. Die strukturierte Aufbereitung unterstützt hierbei besonders jene Schülerinnen und Schülern, die im Allgemeinen Schwierigkeiten haben, Hinweise wie „Achte auf Zeichensetzung" oder „Dein Satzbau ist unklar" in konkrete Verbesserungen zu übersetzen.

Durch die Kategorisierung entsteht nicht nur mehr Transparenz, sondern auch ein höheres Maß an sprachlicher Bewusstheit, da Schülerinnen und Schüler erkennen, ob sie eher Probleme im Bereich der Wortbildung, der Satzstellung oder der Interpunktion haben. Sie können sich somit gezielt auf die entsprechenden Aspekte konzentrieren. Kombiniert mit weiteren Funktionen wie alternativen Formulierungsvorschlägen, Markierungen im Fließtext oder kurzen Erklärungen zu sprachlichen Regeln entsteht ein wirksames Werkzeug zur Unterstützung des Schreibprozesses.

Dabei bleibt auch in diesem Kontext entscheidend, dass weiterhin die Lehrkraft die pädagogische Deutungsmacht behält. Die KI liefert Hinweise und strukturierte Rückmeldungen, doch die Interpretation, Auswahl und Einbindung in den Lernprozess liegt in professioneller Verantwortung. Rückmeldung ist keine technische Routine, sondern ein Teil der pädagogischen Beziehungsgestaltung. Sie lebt, wie bereits mehrfach zum Ausdruck gebracht, von Vertrauen, Differenzierung und dialogischer Offenheit.

Langfristig kann und soll der reflektierte Einsatz von KI in der Schule dazu beitragen, eine neue Feedbackkultur zu etablieren, die Bewertung nicht als Kontrolle, sondern als gemeinsamen Verständigungsprozess über Lernen und Entwicklung versteht. Wenn es gelingt, Schülerinnen und Schüler nicht nur zu Adressaten, sondern zu aktiven Mitgestaltenden dieser Rückmeldungen zu machen, dann leistet KI einen wertvollen Beitrag zur Förderung von Selbststeuerung, Bildungsgerechtigkeit und lernbezogener Eigenverantwortung.

Literatur

Bender, E. M., Gebru, T., McMillan-Major, A., & Shmitchell, S. (2021). On the dangers of stochastic parrots: Can language models be too big? In *Proceedings of the 2021 ACM conference on fairness, accountability, and transparency*. https://doi.org/10.1145/3442188.3445922

Brügelmann, H., & Brinkmann, E. (2021). *Individuelle Förderung und schulinterne Evaluation: Diagnosewerkzeuge effektiv nutzen*. Grundschulverband.

DFKI. (2023). *ITS-Bericht: Lernwirksamkeit von intelligentem Tutoriellen Feedback bei bettermarks*. https://de.bettermarks.com/wp-content/uploads/2023/03/DFKI-ITS-Bericht.pdf. Zugegriffen am 03.10.2025.

Flor, M., Yannakoudakis, H., & Zesch, T. (2021). Evaluating the fairness of automated essay scoring systems: Challenges and future directions. *Transactions of the Association for Computational Linguistics, 9*, 796–811. https://doi.org/10.1162/tacl_a_00409

Goldhammer, F., Pieschl, S., Hochweber, J., & Südkamp, A. (2024). ItemForge: A tool for automatic generation of competence-based test items. *Frontiers in Education, 9*, 1427502. https://doi.org/10.3389/feduc.2024.1427502

Hattie, J. (2023). *Visible learning: The Sequel: A synthesis of over 2,100 meta-analyses relating to achievement.* Routledge.

Heffernan, N., & Heffernan, C. (2014). The ASSISTments ecosystem: Building a platform that brings scientists and teachers together for minimally invasive research on human learning and teaching. *International Journal of Artificial Intelligence in Education, 24*(4), 470–497. https://doi.org/10.1007/s40593-014-0024-x

Holstein, K., McLaren, B. M., & Aleven, V. (2019). Co-designing a real-time classroom orchestration tool to support teacher–AI complementarity. *Journal of Learning Analytics, 6*(2), 27–52. https://doi.org/10.18608/jla.2019.62.3

Li, J., Luo, Y., & Gao, Y. (2023). Artificial intelligence in foreign language teaching: Current trends and pedagogical implications. *Computer Assisted Language Learning, 36*(5), 403–422. https://doi.org/10.1080/09588221.2022.2031064

Luckin, R., Holmes, W., Griffiths, M., & Forcier, L. B. (2016). *Intelligence unleashed. An Argument for AI in Education.* Pearson Education.

May, P. (2020). *Hamburger Schreib-Probe – HSP 1–10: Weiterentwicklung und Digitalisierungsmöglichkeiten.* Cornelsen.

Meurers, D., Ziai, R., & Nio, L. (2020). Automatische Bewertung schriftlicher Schülerleistungen im Deutschen. In *Lehren und Lernen mit künstlicher Intelligenz* (S. 101–118). Springer.

Selwyn, N. (2019). *Should robots replace teachers? AI and the future of education.* Polity Press.

Stoeckigt, G., von Vacano, M., & Rittberger, M. (2022). Automatisierte Aufgabengenerierung im Mathematikunterricht. In *Digitale Medien in der Schule* (S. 87–104). Springer.

Williamson, B., & Piattoeva, N. (2022). Objectivity as standardization in data-driven education: Toward a sociotechnical conceptualization. *Educational Theory, 72*(1), 1–22. https://doi.org/10.1111/edth.12513

Winstone, N. E., & Boud, D. (2020). The need to know. The importance of motivational aspects of self-assessment. *Assessment & Evaluation in Higher Education, 45*(1), 132144. https://doi.org/10.1080/02602938.2019.1629394

Woolf, B. P., Burleson, W., Arroyo, I., Dragon, T., Cooper, D. G., & Picard, R. W. (2013). Affect-aware tutors: Recognising and responding to student affect. *International Journal of Artificial Intelligence in Education, 23*(1–4), 3–27. https://doi.org/10.1007/s40593-013-0001-8

Zawacki-Richter, O., Marín, V. I., Bond, M., & Gouverneur, F. (2021). Systematic review of research on artificial intelligence applications in higher education – Where are the educators? *International Journal of Educational Technology in Higher Education, 18*(1). https://doi.org/10.1186/s41239-021-00249-8

zengrade. (2024). *KI-gestützte Korrektur handschriftlicher Schülertexte.* https://zengrade.com. Zugegriffen am 03.10.2025.

5 KI in der Schulorganisation

Viele Aufgaben, die in Schulen täglich anfallen, haben wenig mit Unterricht, dafür aber viel mit Organisation zu tun. Stundenpläne müssen erstellt, Klassen sinnvoll zusammengesetzt, Ganztagsangebote koordiniert und unzählige Kommunikationswege mit Kollegien, Eltern, Schulträgern und dem Kultusministerium bzw. seinen regionalen Standorten gepflegt werden. Gerade in diesem administrativen Gefüge entfaltet der Einsatz künstlicher Intelligenz zunehmend Wirkung. Dabei geht es nicht um spektakuläre Innovation, sondern um spürbare Entlastung. Wenn Systeme automatisch freie Räume erkennen, Vertretungen vorschlagen oder Rückmeldungen sprachlich differenzieren, entsteht neuer Handlungsspielraum.

Zugleich lassen sich durch KI-gestützte Automatisierungen viele schulische Prozesse nicht nur effizienter, sondern auch verlässlicher gestalten. Hierbei können beispielsweise Planungszeiten verkürzt, wiederkehrende Verwaltungsaufgaben standardisiert und Abstimmungsprozesse beschleunigt werden. Das schafft nicht nur für die Schulleitung, sondern auch für Lehrkräfte Freiräume, die ihre wertvolle Zeit somit stärker auf pädagogische Kerntätigkeiten konzentrieren können. In einem Schulalltag, der vielfach durch Zeitdruck geprägt ist, eröffnet sich damit die Chance, Routinen zu entlasten, ohne die pädagogische Qualität aus dem Blick zu verlieren.

Dieses Kapitel geht der Frage nach, wo solche Lösungen bereits sinnvoll eingesetzt werden, welche technischen und datenschutzrechtlichen Bedingungen erfüllt sein müssen und wie sich solche Prozesse so gestalten lassen, dass schulische Selbstverantwortung, Transparenz und pädagogisches Augenmaß erhalten bleiben. Dabei wird deutlich, dass es nicht nur um technische Machbarkeit geht, sondern um die intelligente Gestaltung von Arbeitsabläufen, bei der Effizienzgewinne in tatsächliche pädagogische Wirksamkeit überführt werden.

M. Barenkamp, S. Barenkamp, *Künstliche Intelligenz im Schulunterricht*,
https://doi.org/10.1007/978-3-658-50909-5_5

5.1 Schulverwaltung mit KI

Hinter jeder gelungenen Schulstunde stehen unzählige administrative Entscheidungen, organisatorische Abläufe und planerische Vorarbeiten, die im Alltag oft unsichtbar bleiben und doch die Grundlage dafür bilden, dass Lernen überhaupt gelingen kann. Stundenpläne, Raumverteilungen, Vertretungen, Klassenlisten, Prüfungstermine oder interne Absprachen sind dabei keine nebensächlichen Verwaltungsaufgaben, sondern tragende Elemente eines geregelten und verlässlichen Schulbetriebs.

In der Realität bedeuten diese Prozesse jedoch nicht selten eine hohe Belastung für Schulleitungen und Kollegien. Gerade in heutigen Zeiten zunehmender Komplexität, wachsender Anforderungen und begrenzter personeller Ressourcen entstehen dadurch Engpässe, die nicht nur organisatorische, sondern vor allem auch pädagogische Auswirkungen haben und genau an dieser Stelle können KI-gestützte Systeme neue Perspektiven eröffnen. Sie sind in der Lage, große Datenmengen schnell zu analysieren, Muster zu erkennen und daraus konkrete Unterstützung bei der Planung und Steuerung schulischer Abläufe abzuleiten.

Im Unterschied zu herkömmlichen Verwaltungsprogrammen beschränken sich KI-Systeme allerdings nicht auf die Bearbeitung vordefinierter Vorgänge. Sie lernen aus vorhandenen Daten, reagieren flexibel auf Veränderungen und schlagen auf Basis komplexer Zusammenhänge mögliche, passende Lösungen vor. Damit entsteht eine neue Qualität der Assistenz, die nicht nur Prozesse beschleunigt, sondern auch deren Qualität verbessert, etwa indem sie Zielkonflikte sichtbar macht oder Optimierungspotenziale aufzeigt.

Zugleich bleibt weiterhin auch hier die pädagogische Verantwortung stets bei den handelnden Personen. KI kann Entscheidungen vorbereiten und Informationen strukturieren, sie kann aber nicht den spezifischen Kontext einer Schule erfassen oder zwischenmenschliche Dynamiken beurteilen. Ihr Wert liegt in der Entlastung bei Routineaufgaben und in der Möglichkeit, schneller auf neue Situationen reagieren zu können, ohne dabei den Überblick zu verlieren.

Die folgenden Abschnitte zeigen exemplarisch, wie unterschiedliche KI-Anwendungen in der schulischen Organisation eingesetzt werden können. Dabei werden sowohl technische als auch pädagogisch-praktische Aspekte berücksichtigt. Im Zentrum steht die Frage, wie intelligente Systeme sinnvoll genutzt werden können, um nicht nur Prozesse zu verschlanken, sondern auch die Handlungsspielräume im schulischen Alltag zu erweitern.

5.1.1 Planung des Ganztags

Die Planung und Koordination ganztägiger Bildungs- und Betreuungsangebote zählt mittlerweile zu den zentralen Aufgaben der Schulorganisation. Besonders in Grundschulen gewinnt dieser Bereich mit Blick auf den bundesweiten Ausbau des Rechtsanspruchs auf Ganztagsbetreuung ab dem Schuljahr 2026/27 deutlich an Bedeutung. Damit einher geht eine spürbare Zunahme administrativer Anforderungen, die sowohl die Strukturierung der Angebote als auch die Zusammenarbeit mit außerschulischen Trägern betreffen. Gleichzeitig steigen die Erwartungen an Transparenz, Verlässlichkeit und dokumentierte Qualität.

Die organisatorische Gestaltung des Ganztags ist komplex, denn sie umfasst nicht nur die Abstimmung von Unterrichtszeiten, pädagogischen Zusatzangeboten und Pausenregelungen, sondern auch die Planung personeller Ressourcen, die Zuweisung von Räumen, die Berücksichtigung von Teilzeitmodellen und die individuelle Zuteilung von Schülerinnen und Schülern zu konkreten Angeboten. Hinzu kommen rechtliche Rahmenbedingungen, etwa zur Aufsichtspflicht oder zur Einhaltung der wöchentlichen Betreuungszeiten, die insbesondere bei genehmigten Ganztagsschulmodellen verbindlich eingehalten werden müssen.

Ein häufig unterschätzter Aspekt betrifft die Anforderungen an Berichterstattung und Statistik. Viele Schulen sind verpflichtet, regelmäßig Nachweise über die Teilnahmequoten, die Auslastung einzelner Angebote, den Einsatz externer Partner oder die Qualitätssicherung im Ganztag zu erbringen. Auch die Differenzierung zwischen freiwilliger und verpflichtender Teilnahme oder die Dokumentation von Abmeldungen muss systematisch erfolgen, um den Anforderungen der Schulaufsicht oder kommunaler Träger gerecht zu werden (DJI, 2020).

In der Praxis zeigt sich, dass klassische Tabellenkalkulationen oder isolierte Softwarelösungen schnell an ihre Grenzen stoßen. Vor diesem Hintergrund wurden in den letzten Jahren digitale Systeme entwickelt, die den spezifischen Anforderungen der Ganztagsorganisation Rechnung tragen sollen. Ein Beispiel für ein solches System ist der Ganztagsplaner, das erste bundesdeutsche Programm zur Verwaltung des Ganztags. Er erlaubt die zentrale Planung, Verwaltung und Auswertung ganztägiger Bildungsangebote auf Grundlage schulischer Vorgaben. Neben der automatisierten Erstellung von Laufzetteln, Klassen- und Angebotslisten bietet das System auch Funktionen zur Dokumentation von Teilnahmen sowie zur Generierung standardisierter Auswertungen und Elterninformationen. Die Handhabung erfolgt über eine intuitive Oberfläche, ohne dass personenbezogene Daten unkontrolliert weitergegeben werden müssen (Ganztagsplaner, 2024).

Die Nutzung eines solchen Systems kann die Qualität der Schulorganisation erheblich verbessern, indem Planungsprozesse beschleunigt, Informationsflüsse vereinfacht und Fehlerquellen reduziert werden. Gleichzeitig bleibt die Verantwortung in der Schule, da alle Entscheidungen auf Grundlage der pädagogischen Zielsetzungen vor Ort getroffen werden müssen. Intelligente Planungssysteme können den Schulalltag also auch hier nicht ersetzen, wohl aber in einer Weise unterstützen, die mehr Zeit für Kommunikation, Beziehungsarbeit und konzeptionelle Weiterentwicklung schafft.

5.1.2 Zusammensetzen von Klassen und Gruppen

Die Einteilung von Schülerinnen und Schülern in Klassen oder Lerngruppen ist eine der anspruchsvollsten Aufgaben der Schulorganisation, weil sie soziale, pädagogische und schulrechtliche Dimensionen zugleich berührt. Kinder haben häufig klare Vorstellungen davon, mit wem sie gemeinsam lernen möchten. Diese Wünsche sind allerdings nicht immer wechselseitig oder logisch auflösbar. Oftmals gibt es zirkuläre Beziehungswünsche, wenn beispielsweise Frieda mit Karl, Karl mit Jonas und Jonas wiederum mit Frieda zusammen sein möchte. Zudem gibt es symmetrische Konstellationen, bei denen sich zwei Kinder gegenseitig nennen, aber auch asymmetrische Situationen, in denen nur eine Seite den Wunsch äußert. Darüber hinaus treten immer wieder Sonderfälle auf, bei denen sich Gruppenbildungen durch soziale Dynamiken oder familiäre Zusammenhänge beeinflussen und zum Teil sogar ausgeschlossen werden müssen. Diese Vielschichtigkeit erschwert eine faire, transparente und belastbare Einteilung erheblich.

Eltern erwarten zunehmend, dass diese Entscheidungen nicht nur nachvollziehbar, sondern auch individuell begründbar sind. Die Nachfrage nach Einzelfallerklärungen hat in vielen Schulen zugenommen, was die *emotionale Belastung* von Schulleitungen und Lehrkräften deutlich erhöht. Auch in Fällen, in denen nachvollziehbare Kriterien herangezogen werden, bleiben Entscheidungen oft subjektiv angreifbar. Umso wichtiger wird ein Verfahren, das nicht nur effizient, sondern auch nachvollziehbar, dokumentiert und überprüfbar ist.

Künstliche Intelligenz kann hier auf zweierlei Weise unterstützen. Zum einen erlaubt sie eine automatisierte Verarbeitung großer Mengen an Eingaben, etwa bei der Erfassung und Verrechnung sozialer Wunschbeziehungen oder pädagogischer Zusatzkriterien. Zum anderen können durch mathematische Optimierungsverfahren objektive Entscheidungsgrundlagen geschaffen werden, die sowohl pädagogischen als auch organisatorischen Anforderungen genügen. So lassen sich etwa die Gewichtung von Freundschaftswünschen, Sprachförderbedarf,

Geschlechterverteilung, soziale Herkunft oder besondere Förderbedarfe gleichzeitig berücksichtigen, ohne dass einzelne Kriterien willkürlich überbetont werden. Der Vorteil solcher Systeme liegt dabei nicht nur in der Geschwindigkeit, sondern vor allem in der Konsistenz der Ergebnisse.

Ein Beispiel für eine solche Lösung bietet der Klassenfixplaner, ein digitales Werkzeug zur automatisierten Bildung von Lerngruppen. Die Anwendung berücksichtigt bis zu drei Wunschpartner je Kind, kann pädagogische Einzelentscheidungen einbinden und dokumentiert den gesamten Zuweisungsprozess mit einer statistischen Auswertung. Durch diese Transparenz lassen sich auch nachträglich nachvollziehen, warum bestimmte Konstellationen zustande gekommen sind und die Schule bleibt jederzeit in der Lage, pädagogisch zu steuern oder Einzelfallentscheidungen zu treffen, ohne dabei die Gesamtstruktur zu gefährden (Klassenfixplaner, 2025).

Studien zeigen, dass eine durchdachte Zusammensetzung von Lerngruppen einen erheblichen Einfluss auf das soziale Klima, die Lernmotivation und die Gruppenstabilität haben kann. So betont die Schulentwicklungsforschung seit Langem, dass vor allem soziale Passung, Heterogenitätsbalance und individuelle pädagogische Bedarfe zentrale Kriterien einer erfolgreichen Klassenzusammensetzung darstellen (Eder & Götzl, 2021). Werden diese Kriterien nicht systematisch berücksichtigt, drohen soziale Unausgewogenheit, ungünstige Gruppendynamiken oder Benachteiligungen einzelner Kinder mit langfristigen Auswirkungen auf das Lernen und das schulische Wohlbefinden.

Der Einsatz von KI-Systemen bietet somit die Chance, diese komplexen Abwägungsprozesse nachvollziehbar und evidenzbasiert zu gestalten. Zugleich aber darf der Anspruch auf mathematische Objektivität nicht darüber hinwegtäuschen, dass pädagogische Verantwortung nicht delegierbar ist. Die besten Systeme bleiben Werkzeuge. Sie helfen, Entscheidungsprozesse zu strukturieren und transparent zu machen, ersetzen jedoch nicht das professionelle Urteilsvermögen der handelnden Personen. Dort, wo automatisierte Lösungen eingebunden werden, muss auch immer sichergestellt sein, dass eine datenschutzkonforme Verarbeitung vorliegt, die sensiblen Informationen mit der nötigen Vertraulichkeit begegnet.

5.1.3 Stundenplanung, Raumverteilung und Vertretungsmanagement

Die Erstellung von Stunden- und Dienstplänen zählt zu den komplexesten Aufgaben schulischer Organisation. Sie erfordert die gleichzeitige Berücksichtigung pädagogischer Zielsetzungen, personeller Ressourcen, rechtlicher

Rahmenbedingungen und organisatorischer Abläufe. Dabei geht es längst nicht nur um die Frage, wann welche Klasse von welcher Lehrkraft unterrichtet wird. Vielmehr müssen auch Teilzeitmodelle, individuelle Deputate, fachliche Zuordnungen, räumliche Kapazitäten, Pausenregelungen, Aufsichten, Vertretungsreserven und außerunterrichtliche Aktivitäten systematisch eingebunden werden.

Die Planung beginnt nicht selten viele Monate vor Schuljahresbeginn, endet aber keineswegs mit der Veröffentlichung eines fertigen Stundenplans. Vielmehr handelt es sich um ein fortlaufend anzupassendes System, das auf kurzfristige und langfristige Veränderungen flexibel reagieren können muss. Schulinterne Fortbildungen, Projektwochen, Wandertage, Klassenfahrten oder öffentliche Veranstaltungen wie beispielsweise Schulkonzerte oder Sportfeste beeinflussen ebenso die Planungslogik wie Krankmeldungen, Mutterschutzzeiten oder vakante Stellen im Kollegium. Jede einzelne Änderung kann weitreichende Folgen haben, die sich auf verschiedene Klassenstufen, Räume und Lehrkräfte zugleich auswirken.

Ein zentrales Ziel besteht darin, trotz dieser Vielzahl an Abhängigkeiten eine stabile Unterrichtsversorgung zu garantieren. Gleichzeitig müssen individuelle Belastungen gerecht verteilt und rechtliche Vorgaben eingehalten werden, etwa zur Höchstarbeitszeit oder zu vorgeschriebenen Ruhezeiten zwischen Unterrichtseinsätzen. Besonders sensibel ist in diesem Zusammenhang der Umgang mit Freistunden. Diese müssen so verteilt werden, dass sie einerseits zur Flexibilität bei Vertretungen beitragen, andererseits aber keine strukturellen Nachteile für einzelne Lehrkräfte mit sich bringen. Auch die gerechte Berücksichtigung von Früh- und Randstunden sowie von Teilzeitverträgen ist zentral, um die Akzeptanz innerhalb des Kollegiums zu sichern.

Künstliche Intelligenz kann bei dieser anspruchsvollen Aufgabe einen erheblichen Mehrwert bieten. KI-gestützte Planungssysteme sind in der Lage, eine Vielzahl an Kriterien gleichzeitig zu berücksichtigen, unterschiedliche Planungsziele gegeneinander abzuwägen und dabei auf historische Daten sowie aktuelle Gegebenheiten zurückzugreifen. Systeme wie Flixplaner ermöglichen die automatisierte Generierung von Stunden- und Vertretungsplänen unter Einbindung individueller Zeitpräferenzen, fachlicher Zuweisungen, Raumkapazitäten und gesetzlicher Vorschriften. Die gesamte Planung erfolgt datenbasiert, regelgeleitet und in einer Geschwindigkeit, die mit klassischen Verfahren kaum zu erreichen ist (Flixplaner, 2025).

Besonders in Situationen kurzfristiger Veränderungen zeigt sich der Vorteil solcher Systeme. Wenn etwa am frühen Morgen mehrere Krankmeldungen eingehen, analysiert die Software in Echtzeit alle relevanten Parameter, prüft Verfügbarkeiten, schlägt fachlich passende Vertretungen vor und berücksichtigt dabei sowohl die Belastungssituation der Lehrkräfte als auch die Bedeutung einzelner

Unterrichtseinheiten. Gleichzeitig kann das System Konflikte erkennen, etwa bei Raumdoppelbelegungen oder Verletzungen von Pausenregelungen und automatisch Alternativen anbieten. Während solche Prozesse früher in klassischer Weise viel Zeit erforderten, sind sie heute vielfach innerhalb weniger Minuten abgeschlossen.

Auch die Ressourcenverteilung innerhalb des Stundenplans kann durch KI sinnvoll optimiert werden. Anstelle einer rein fächerbasierten Betrachtung wird die *gesamte Struktur* der Unterrichtsverteilung einbezogen. So lassen sich etwa Leerstunden für Schülerinnen und Schüler reduzieren, parallele Einteilungen minimieren und personelle Engpässe frühzeitig erkennen. Planungsmodelle wie sie im Bereich des Educational Timetabling entwickelt wurden, zeigen, dass solche Verfahren nicht nur die Qualität der Planung verbessern, sondern auch zur Zufriedenheit von Lehrkräften und Schulleitung beitragen, da sie nachvollziehbare und faire Ergebnisse erzeugen, was sich wiederum positiv auf Klima sowie Lern- und Lehrbereitschaft auswirkt (Ceschia et al., 2022).

Ein weiterer Vorteil liegt in der Dokumentierbarkeit, da alle Entscheidungen im System nachvollziehbar gespeichert werden und so ist es möglich, auch im Nachgang die Kriterien und Entscheidungsgrundlagen darzulegen. Dies schafft Transparenz im Kollegium, erleichtert die Kommunikation und stärkt die Vertrauensbasis im Umgang mit komplexen Organisationsfragen.

Gleichzeitig bleibt es eine zentrale Aufgabe der Schule, pädagogische Besonderheiten zu berücksichtigen, individuelle Bedarfe einzubinden und den technischen Systemen mit Augenmaß zu begegnen. Die Verantwortung für die Gestaltung des Unterrichtsrahmens liegt weiterhin bei den handelnden Personen. KI kann hier abermals keine Entscheidungen abnehmen, wohl aber eine fundierte Grundlage schaffen, auf der diese Entscheidungen schneller, belastbarer und transparenter getroffen werden können.

5.2 Nutzung von KI für Schulentwicklung und Strategiearbeit

Schulentwicklung ist ein *langfristig angelegter Prozess*, der systematisch auf die Verbesserung von Unterrichtsqualität, Organisationsstrukturen und pädagogischer Zusammenarbeit zielt. Gerade im Kontext zunehmender gesellschaftlicher, technologischer und bildungspolitischer Dynamiken stellt sich hierbei die Frage, wie Schulen diesen Veränderungsdruck nicht nur *reaktiv bewältigen*, sondern *aktiv gestalten* können. Künstliche Intelligenz kann dabei als strategisches Werkzeug dienen, aber nicht im Sinne einer automatisierten Steuerung von Schule, sondern als datenbasierte Entscheidungs- und Reflexionshilfe im Rahmen einer professionellen Schulentwicklungsarbeit.

Die zentrale Herausforderung der Schulentwicklung liegt heute häufig nicht im Fehlen von Daten, sondern in ihrer Verfügbarkeit, Strukturierbarkeit und Interpretation. Schulen generieren eine Vielzahl von Informationen wie Leistungsdaten, Rückmeldungen aus Evaluationen, Ergebnisse aus Feedbacksystemen, Anwesenheitsstatistiken, Verläufe von Fördermaßnahmen oder auch Ergebnisse aus Mitarbeiterbefragungen. Diese Daten liegen jedoch oft dezentral und ohne systematische Analyse in unstrukturierter Form vor. Genau hier eröffnet KI neue Perspektiven, denn durch den Einsatz intelligenter Datenanalyseverfahren können Muster sichtbar gemacht, Entwicklungen über Zeiträume hinweg vergleichbar dargestellt und Handlungsfelder evidenzbasiert identifiziert werden (Ifenthaler & Yau, 2020).

Ein Anwendungsbeispiel ist die systematische Auswertung von Lernentwicklungen in Verbindung mit Schulprogrammarbeit. So lassen sich etwa die Ergebnisse von Lernstandserhebungen, Abschlussnoten und Fördermaßnahmen anonymisiert miteinander verknüpfen, um *strukturelle Zusammenhänge* zwischen fachlichem Lernen, Sozialverhalten und institutionellen Rahmenbedingungen zu identifizieren. Auf dieser Basis kann eine Schule gezielt prüfen, welche ihrer Entwicklungsmaßnahmen tatsächlich wirksam sind und wo sich blinde Flecken zeigen. Statt auf punktuelle, subjektive Einschätzungen angewiesen zu sein, steht eine datenbasierte Entscheidungsgrundlage zur Verfügung, die auf langfristiger Beobachtung und vernetzten Informationsquellen basiert (Eickelmann & Gerick, 2020).

Auch in der Personal- und Unterrichtsentwicklung kann KI unterstützend eingesetzt werden wie etwa bei der Identifikation von Fortbildungsbedarfen oder bei der Evaluation von Maßnahmen im Kollegium. So können auf Basis von schulintern erhobenen Daten anonymisierte Profile erstellt werden, die Aufschluss über technologische Kompetenzen, unterrichtsbezogene Schwerpunktsetzungen oder wahrgenommene Belastungsfaktoren geben. KI-gestützte Textanalysen aus Lehrerfeedbacks, beispielsweise aus Evaluationen oder anonymen Rückmeldesystemen, können darüber hinaus Hinweise auf organisationale Spannungsfelder oder Entwicklungswünsche geben. Voraussetzung ist hier vor allem aber, dass die datenschutzrechtlichen Rahmenbedingungen klar geregelt sind und die Einbindung transparent und freiwillig erfolgt (Tulodziecki et al., 2021).

Besondere Relevanz erhält die Nutzung von KI auch im Rahmen der strategischen Schulentwicklung im bereits dargestellten Ganztagsbereich. Hier gilt es, eine Vielzahl organisatorischer und pädagogischer Aspekte miteinander zu verknüpfen wie beispielsweise Rhythmisierung, Raumbelegung, Personalressourcen, Kooperation mit außerschulischen Partnern, Rückmeldungen der Eltern sowie individuelle Lern- und Förderverläufe der Schülerinnen und Schüler. KI-Systeme können hier als Planungs- und Simulationswerkzeuge dienen, um Szenarien durchzuspielen, Synergiepotenziale aufzudecken oder die Passung von Angebot und Bedarf zu optimieren (Eickelmann & Gerick, 2020). Der Einsatz solcher Werkzeuge ersetzt jedoch nicht die Aushandlungsprozesse zwischen den beteiligten Akteuren, sondern strukturiert sie auf Grundlage fundierter Daten.

Eine Herausforderung liegt darin, diese neuen Potenziale nicht rein technokratisch zu betrachten. Schulentwicklung bleibt ein Prozess, der auf kollektiver Verständigung, pädagogischer Haltung und einem gemeinsam getragenen Leitbild beruht. KI kann diesen Prozess durch die Bereitstellung valider Informationsgrundlagen, durch die Visualisierung von Entwicklungstrends oder durch die Früherkennung struktureller Risiken unterstützen. Gerade weil KI in der Lage ist, Korrelationen aufzuzeigen, ohne automatisch Ursachen benennen zu können, bleibt die professionelle Deutung durch Menschen unverzichtbar (Kultusministerkonferenz, 2021).

5.3 Kommunikation mit Schülerinnen und Schülern

Die schulische externe Kommunikation hat sich in den vergangenen Jahren grundlegend verändert. Digitale Medien und Werkzeuge sind längst nicht mehr nur Ergänzungen traditioneller Austauschformate, sondern bilden in vielen Fällen das Rückgrat einer funktionierenden schulischen Interaktion. Gerade im Kontakt mit Schülerinnen und Schülern erweist sich diese Entwicklung als besonders dynamisch, denn sie betrifft nicht nur organisatorische Abläufe, sondern auch die Gestaltung pädagogischer Beziehungen, das Feedback im Lernprozess und die Alltagskommunikation im schulischen Raum.

Dabei geht es nicht allein um Effizienz oder Geschwindigkeit, sondern um die Frage, wie Verständigung unter veränderten kulturellen und technischen Bedingungen gelingen kann. Digitale Kommunikation bedeutet dieser Tage weit mehr als das Versenden von E-Mails. Sie umfasst strukturierte Rückmeldungen über Lernplattformen, Chat-basierte Absprachen im Rahmen von Projekten, individualisierte Hinweise zum Lernstand sowie gezielte Unterstützungsangebote bei Problemen oder Barrieren. Die Kommunikationskultur im Klassenzimmer wird zunehmend von Tools und Systemen mitgeprägt, die automatisierte Prozesse ermöglichen und dennoch nicht beliebig oder neutral wirken, da gerade im schulischen Kontext die pädagogische Verantwortung zentral bleibt.

Untersuchungen belegen, dass ein gelingender Dialog zwischen Lehrkräften und Schülerinnen und Schülern zu den wichtigsten Einflussfaktoren schulischer Wirksamkeit zählt. In der Meta-Analyse von Hattie (2023) wird insbesondere die

Rolle von Feedback, Vertrauen und klaren Erwartungen hervorgehoben. Diese Aspekte gewinnen durch digitale Kommunikationsformen nicht an Bedeutung, sie verändern lediglich ihren Ausdruck. Gerade weil Jugendliche in einer Welt aufwachsen, in der digitale Kommunikation selbstverständlich ist, braucht es im schulischen Kontext klare Strukturen, transparente Regeln und eine Sprache, die verständlich und respektvoll bleibt.

Eine besondere Rolle kommt heutzutage dabei der Überwindung sprachlicher Hürden zu. Viele Schulen sehen sich mit einer heterogenen Schülerschaft konfrontiert, in der sprachliche Vielfalt eine alltägliche Realität darstellt. KI-gestützte Übersetzungssysteme und Tools zur Vereinfachung von Sprache können helfen, Teilhabe zu sichern und Missverständnisse zu vermeiden. Die Voraussetzung dafür ist jedoch ein sensibler und reflektierter Einsatz, der sich nicht allein auf technische Funktionalität verlässt, sondern stets die pädagogischen Ziele und rechtlichen Rahmenbedingungen im Blick behält (BMBF, 2023; Fraunhofer IAIS, 2022).

Das folgende Kapitel zeigt praxisnah, wie digitale und KI-gestützte Kommunikation mit Schülerinnen und Schülern gelingen kann. Es beschreibt Anwendungen aus dem Schulalltag, reflektiert rechtliche und ethische Aspekte und gibt Hinweise auf konkrete Tools und Verfahren, die sowohl effizient als auch verantwortungsvoll eingesetzt werden können. Im Mittelpunkt steht dabei stets die Frage, wie Technik die pädagogische Beziehungsgestaltung unterstützen kann, ohne sie zu ersetzen.

5.3.1 Bedeutung digitaler Kommunikationsformen im Schulalltag

Die Art und Weise, wie in Schulen kommuniziert wird, befindet sich seit Jahren in einem tiefgreifenden Wandel. Während Mitteilungen früher in Form von Elternbriefen, analogen Aushängen oder direkter Ansprache im Unterricht übermittelt wurden, sind digitale Kommunikationswege inzwischen nicht nur akzeptiert, sondern vielerorts unverzichtbar geworden. Schülerinnen und Schüler erwarten heute eine Kommunikation, die ihren eigenen medialen Gewohnheiten entspricht. Der schulische Alltag ist zunehmend von Plattformen, Kurznachrichtensystemen und digitalen Lernumgebungen geprägt, die nicht nur der Organisation dienen, sondern auch das Lernen und die Interaktion strukturieren.

Digitale Kommunikation bedeutet in diesem Zusammenhang weit mehr als Austausch von Informationen, denn sie schafft neue Räume für Feedback, eröffnet Möglichkeiten zur individuellen Ansprache und kann dazu beitragen, die Beziehung zwischen Lehrkräften und Schülerinnen und Schüler zu stärken. Gleichzeitig verändert sie aber auch die Anforderungen an sprachliche Klarheit, technische

Zuverlässigkeit und medienpädagogisches Bewusstsein. Denn je mehr Kommunikation über digitale Kanäle erfolgt, desto wichtiger wird eine bewusste und reflektierte Gestaltung dieser Prozesse.

Gerade bei Jugendlichen spielt die Art der Ansprache eine zentrale Rolle für die Wirksamkeit schulischer Kommunikation. Studien zeigen, dass der Aufbau vertrauensvoller Beziehungen ein wesentlicher Erfolgsfaktor für schulisches Lernen ist (Hattie, 2023). Digitale Werkzeuge können diesen Aufbau unterstützen, wenn sie transparent eingesetzt und in klare pädagogische Konzepte eingebunden werden. Dies gilt besonders dann, wenn sie nicht nur der Informationsweitergabe dienen, sondern auch dialogische Elemente ermöglichen. So kann etwa eine kurze Rückmeldung über eine Lernplattform mehr Wirkung entfalten als ein standardisierter Text in Papierform, wenn sie zum richtigen Zeitpunkt kommt und auf das individuelle Lernverhalten Bezug nimmt.

Darüber hinaus können digitale Kommunikationsformen helfen, Unterrichtsstrukturen zu stabilisieren. In Zeiten von Unterrichtsausfall, Krankheit oder schulischen Notlagen sichern digitale Kanäle eine kontinuierliche Verbindung zwischen Schule und Schülerinnen und Schülern. Sie ermöglichen es, Materialien bereitzustellen, Fragen zu klären oder Termine zu koordinieren. Besonders bewährt haben sich dabei Plattformen, die nicht nur Informationen sammeln, sondern Interaktion ermöglichen. Systeme wie schul.cloud, Moodle, Schulmanager oder IServ sind in vielen Schulen fest etabliert und werden von Schülerinnen und Schülern als verlässliche Schnittstelle zwischen schulischen Anforderungen und ihrer eigenen Lebenswelt genutzt (Bertelsmann Stiftung, 2022).

Gleichzeitig dürfen die Herausforderungen nicht unterschätzt werden, da digitale Kommunikation klare Regeln, technische Mindeststandards und eine gemeinsame Verständigung darüber verlangt, welche Kanäle für welche Inhalte geeignet sind. Auch Fragen der Erreichbarkeit, der Reaktionszeiten und der digitalen Belastung müssen geklärt werden. Eine Schule, die digitale Kommunikation nutzt, muss sich daher nicht nur technisch ausstatten, sondern auch kommunikativ positionieren. Nur wenn alle Beteiligten wissen, wie Kommunikation gestaltet sein soll, kann sie ihre pädagogische Wirkung entfalten.

Die Einführung digitaler Kommunikationsformen ist daher keine rein technische Aufgabe, denn sie berührt das Selbstverständnis von Schule, das Rollenverständnis von Lehrkräften und die Beteiligungsmöglichkeiten von Schülerinnen und Schülern. Eine gute schulische Kommunikation im digitalen Raum zeichnet sich vor allem dadurch aus, dass sie klar, respektvoll und zielgerichtet ist. Sie nutzt die Möglichkeiten technischer Systeme, ohne dabei das Wesentliche aus dem Blick zu verlieren, da auch in einer digital geprägten Lernkultur der zwischenmenschliche Kontakt das Fundament jeder pädagogischen Arbeit bleibt.

5.3.2 KI-gestützte Kommunikation im Schulkontext

Zu den am häufigsten eingesetzten Formen gehören KI-gestützte Chatbots, Sprachassistenten und automatische Feedbacksysteme. Sie werden vielfach in Lernplattformen oder Schulverwaltungstools integriert und ermöglichen es, Fragen zu klären, Aufgaben zu kommentieren oder einfache Informationen bereitzustellen, teilweise in Echtzeit und rund um die Uhr. Besonders bei wiederkehrenden oder standardisierten Anliegen können solche Systeme entlastend wirken, etwa bei der Klärung von Fristen, dem Abruf von Hausaufgaben oder der Rückmeldung zu formalen Anforderungen bei digitalen Abgaben.

Eine besondere Stärke liegt in der Möglichkeit zur Individualisierung. So können automatisierte Rückmeldungen etwa bei digitalen Übungssystemen auf den konkreten Lernstand der Schülerin oder des Schülers eingehen. Anstelle allgemeiner Hinweise entsteht dadurch ein dialogähnliches Format, das Lernfortschritte unterstützt und die Selbststeuerung fördert. Studien zur lernwirksamen Gestaltung digitaler Rückmeldungen zeigen, dass gerade zeitnahes, spezifisches und aufgabenbezogenes Feedback einen positiven Effekt auf die Motivation und das Lernverhalten haben kann (Hattie, 2023).

Gleichzeitig ist bei der Nutzung solcher Systeme ein hohes Maß an pädagogischer Verantwortung gefragt, denn auch wenn die Kommunikation technisch automatisiert erfolgt, bleibt ihre Wirkung immer auch sozial und emotional wirksam. Ein digital formulierter Hinweis kann motivieren, aber auch verunsichern, kann Missverständnisse ausräumen oder neue erzeugen. Entscheidend ist daher, mit welchem Maß an sprachlicher Sensibilität, pädagogischem Feingefühl und professioneller Reflexion die Systeme eingerichtet und genutzt werden.

Ein Beispiel hierfür ist der Einsatz von KI zur Lernstandsdiagnose mit anschließender Rückmeldung über eine Plattform. Werden Schülerinnen oder Schüler nach mehreren Fehlern in einer Übung automatisch darauf hingewiesen, dass sie den Stoff nicht ausreichend verstanden haben, kann dies demotivieren. Werden sie hingegen konstruktiv darauf hingewiesen, in welchen Bereichen noch Übungsbedarf besteht und welche Materialien ihnen helfen könnten, entsteht eine Form von Unterstützung, die als hilfreich erlebt wird. Die Ausgestaltung solcher Rückmeldungen lässt sich über sogenannte Promptsysteme steuern, die Lehrkräfte individuell anpassen können.

Besonders kritisch zu betrachten ist die Frage der Verlässlichkeit und Transparenz solcher Systeme. Schülerinnen und Schüler müssen verstehen können, auf welcher Basis eine Rückmeldung erfolgt und was sie bedeutet. Auch darf der Eindruck nicht entstehen, dass sie mit einer nicht hinterfragbaren Instanz kommunizieren. Eine gute Einführung in die Funktionsweise der verwendeten Systeme ist daher ebenso wichtig wie die Möglichkeit, Rückfragen zu stellen oder Rückmeldungen menschlich einzuordnen.

Wichtig ist in diesem Zusammenhang auch die Wahl geeigneter Werkzeuge. Die freie Nutzung von Systemen wie ChatGPT kann aus Sicht des Datenschutzes im schulischen Kontext problematisch sein. Solche Anwendungen unterliegen in der Regel nicht der europäischen Datenschutz-Grundverordnung und speichern Eingaben teilweise dauerhaft auf Servern außerhalb des Geltungsbereichs der DSGVO. Für den schulischen Einsatz bedarf es deshalb spezieller Lösungen, die rechtlich abgesichert, technisch kontrollierbar und pädagogisch verantwortbar sind.

Zahlreiche Plattformen bieten hierfür inzwischen konkrete Alternativen an. Besonders hervorzuheben ist die Plattform Fobizz, die eine Reihe datenschutzkonformer KI-Tools zur Verfügung stellt, darunter Textgeneratoren, Übersetzungshilfen und ein sogenanntes KI-Promptlabor. Alle Anwendungen laufen auf europäischen Servern und können ohne Registrierung durch Schülerinnen und Schüler genutzt werden. Auch das Angebot „KI macht Schule" des Fraunhofer-Instituts verfolgt einen klar pädagogischen Ansatz und stellt Lehrkräften Materialien, Szenarien und Werkzeuge zur Verfügung, die sich an didaktischen Zielsetzungen orientieren (Fraunhofer IAIS, 2022). Weitere Lösungen wie SchoolGPT oder die in IServ integrierten KI-Module ermöglichen eine kontrollierte, schulinterne Nutzung auf Basis bestehender Infrastrukturen und lassen sich damit passgenau in den Alltag integrieren.

Die technische Entwicklung schreitet schnell voran und KI-gestützte Feedbackwerkzeuge sind wie gezeigt bereits jetzt in der Lage, differenzierte Rückmeldungen zu erzeugen, Texte zu analysieren oder Hilfestellungen zu geben. Doch ihr didaktischer Mehrwert bemisst sich nicht an der technologischen Raffinesse, sondern an ihrer Einbettung in einen verantwortungsvoll gestalteten Lernkontext. Lehrkräfte, die diese Systeme kompetent nutzen, können die Kommunikation im Unterricht stärken, das Lernen individualisieren und die Selbstwirksamkeit der Schülerinnen und Schüler fördern.

5.3.3 E-Mails, Kurznachrichten, Plattform-Kommunikation

Neben Lernplattformen und automatisierten Rückmeldesystemen spielen insbesondere E-Mails, Kurznachrichtendienste und schulische Kommunikationsportale eine zentrale Rolle. Sie dienen nicht nur der Organisation und Information, sondern sind auch wesentliche Instrumente zur Begleitung von Lernprozessen und zur

Stärkung der pädagogischen Beziehung. Entscheidend ist jedoch, wie diese Kanäle genutzt, strukturiert und mit Blick auf Datenschutz und Verantwortlichkeit umgesetzt werden.

E-Mail-Kommunikation stellt für viele Lehrkräfte nach wie vor die häufigste digitale Kontaktform mit Eltern sowie Schülerinnen und Schülern dar. Sie eignet sich besonders zur individuellen Rückmeldung, zur Klärung konkreter Anliegen oder zur Weitergabe wichtiger Informationen. Ihre Nutzung erfordert jedoch klare Regelungen. Dazu gehören verbindliche Kommunikationszeiten, die Trennung von schulischen und privaten E-Mail-Konten sowie ein bewusster Umgang mit personenbezogenen Daten. Öffentliche Mailanbieter genügen in der Regel nicht den Anforderungen der DSGVO, weshalb viele Schulträger eigene Mailserver betreiben oder zentrale Plattformen nutzen.

Darüber hinaus haben sich schulische Plattformen wie IServ, schul.cloud, Moodle, Microsoft Teams oder der Schulmanager als integrierte Kommunikationslösungen bewährt. Diese Systeme kombinieren Nachrichtenfunktionen mit Aufgabenverwaltung, Materialverteilung und Kalenderübersicht und ermöglichen eine zentrale, strukturierte Kommunikation mit allen Beteiligten und bieten dabei ein hohes Maß an technischer Kontrolle und organisatorischer Übersicht. So kann etwa über IServ eine Klassenmitteilung gleichzeitig als E-Mail, als interne Nachricht und als Kalenderereignis verschickt werden. Moodle erlaubt die Kommentierung hochgeladener Lösungen direkt im System und Teams integriert Text-, Audio- und Videokommunikation in einer gemeinsamen Oberfläche. Der Schulmanager wiederum fokussiert stark auf die Kommunikation mit Eltern, bietet aber auch Funktionen für schülerbezogene Rückmeldungen, beispielsweise über Krankmeldungen oder Elternbriefe.

Ein zentrales Kriterium für die Auswahl geeigneter Plattformen ist die DSGVO-Konformität. Die verwendeten Systeme müssen datenschutzrechtlichen Vorgaben entsprechen, die Speicherung personenbezogener Daten in Europa sicherstellen und über entsprechende Verträge zur Auftragsverarbeitung verfügen. Hier sind Schulleitungen, Schulträger und Landesbehörden in der Pflicht, geeignete Rahmenbedingungen zu schaffen, denn nur wenn eine datenschutzkonforme Infrastruktur vorliegt, kann digitale Kommunikation rechtssicher und vertrauensvoll erfolgen. Ein bewährtes Verfahren ist die Nutzung schulischer Instanzen, die auf deutschen oder europäischen Servern betrieben werden und deren Zugriffsrechte klar geregelt sind.

Neben der rechtlichen Absicherung ist auch die pädagogische Gestaltung der Kommunikation entscheidend. Kurznachrichten über Plattformen müssen klar, wertschätzend und zielgruppengerecht formuliert sein. Die Möglichkeit zur schnellen Ansprache darf nicht dazu führen, dass Nachrichten ohne didaktische Einbettung verschickt werden. Auch sollte zwischen formellen und informellen Kommunikationskanälen unterschieden werden. Während ein Arbeitsauftrag auf Moodle mit einem konkreten Feedback versehen wird, können organisatorische Hinweise auch über einen kurzen Push-Nachrichtendienst wie schul.cloud erfolgen. Entscheidend ist, dass die Form dem Inhalt entspricht und die Schülerinnen und Schüler lernen, digitale Kommunikation auch im schulischen Kontext professionell zu nutzen.

Nicht zuletzt spielt die Erkennbarkeit und Erreichbarkeit von Lehrkräften eine zentrale Rolle in Form von einer transparenten Darstellung von Zuständigkeiten, Nutzung einheitlicher Kommunikationswege innerhalb des Kollegiums sowie Festlegung von Zeitfenstern für Rückmeldungen. Eine permanente Verfügbarkeit ist weder erforderlich noch pädagogisch sinnvoll. Vielmehr geht es darum, Verlässlichkeit herzustellen und eine Kommunikationskultur zu etablieren, die auf gegenseitigem Respekt und klaren Erwartungen beruht.

Digitale Kommunikation über Plattformen, E-Mail oder Kurznachrichtensysteme ist letztlich längst fester Bestandteil schulischer Praxis. Sie entfaltet ihr Potenzial jedoch nur dann, wenn sie pädagogisch durchdacht, technisch abgesichert und organisatorisch eingebettet ist. Schulen, die klare Strukturen schaffen, geeignete Systeme einsetzen und ihre Lehrkräfte bei der Umsetzung unterstützen, schaffen die Grundlage für eine zeitgemäße und wirksame Verständigung mit ihren Schülerinnen und Schülern.

5.3.4 KI-gestützte Übersetzungsdienste im Alltagseinsatz

In vielen Schulen gehören mehrsprachige Lerngruppen längst zur gelebten Realität. Schülerinnen und Schüler mit geringen Deutschkenntnissen stehen dabei vor der Herausforderung, nicht nur fachliche Inhalte, sondern auch organisatorische Informationen, Verhaltensregeln und soziale Codes in einer fremden Sprache verstehen zu müssen. Diese Situation kann sowohl für die Betroffenen als auch für die Lehrkräfte eine erhebliche Belastung darstellen.

KI-gestützte Übersetzungsdienste ermöglichen es hier, Mitteilungen, Aufgabenstellungen oder Systemnachrichten in Echtzeit in verschiedene Sprachen zu übertragen. Anwendungen wie der Schulmanager oder Plattformen wie Fobizz bieten integrierte Funktionen, mit denen Texte automatisch übersetzt oder in einfacher Sprache ausgegeben werden können. Lehrkräfte können damit Elternbriefe, Hinweise zum Stundenplan oder Rückmeldungen zu Leistungen so formulieren, dass sie für alle Schülerinnen und Schüler verständlich sind und das unabhängig von deren Sprachhintergrund. Gerade bei wichtigen Informationen zur

Schulorganisation, zu Prüfungen oder zu Regelverstößen ist dies ein entscheidender Beitrag zur Teilhabe.

Im Alltag zeigt sich der Nutzen besonders deutlich bei kurzfristigen Mitteilungen. So lassen sich etwa Erinnerungen an mitzubringende Materialien oder Hinweise zu Raumänderungen direkt in die bevorzugte Sprache der Schülerin oder des Schülers übertragen und auch automatisierte Push-Nachrichten über Plattformen wie schul.cloud oder IServ können sprachlich angepasst werden, sofern eine entsprechende Funktion zur Verfügung steht. In vielen Fällen wird zusätzlich eine Version in einfacher Sprache angeboten, um auch bei grundlegender Deutschkompetenz eine klare Verständlichkeit zu gewährleisten.

Die didaktische Herausforderung liegt jedoch in der Balance zwischen technischer Unterstützung und aktivem Spracherwerb. So hilfreich automatische Übersetzungen im ersten Moment auch sein mögen, so sehr besteht die Gefahr, dass sie zu einer dauerhaften Stütze werden, die den Erwerb der Bildungssprache verzögert oder gar verhindert. Der Einsatz solcher Tools sollte deshalb immer eingebettet sein in ein pädagogisches Konzept, das den Spracherwerb fördert und den Gebrauch der deutschen Sprache systematisch stärkt. Eine Orientierung bieten hier Konzepte aus der sprachsensiblen Schulentwicklung, die den bewussten Umgang mit Sprache als durchgängiges Prinzip schulischer Arbeit verstehen (Gogolin, 2021).

Ein didaktisch sinnvoller Einsatz besteht beispielsweise darin, wichtige Mitteilungen zunächst auf Deutsch und anschließend mit einer automatischen Übersetzung bereitzustellen. Auf diese Weise kann die KI-gestützte Version als Brücke dienen und nicht aber als Ersatz. Lehrkräfte können Schülerinnen und Schüler gezielt ermutigen, die deutsche Fassung zuerst zu lesen und nur bei Verständnisproblemen die Übersetzung hinzuzuziehen. Auch eine Reflexion über die Qualität der Übersetzungen kann Teil des Unterrichts werden, denn maschinell erzeugte Texte sind nicht immer stilistisch gelungen oder inhaltlich eindeutig. Gerade bei komplexen Begriffen oder kulturell geprägten Redewendungen entstehen häufig Ungenauigkeiten, die einer Klärung bedürfen.

Zudem ist auch hier selbstverständlich der datenschutzrechtliche Rahmen zu beachten, denn nicht alle Übersetzungsdienste sind für die Verarbeitung personenbezogener Daten im schulischen Kontext geeignet. Bei der Nutzung von frei zugänglichen Online-Tools wie DeepL oder Google Translate ist besondere Vorsicht geboten, da Inhalte unter Umständen auf Servern außerhalb des europäischen Rechtsraums gespeichert werden. DSGVO-konforme Plattformen wie Fobizz oder schulische Anwendungen mit integrierten Übersetzungsmodulen bieten hier eine verlässliche Alternative, da sie auf europäischen Servern betrieben werden und keine dauerhafte Speicherung personenbezogener Inhalte erfolgt (Fobizz, 2025).

Ein weiterer praxistauglicher Weg, um sprachliche Barrieren im schulischen Alltag zu überwinden, ergibt sich durch die Kombination aus Microsoft Office Lens und Microsoft Word. Beide Anwendungen stehen vielen Schulen im Rahmen von Microsoft 365 Education zur Verfügung. Mit der kostenlosen App Office Lens können Schülerinnen und Schüler oder Lehrkräfte ein physisches Dokument wie ein Arbeitsblatt oder einen Aushang mit der Kamera erfassen. Die Anwendung erkennt den Text auf dem Bild automatisch mithilfe optischer Zeichenerkennung und wandelt ihn in eine bearbeitbare Textversion um.

Dieser erkannte Text lässt sich direkt an Microsoft Word übergeben, wo er entweder weiterbearbeitet oder mithilfe des integrierten Übersetzungsdienstes in eine gewünschte Sprache übertragen werden kann. Alternativ besteht die Möglichkeit, den erkannten Text in andere Übersetzungsdienste wie DeepL Pro zu kopieren, sofern deren Nutzung im schulischen Rahmen datenschutzrechtlich unbedenklich ist. Besonders im schulischen Alltag erweist sich diese Kombination als niedrigschwelliger Zugang zu mehrsprachiger Kommunikation, der ohne aufwendige technische Voraussetzungen funktioniert.

Da Microsoft 365 Education bei entsprechender vertraglicher Ausgestaltung mit dem Schulträger den datenschutzrechtlichen Anforderungen entspricht und auf europäischen Servern betrieben werden kann, bietet die Nutzung von Office Lens eine rechtlich tragfähige Lösung für viele Unterrichtssituationen. Entscheidend bleibt, dass bei der Verwendung keine personenbezogenen Daten ohne die erforderliche Einwilligung verarbeitet oder gespeichert werden.

Insgesamt zeigt sich, dass KI-gestützte Übersetzungsdienste wertvolle Hilfsmittel im schulischen Alltag sein können. Ihr pädagogischer Mehrwert hängt jedoch entscheidend davon ab, wie reflektiert sie eingesetzt werden. Ziel muss es bleiben, Sprachbarrieren abzubauen, ohne den aktiven Erwerb der deutschen Sprache aus dem Blick zu verlieren. So verstanden, kann der Einsatz Künstlicher Intelligenz einen Beitrag leisten zu mehr Chancengleichheit, zu besserer Verständigung und zu einem inklusiven Schulklima, in dem alle Schülerinnen und Schüler sich verstanden fühlen dürfen.

5.3.5 Kommunikation in einfacher Sprache mit Hilfe von KI

Verständliche Sprache ist eine Grundvoraussetzung für gelingende schulische Kommunikation. Besonders im Kontext zunehmender Heterogenität gewinnt die Frage nach sprachlicher Zugänglichkeit weiter an Bedeutung. Viele Schülerinnen und Schüler bringen gerade in heutiger Zeit unterschiedliche sprachliche Voraussetzungen mit, sei es aufgrund von Förderbedarfen, eingeschränkter Lesekompetenz oder geringen schulsprachlichen Fähigkeiten. Auch altersbedingte Unterschiede im Textverständnis, familiäre Sozialisationsbedingungen oder Erfahrungen mit Mehrsprachigkeit beeinflussen die Aufnahme und Verarbeitung von Informationen maßgeblich. Lehrkräfte stehen damit vor der Herausforderung, Texte so zu gestalten, dass sie informativ, korrekt und zugleich verständlich sind.

Einfachheit in der Sprache bedeutet dabei nicht Vereinfachung der Inhalte im Sinne von Reduktion, sondern eine bewusste, adressatengerechte Gestaltung von Texten. Gute Texte in einfacher Sprache zeichnen sich durch klare Satzstrukturen, eindeutige Begriffe, nachvollziehbare Gliederung und einen reduzierten Einsatz von Fremdwörtern aus. Dabei ist es keineswegs trivial, komplexe Sachverhalte sprachlich so aufzubereiten, dass sie verständlich bleiben und dennoch ihrem Inhalt gerecht werden und genau an dieser Stelle können KI-gestützte Werkzeuge eine sinnvolle Unterstützung bieten.

Zahlreiche Plattformen ermöglichen es mittlerweile, Texte automatisiert in eine vereinfachte Version zu übertragen. Dabei wird das ursprüngliche Sprachmaterial analysiert, strukturell überarbeitet und durch leichter verständliche Begriffe ersetzt. Diese Funktion kann insbesondere dann hilfreich sein, wenn organisatorische Informationen, Regeltexte oder Arbeitsaufträge einer großen Lerngruppe zugänglich gemacht werden sollen. Anwendungen wie das KI-Promptlabor von Fobizz oder spezialisierte Module innerhalb von Schulplattformen ermöglichen es, Texte parallel in Standardsprache und vereinfachter Sprache bereitzustellen. Lehrkräfte können so gezielt entscheiden, welche Sprachform für welche Zielgruppe geeignet ist und welche Version gemeinsam im Unterricht besprochen werden soll.

Der Einsatz solcher Tools entbindet jedoch nicht von der pädagogischen Verantwortung, über Sprache bewusst zu reflektieren. Ein automatisch vereinfachter Text kann didaktisch sinnvoll sein, wenn er als Brücke dient. Er kann aber auch problematisch sein, wenn er mechanisch reduziert und dabei wesentliche Bedeutungsnuancen verliert. Daher sollte jeder Vorschlag eines KI-Systems stets kritisch überprüft, sprachlich angepasst und inhaltlich verantwortet werden. Vereinfachung darf nicht zur Banalisierung führen.

Gerade lernschwächere Schülerinnen und Schüler profitieren davon, wenn Sprache als gestaltbares Medium verstanden wird, denn sie erleben häufig, dass Texte nicht für sie geschrieben sind und ihnen dadurch der Zugang zu zentralen Inhalten erschwert wird. Eine verständliche Sprache hingegen kann Motivation, Selbstwirksamkeit und Beteiligung fördern. Bei dieser Förderung geht es nicht nur um Informationsaufnahme, sondern auch um Teilhabe am schulischen Diskurs. In diesem Sinne ist der Einsatz vereinfachter Sprache kein technischer Vorgang, sondern ein Beitrag zu Chancengleichheit und inklusiver Bildung.

Verständliche Kommunikation ist eine pädagogische Aufgabe und keine technische, denn wer einfache Sprache nutzt, macht Inhalte nicht einfacher, sondern macht sie, wie zuvor dargestellt, zugänglich. Insofern eröffnet die Verbindung aus KI-gestützter Textvereinfachung und professioneller didaktischer Gestaltung die Möglichkeit, mehr Schülerinnen und Schüler sprachlich mitzunehmen, ohne sie sprachlich zu unterfordern.

5.3.6 Schülerzentrierte Kommunikation durch KI-gestützte Individualisierung

Eine zentrale Herausforderung im schulischen Alltag besteht darin, allen Schülerinnen und Schülern gerecht zu werden. Lernstände, Arbeitsgeschwindigkeiten, Interessen und Bedürfnisse unterscheiden sich teils erheblich, und doch müssen Informationen verständlich, Aufgaben nachvollziehbar und Rückmeldungen wirksam sein.

KI-gestützte Systeme können die Kommunikation mit Schülerinnen und Schülern so gestalten, dass sie auf individuelle Lernprozesse reagiert, insbesondere bei der Erstellung personalisierter Rückmeldungen. Plattformen wie Moodle, IServ oder fobizz lassen sich mit Funktionen kombinieren, die anhand von Lernverläufen automatisierte Hinweise geben können. So erhält ein Schüler oder eine Schülerin nach der Bearbeitung einer Aufgabe nicht nur die Information, ob ihre Antwort korrekt war, sondern auch eine gezielte Rückmeldung, worin ein Denkfehler lag und welche Übung zur Wiederholung geeignet wäre. Diese Form von Feedback ist lernwirksam, weil sie konkret, zeitnah und differenziert erfolgt und vor allem weil sie anschlussfähig bleibt an das, was im Unterricht weiter erarbeitet wird (Hattie, 2023).

Auch bei der Formulierung von Arbeitsaufträgen kann KI individualisierend wirken. Je nach Kenntnisstand oder Sprachniveau lassen sich Aufgaben durch automatisierte Anpassung in verschiedenen Schwierigkeitsstufen oder Sprachvarianten bereitstellen. Eine Schülerin oder ein Schüler mit geringen Deutschkenntnissen erhält so eine vereinfachte Version eines Arbeitsblattes, während Fortgeschrittene eine weiterführende Aufgabenstellung bearbeiten können. Die Lehrkraft bleibt dabei steuernde Instanz, wählt die geeigneten Varianten aus und kann gezielt differenzieren, ohne den Überblick zu verlieren.

Ein weiterer Einsatzbereich liegt in der motivierenden Unterstützung, indem KI-Systeme automatisiert kurze, ermutigende Hinweise geben können, wie etwa bei längerer Inaktivität auf einer Lernplattform oder nach erfolgreichem Abschluss eines Arbeitsmoduls. Solche Impulse wirken besonders dann, wenn sie nicht generisch, sondern eben situationsbezogen formuliert sind. Ein positiver Hinweis wie „Du hast heute zwei Aufgaben geschafft, das ist ein guter Fortschritt“ kann mehr Wirkung entfalten als ein allgemeiner Satz. Wichtig ist dabei, dass die Kommunikation authentisch bleibt und nicht den Anschein erweckt, willkürlich oder mechanisch zu sein. Schülerinnen und Schüler merken sehr genau, ob eine Rückmeldung Sinn ergibt und auf sie persönlich eingeht.

Ein weiterer Aspekt betrifft die Transparenz. Schülerinnen und Schüler sollten wissen, auf welcher Grundlage Rückmeldungen erfolgen, welche Daten verarbeitet werden und wie sie mit diesen Informationen umgehen können. Die Möglichkeit, Rückfragen zu stellen oder Rückmeldungen zu reflektieren, bleibt auch bei automatisierten Systemen ein zentrales Element gelingender Kommunikation.

Individualisierung durch KI kann Unterricht somit deutlich gerechter machen, denn sie kann helfen, Überforderungen zu vermeiden und Unterforderungen sichtbar zu machen. Ebenso kann sie Lehrkräften helfen, schneller zu erkennen, wer Unterstützung braucht und wo besondere Begabungen liegen. Ihre Wirksamkeit hängt jedoch davon ab, wie bewusst sie eingesetzt wird und, wie dargestellt, mit dem Ziel, Kommunikation nicht zu automatisieren, sondern zu personalisieren.

5.4 Kommunikation mit Eltern und Erziehungsberechtigten

Elternarbeit gehört ebenso zu den grundlegenden Aufgaben schulischer Kommunikation wie die zuvor genannten. Sie schafft Vertrauen, unterstützt Bildungsprozesse und stärkt die gemeinsame Verantwortung für die Entwicklung der Schülerinnen und Schüler. In einer zunehmend digitalisierten Gesellschaft verändern sich dabei nicht nur die Kommunikationskanäle, sondern auch die Erwartungen an Tempo, Transparenz und Verständlichkeit. Eltern sind es gewohnt, Informationen jederzeit digital abrufen zu können, und erwarten von der Schule ein ähnliches Maß an Verlässlichkeit und Zugänglichkeit wie in anderen Lebensbereichen. Gleichzeitig wächst der Anspruch, in schulische Entwicklungen einbezogen und über wichtige Entscheidungen frühzeitig informiert zu werden.

Die schulische Kommunikation mit Eltern muss auf diese veränderten Rahmenbedingungen reagieren und so steht sie heute vor der Aufgabe, nicht nur organisatorische Abläufe effizient zu gestalten, sondern auch dialogische Formen zu ermöglichen, die auf Augenhöhe stattfinden. Dabei kommt digitalen Werkzeugen eine zentrale Rolle zu und Plattformen wie Schulmanager, Sdui oder edoop bieten inzwischen vielfältige Funktionen, um Elternbriefe zu übermitteln, Gespräche zu terminieren oder kurze Rückmeldungen zu versenden.

Die folgenden Abschnitte beleuchten, wie digitale und KI-gestützte Werkzeuge schulische Elternkommunikation konkret unterstützen können. Sie geben Einblick in bewährte Praxisbeispiele, zeigen Möglichkeiten der sprachlichen Vereinfachung und thematisieren auch die Grenzen technischer Lösungen. Im Mittelpunkt steht stets die Frage, wie ein vertrauensvoller, respektvoller und verlässlicher Austausch zwischen Schule und Elternhaus als gemeinsames Fundament erfolgreicher Bildungsbiografien gestaltet werden kann.

5.4.1 Digitale Werkzeuge für eine effektive Elternkommunikation

Ein zentrales Instrument der externen Kommunikation sind Elternbriefe, die nicht mehr in ausgedruckter Form verteilt werden müssen, sondern direkt über Apps wie Schulmanager, Sdui oder edoop verschickt werden können. Diese Anwendungen ermöglichen eine zielgenaue Ansprache, zum Beispiel nur an Eltern einer bestimmten Klasse oder Jahrgangsstufe, und liefern gleichzeitig Rückmeldungen darüber, ob die Nachrichten geöffnet oder gelesen wurden. Für Eltern erhöht sich dadurch die Verlässlichkeit schulischer Informationen und für Schulen entsteht eine höhere Transparenz über den Kommunikationsstand. Die Gefahr, dass wichtige Informationen verloren gehen, wird hierdurch deutlich reduziert.

Auch die Terminorganisation lässt sich digital effizient gestalten, denn Elternsprechtage oder Beratungsgespräche können über integrierte Buchungsfunktionen geplant werden, bei denen Eltern aus vorgegebenen Zeitfenstern auswählen. So entfallen umständliche Abstimmungen über Mitteilungszettel oder telefonische Rückfragen und gleichzeitig erhalten Lehrkräfte einen strukturierten Überblick über gebuchte Gespräche und können diese gezielter vorbereiten. Besonders bei größeren Veranstaltungen, bei denen viele Familien beteiligt sind, sorgt diese Form der Koordination für spürbare Entlastung auf beiden Seiten.

Darüber hinaus bieten viele Plattformen die Möglichkeit, kurzfristige Hinweise per Push-Benachrichtigung zu verschicken. Diese Funktion eignet sich beispielsweise für Erinnerungen an Veranstaltungen, Mitbringlisten oder Änderungen im Stundenplan. Gerade in Situationen, in denen Zeit eine Rolle spielt, ermöglicht sie eine schnelle, direkte und nachvollziehbare Information ohne Umwege. Wichtig ist dabei eine bewusste Kommunikationskultur, die solche Möglichkeiten nicht überreizt, sondern gezielt und maßvoll einsetzt. Digitale Erreichbarkeit darf, wie bereits dargelegt, nicht zur ständigen Verfügbarkeit führen, weder für Lehrkräfte noch für Eltern.

Bei all diesen Möglichkeiten ist jedoch der pädagogische Rahmen entscheidend. Digitale Werkzeuge entfalten ihren Mehrwert nur dann, wenn sie eingebettet sind in ein Kommunikationsverständnis, das auf Klarheit, Verlässlichkeit und gegenseitigem Respekt basiert. Sie dürfen kein Selbstzweck sein, sondern müssen konkrete Bedarfe adressieren. Schulen, die dies im Blick behalten, können mit digitalen Werkzeugen nicht nur ihre Abläufe verbessern, sondern auch die Zusammenarbeit mit Eltern im Sinne eines gemeinsamen Bildungsauftrags auf ein neues Fundament stellen.

5.4.2 Digitale Kommunikationsstrategien für herausfordernde Elterngespräche

Elterngespräche gehören zu den sensibelsten Kommunikationssituationen im schulischen Alltag. Besonders dann, wenn es um Konflikte, Leistungsprobleme oder auffälliges Verhalten geht, stehen Lehrkräfte vor der Herausforderung, klar, sachlich und gleichzeitig wertschätzend zu kommunizieren. Eine unbedachte Formulierung kann schnell zu Missverständnissen oder einer Eskalation führen, während eine gute Gesprächsführung auch in angespannten Lagen Vertrauen stiften und tragfähige Lösungen anbahnen kann. Die Vorbereitung solcher Gespräche ist daher nicht nur eine Frage der Erfahrung, sondern auch der professionellen Reflexion und genau hier setzen zunehmend digitale Unterstützungsangebote an.

Moderne KI-gestützte Werkzeuge eröffnen neue Wege, um sich auf herausfordernde Elterngespräche systematisch vorzubereiten. So ermöglichen simulationsbasierte Anwendungen beispielsweise, unterschiedliche Gesprächsverläufe durchzuspielen und die Wirkung bestimmter Aussagen zu erproben. Dabei werden typische Reaktionsmuster von Eltern, von verständnisvoll über defensiv bis konfrontativ, simuliert, sodass gerade noch unerfahrene Lehrkräfte trainieren können, wie sie unter verschiedenen Bedingungen reagieren und ihren Standpunkt klar und empathisch vertreten. Solche digitalen Rollenspiele werden zunehmend in der Lehrerbildung eingesetzt, eignen sich aber auch für die kollegiale Vorbereitung im Schulalltag.

Darüber hinaus bieten KI-gestützte Textlabore konkrete Unterstützung bei der Formulierung schwieriger Gesprächseinstiege oder schriftlicher Nachbereitungen. Wer beispielsweise eine Gesprächsnotiz formulieren möchte, in der das Verhalten eines Schülers thematisiert wird, kann mit Hilfe eines Promptsystems verschiedene Tonlagen und Formulierungsvarianten erproben. Die Entscheidung, welche Variante gewählt wird, liegt selbstverständlich weiterhin bei der Lehrkraft, doch der

Vergleich verschiedener Optionen sensibilisiert für Nuancen, ermöglicht bewusste Entscheidungen und stärkt die kommunikative Handlungssicherheit.

Ein besonderer Gewinn liegt dabei nicht nur in der sprachlichen Ausgestaltung, sondern im gezielten Perspektivwechsel. Viele der aktuell verfügbaren Tools bieten die Möglichkeit, sich in die Sichtweise der Eltern zu versetzen. Sie fragen nach möglichen Interpretationen eines Gesprächsverlaufs, weisen auf kritische Begriffe hin oder schlagen Alternativen vor, die weniger verletzend, aber ebenso deutlich sind. Gerade für junge Lehrkräfte, die noch wenig Erfahrung in schwierigen Elterngesprächen gesammelt haben, stellt dies eine wichtige Unterstützung dar, zumal sie auf diese Weise typische Reaktionen bereits vorab bedenken und einplanen können.

Auch im Schulalltag lassen sich diese Möglichkeiten sinnvoll nutzen. Vor einem angekündigten Elterngespräch, das voraussichtlich konfliktbehaftet verläuft, kann es hilfreich sein, zunächst im Kollegium Rückmeldung zur geplanten Gesprächsführung einzuholen und diese dann mithilfe digitaler Tools sprachlich zu strukturieren. Wer eigene Formulierungen überarbeiten, sprachlich entschärfen oder präzisieren möchte, kann sich dabei vom digitalen Schreibassistenten unterstützen lassen, ohne dass dadurch der persönliche Stil verloren geht.

Ziel ist nicht die Standardisierung heikler Gespräche, sondern eine reflektierte Gesprächsführung, die Klarheit und Beziehung gleichermaßen im Blick behält. Digitale Werkzeuge können hier als methodische Bausteine dienen, die Kommunikation besser vorbereiten, aber niemals ersetzen. Entscheidend bleibt die Haltung der Lehrkraft und die Bereitschaft, auch in schwierigen Situationen authentisch, geduldig und lösungsorientiert zu kommunizieren.

5.5 Anforderungen an Datenschutz, Transparenz und Rechenschaftspflicht

Die Nutzung digitaler Werkzeuge im schulischen Alltag erfordert nicht nur die beschriebene didaktische Umsicht, sondern auch ein hohes Maß an datenschutzrechtlicher Verantwortung. Sobald personenbezogene Daten von Schülerinnen und Schülern, Eltern oder Lehrkräften verarbeitet werden, greifen die Vorgaben der Datenschutz-Grundverordnung (DSGVO). Sie gelten auch dann, wenn die eingesetzten Systeme pädagogisch sinnvoll erscheinen oder bereits schulaufsichtlich empfohlen wurden. Entscheidend ist nicht die technische Machbarkeit, sondern in diesem Kontext stets die datenschutzkonforme Umsetzung.

Für Schulen bedeutet das, dass jede Form der digitalen Datenverarbeitung transparent dokumentiert, auf ihre rechtliche Grundlage hin geprüft und gegenüber Aufsichtsbehörden wie auch Betroffenen nachvollziehbar gemacht werden muss. Dabei geht es nicht allein um formale Anforderungen, sondern um den Schutz sensibler Informationen und somit um Rechte von Kindern, Jugendlichen und ihren Familien.

Besonders herausfordernd wird dies dort, wo KI-gestützte Systeme zum Einsatz kommen, denn die automatisierte Verarbeitung von Daten, etwa bei adaptiven Lernplattformen, automatisierten Rückmeldungen oder Übersetzungsdiensten, wirft zusätzliche Fragen nach Speicherdauer, Datenflüssen und Verantwortlichkeiten auf. Schulen benötigen daher eine klare Übersicht darüber, welche Systeme in welcher Weise eingesetzt werden, auf welcher Rechtsgrundlage dies geschieht und welche technischen und organisatorischen Maßnahmen zum Schutz der Daten getroffen wurden.

Instrumente wie das Verzeichnis von Verarbeitungstätigkeiten, der Auftrags-Verarbeitungsvertrag (AVV) und ein schulinternes Anwendungsverzeichnis helfen dabei, diese Anforderungen systematisch zu erfüllen. Sie schaffen Transparenz, fördern die rechtliche Absicherung und bieten eine Grundlage für verantwortungsvolle schulische Medienarbeit. Nicht zuletzt sind sie Ausdruck eines professionellen Umgangs mit Digitalisierung, der nicht auf technische Innovation allein setzt, sondern rechtliche und ethische Standards ernst nimmt.

5.5.1 Verzeichnis von Verarbeitungstätigkeiten

Das sogenannte Verzeichnis von Verarbeitungstätigkeiten (VVT) ist hierbei ein zentrales Instrument zur Umsetzung der Datenschutz-Grundverordnung im schulischen Kontext. Es dient der systematischen Erfassung aller Vorgänge, bei denen personenbezogene Daten verarbeitet werden, also aller Tätigkeiten, bei denen Informationen über Schülerinnen und Schüler, Eltern oder schulisches Personal erhoben, gespeichert, übermittelt oder gelöscht werden. Auch wenn es auf den ersten Blick formal oder bürokratisch erscheinen mag, erfüllt das Verzeichnis eine wichtige Funktion, denn es schafft Transparenz, erleichtert die Rechenschaft gegenüber Aufsichtsbehörden und macht Datenschutz im schulischen Alltag überhaupt erst überprüfbar.

Nach Artikel 30 DSGVO ist jede Einrichtung, die personenbezogene Daten in strukturierter Form verarbeitet, zur Führung eines solchen Verzeichnisses verpflichtet. Für Schulen bedeutet das, dass nicht nur große Systeme wie Schulverwaltungssoftware oder Lernplattformen zu dokumentieren sind, sondern auch kleinere digitale Werkzeuge, sobald sie Daten verarbeiten, die sich einer bestimmten Person zuordnen lassen. Dazu zählen beispielsweise Kommunikationssysteme,

Online-Umfragetools, digitale Klassenbücher oder KI-gestützte Feedbacksysteme, sofern sie personenbezogene Rückmeldungen generieren.

Das Verzeichnis muss in der Regel Informationen über den Namen und die Kontaktdaten der verantwortlichen Schule, gegebenenfalls der oder des Datenschutzbeauftragten, den Zweck der jeweiligen Datenverarbeitung, die Kategorien betroffener Personen und Daten, mögliche Empfänger der Daten sowie (sofern bekannt) die geplante Speicherdauer enthalten. Auch Angaben zu den technischen und organisatorischen Schutzmaßnahmen (TOM) sowie zu einer etwaigen Datenübermittlung in Drittstaaten gehören dazu.

In der Praxis empfiehlt es sich, das VVT zentral zu pflegen, idealerweise koordiniert durch die Schulleitung in Zusammenarbeit mit dem Datenschutzbeauftragten der Schule. Viele Schulträger stellen inzwischen digitale Vorlagen oder landesspezifische Tools zur Verfügung, mit denen sich die Dokumentation strukturieren lässt. Wichtig ist dabei, dass das Verzeichnis nicht als einmalige Pflicht verstanden wird, sondern als dynamisches Arbeitsinstrument. Neue Systeme oder Anwendungen, wie etwa ein frisch eingeführter Übersetzungsdienst oder ein KI-gestützter Schreibassistent, müssen zeitnah ergänzt und aktualisiert werden.

Auch im Falle einer Datenschutzprüfung bildet das VVT die Grundlage für die Bewertung schulischer Praxis. Es zeigt auf, ob die Schule ihre Verantwortung für den Schutz personenbezogener Daten ernst nimmt und in der Lage ist, den Einsatz digitaler Systeme rechtlich sauber zu begründen. Insofern ist das Verzeichnis nicht nur ein Instrument der Kontrolle, sondern auch ein Ausdruck professionellen pädagogischen Handelns im digitalen Raum.

5.5.2 Auftragsverarbeitungsvertrag (AVV)

Sobald Schulen digitale Dienste nutzen, bei denen personenbezogene Daten durch Dritte verarbeitet werden, wie etwa durch Anbieter von Lernplattformen, Kommunikationssystemen oder KI-gestützten Anwendungen, ist in der Regel ein Auftragsverarbeitungsvertrag (AVV) erforderlich. Dieser Vertrag regelt die rechtlichen Rahmenbedingungen der Datenverarbeitung durch einen externen Dienstleister im Auftrag der Schule. Er ist kein optionales Dokument, sondern ein zwingendes Erfordernis gemäß Artikel 28 der Datenschutz-Grundverordnung (DSGVO).

Ein AVV ist immer dann notwendig, wenn ein externer Anbieter im Auftrag der Schule personenbezogene Daten verarbeitet, ohne dabei selbst über Zweck und Mittel der Verarbeitung zu entscheiden. Typische Beispiele sind Hosting-Dienstleister, Plattformbetreiber oder Anbieter von automatisierten Rückmelde- oder

Übersetzungssystemen. Wichtig ist hierbei, dass auch dann, wenn der Anbieter seine Server in der EU betreibt oder als „Schulplattform" bekannt ist, das nicht von der Pflicht, einen AVV abzuschließen, entbindet.

Der Vertrag muss unter anderem den Gegenstand und die Dauer der Verarbeitung, die Art der verarbeiteten Daten, die betroffenen Personengruppen (etwa Schülerinnen und Schüler, Eltern, Lehrkräfte), die Pflichten und Rechte der Schule als verantwortliche Stelle sowie die Verpflichtungen des Auftragsverarbeiters, insbesondere hinsichtlich technischer und organisatorischer Maßnahmen, Meldepflichten bei Datenschutzverletzungen, Löschungspflichten und Kontrollrechten regeln.

In der Praxis stellt der Anbieter meist einen vorbereiteten Vertragsentwurf zur Verfügung. Dennoch ist es Aufgabe der Schule beziehungsweise des Schulträgers, diesen kritisch zu prüfen, denn nicht jeder vorgelegte AVV entspricht inhaltlich den Anforderungen der DSGVO oder lässt sich mit landesspezifischen Regelungen vereinbaren. Insbesondere bei US-amerikanischen Dienstleistern, deren Rechenzentren außerhalb der EU liegen oder auf Drittdienste zurückgreifen, sind besondere Vorsicht und datenschutzrechtliche Prüfung geboten. Schulen sollten in solchen Fällen auf Beratung durch ihre Datenschutzbeauftragten oder übergeordnete Stellen wie das Schulamt oder den kommunalen IT-Dienstleister zurückgreifen.

Für KI-gestützte Systeme gilt dabei keine Ausnahme, denn auch wenn ein digitales Werkzeug auf den ersten Blick rein unterstützend wirkt, beispielsweise durch Textvereinfachung, automatisierte Feedbackgenerierung oder Sprachanalyse, verarbeitet es häufig personenbezogene Daten, etwa in Form von Namen, Bewertungen, IP-Adressen oder Nutzerverläufen. Auch hier gilt, dass ohne AVV kein rechtssicherer Einsatz im schulischen Kontext möglich ist.

Um die Übersicht zu bewahren, empfiehlt sich die Führung eines zentralen AVV-Registers auf Schulebene. Dort werden alle abgeschlossenen Verträge gesammelt, mit Datum und Ansprechpartner versehen und regelmäßig überprüft. Dies erhöht die Transparenz, vereinfacht Rückfragen und ist Grundlage für etwaige Kontrollen durch Datenschutzaufsichtsbehörden.

Ein fehlender oder fehlerhafter AVV stellt nicht nur ein Datenschutzrisiko dar, sondern kann im Fall einer Prüfung zu Beanstandungen führen. Umso wichtiger ist es, digitale Innovationen nicht nur unter funktionalen, sondern auch unter rechtlichen Aspekten verantwortungsvoll zu gestalten. Wer neue Werkzeuge einführt, sollte sich also nicht nur fragen, ob sie pädagogisch sinnvoll sind, sondern auch, wie sie datenschutzrechtlich sauber implementiert werden können.

5.5.3 Anwendungsverzeichnis

Während das Verzeichnis von Verarbeitungstätigkeiten (VVT) datenschutzrechtlich verpflichtend ist und die rechtliche Grundlage der Datenverarbeitung dokumentiert, erfüllt das Anwendungsverzeichnis eine organisatorisch-praktische Funktion. Es dient dazu, innerhalb der Schule systematisch zu erfassen, welche digitalen Anwendungen tatsächlich eingesetzt werden. Dabei geht es nicht nur um große Plattformen, sondern auch um kleinere Tools, Apps oder KI-gestützte Assistenzsysteme, die regelmäßig genutzt werden.

Ein solches Verzeichnis hilft dabei, den Überblick zu bewahren und fördert die interne Abstimmung: Welche Werkzeuge sind bereits datenschutzrechtlich geprüft? Welche wurden im Kollegium eingeführt? Welche stehen in einer Pilotphase? Durch die zentrale Dokumentation wird deutlich, welche Anwendungen mit welchem pädagogischen Ziel im Einsatz sind, wer die Verantwortung für deren Betreuung übernimmt und welche technischen sowie organisatorischen Voraussetzungen damit verbunden sind.

Damit wird das Anwendungsverzeichnis zu einem wesentlichen Baustein schulischer Medienentwicklungsplanung und es ermöglicht auch gegenüber Schulaufsicht, Datenschutzbeauftragten oder dem Träger eine nachvollziehbare Darstellung der tatsächlichen Systemlandschaft und dies unabhängig davon, ob diese zentral eingeführt oder auf Klassen- bzw. Fachbereichsebene genutzt wird.

Ein gut geführtes Anwendungsverzeichnis enthält in der Regel Angaben über Name und Version der Anwendung, Anbieter, Art der Nutzung (z. B. Kommunikation, Lernen, Organisation), verantwortliche Ansprechperson in der Schule, ggf. bestehender AVV, sowie eine Information über die datenschutzrechtliche Einschätzung. Auch Hinweise zur didaktischen Nutzung, zur Zielgruppe und zu bestehenden Alternativen können enthalten sein. Damit entsteht nicht nur eine technische Übersicht, sondern ein dokumentiertes pädagogisches Konzept.

Besonders in Bezug auf KI-gestützte Systeme gewinnt das Anwendungsverzeichnis zusätzlich an Bedeutung, denn hier ist es für Schulleitungen und Kollegien wichtig, nachvollziehbar zu machen, welche Anwendungen mit maschinellen Lernprozessen arbeiten, ob personenbezogene Daten einfließen, welche Rückmeldemechanismen implementiert sind und wie transparent deren Funktionsweise ist. Die Offenlegung gegenüber Eltern, Schülerinnen und Schülern sowie innerhalb des Kollegiums wird dadurch ebenso erheblich erleichtert.

Zudem schafft das Anwendungsverzeichnis eine verlässliche Grundlage für Fortbildungsplanung und kollegialen Austausch. Dort, wo mehrere Lehrkräfte dieselben Systeme nutzen, können Synergieeffekte entstehen, gemeinsame Standards entwickelt und schulinterne Routinen etabliert werden. Die Digitalisierung der Schule wird damit nicht zur Summe einzelner Initiativen, sondern zu einem systematischen, nachvollziehbaren Entwicklungsprozess.

Literatur

Bertelsmann Stiftung. (2022). Monitor Digitale Bildung. Die Schulen im digitalen Zeitalter. https://www.bertelsmann-stiftung.de/de/publikationen/publikation/did/monitordigitalebildung1. Zugegriffen am 15.12.2025.

Bundesministerium für Bildung und Forschung (BMBF). (2023). Künstliche Intelligenz in der Bildung. https://www.bmbf.de/bmbf/de/bildung/digitalebildung/kiinderbildung/kiinderbildung.html. Zugegriffen am 15.12.2025.

Ceschia, S., Di Gaspero, L., & Schaerf, A. (2022). Educational Timetabling: Problems, Benchmarks, and State-of-the-Art Results. *arXiv*. https://arxiv.org/abs/2201.07525. Zugegriffen am 14.09.2025.

Deutsches Jugendinstitut (DJI). (2020). Qualitätskriterien für die Ganztagsbetreuung. https://www.dji.de. Zugegriffen am 14.09.2025.

Eder, F., & Götzl, M. (2021). *Heterogenität in der Schule: Grundlagen, Konzepte und Herausforderungen*. Springer VS.

Eickelmann, B., Drossel, K., & Bos, W. (2019). *Digitalisierung in der Schule – Perspektiven von Schulleitungen im internationalen Vergleich*. Waxmann.

Flixplaner. (2025). Funktionen und Einsatzmöglichkeiten. https://flixplaner.de. Zugegriffen am 14.09.2025.

Fobizz. (2025). KI-Promptlabor für Lehrkräfte. https://app.fobizz.com/ai. Zugegriffen am 15.12.2025.

Fraunhofer-Institut für Intelligente Analyse- und Informationssysteme (IAIS). (2022). KI macht Schule. https://www.kimachtschule.de. Zugegriffen am 15.12.2025.

Ganztagsplaner. (2024). Funktionen und Einsatzmöglichkeiten. https://ganztagsplaner.de. Zugegriffen am 14.09.2025.

Gogolin, I. (2021). Sprachliche Bildung in der Migrationsgesellschaft. Perspektiven für die schulische Praxis. Waxmann.

Hattie, J. (2023). *Visible learning: The sequel: A synthesis of over 2,100 meta-analyses relating to achievement*. Routledge.

Ifenthaler, D., & Yau, J. Y.-K. (2020). Utilising learning analytics for study success: Reflections on current empirical findings. *Technology, Knowledge and Learning, 25*(3), 545–555. https://doi.org/10.1007/s10758-020-09438-6

Klassenfixplaner. (2025). Funktionen und Einsatzmöglichkeiten. https://klassenfixplaner.de. Zugegriffen am 14.09.2025.

Kultusministerkonferenz (KMK). (2021). Lehren und Lernen in der digitalen Welt. Die ergänzende Empfehlung zur Strategie Bildung in der digitalen Welt. https://www.kmk.org/fileadmin/Dateien/veroeffentlichungen_beschluesse/2021/2021_12_09LehrenundLernenDigi.pdf. Zugegriffen am 15.12.2025.

Tulodziecki, G., Herzig, B., & Grafe, S. (2021). *Mediendidaktik: Konzeption und Entwicklung digitaler Lernangebote*. Beltz Juventa.

Lehrkräfte fit für KI machen

6

Die Digitalisierung verändert nicht nur das Lernen von Schülerinnen und Schülern, sondern auch das Lernen der Lehrkräfte selbst. Der Umgang mit KI erfordert neue Kompetenzen aus technischer, didaktischer und ethischer Natur. Gleichzeitig stehen Schulen und Bildungseinrichtungen vor der Herausforderung, diese Kompetenzen systematisch, niederschwellig und nachhaltig zu vermitteln. Dieses Kapitel beschreibt, wie zeitgemäße Fortbildungsformate aussehen können, welche Inhalte besonders relevant sind und wie KI selbst als Lernbegleiter in der Fortbildung zum Einsatz kommt. Es thematisiert Gelingensbedingungen, Stolpersteine und Strategien zur langfristigen Verankerung einer professionellen KI-Kompetenz im Kollegium.

6.1 Kompetenzrahmen für KI-Kompetenz von Lehrkräften

Die Frage, welche Kompetenzen Lehrkräfte im Umgang mit Künstlicher Intelligenz benötigen, lässt sich nicht allein technisch beantworten. Es geht nicht nur darum, wie ein neuronales Netz funktioniert oder was ein Large Language Model leisten kann. Entscheidend ist vielmehr, ob Lehrkräfte in der Lage sind, das *Zusammenspiel* von Technologie, Pädagogik und Gesellschaft zu reflektieren und daraus fundierte Handlungsoptionen für ihre schulische Praxis abzuleiten. Die Entwicklung eines entsprechenden Kompetenzrahmens ist daher ein notwendiger Schritt, um Professionalität im Zeitalter der KI systematisch zu beschreiben, zu fördern und weiterzuentwickeln.

M. Barenkamp, S. Barenkamp, *Künstliche Intelligenz im Schulunterricht*, https://doi.org/10.1007/978-3-658-50909-5_6

Ein solcher Kompetenzrahmen muss deutlich über die reine Bedienkompetenz hinausgehen. Es reicht nicht, zu wissen, dass ein KI-System Texte generieren oder Lernstände analysieren kann, vielmehr braucht es ein tiefes Verständnis wie dies geschieht, unter welchen Voraussetzungen es sinnvoll ist und welche Implikationen dies für Lernprozesse, Fairness und pädagogische Verantwortung hat. Dieses erweiterte Verständnis von Medien- und Datenkompetenz wurde unter anderem in der Strategie der Kultusministerkonferenz „Bildung in der digitalen Welt" als zentrales Ziel benannt (KMK, 2021), allerdings bisher kaum in konkreten Kompetenzmodellen für KI systematisch operationalisiert.

International liegen hier bereits differenzierte Modelle vor, an denen sich auch deutschsprachige Fortbildungsinitiativen orientieren können. Besonders hervorzuheben ist der von der UNESCO (2021) entwickelte Rahmen (Abb. 6.1), der die folgenden vier zentralen Kompetenzbereiche definiert. Erstens das technologische Verstehen von KI-Systemen, zweitens die didaktisch-pädagogische Anwendung, drittens die ethische Reflexion sowie viertens die organisatorische Implementierung im schulischen Alltag. Dieser Rahmen stellt eine wichtige Grundlage dar, ist aber bewusst offengehalten, um in unterschiedlichen Bildungssystemen adaptiert werden zu können.

Für den schulischen Kontext in Deutschland ist eine noch spezifischere Ausgestaltung erforderlich, natürlich unter Berücksichtigung curricularer Vorgaben, föderaler Rahmenbedingungen und vor allem der realen Praxisbedingungen in Schulen. In Anlehnung an bestehende Modelle, darunter der europäische DigCompEdu-Rahmen (Redecker, 2017), das AI-Literacy-Konzept von Long und Magerko (2020) sowie das AI4K12-Initiative aus den USA, lassen sich drei übergreifende Kompetenzdimensionen formulieren (Abb. 6.2), die den spezifischen Anforderungen im schulischen Handlungsfeld Rechnung tragen:

Technologisches Orientierungswissen: Lehrkräfte benötigen ein grundlegendes Verständnis davon, wie KI-Systeme strukturiert sind, auf welchen Daten sie basieren, wie sie lernen und welche Grenzen sie aufweisen. Es geht hierbei gerade nicht um tiefgehende Programmierkenntnisse, sondern um ein begriffliches Verstehen, das eine realistische Einordnung von Funktionsweisen, Potenzialen und Risiken erlaubt. Dazu gehören etwa Kenntnisse über algorithmische Entscheidungsprozesse, Trainingsdaten und das Prinzip der Mustererkennung (Holmes et al., 2022).

Didaktisch-pädagogische Gestaltungskompetenz: Der Einsatz von KI im Unterricht erfordert die Fähigkeit, technologische Werkzeuge lernförderlich zu integrieren. Dazu zählt die Auswahl geeigneter Tools ebenso wie die Gestaltung adaptiver Lernumgebungen, die Formulierung von Lernzielen unter Berücksichtigung KI-gestützter Feedbacksysteme oder die Reflexion über neue Rollenver-

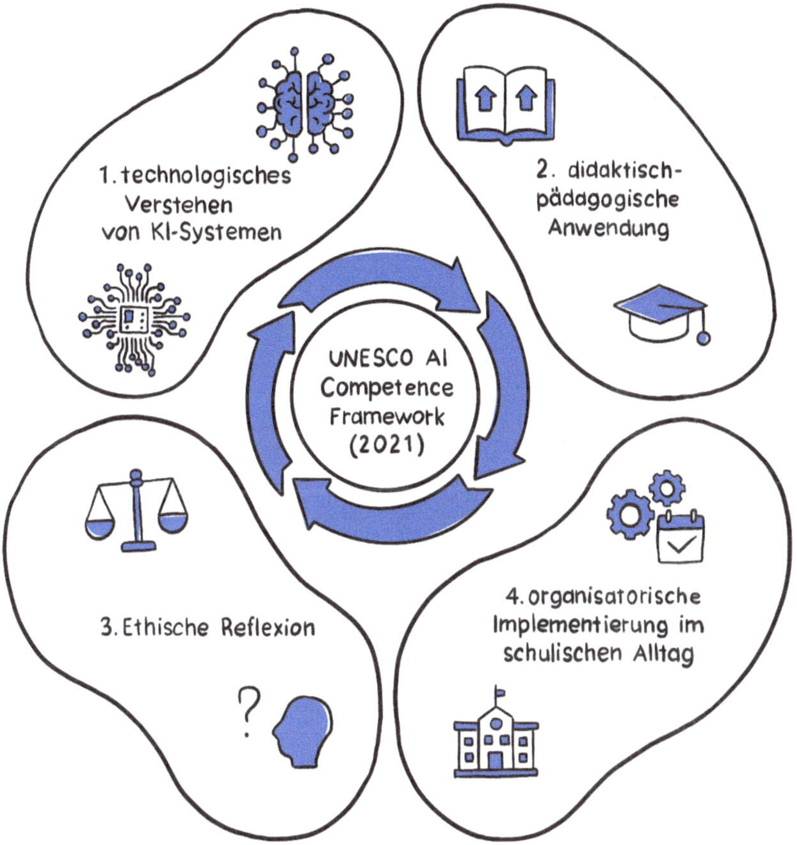

Abb. 6.1 UNESCO KI Rahmen

teilungen im Unterricht. Hier schließt sich direkt die Frage an, wie didaktische Prinzipien wie Differenzierung, individuelle Förderung oder formative Evaluation durch KI-Systeme gestützt werden können (Zawacki-Richter et al., 2022).

Ethisch-reflexive Urteilsfähigkeit: KI erfordert eine neue Dimension professioneller Urteilsbildung, denn Lehrkräfte müssen in der Lage sein, algorithmische Entscheidungen kritisch zu hinterfragen, Verzerrungen in Trainingsdaten zu erkennen und mit Fragen der Transparenz, Rechenschaftspflicht und Verantwortung umzugehen. Gerade in sensiblen Bereichen wie Leistungsbewertung, Schülerfeedback oder Schulentwicklung stellt sich immer wieder die Frage, inwieweit Ent-

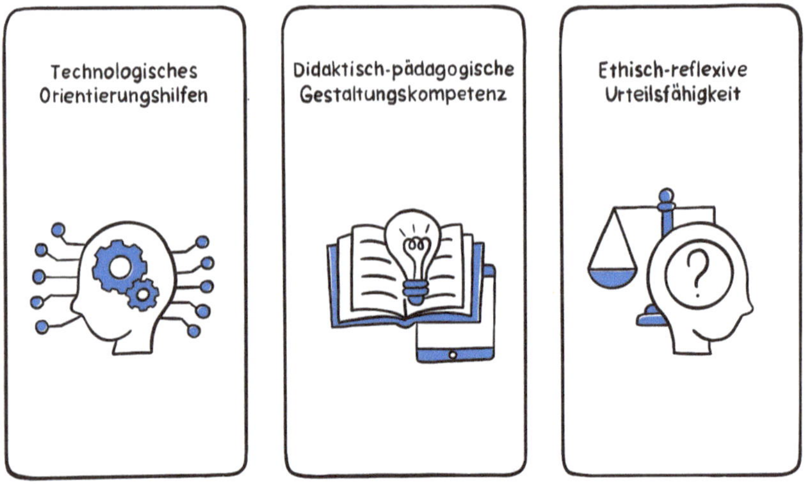

Abb. 6.2 drei übergreifende Kompetenzdimensionen

scheidungen von Maschinen mit pädagogischem Anspruch vereinbar sind (Deng et al., 2021; Floridi et al., 2018).

Diese drei Kompetenzdimensionen lassen sich in einem progressiven Entwicklungsmodell abbilden, das sowohl in der Lehrerbildung als auch in der Fortbildung anwendbar ist. Auf der ersten Stufe steht das informierte Verstehen, das es Lehrkräften ermöglicht, über grundlegende Konzepte zu sprechen und KI im schulischen Diskurs einzuordnen. Die zweite Stufe umfasst die angeleitete Anwendung, bei der KI-Tools unter Supervision oder mit strukturierten Materialien didaktisch eingesetzt werden. Die dritte Stufe beschreibt die selbstständige Integration in die Unterrichtspraxis inklusive der Fähigkeit, Szenarien zu entwickeln, zu evaluieren und weiterzugeben. Schließlich steht auf der vierten Stufe die multiplikative Professionalisierung, bei der Lehrkräfte ihr Wissen an Kolleginnen und Kollegen weitergeben, etwa im Rahmen schulinterner Fortbildungen, kollegialer Hospitationen oder als Fachberater.

Ein solch gestufter Kompetenzrahmen ermöglicht es nicht nur, Fortbildungsmaßnahmen zielgruppenspezifisch zu entwickeln, sondern auch den Professionalisierungsprozess messbar und nachvollziehbar zu gestalten. Gleichzeitig wird deutlich, dass KI-Kompetenz keine additive Qualifikation ist, die nebenbei erworben wird, sondern sie ist Teil eines erweiterten pädagogischen Selbstverständnisses, das technologiegestützte Lernprozesse reflektiert gestaltet und Verantwortung übernimmt für die damit verbundenen Herausforderungen.

In Anlehnung an John Hatties (2023) Betonung der Lehrkraft als entscheidendem Wirkfaktor für Lernerfolg, kann auch im Kontext von KI gelten, dass nicht die Systeme über den Bildungserfolg entscheiden, sondern die Menschen, die sie mit Kompetenz, mit Haltung und mit dem Mut, pädagogisches Neuland zu betreten, einsetzen.

6.2 Formate der Fortbildung von Workshops bis zu Mikro-Zertifikaten

Die Professionalisierung von Lehrkräften im Umgang mit Künstlicher Intelligenz steht und fällt nicht allein mit den vermittelten Inhalten, sondern in hohem Maße mit der Gestaltung der Formate, in denen diese Inhalte vermittelt werden. Dabei gilt, dass nicht jedes Format für jede Zielgruppe geeignet ist und nicht jede Form der Fortbildung die gleiche Wirkung entfaltet. Entscheidend ist, wie gut das jeweilige Angebot auf die realen Bedürfnisse, zeitlichen Ressourcen und schulischen Kontexte der Lehrkräfte abgestimmt ist.

Gerade im Bereich der KI-Kompetenz zeigt sich, dass punktuelle Schulungen häufig nicht ausreichen, um nachhaltige Veränderungen im professionellen Handeln zu bewirken. Stattdessen bedarf es eines flexiblen Spektrums an Formaten, das sowohl niederschwellige Einstiegsangebote als auch vertiefende Weiterbildungsmaßnahmen idealerweise mit modularer Struktur, praxisorientierter Ausrichtung und der Möglichkeit zur Zertifizierung umfasst. Eine solche Angebotsvielfalt kann dazu beitragen, dass Lehrkräfte im eigenen Tempo lernen, individuelle Interessen verfolgen und die Inhalte direkt in ihren schulischen Alltag integrieren können (Eickelmann & Gerick, 2020).

Ein bewährtes Format stellen klassische Präsenz-Workshops dar, insbesondere dann, wenn sie an realen Unterrichtsbeispielen ansetzen und Raum für kollegialen Austausch bieten. Sie ermöglichen es, erste Erfahrungen mit KI-Tools zu sammeln, didaktische Konzepte kennenzulernen und gemeinsam Szenarien zu entwickeln. Doch in der Praxis sind solche Präsenzformate häufig mit hohen organisatorischen Hürden verbunden, sei es durch fehlende Vertretungsregelungen, lange Anfahrtswege oder knappe Zeitbudgets im Schulalltag. Als geeigneter Auftakt bietet sich daher eine schulinterne Präsenzfortbildung mit dem gesamten Kollegium an.

In der Folge haben sich, auch getrieben durch die Coronaphase, digitale Fortbildungsformate etabliert, die eine größere Flexibilität bieten. Asynchrone Lernumgebungen, interaktive Lernmodule oder Webinare ermöglichen es Lehrkräften, sich zeit- und ortsunabhängig weiterzubilden. Besonders wirksam zeigen sich dabei sogenannte Microlearning-Einheiten, bei denen es kompakte Lerneinheiten von etwa 10 bis 30 min gibt, die sich auf konkrete Anwendungsfragen konzentrieren und sofortige Transfermöglichkeiten bieten. Diese Form des Lernens entspricht nicht nur den Anforderungen einer dynamischen Schulrealität, sondern ist auch anschlussfähig an die Prinzipien der kognitionspsychologischen Forschung, die zeigt, dass Lernen in kleinen, gut strukturierten Einheiten besonders nachhaltig wirkt (Mayer, 2014).

Ein innovativer Ansatz zur Anerkennung solcher Lernleistungen sind sogenannte Mikro-Zertifikate oder „Digital Badges". Diese digitalen Nachweise dokumentieren erworbene Kompetenzen in spezifischen Teilbereichen, wie beispielsweise „KI-gestützte Feedbacksysteme nutzen" oder „Bias in KI-Modellen erkennen" und können so schrittweise zu einem größeren Qualifikationsportfolio ausgebaut werden. Solche Zertifikate bieten nicht nur Motivation durch sichtbare Lernerfolge, sondern fördern auch die Transparenz und Vergleichbarkeit von Fortbildungsleistungen. Erste Initiativen, wie sie etwa auf dem KI-Campus, der bundesweiten Lernplattform für Künstliche Intelligenz, umgesetzt werden, zeigen das Potenzial dieser Formate für die Lehrerbildung (BMBF, 2023).

Neben individuellen Lernformaten kommt auch kollegialen Lernformen eine zentrale Bedeutung zu. Formate wie Lesson Study oder kollegiale Hospitation bieten Gelegenheiten, KI-Anwendungen gemeinsam zu erproben, den didaktischen Mehrwert zu diskutieren und eigene Umsetzungskonzepte zu entwickeln. Besonders erfolgreich zeigen sich Fortbildungen, die nicht isoliert stattfinden, sondern an schulinterne Entwicklungsprozesse gekoppelt sind, beispielsweise im Rahmen schulinterner Lehrerfortbildungen (SchiLf) oder im Kontext digitaler Schulentwicklungsprojekte. Hier zeigt sich erneut, dass Fortbildung keine Einzelmaßnahme sein darf, sondern Teil einer langfristigen Professionalisierungsstrategie sein muss (Riecken et al., 2023).

Nicht zuletzt gewinnen auch hybride Fortbildungsformate an Bedeutung, bei denen Präsenzphasen mit digitalen Lernphasen kombiniert werden. Diese ermöglichen einen kontinuierlichen Lernprozess über einen längeren Zeitraum hinweg und bieten gleichzeitig die Möglichkeit zur persönlichen Vernetzung. Besonders bei komplexen Themen wie KI, die sowohl technisches als auch pädagogisch-ethisches Wissen erfordern, zeigt sich, dass Lernprozesse mehrstufig angelegt sein und Möglichkeiten zur Vertiefung, zum Austausch und zur praktischen Erprobung bieten sollten.

Fortbildungsformate für KI-Kompetenz stehen somit vor einer doppelten Herausforderung, denn sie müssen einerseits die Dynamik technologischer Entwicklungen abbilden und aktuell bleiben und andererseits der didaktischen Qualität, der Nachhaltigkeit und der Umsetzbarkeit im Schulalltag gerecht werden. Nur wenn diese beiden Anforderungen zusammen gedacht werden, kann aus einem Fortbildungsformat ein wirkungsvoller Impuls für schulische Veränderung entstehen.

6.3 Didaktik, Technik, Ethik

Die Frage, welche Inhalte Lehrkräfte im Kontext von KI wirklich benötigen, lässt sich nicht unabhängig vom schulischen Alltag und den konkreten pädagogischen Anforderungen beantworten. KI-Kompetenz ist, wie bereits erörtert, keine isolierte Zusatzqualifikation, sondern berührt grundlegende Bereiche des professionellen Lehrerhandelns, die das Planen, Durchführen und Reflektieren von Unterricht, das Fördern individueller Lernprozesse, das Beurteilen von Leistungen sowie das pädagogische Handeln im Spannungsfeld zwischen Technikeinsatz und Werteorientierung beinhalten. Daraus ergibt sich die Notwendigkeit, Fortbildungsinhalte so auszurichten, dass sie praxisrelevant, realistisch anschlussfähig und zugleich theoretisch fundiert sind, ohne dabei in technologische Überfrachtung oder bloße Tool-Schulung zu verfallen.

In der Praxis zeigt sich, dass drei thematische Schwerpunkte für die Lehrerfortbildung im Bereich KI unverzichtbar sind. Dies sind im Wesentlichen die bereits eingeführten Bereiche der didaktischen Gestaltung, des technologischen Orientierungswissens und der ethischen Urteilsbildung, die nicht sequenziell, sondern integrativ gedacht werden müssen. Nur wenn Lehrkräfte Technik verstehen und zugleich didaktisch sinnvoll einordnen sowie ethisch reflektieren können, entsteht eine souveräne pädagogische Handlungskompetenz im KI-Zeitalter (Zawacki-Richter et al., 2022).

Der erste inhaltliche Schwerpunkt betrifft die didaktische Anwendung von KI-Systemen. Hierbei geht es nicht um eine technikzentrierte Sichtweise, sondern um die Frage, wie KI-gestützte Tools den Unterricht bereichern können, Damit verbunden ist die Kompetenz, diese Systeme nicht nur zu bedienen, sondern didaktisch kritisch auszuwählen und mit bestehenden pädagogischen Konzepten zu verzahnen. Besonders wirksam zeigen sich Szenarien, in denen KI als Unterstützung für formative Lernbegleitung eingesetzt wird, also letztlich als Instrument zur Diagnose, Differenzierung und Förderung (Holmes et al., 2022). Hier gilt es, zwischen pädagogischem Nutzen und möglicher Automatisierungsfalle zu differenzieren, denn nicht alles, was technisch möglich ist, ist auch lernwirksam und nicht jede Feedbackfunktion ersetzt das persönliche Gespräch.

Der zweite Schwerpunkt umfasst das technologische Orientierungswissen, das Lehrkräfte benötigen, um KI-Systeme in ihrer Funktionsweise und Reichweite realistisch einordnen zu können. Es geht dabei um ein begriffliches Verstehen zentraler Konzepte wie Training und Testen von Modellen, maschinelles Lernen, Bias in Datensätzen oder Funktionsweise von Sprachmodellen. Solches Orientierungswissen ist notwendig, um den Einsatz von KI-Tools fundiert zu beurteilen, die Grenzen algorithmischer Systeme zu erkennen und insbesondere auch mit Schülerinnen und Schülern kompetent über die Wirkweise dieser Technologien zu sprechen. In diesem Zusammenhang ist auch der differenzierte Umgang mit generativen Systemen von Bedeutung, etwa bei der Frage, wie automatisch erzeugte Texte im schulischen Kontext eingeordnet, bewertet und didaktisch genutzt werden können (Long & Magerko, 2020).

Ein Beispiel aus der Praxis soll dies verdeutlichen, bei dem eine Lehrkraft ein KI-Tool zur Erstellung von Arbeitsblättern nutzt. Technisch funktioniert dies auf Knopfdruck, didaktisch jedoch bleibt die Frage offen, ob die Aufgabenstellungen zum Kompetenzniveau der Lerngruppe passen, ob sie kognitive Aktivierung bieten oder ob sie schlicht Inhalte reproduzieren. Nur wer die Funktionsweise der verwendeten Systeme versteht, kann deren Einsatz pädagogisch sinnvoll steuern (Roll & Wylie, 2016).

Der dritte, oft unterschätzte Bereich betrifft die ethische Reflexion, die mit dem Einsatz von KI im Bildungsbereich einhergeht. Lehrkräfte müssen hierbei in der Lage sein, technologische Entwicklungen nicht nur funktional, sondern auch normativ zu bewerten. Dazu gehören Fragen der algorithmischen Fairness, des Datenschutzes, der Verantwortung bei automatisierten Entscheidungen und der Transparenz in der Leistungsmessung. Gerade in einem sensiblen Bereich wie Schule, in dem Persönlichkeitsrechte, pädagogische Beziehungen und Vertrauen eine zentrale Rolle spielen, darf Technik nie neutral gedacht werden. Die Fähigkeit, über Werte zu sprechen, Systeme auf mögliche Verzerrungen zu prüfen und eine kritische Haltung einzunehmen, ist daher nicht Beiwerk, sondern integraler Bestandteil professioneller KI-Kompetenz (Floridi et al., 2018; Deng et al., 2021).

In der Fortbildung bedeutet dies konkret, dass Inhalte sich nicht auf Anwendungsszenarien beschränken dürfen, sondern Diskussionsräume öffnen müssen. Es braucht Formate, in denen Lehrkräfte eigene Erfahrungen mit KI thematisieren, ethische Dilemmata diskutieren und Kriterien für den verantwortungsvollen Einsatz entwickeln können, denn nur so kann eine pädagogische Kultur entstehen, die Technik nicht bloß nutzt, sondern gestaltet.

Darüber hinaus ist es notwendig, Fortbildungsinhalte kontextbezogen aufzubereiten. Es macht einen Unterschied, ob eine Lehrkraft in der Grundschule, in der Oberstufe oder in der beruflichen Bildung arbeitet, denn nicht jede Anwendung passt in jede Umgebung. Ebenso ist die Fachperspektive entscheidend, denn eine Informatiklehrkraft benötigt andere Zugänge als eine Lehrkraft im Fach Ethik oder

Deutsch. Und so müssen Fortbildungsinhalte sowohl fächerübergreifend anschlussfähig als auch fachspezifisch vertiefbar sein. Gerade hier zeigt sich erneut, dass die Entwicklung von Inhalten nicht losgelöst vom Schulalltag, sondern gemeinsam mit Praktikerinnen und Praktikern erfolgen muss und dies idealerweise in iterativen Prozessen, die Raum für Rückmeldung, Adaption und Weiterentwicklung lassen (Dede et al., 2016).

Natürlich geht es bei der inhaltlichen Ausgestaltung nicht darum, möglichst viele Tools vorzustellen oder technologische Detailfragen zu klären. Viel entscheidender ist, dass Lehrkräfte die Fähigkeit entwickeln, KI-Systeme souverän, kritisch und pädagogisch begründet in ihren Unterricht zu integrieren und genau hier liegt die Chance, dass KI Lehrkräfte unterstützen kann. Und je besser man auf diese Unterstützung vorbereitet ist, desto größer ist ihr pädagogischer Gestaltungsspielraum.

6.4 KI-gestützte Fortbildungsplattformen und Lerncoaches

Der tiefgehende Wandel in der Lehrerfortbildung, wie er sich im Kontext der Digitalisierung bereits in den letzten Jahren angedeutet hat, erfährt durch KI-gestützte Systeme eine neue Geschwindigkeit und Qualität. Wo früher vor allem klassische Seminare oder feste Kursformate den Rahmen bildeten, treten nun zunehmend personalisierte, adaptive Fortbildungsumgebungen in den Vordergrund, die es Lehrkräften ermöglichen, ihren eigenen individuellen Lernprozess zeitlich flexibel, inhaltlich passgenau und methodisch variabel zu gestalten. KI wirkt dabei nicht nur als Gegenstand der Fortbildung, sondern mehr und mehr sogar als strukturgebendes Element innerhalb der Fortbildungsarchitektur selbst.

Ein zentrales Beispiel für diesen Paradigmenwechsel ist der KI-Campus, eine vom Bundesministerium für Bildung und Forschung geförderte Lernplattform, die auf eine flexible, modulare Vermittlung von KI-Kompetenzen abzielt und dies zunehmend auch mit KI-gestützten Funktionen selbst realisiert (BMBF, 2023). Neben einem breiten Angebot an Kursen, Videos und Lernpfaden finden sich dort interaktive Tools, die auf Basis individueller Vorkenntnisse und Interessen maßgeschneiderte Lernempfehlungen aussprechen. Der Zugang ist niedrigschwellig, kostenfrei und ermöglicht auch Lehrkräften ohne spezifische IT-Vorerfahrung einen kompetenzorientierten Einstieg in die Thematik.

Dabei zeigt sich, dass die größte Stärke KI-gestützter Fortbildungsplattformen nicht in der bloßen Bereitstellung von Inhalten liegt, sondern in ihrer Fähigkeit zur Adaption. Systeme, die Lernfortschritte analysieren, das individuelle Arbeitstempo berücksichtigen und gezielt Wiederholungsimpulse geben, eröffnen insbesondere für Lehrkräfte, deren Zeitkontingente für Fortbildung erfahrungsgemäß stark begrenzt sind, neue Möglichkeiten für nachhaltiges Lernen. Auch Rückmeldemechanismen, die auf der Analyse typischer Fehler, Verständnislücken oder Nutzerverhalten basieren, tragen dazu bei, den Lernprozess gezielter zu steuern (Holmes et al., 2022).

Ein weiterer zukunftsweisender Ansatz ist der Einsatz sogenannter virtueller Lerncoaches, die zumeist auf der Basis großer Sprachmodelle arbeiten

und in der Lage sind, auf individuelle Fragen einzugehen, dedizierte Erklärungen zu liefern oder konkrete Anwendungsmöglichkeiten vorzuschlagen. Solche Systeme befinden sich zwar noch in der Entwicklung, zeigen aber bereits heute, wie KI in der Lehrerfortbildung nicht nur als Thema, sondern als dialogischer Lernpartner fungieren kann. Entscheidend ist hierbei nicht die technische Raffinesse allein, sondern die didaktische Qualität der Interaktion, denn nur wenn Lernprozesse nachvollziehbar, transparent und fehlerrobust gestaltet sind, kann aus einem virtuellen Coach ein pädagogisch wertvoller Begleiter werden (Roll & Wylie, 2016).

Dabei stellen sich zwangsläufig auch kritische Fragen: Wie lässt sich die Qualität der vorgeschlagenen Lernpfade absichern? Welche Rolle spielt Datenschutz, insbesondere bei der Verarbeitung personenbezogener Fortbildungsdaten? Wie gelingt es, automatisierte Systeme nicht als Ersatz, sondern als Ergänzung kollegialen Lernens zu etablieren? Diese Fragen sind nicht technischer, sondern in erster Linie bildungspolitischer und didaktischer Natur. Eine bloße Implementierung reicht nicht aus, es braucht vielmehr Rahmenkonzepte, die Transparenz, Partizipation und pädagogische Verantwortung sicherstellen (Floridi et al., 2018).

Auch im internationalen Vergleich zeigt sich, dass der Einsatz KI-gestützter Plattformen in der Lehrerbildung längst keine Zukunftsvision mehr ist. Programme wie „TeachFX" oder „Edthena" in den USA setzen bereits auf KI-basierte Unterrichtsanalysen und individualisiertes Feedback für Lehrkräfte in Ausbildung und Berufspraxis (Zawacki-Richter et al., 2022). In Deutschland stehen wir am Anfang dieser Entwicklung und umso wichtiger ist es, bestehende Pilotprojekte nicht isoliert zu betrachten, sondern in eine systemische Fortbildungsstrategie einzubetten, die KI-Technologien gezielt dort einsetzt, wo sie die pädagogische Wirksamkeit stärken.

Gleichzeitig ist zu betonen, dass KI-gestützte Lernplattformen selbstverständlich keine vollständige Alternative zu kollegialem Austausch, erfahrungsbasiertem Lernen oder schulbezogenen Entwicklungsprozessen darstellen können und auch nicht sollen. Sie sind *Werkzeuge*, keine Konzepte. Ihr Potenzial entfaltet sich vor allem dann, wenn sie in hybride Fortbildungsstrukturen eingebunden werden, die individuelles Lernen mit gemeinsamer Reflexion verbinden. Nur in dieser Kombination kann aus der technologischen Möglichkeit eine pädagogische Chance werden.

6.5 Organisation und Verstetigung von Fortbildungsmaßnahmen

Die nachhaltige Entwicklung von KI-Kompetenz in Kollegien lässt sich, wie zuvor dargelegt, nicht allein durch einzelne Fortbildungsmaßnahmen realisieren. Vielmehr bedarf es einer systemischen Verankerung in der Schulorganisation und einer strukturell gestützten Fortbildungskultur, die kontinuierliches Lernen ermöglicht, Anreize schafft und Verantwortung auf mehreren Ebenen verteilt. Die Herausforderung liegt nicht im Mangel an Inhalten oder Plattformen, sondern in der Frage, wie Fortbildung so organisiert wird, dass sie Wirkung entfaltet, Anschlussfähigkeit ermöglicht und dauerhaft im Schulalltag verankert werden kann.

Erfahrungen aus der Bildungsforschung zeigen deutlich, dass einmalige Schulungen oder isolierte Workshops nur selten zu langfristigen Veränderungen im professionellen Handeln führen, vielmehr sind Kontinuität, kollegiale Einbindung und institutionelle Unterstützung (Lipowsky, 2010) entscheidend. Für das Themenfeld der KI bedeutet dies, dass Fortbildungsprozesse nicht als Reaktion auf technologische Neuerungen verstanden werden dürfen, sondern als Teil einer strategischen Schulentwicklung mit klaren Zielsetzungen, abgestimmten Formaten und einer langfristigen Perspektive.

Ein zentraler Hebel für die Organisation erfolgreicher Fortbildung ist hier die systematische Bedarfsanalyse. Sie sollte sowohl die individuellen Entwicklungsbedarfe der Lehrkräfte als auch die strategischen Zielsetzungen der Schule berücksichtigen. Besonders geeignet hierfür sind kollegiale Reflexionsformate wie Schulinterne Lehrerfortbildungen (SchiLf), schulweite Pädagogische Tage oder digitale Befragungsinstrumente, mit denen sich Fortbildungsinteressen und Hürden transparent erheben lassen (Riecken et al., 2023). Diese Rückmeldungen sollten nicht punktuell, sondern regelmäßig eingeholt und zur Fortbildungsplanung genutzt werden.

Die eigentliche Umsetzung muss dabei organisatorisch abgesichert sein und dazu gehört nicht nur die Bereitstellung zeitlicher Ressourcen, etwa durch feste Fortbildungsfenster im Schuljahr, sondern auch eine klare Zuständigkeit auf Seiten der Schulleitung oder eines definierten Fortbildungsbeauftragten. Eine Schule, die Digitalisierung und KI ernsthaft in ihre Schulentwicklung integriert, sollte ein entsprechendes Fortbildungskonzept, idealerweise eingebettet in ihr Medienbildungskonzept und abgestimmt mit kommunalen oder landesweiten Strategien, vorhalten (KMK, 2021).

Ein bewährter Ansatz ist dabei der Aufbau von Multiplikatorensystemen, bei denen einzelne Lehrkräfte sich vertieft mit bestimmten Aspekten der KI auseinandersetzen und ihr Wissen anschließend in das Kollegium tragen, beispielsweise durch interne Workshops, Hospitationsangebote oder kollegiale Beratung. Entscheidend ist hier die Ermöglichung von Freiräumen, denn wer als Multiplikatorin oder Multiplikator fungiert, benötigt nicht nur Anerkennung, sondern auch konkrete Ressourcen, etwa Stundenkontingente oder die Anbindung an regionale Fortbildungsnetzwerke (Schulz-Zander et al., 2020).

Eine weitere Bedingung für ein Gelingen liegt in der Vernetzung über die Einzelschule hinaus. Viele Schulen stehen bei der Integration von KI-basierten Bildungsansätzen vor ähnlichen Fragen und ein Austausch und eine Zusammenarbeit können hier nicht nur Ressourcen sparen, sondern auch Innovationen befördern. Initiativen wie das „KI macht Schule"-Netzwerk oder regionale KI-Kompetenzzentren bieten erste Ansätze für solche Kooperationen (Fraunhofer IAIS, 2022) und sie zeigen überdies, dass Fortbildung nicht auf die einzelne Lehrkraft oder Schule beschränkt sein darf, sondern als Teil einer kooperativen Infrastruktur gedacht werden muss, möchte man diese Initiativen zum Erfolg führen.

Zur notwendigen Verstetigung gehört eine kritische Evaluation der Maßnahmen. Welche Formate führen zu tatsächlicher Kompetenzentwicklung? Welche Inhalte wurden als wirksam erlebt und welche blieben folgenlos? Insbesondere die Einbindung von Lehrkräften in die Gestaltung und Rückmeldung von Fortbildungsangeboten erhöht die Wirksamkeit deutlich, wie zahlreiche Studien zur Lehrerprofessionalisierung belegen (Desimone, 2009).

Nicht zuletzt braucht es eine Kultur des gemeinsamen Lernens, die über das Format hinausreicht. Schulen, in denen kollegiale Unterrichtsentwicklung, offene Fehlerkultur und pädagogischer Diskurs selbstverständlich sind, schaffen auch für KI-Themen einen fruchtbaren Boden. KI-Fortbildung ist dann nicht mehr nur eine technische Schulung, sondern Ausdruck eines professionellen Selbstverständnisses, bei dem Lernen nicht nur für Schüler, sondern auch für Lehrkräfte ein kontinuierlicher Prozess ist.

6.6 Fallstricke und Erfolgsfaktoren in der Lehrerprofessionalisierung

Die Fortbildung von Lehrkräften gilt insbesondere im Kontext digitaler Transformation als *der zentralen Hebel* für die Qualität schulischer Bildung. Doch gerade mit Blick auf neue Themenfelder wie Künstliche Intelligenz zeigt sich, wie anspruchsvoll es sein kann, professionelle Lernprozesse so zu gestalten, dass sie nicht nur informierend wirken, sondern auch Veränderung anstoßen. Die Kluft zwischen technologischem Fortschritt und schulischer Praxis ist häufig weniger eine Frage der Ausstattung, sondern mehr der nachhaltigen Professionalisierung. Umso wichtiger ist es, jene Faktoren zu verstehen, die zur Wirksamkeit von Fortbildungsmaßnahmen beitragen und gleichzeitig typische Fallstricke zu vermeiden.

Einer der häufigsten Stolpersteine liegt in der fehlenden Passgenauigkeit zwischen Fortbildungsinhalt und schulischer Realität. Angebote, die zu allgemein gehalten sind oder sich an einem idealisierten Schulmodell orientieren, verfehlen häufig ihre Zielgruppe und wirken wenig „anwendbar". Lehrkräfte benötigen keine technokratischen Visionen, sondern konkrete, anschlussfähige Ideen für ihren Fachunterricht, ihren Jahrgang, ihre Lerngruppe. Wenn Inhalte nicht auf die alltäglichen Anforderungen bezogen werden, bleibt die Fortbildung abstrakt und verpufft in der Regel wirkungslos. Besonders bei einem Thema wie KI, das schnell komplex und technisch erscheint, besteht die Gefahr, dass Lehrkräfte sich überfordert oder nicht angesprochen fühlen.

Ein weiterer kritischer Punkt ist die fehlende Anschlussfähigkeit im Kollegium. Fortbildung bleibt häufig individuelle Erfahrung, ohne dass systematisch geklärt wird, wie das Gelernte in kollegialen Austausch gelangt oder in die Schulentwicklung eingebunden wird. Dadurch gehen wertvolle Impulse verloren, und die Verantwortung für Innovation bleibt auf Einzelpersonen beschränkt. Studien zeigen hingegen deutlich, dass Fortbildungen besonders dann wirken, wenn sie in kooperative Lernprozesse eingebettet sind, in denen Lehrkräfte gemeinsam neue Ansätze erproben, reflektieren und weiterentwickeln.

Nicht zu unterschätzen ist zudem die Rolle der zeitlichen und organisatorischen Rahmenbedingungen. Fortbildungen, die zusätzlich zum ohnehin hohen Arbeitsaufwand stattfinden müssen, geraten schnell in Konkurrenz zu anderen Verpflichtungen. Wenn Fortbildung als „Extraaufgabe" wahrgenommen wird, sinkt die Bereitschaft zur Beteiligung und das unabhängig davon, wie relevant das Thema ist. Hier sind Schulbehörden und Schulleitungen gleichermaßen gefordert, Strukturen zu schaffen, die Fortbildung als integralen Bestandteil des Berufs begreifen. Dies impliziert das Definieren von fest verankerten Zeitfenstern mit klaren Verantwortlichkeiten und mit Verlässlichkeit in der Umsetzung (Riecken et al., 2023).

Den genannten Fallstricken stehen jedoch auch eine Reihe gut belegter Erfolgsfaktoren gegenüber, die zur Orientierung bei der Konzeption und Durchführung von Fortbildungsmaßnahmen dienen können. An erster Stelle steht in diesem Bereich die Praxisnähe, denn Inhalte, die sich unmittelbar auf Unterrichtsprozesse beziehen, werden nicht nur als relevanter wahrgenommen, sondern auch mit größerer Wahrscheinlichkeit umgesetzt. Didaktische Szenarien, in denen KI konkret zur Lernstandsdiagnose, zur Individualisierung oder zur Feedbackgestaltung eingesetzt wird, eröffnen realistische Handlungsoptionen und erzeugen Motivation durch Machbarkeit (Zawacki-Richter et al., 2022).

Ein weiterer zentraler Erfolgsfaktor ist die kontinuierliche Begleitung. Erst wenn Fortbildungen über einen längeren Zeitraum hinweg angelegt sind, idealerweise mit Phasen der Erprobung, der Reflexion und der Weiterentwicklung, kann ein nachhaltiges Lernen entstehen. Bewährt haben sich hierbei sogenannte „blended“ Formate, die Präsenzphasen mit digitalen Selbstlernphasen kombinieren, sowie Programme mit regelmäßiger kollegialer Rückmeldung (Dede et al., 2016).

Auch die Freiwilligkeit und Wahlmöglichkeit innerhalb von Fortbildungsangeboten wird vielfach als förderlich beschrieben, da Lehrkräfte hierbei die Möglichkeit haben, ihre Lernpfade individuell zu gestalten. Dies steigert nicht nur die Motivation, sondern auch die Identifikation mit den Inhalten. Gerade hier zeigen KI-gestützte Fortbildungsplattformen wie der KI-Campus ein bislang wenig ausgeschöpftes Potenzial, da adaptive Lernpfade, modulare Inhalte und personalisierte Lernbegleitung zu einer neuen Form professionellen Lernens beitragen können, sofern sie mit pädagogischem Anspruch gestaltet sind (Holmes et al., 2022).

Schließlich ist die Haltung der Lehrkräfte selbst ein nicht zu unterschätzender Erfolgsfaktor. Professionelle Lernbereitschaft, Offenheit gegenüber Innovation und die Bereitschaft zur kritischen Reflexion des eigenen Handelns sind Voraussetzung für jede Form gelingender Fortbildung, übrigens nicht nur im Kontext von KI. Diese Haltung kann jedoch nicht verordnet werden, sie entsteht vielmehr in einer Kultur des Vertrauens, der Wertschätzung und der gemeinsamen Verantwortung für schulische Entwicklung.

Lehrerprofessionalisierung im Rahmen der Künstlichen Intelligenz bedeutet somit deutlich mehr als Erwerb von Wissen. Vielmehr verlangt sie eine durchdachte Kombination aus praxisnahen Inhalten, didaktisch tragfähigen Formaten und struktureller Einbettung in schulische Entwicklungsprozesse. Nur wenn es gelingt, Überforderung, Fragmentierung und Wirkungslosigkeit zu vermeiden und stattdessen gezielt auf begleitete, kooperative und kontextbezogene Lernprozesse zu setzen, kann Fortbildung zu einer tragfähigen Grundlage für Schule im digitalen Wandel werden.

Literatur

BMBF – Bundesministerium für Bildung und Forschung. (2023). KI-Campus: Die Lernplattform für Künstliche Intelligenz. https://ki-campus.org. Zugegriffen am 15.12.2025.

Dede, C., Ketelhut, D. J., Whitehouse, P., Breit, L., & McCloskey, E. M. (2016). A research agenda for online teacher professional development. *Journal of Teacher Education, 67*(4), 285–295.

Deng, F., Yu, G., & Lam, J. (2021). Ethical issues in artificial intelligence in education. *AI and Ethics, 2*(1), 29–40. https://doi.org/10.1007/s43681-021-00052-5

Desimone, L. M. (2009). Improving impact studies of teachers' professional development: Toward better conceptualizations and measures. *Educational Researcher, 38*(3), 181–199.

Eickelmann, B., & Gerick, J. (2020). *Schule digital – der Länderindikator 2020*. Waxmann.

Floridi, L., Cowls, J., Beltrametti, M., Chatila, R., Chazerand, P., Dignum, V., et al. (2018). AI4People—An ethical framework for a good AI society: Opportunities, risks, principles, and recommendations. *Minds and Machines, 28*(4), 689–707.

Fraunhofer Institut für Intelligente Analyse- und Informationssysteme (IAIS). (2022). *KI macht Schule*. https://www.kimachtschule.de/. Zugegriffen am 15.12.2025.

Hattie, J. (2023). *Visible learning: The Sequel: A synthesis of over 2,100 meta-analyses relating to achievement*. Routledge.

Holmes, W., Bialik, M., & Fadel, C. (2022). *Artificial intelligence in education: Promises and implications for teaching and learning*. Center for Curriculum Redesign.

KMK – Kultusministerkonferenz. (2021). *Strategie der Kultusministerkonferenz „Bildung in der digitalen Welt"*. KMK.

Lipowsky, F. (2010). Lehrerfortbildung und ihre Wirkung auf Unterricht und Schülerleistung. In J. Baumert, W. Helsper, & H. Kuper (Hrsg.), *Professionelle Kompetenz von Lehrkräften* (S. 85–106). Waxmann.

Long, D., & Magerko, B. (2020). What is AI literacy? Competencies and design considerations. *Proceedings of the 2020 CHI Conference on Human Factors in Computing Systems* (S. 1–16). https://doi.org/10.1145/3313831.3376727

Mayer, R. E. (2014). *The Cambridge handbook of multimedia learning* (2. Aufl.). Cambridge University Press.

Redecker, C. (2017). *European framework for the digital competence of educators: DigCompEdu*. Publications Office of the European Union.

Riecken, J., Schmid, U., & Breiter, A. (2023). Fortbildungsformate in der digitalen Lehrerbildung. *MedienPädagogik: Zeitschrift für Theorie und Praxis der Medienbildung, 42*, 23–40.

Roll, I., & Wylie, R. (2016). Evolution and revolution in artificial intelligence in education. *International Journal of Artificial Intelligence in Education, 26*(2), 582–599.

Schulz-Zander, R., Herzig, B., & Müller, C. (2020). Nachhaltigkeit in der Lehrerfortbildung. In S. Blömeke & K. Buntins (Hrsg.), *Professionalisierung von Lehrkräften im digitalen Wandel*. Springer VS.

UNESCO. (2021). *AI and education: Guidance for policy-makers*. UNESCO.

Zawacki-Richter, O., Marín, V. I., Bond, M., & Gouverneur, F. (2022). Systematic review of research on artificial intelligence applications in higher education – Where are the educators? *International Journal of Educational Technology in Higher Education, 19*, 1–27. https://doi.org/10.1186/s41239-021-00249-8

Ethische Aspekte der KI-Nutzung 7

Die Diskussion um die Integration Künstlicher Intelligenz in den Bildungsbereich lässt sich nicht führen, ohne dabei auch die ethischen Implikationen in den Blick zu nehmen. Denn während KI-Systeme neue Potenziale für individuelles Lernen, adaptive Diagnostik oder automatisierte Unterstützung eröffnen, berühren sie zugleich Fragen, die weit über technische Machbarkeit hinausgehen. Es geht um nichts Geringeres als die Verantwortung, mit der wir diese Systeme entwickeln, auswählen und einsetzen, insbesondere dann, wenn sie auf junge Menschen treffen, deren Urteilsvermögen, Medienkompetenz und Selbstbestimmung sich erst noch entwickeln.

Die zentrale Herausforderung besteht offenkundig darin, technologische Innovationen mit pädagogischer Integrität zu verbinden. Gerade weil KI-Systeme dazu in der Lage sind, große Datenmengen zu analysieren, Muster im Lernverhalten zu erkennen und daraufhin Vorschläge zu unterbreiten, rückt die Frage nach dem Umgang mit personenbezogenen Informationen in den Fokus: Wer sammelt welche Daten, zu welchem Zweck, auf welcher Rechtsgrundlage und mit welchen Folgen für die Privatsphäre der Schülerinnen und Schüler?

Hinzu kommen Überlegungen zur Fairness algorithmischer Entscheidungsprozesse. Schon heute ist belegt, dass KI-Systeme unbewusste Voreingenommenheiten reproduzieren können wie etwa geschlechts- oder herkunftsbezogene Verzerrungen, die in den Trainingsdaten enthalten sind. Diese sogenannten Biases können ein erhebliches Risiko darstellen, insbesondere in bildungsrelevanten Kontexten, in denen über Zugang, Leistungsbewertung oder Fördermaßnahmen entschieden wird. Wenn Schülerinnen und Schüler von algorithmisch gestützten Systemen nicht aufgrund ihrer Leistung, sondern aufgrund unbeabsichtigter systemi-

M. Barenkamp, S. Barenkamp, *Künstliche Intelligenz im Schulunterricht*,
https://doi.org/10.1007/978-3-658-50909-5_7

scher Verzerrungen unterschiedlich behandelt werden, dann wird das Prinzip der Bildungsgerechtigkeit in seinem Kern gefährdet (Buolamwini & Gebru, 2018).

Ethische Fragestellungen im Umgang mit KI berühren jedoch nicht nur Aspekte des Datenschutzes oder der Fairness, sondern sie fordern auch eine Auseinandersetzung mit Transparenz und Nachvollziehbarkeit. Lehrkräfte, Schüler und Eltern müssen nachvollziehen können, wie Entscheidungen zustande kommen, wenn etwa eine Lernsoftware bestimmte Inhalte empfiehlt oder Feedback generiert. Ohne ein Mindestmaß an Erklärbarkeit laufen wir Gefahr, Entscheidungen zu akzeptieren, deren Zustandekommen wir nicht mehr verstehen mit der Konsequenz, dass Vertrauen in pädagogische Prozesse verloren geht.

Nicht zuletzt ist auch die Frage nach der Verantwortung entscheidend: Wer haftet für Fehlentscheidungen automatisierter Systeme? Wer kontrolliert die Qualität der eingesetzten Modelle? Und wie stellen wir sicher, dass KI-Systeme im Bildungsbereich nicht zur Entmündigung, sondern zur Ermächtigung von Lehrkräften und Schülerinnen und Schüler beitragen?

Dieses Kapitel widmet sich deshalb den zentralen ethischen Problemfeldern im Zusammenhang mit dem Einsatz von KI in der Bildung. Es geht um Datenschutz und informationelle Selbstbestimmung, um Transparenz und Erklärbarkeit, um die Reproduktion sozialer Stereotype und um den verantwortungsvollen Umgang mit algorithmischen Entscheidungen. Gleichzeitig werden Regulierungsansätze vorgestellt, die auf nationaler und internationaler Ebene diskutiert werden, sowie pädagogische Strategien, mit denen Schulen und Lehrkräfte diesen Herausforderungen konstruktiv begegnen können.

Ziel ist es, Lehrkräften, pädagogischen Fachkräften und Entscheidungsträgern ein differenziertes Orientierungswissen an die Hand zu geben, um Technologie nicht zu verhindern, sondern um ihre Nutzung in geregelte, gerechte und verantwortungsvolle Bahnen zu lenken.

7.1 Datenschutz bei der Verwendung von KI-Systemen

Der Schutz personenbezogener Daten ist eine der zentralen ethischen und rechtlichen Herausforderungen im Kontext Künstlicher Intelligenz, insbesondere dann, wenn diese in Bildungskontexten eingesetzt wird. Denn gerade in Schulen, wo täglich mit sensiblen Informationen über Kinder und Jugendliche gearbeitet wird, stellt sich die Frage mit besonderer Dringlichkeit: Wie lassen sich die Potenziale von KI nutzen, ohne dabei das Recht auf informationelle Selbstbestimmung zu verletzen?

KI-Systeme im Bildungsbereich arbeiten häufig datenbasiert und dabei analysieren sie das Lernverhalten, dokumentieren Fortschritte, geben individuelle Rückmeldungen oder prognostizieren Entwicklungsmöglichkeiten. Sie verarbeiten somit nicht nur fachliche Leistungen, sondern eventuell auch Interaktionsmuster, Antwortzeiten, Fehlertypen oder sogar emotionale Reaktionen wie etwa über Eye-Tracking oder Stimmanalyse in digital gestützten Lernumgebungen. Diese Daten sind hochsensibel und betreffen nicht nur die Leistung, sondern auch die Persönlichkeit von Schülerinnen und Schülern. Sofern der Einsatz dieser Technologien gewünscht ist, muss die Verarbeitung daher mit besonderer Sorgfalt und rechtlicher Legitimation erfolgen.

Zentral ist dabei der Grundsatz der Datensparsamkeit, wie er etwa in der Datenschutz-Grundverordnung (DSGVO) der Europäischen Union verankert ist (EU-Verordnung 2016/679). Demnach dürfen nur solche Daten erhoben werden, die für den konkreten Zweck erforderlich sind und auch nur so lange gespeichert werden, wie es für diesen Zweck notwendig ist. Für KI-Systeme bedeutet das, dass eine möglichst datensparsame Architektur entwickelt werden muss, die mit minimalen, aber hinreichenden Informationen arbeitet. Darüber hinaus muss transparent offengelegt werden, welche Daten gesammelt werden, wie sie verarbeitet werden und wer Zugriff darauf hat.

Ein weiteres zentrales Prinzip ist die Einwilligung, denn personenbezogene Daten dürfen grundsätzlich nur mit ausdrücklicher Zustimmung der Betroffenen verarbeitet werden, was im schulischen Kontext in der Regel durch die Erziehungsberechtigten erfolgen muss. Doch diese Zustimmung ist nur dann valide, wenn sie auch informiert erfolgt. Das setzt voraus, dass Schulen, Träger und Anbietende von Lernplattformen ihre Informationspflichten ernst nehmen und in verständlicher Sprache erklären, was genau mit den Daten geschieht.

Neben der Einwilligung ist auch die Zweckbindung entscheidend. Daten, die für die Lernprozessdiagnostik erhoben wurden, dürfen nicht für andere Zwecke wie etwa für Marketing oder Profilbildung weiterverwendet werden. Das gilt insbesondere, wenn Plattformen von privatwirtschaftlichen Anbietern bereitgestellt werden, deren Geschäftsmodelle teilweise auf datenbasierten Erlösstrukturen beruhen. Schulen und Schulträger müssen hier wachsam bleiben und prüfen, ob und wie kommerzielle Anbieter Datenschutzkonformität gewährleisten. Die Datenschutzkonferenz der unabhängigen Datenschutzaufsichtsbehörden des Bundes und der Länder hat in mehreren Stellungnahmen deutlich gemacht, dass Bildungsdaten einen besonderen Schutzbedarf haben und nicht unter allgemeine Geschäftsbedingungen subsumiert werden dürfen (DSK, 2021).

Technisch lässt sich der Schutz personenbezogener Daten unter anderem durch Pseudonymisierung oder Anonymisierung verbessern. Dabei werden Identitätsmerkmale wie etwa Namen, Adressen oder Schulzugehörigkeiten aus den Daten entfernt oder so verschlüsselt, dass sie nur mit zusätzlichen Informationen wieder zugeordnet werden können. Doch auch diese Maßnahmen müssen mit Bedacht gewählt werden, denn eine scheinbar anonyme Datensammlung kann durch Kombination verschiedener Merkmale durchaus wieder rückführbar gemacht werden, insbesondere wenn Lernverläufe über längere Zeiträume hinweg dokumentiert werden.

Schließlich müssen auch Lehrkräfte selbst für Fragen des Datenschutzes sensibilisiert werden. Die Einführung KI-gestützter Systeme darf nicht dazu führen, dass sie unreflektiert Daten weitergeben oder auswerten, weder aus Unkenntnis noch aus falsch verstandenem Innovationsenthusiasmus. Hier sind Schulungen und klare Handreichungen ebenso notwendig wie ein institutionell verankerter Datenschutzstandard, der regelmäßig überprüft wird.

Im Zentrum aller Überlegungen steht dabei das Wohl der Schülerinnen und Schüler. Datenschutz ist kein technisches oder juristisches Randthema, sondern eine Frage der pädagogischen Verantwortung. Schulen sind nicht nur Orte der Wissensvermittlung, sondern auch Schutzräume. Wer KI in der Bildung einsetzt, muss deshalb sicherstellen, dass dieser Schutz nicht durch die Technologie untergraben, sondern durch kluge und verantwortungsbewusste Gestaltung gesichert wird.

7.2 Transparenz bei der Verwendung von KI-Systemen

Transparenz ist insbesondere im Bildungsbereich ein zentrales ethisches Prinzip beim Einsatz Künstlicher Intelligenz, da hier die Entscheidungen von KI-Systemen das Lernen, die Leistungsbewertung und sogar die Bildungsbiografie junger Menschen beeinflussen können. Lehrkräfte, Schüler und Eltern müssen nachvollziehen können, auf welcher Grundlage KI-gestützte Empfehlungen, Bewertungen oder Interventionen erfolgen, denn nur so kann Vertrauen in die Technologie, aber auch in die pädagogischen Prozesse, in denen sie eingebettet ist, entstehen.

Doch gerade hier zeigen sich grundlegende Herausforderungen. Viele KI-Systeme, insbesondere solche auf Basis komplexer neuronaler Netze, gelten als sogenannte „Black Boxes“: Sie liefern Ergebnisse wie etwa die Einstufung eines Lernstands oder die Empfehlung einer Aufgabe, doch der genaue Weg dorthin bleibt oft intransparent und wenig bis gar nicht erklärbar. Für schulische Akteure bedeutet dies ein Spannungsfeld, dass einerseits die Technologie eine datenbasierte, objektive Unterstützung verspricht, aber andererseits sie nur dann verantwortungsvoll genutzt werden kann, wenn die Prozesse hinter ihren Entscheidungen nachvollziehbar bleiben.

Transparenz als solches hat dabei mehrere Dimensionen. Auf technischer Ebene geht es zunächst um die Nachvollziehbarkeit der Entscheidungslogik eines KI-Systems. In welchem Umfang wurden welche Daten einbezogen? Welche Gewichtungen und Regeln haben zur Entscheidung geführt? Während symbolische KI-Modelle relativ leicht erklärbar sind, gestaltet sich dies bei tiefen neuronalen Netzen deutlich schwieriger, auch wenn es inzwischen erste Ansätze sogenannter „Explainable AI" (XAI) gibt, die versuchen, auch komplexe Modelle verständlich zu machen, etwa durch Visualisierungen von Relevanzbereichen in Bildanalysen oder durch textuelle Erklärungen im Fall von Sprachmodellen (Doshi-Velez & Kim, 2017).

Auf pädagogischer Ebene bedeutet Transparenz, dass Lehrkräfte jederzeit beurteilen können, warum ein System eine bestimmte Empfehlung abgibt und ob diese pädagogisch sinnvoll ist. KI darf nicht zu einer scheinbar unfehlbaren Autorität im Klassenzimmer werden. Vielmehr müssen Lehrerinnen und Lehrer ihre Rolle als kritische Prüfer behalten und dazu gehört auch die Möglichkeit, automatisierte Vorschläge zu übersteuern oder sie in Frage zu stellen. Eine ungeprüft übernommene KI-Empfehlung wäre pädagogisch absolut fahrlässig und das nicht nur, weil sie möglicherweise fehlerhaft ist, sondern weil sie den didaktischen Gestaltungsspielraum der Lehrkraft untergraben kann.

Für Schülerinnen und Schüler bedeutet Transparenz, dass sie verstehen, wie sie bewertet und gefördert werden. Wenn eine Lernplattform eine Aufgabe als „zu schwierig" kennzeichnet oder ein System einen bestimmten Kompetenzstand diagnostiziert, muss dies für sie nachvollziehbar und überprüfbar sein. Gerade im laufenden Lernprozess ist es entscheidend, dass Rückmeldungen nicht nur korrekt, sondern auch verständlich sind. Das fördert die Akzeptanz und stärkt die Fähigkeit zur Selbsteinschätzung, was eine Schlüsselkompetenz für selbstgesteuertes Lernen darstellt.

Auch auf institutioneller Ebene gewinnt das Thema an Bedeutung, denn in diesem Kontext müssen Schulen, Schulträger und Bildungsministerien prüfen, ob die von ihnen eingesetzten KI-Systeme die Anforderungen an Transparenz erfüllen. Dazu gehört nicht nur die Offenlegung der Funktionsweise, sondern auch eine kritische Bewertung der Datenbasis, auf der ein System trainiert wurde. Sind die Daten repräsentativ? Gibt es Hinweise auf Verzerrungen? Wer hat das System entwickelt und mit welchen Interessen?

Nicht zuletzt hat Transparenz auch eine rechtliche Dimension: Nach Artikel 22 der Datenschutz-Grundverordnung (EU, 2016/679) haben Betroffene das Recht, nicht ausschließlich automatisierten Entscheidungen unterworfen zu werden, die rechtliche Wirkung entfalten oder sie in ähnlicher Weise erheblich beeinträchtigen. Wird KI also etwa zur automatisierten Leistungsbewertung eingesetzt, müssen Schulen sicherstellen, dass diese Prozesse überprüfbar sind und dass eine menschliche Kontrollinstanz eingebunden bleibt.

Transparenz ist somit kein ausschließlich technisches Detail, sondern ein pädagogisches und demokratisches Prinzip. Wer KI im Bildungsbereich einsetzt, trägt Verantwortung dafür, dass Entscheidungen nicht als „blackbox" gefällt werden. Nur wenn Lehrkräfte verstehen, wie Systeme funktionieren, und Schülerinnen und Schüler wissen, worauf sich Rückmeldungen stützen, kann KI zur Unterstützung und nicht zur Entmündigung beitragen.

7.3 Regressive Geschlechterstereotype in generativen KI-Modellen

Der Einsatz generativer KI in Bildungskontexten, beispielsweise durch Textgeneratoren, Chatbots oder bildgenerierende Systeme, eröffnet zwar neue didaktische Möglichkeiten, aber zeigt auch drängende Fragen hinsichtlich der Reproduktion gesellschaftlicher Stereotype. Besonders sensibel sind dabei Geschlechterbilder, die in KI-Systemen oft nicht nur unreflektiert übernommen, sondern durch ihre algorithmische Reproduktion sogar verstärkt werden.

Generative Modelle wie GPT oder DALL·E basieren auf umfangreichen Trainingsdaten, die aus dem Internet oder anderen großen Text- und Bildkorpora stammen. Diese Daten enthalten implizit die sprachlichen und visuellen Strukturen unserer Gesellschaft, inklusive ihrer Vorurteile, Rollenklischees und historischen Verzerrungen. Wenn solche Modelle also auf Basis dieser Daten neue Inhalte erzeugen, besteht die Gefahr, dass sie bestehende Geschlechterstereotype nicht nur reproduzieren, sondern durch ihre vermeintlich neutrale Form zumindest teilweise auch legitimieren.

Wird beispielsweise ein Textgenerator mit der Aufgabe betraut, eine Geschichte über eine Lehrerin und einen Wissenschaftler zu schreiben, ordnet er häufig die fürsorgliche, soziale Rolle der Frau zu, während der Mann als rational, analytisch und führungsstark beschrieben werden könnte. Auch in Bildgenerierungssystemen zeigt sich diese Tendenz, denn auf Eingaben wie „Kindergarten teacher" erscheinen überwiegend weiblich codierte Bilder, bei „Professor" dagegen fast ausschließlich männliche. Solche Muster wurden in mehreren empirischen Studien belegt (Luccioni et al., 2023; Bianchi et al., 2023) und stellen insbesondere im schulischen Umfeld ein erhebliches pädagogisches Problem dar.

Denn Schule ist heute nicht nur Ort der Wissensvermittlung, sondern auch integraler Raum der Identitätsbildung. Wenn Schülerinnen und Schüler mit KI-Systemen arbeiten, die stereotype Rollenvorstellungen unreflektiert wiedergeben, wird ein veraltetes und enges Verständnis von Geschlecht in einem Moment zementiert, in dem junge Menschen ihr Selbstbild erst noch entwickeln. Gerade in einer pluralen, demokratischen Gesellschaft ist es die Aufgabe von Bildung, solche Stereotype aufzubrechen, nicht sie algorithmisch zu verfestigen.

Lehrkräfte stehen daher vor einer doppelten Herausforderung, denn sie sollen einerseits neue Technologien didaktisch nutzen und andererseits deren gesellschaftliche Wirkung kritisch reflektieren. Es genügt nicht, KI lediglich als Tool zur Textproduktion oder zur Visualisierung zu betrachten, sondern vielmehr bedarf es einer aktiven Auseinandersetzung mit der Frage, welche Weltbilder diese Systeme erzeugen und wie sie sich auf das Denken der Schülerinnen und Schüler auswirken.

Ein weiterer zentraler Aspekt ist dabei die Datenbasis, auf der generative Modelle trainiert wurden. Diese ist, vor allem aufgrund der Menge an Daten, selten vollständig dokumentiert, häufig intransparent und kaum diversitätsbewusst kontrolliert. Auch wenn große KI-Anbieter inzwischen begonnen haben, Richtlinien zum „Responsible AI"-Design zu entwickeln, bleibt die Frage offen, ob und wie diese systematisch umgesetzt werden. Für den schulischen Bereich bedeutet das, dass KI-Systeme nicht nur technisch funktionieren müssen, sondern auch pädagogisch verantwortbar sein sollten.

Ein möglicher didaktischer Zugang liegt in der kritisch-reflektierenden Nutzung generativer KI. Lehrkräfte können gemeinsam mit Schülerinnen und Schülern untersuchen, wie bestimmte Eingaben zu stereotypen Ausgaben führen. So lässt sich Medienkompetenz im Sinne eines „Critical AI Literacy" fördern, also die Fähigkeit, KI-Ergebnisse nicht nur zu nutzen, sondern auch kritisch zu bewerten und deren Entstehung zu hinterfragen (Schulz & Floridi, 2022). Solche Reflexionsprozesse stärken das Urteilsvermögen, fördern Gleichstellungsbewusstsein und ermöglichen es, Technologie nicht als gegeben hinzunehmen, sondern aktiv mitzugestalten. Dies wird sicherlich in den kommenden Jahren eine der Kernkompetenzen im mündigen Umgang mit den disruptiven Technologien unserer Gesellschaft werden.

Die zentrale pädagogische Botschaft lautet daher, dass KI nicht zum blinden Spiegel gesellschaftlicher Ungleichheiten werden darf, und somit sind Lehrkräfte aufgerufen, mit und über KI zu arbeiten.

7.4 Sicherstellung der Fairness von Algorithmen und Modellen

Fairness ist ebenfalls ein zentrales Kriterium bei der Bewertung und Gestaltung von KI-Systemen, insbesondere im Bildungsbereich, wo algorithmische Entscheidungen reale Konsequenzen für Schülerbiografien haben können. Wenn KI-Modelle etwa die Lernstände bewerten, individuelle Aufgaben vorschlagen oder Förderbedarfe prognostizieren, dann stellt sich unweigerlich die Frage, ob diese Entscheidungen gerecht, nachvollziehbar und diskriminierungsfrei erfolgen. In einem System, das sich Chancengleichheit auf die Fahnen schreibt, darf algorithmische Ungleichbehandlung somit keinen Platz haben.

Doch genau hier liegt eine der größten Herausforderungen im Umgang mit Künstlicher Intelligenz, denn Algorithmen sind häufig nicht neutral. Sie sind keine objektiven Instrumente, sondern erben die Strukturen und Verzerrungen (Bias), die in den Daten angelegt sind, mit denen sie trainiert wurden und suggerieren durch ihre Technik oftmals lediglich eine Objektivität. Dies betrifft insbesondere sogenannte „historische Biases", also Ungleichheiten, die bereits in der Vergangenheit bestanden und sich in den Daten niederschlagen. Wenn etwa frühere Leistungsdaten sozioökonomisch benachteiligter Schülergruppen als Grundlage für die Trainingsdaten eines Empfehlungssystems verwendet werden, ohne diese Kontexte zu berücksichtigen, besteht die Gefahr, dass bestehende Benachteiligungen algorithmisch perpetuiert werden (Eubanks, 2018).

Ein Beispiel hierzu könnte lauten, dass wenn ein KI-System die Wahrscheinlichkeit berechnet, mit der ein Schüler eine Aufgabe richtig lösen wird und dabei Daten wie Geschlecht, Herkunft, Wohnort oder frühere Fehlversuche einbezieht, das Risiko besteht, dass statistische Korrelationen mit bestimmten sozialen Gruppen als kausale Leistungsmerkmale interpretiert werden. Das Ergebnis wäre, dass Kinder aus strukturschwachen Regionen oder mit Migrationshintergrund systematisch weniger anspruchsvolle Aufgaben nicht aufgrund ihrer realen Kompetenz, sondern aufgrund impliziter Muster in den Daten, erhalten.

Fairness in KI-Systemen bedeutet daher nicht, dass alle gleich behandelt werden, sondern vielmehr geht es um die gerechte Berücksichtigung unterschiedlicher Voraussetzungen und um den Schutz vor systemischer Benachteiligung. In der Fachliteratur werden verschiedene Fairness-Definitionen diskutiert, wie beispielsweise statistical parity, equal opportunity oder individual fairness (Mehrabi et al., 2021) und jede dieser Definitionen hat spezifische Stärken und Schwächen und ihre Anwendung hängt stark vom jeweiligen Kontext ab. Im Bildungsbereich ist insbesondere die individuelle Fairness bedeutsam, denn gleiche Lernleistungen sollten zu gleichen Empfehlungen führen und zwar unabhängig von äußeren Merkmalen.

Für Schulen, Lehrkräfte und Schulträger bedeutet dies, dass der Einsatz KI-basierter Systeme nicht unreflektiert erfolgen darf. Es braucht in diesem Fall kritische Prüfverfahren, die algorithmische Verzerrungen erkennen und beheben, wie beispielsweise Testverfahren mit diversitätsrepräsentativen Testdatensätzen, sogenannte Bias Audits oder die regelmäßige Überprüfung von Prognosegüte und Fehlerraten in verschiedenen Subgruppen. Anbieter von Bildungstechnologien sollten daher verpflichtet sein, entsprechende Audits durchzuführen und transparent offenzulegen.

Auch die Rolle der Lehrkraft bleibt absolut zentral. KI-Systeme dürfen pädagogische Entscheidungen *nicht ersetzen*, sondern lediglich *unterstützen*. Wenn eine Software etwa eine Empfehlung für eine Aufgabenreihe oder eine Fördermaßnahme ausspricht, muss es selbstverständlich weiterhin der pädagogische Ermessensspielraum der Lehrkraft bleiben, diese Vorschläge zu übernehmen oder zu korrigieren. Der Mensch bleibt verantwortlich, nicht der Algorithmus!

Zudem sollte die Entwicklung von Fairnesskriterien nicht nur auf technischer, sondern auch auf normativer Ebene erfolgen: Wer definiert überhaupt, was „fair" ist? Welche gesellschaftlichen Werte werden in den Algorithmen kodiert? Hier braucht es interdisziplinäre Zusammenarbeit zwischen Informatik, Pädagogik, Ethik und Bildungsforschung und nicht zuletzt die Stimme der Betroffenen. Schülerinnen und Schüler selbst müssen einbezogen werden, wenn es darum geht, welche Art von Unterstützung sie als gerecht empfinden.

Fairness ist damit kein einmaliger, finaler Zustand, sondern ein kontinuierlicher Aushandlungsprozess, in dem KI-Systeme so gestaltet sein müssen, dass sie nicht nur effizient, sondern auch gerecht wirken und dass sie dazu beitragen, Bildungschancen zu erweitern, anstatt sie zu verengen.

7.5 Regulierung und Aufsicht

Mit dem Inkrafttreten des AI Acts am 1. August 2024 hat die Europäische Union einen entscheidenden Meilenstein in der Regulierung Künstlicher Intelligenz erreicht. Die Verordnung (EU), 2024/1689 verfolgt das Ziel, einen klaren rechtlichen Rahmen für die Entwicklung, den Einsatz und die Überwachung von KI-Systemen zu schaffen, der sowohl Grundrechte schützt als auch Innovation ermöglicht. Der AI Act ist damit der weltweit erste umfassende Gesetzesrahmen für KI, der nicht nur verbindliche Vorschriften für alle Mitgliedstaaten formuliert, sondern auch internationale Standards setzen will (EU, 2024).

Die Entstehung dieses Gesetzes war das Ergebnis intensiver politischer, wissenschaftlicher und gesellschaftlicher Auseinandersetzungen. Bereits Ende der 2010er-Jahre forderten zahlreiche Akteure eine Regulierung von KI-Systemen, da deren Einsatz in sensiblen Bereichen wie dem Gesundheitswesen, der Justiz oder der öffentlichen Verwaltung massive ethische und grundrechtliche Fragen aufwarf (EU, 2018). Exemplarisch für diese Problematik steht etwa der COMPAS-Algorithmus aus den USA, der im Bereich der Strafjustiz eingesetzt wurde, um Rückfallwahrscheinlichkeiten von Straftätern zu berechnen. Eine Analyse von ProPublica (Angwin et al., 2016) zeigte, dass dieser Algorithmus erhebliche Verzerrungen gegenüber schwarzen Menschen aufwies und ist somit ein Beispiel dafür, wie algorithmische Entscheidungen ohne Kontrolle zu systemischer Diskriminierung führen können (Stöcker, 2018).

Vor diesem Hintergrund präsentierte die Europäische Kommission im April 2021 ihren ersten Entwurf für den AI Act (EU, 2021). Nach einem mehrjährigen Gesetzgebungsprozess, der unter anderem die Trilog-Verhandlungen zwischen Kommission, Parlament und Rat umfasste, wurde der AI Act im Juni 2024 final verabschiedet und trat zum 1. August desselben Jahres in Kraft.

Ziel des AI Acts ist es, ein Gleichgewicht zwischen technologischer Innovationsförderung und dem Schutz grundlegender Rechte herzustellen. Der Rechtsrahmen orientiert sich dabei an einem risikobasierten Ansatz: KI-Systeme werden in vier Risikoklassen eingeteilt (Abb. 7.1), die jeweils unterschiedliche regulatorische Anforderungen nach sich ziehen (Barenkamp, 2024). Anwendungen mit inakzeptablem Risiko sind in der EU verboten; Hochrisiko-Systeme, wie sie auch im Bildungs-

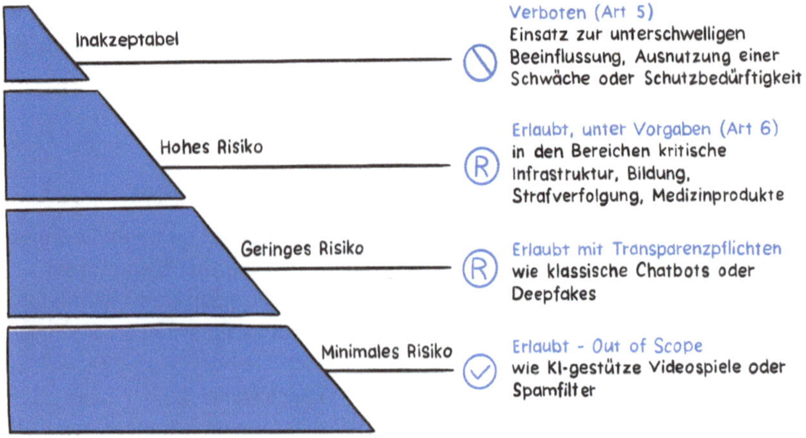

Abb. 7.1 Risikoklassen

bereich vorkommen können, müssen strengen Vorgaben hinsichtlich Transparenz, Datenqualität, menschlicher Überwachung und Fairness genügen.

Für den Bildungsbereich ist besonders relevant, dass Systeme zur Leistungsbewertung, Diagnose oder Verhaltensanalyse regelmäßig als Hochrisiko-KI gelten. Anbieter und Betreiber solcher Systeme müssen deshalb eine umfassende Dokumentation, Risikobewertungen, Konformitätsprüfungen und eine kontinuierliche Überwachung sicherstellen. Auch für General Purpose AI (GPAI), also KI-Systeme mit breiter Anwendungsmöglichkeit wie große Sprachmodelle, gelten seit der letzten Novelle des AI Acts spezifische Anforderungen. Diese Modelle müssen unter anderem auf gesellschaftliche Risiken hin untersucht, überwacht und ggf. reguliert werden (EU, 2024).

Ein zentrales Ziel des AI Acts ist die Schaffung eines vertrauenswürdigen Ökosystems für KI. Dazu zählen Transparenzvorgaben für Anbieter, Offenlegungspflichten gegenüber Nutzern sowie umfassende Regelungen zur Nachvollziehbarkeit algorithmischer Entscheidungen. Nutzer sollen nicht nur erkennen können, ob sie mit einem KI-System interagieren, sondern auch erfahren, wie Entscheidungen zustande kommen und welche Kontrollrechte sie besitzen. Dies stärkt die informationelle Selbstbestimmung und fördert die gesellschaftliche Akzeptanz KI-gestützter Systeme.

Die Durchsetzung der Verordnung erfolgt über ein Netz nationaler Aufsichtsbehörden, das durch das neu geschaffene „AI Office“ in Brüssel koordiniert wird. Diese Institutionen sind mit umfangreichen Prüf-, Kontroll- und Sanktionsbefugnissen ausgestattet. Bei Verstoß gegen zentrale Bestimmungen drohen Bußgelder von bis zu 7 % des weltweiten Jahresumsatzes eines Unternehmens. Für kleinere Unternehmen und Start-ups gelten abgestufte Regelungen, die übermäßige Belastungen verhindern sollen (EU, 2024).

Gleichzeitig wird betont, dass Regulierung kein Innovationshemmnis sein muss. Vielmehr schafft der AI Act erstmals Rechtssicherheit für Unternehmen, indem er einheitliche Standards im gesamten Binnenmarkt etabliert. Insbesondere deutsche und europäische Unternehmen können dadurch mit dem Qualitätssiegel „Digitally Made in Europe“ auftreten, das für ethische Exzellenz, Datenschutzkonformität und technische Zuverlässigkeit steht. In einer Zeit, in der die Vertrauensfähigkeit von Technologien ein zentrales Marktkriterium geworden ist, bietet dies einen erheblichen strategischen Vorteil.

Gerade für Bildungseinrichtungen bedeutet dies, dass der Einsatz von KI nicht isoliert als technische Innovation betrachtet werden darf, sondern im Lichte rechtlicher, ethischer und gesellschaftlicher Anforderungen erfolgen muss. Der AI Act liefert dafür den normativen Rahmen, innerhalb dessen Bildungsinstitutionen KI-Systeme prüfen, auswählen und verantwortungsvoll einsetzen können.

7.6 Strategien zur Förderung der gesellschaftlichen Akzeptanz

Die gesellschaftliche Akzeptanz von Künstlicher Intelligenz ist insbesondere in einem so sensiblen und öffentlich verantworteten Bereich wie dem Bildungswesen eine Grundvoraussetzung für ihre erfolgreiche Einführung und nachhaltige Nutzung. Vertrauen in KI entsteht nicht allein durch technische Leistungsfähigkeit oder regulatorische Rahmenbedingungen, sondern vor allem durch Aufklärung, Teilhabe und einen breiten gesellschaftlichen Dialog. Um Ängste zu reduzieren, Vorbehalte zu überwinden und Potenziale sichtbar zu machen, bedarf es gezielter Strategien, die Information, Transparenz und Bildung miteinander verbinden.

Ein zentraler Baustein ist die Integration von KI-Themen in die schulische Bildung. Wie in den vorangegangenen Kapiteln bereits dargestellt, bildet die Schule einen Schlüsselraum, in dem technologische Entwicklungen nicht nur erklärt, sondern auch kritisch hinterfragt werden können. Wenn Schülerinnen und Schüler frühzeitig lernen, wie KI funktioniert, welche Chancen sie bietet und welche Risiken sie mit sich bringt, entsteht nicht nur technisches Verständnis, sondern auch ein reflektiertes Verhältnis zu einer Technologie, die ihren Alltag zunehmend prägen wird. Dies schafft die Voraussetzung dafür, dass junge Menschen KI-Anwendungen später nicht nur passiv konsumieren, sondern aktiv gestalten und beurteilen können. Digitale Mündigkeit ist in diesem Zusammenhang kein abstraktes Ziel, sondern ein konkreter Beitrag zur gesellschaftlichen Teilhabe im digitalen Zeitalter.

Ergänzend dazu braucht es öffentliche Informationskampagnen, die über schulische Kontexte hinaus wirken. Staatliche Stellen, wissenschaftliche Institutionen und zivilgesellschaftliche Organisationen sind gefordert, transparente, verständliche und differenzierte Informationen beispielsweise in Form von Medienberichten, Videoreihen, Social-Media-Formaten oder lokal verankerten Veranstaltungen bereitzustellen. Solche Kampagnen sollten nicht technikverherrlichend oder rein instrumentell auftreten, sondern Menschen in ihrer Lebensrealität abholen, ihre Fragen ernst nehmen und verständliche Antworten anbieten. Aufklärung über KI bedeutet nicht nur, Wissen zu vermitteln, sondern auch Raum für Unsicherheiten zu schaffen und den Umgang mit offenen Fragen zu ermöglichen.

Darüber hinaus stellen Bürgerdialoge ein wirksames Mittel dar, um Vertrauen aufzubauen und Akzeptanz zu fördern. In moderierten Foren, Workshops oder digitalen Beteiligungsplattformen können Bürgerinnen und Bürger mit Expertinnen und Experten aus Wissenschaft, Politik und Wirtschaft ins Gespräch kommen. Solche Dialogformate ermöglichen nicht nur den Austausch von Perspektiven, sondern tragen auch dazu bei, das Handeln politischer und technologischer Akteure nachvollziehbar und überprüfbar zu machen. Beteiligung stärkt Legitimität und genau dies ist eine zentrale Voraussetzung für die gesellschaftliche Tragfähigkeit komplexer Technologien wie KI.

Diese Strategien zeigen, dass gesellschaftliche Akzeptanz kein Automatismus ist, sondern sie muss gestaltet, begleitet und immer wieder neu ausgehandelt werden. Bildung, Information und Beteiligung bilden dabei das Fundament. Der AI Act kann hierbei zwar diese Prozesse flankieren, aber er kann nicht ersetzen, was in Schulen, Medien, Kommunen und sozialen Räumen kontinuierlich geleistet werden muss, nämlich der Aufbau eines aufgeklärten, kritischen und zugleich konstruktiven Verhältnisses zur Künstlichen Intelligenz.

7.7 Entwicklung von Richtlinien und Gesetzen

Die Entwicklung tragfähiger rechtlicher Rahmenbedingungen ist eine zentrale Voraussetzung für die gesellschaftliche Akzeptanz Künstlicher Intelligenz. In einer Zeit, in der KI-Systeme zunehmend Entscheidungen beeinflussen, Prozesse steuern und Interaktionen gestalten, gewinnen gesetzliche Vorgaben und ethisch fundierte Richtlinien deutlich an Bedeutung und schaffen subjektive Sicherheit.

Ein wesentlicher Schritt ist die Etablierung gesetzlicher Regelungen, die den Einsatz von KI sinnvoll überwachen können und an ethischen Standards ausrichten. Der AI Act der Europäischen Union soll dabei von zentraler Bedeutung sein, denn seine Intention ist es, verbindliche Regeln für die Entwicklung, Implementierung und Nutzung von KI-Systemen und verpflichtet insbesondere Anbieter hochriskanter Anwendungen zu Transparenz, Nachvollziehbarkeit und Rechenschaft zu schaffen (EU, 2024). Zu den Kernpunkten gehören klare Vorgaben zur Datenverwendung, Anforderungen an die Robustheit und Fairness von Algorithmen sowie die Verpflichtung, Risiken frühzeitig zu identifizieren und zu minimieren. Solche gesetzgeberischen Maßnahmen sind, sofern zielgerichtet umgesetzt, unerlässlich, um sowohl Innovation zu ermöglichen als auch die Rechte der Betroffenen konsequent zu schützen.

Ein sehr zentraler Aspekt ist die regelmäßige Überprüfung und Anpassung bestehender Regelwerke. Die Dynamik technologischer Entwicklungen erfordert eine hohe regulatorische Flexibilität, denn starre Vorschriften laufen bei der aktuellen Innovationsgeschwindigkeit Gefahr, rasch veraltet zu sein. Deshalb ist es notwendig, dass gesetzliche Normen in wiederkehrenden Abständen evaluiert und an neue wissenschaftliche, gesellschaftliche und technische Erkenntnisse angepasst werden. Auch der AI Act sieht Überprüfungsklauseln vor, die sicherstellen sollen, dass der Rechtsrahmen mit der tatsächlichen Entwicklung Schritt hält. Für Bildungseinrichtungen bedeutet dies, dass sie sich auf eine rechtlich wandelbare Umgebung einstellen müssen, aber auch zugleich aktiv daran mitwirken können, ihre Interessen und Erfahrungen in diesen Prozess einzubringen.

Die Entwicklung von Richtlinien und Gesetzen zur Regulierung von KI ist damit kein abgeschlossener Akt, sondern ein fortlaufender gesellschaftlicher Aushandlungsprozess. Er verlangt Dialogbereitschaft, internationale Kooperation und die Fähigkeit, technologische Innovationen mit rechtlicher Klarheit und ethischer Orientierung zu begleiten. Nur wenn dieser Prozess gelingt, kann eine gesellschaftlich akzeptierte und demokratisch kontrollierte KI-Landschaft entstehen.

Literatur

Angwin, J., Larson, J., Mattu, S., & Kirchner, L. (2016). Machine bias – There's software used across the country to predict future criminals. And it's biased against blacks. *ProPublica.* https://www.propublica.org/article/machine-bias-risk-assessments-in-criminal-sentencing. Zugegriffen am 15.12.2025.

Barenkamp, M. (2024). Der AI act. *Wirtschaftsinformatik & Management.* https://doi.org/10.1365/s35764-024-00520-7

Bianchi, F., Liu, Z., Hovy, D., & Palangi, H. (2023). Easily detected, not easily fixed: Adversarial attacks against gender bias in text-to-image models. *arXiv.* https://arxiv.org/abs/2303.11408. Zugegriffen am 08.05.2025.

Buolamwini, J., & Gebru, T. (2018). Gender shades: Intersectional accuracy disparities in commercial gender classification. *Proceedings of Machine Learning Research, 81*, 1–15. https://proceedings.mlr.press/v81/buolamwini18a/buolamwini18a.pdf. Zugegriffen am 08.05.2025

Datenschutzkonferenz (DSK). (2021). Orientierungshilfe zu digitalen Lernplattformen. https://www.datenschutzkonferenz-online.de/media/oh/20211123_oh_digitale_lernplattformen.pdf. Zugegriffen am 08.05.2025.

Doshi-Velez, F., & Kim, B. (2017). Towards a rigorous science of interpretable machine learning. *arXiv.* https://arxiv.org/abs/1702.08608. Zugegriffen am 08.05.2025.

EU. (2018). Mitteilung der Kommission: Künstliche Intelligenz für Europa. https://eur-lex.europa.eu/legal-content/DE/TXT/?uri=COM:2018:237:FIN. Zugegriffen am 15.12.2025.

EU. (2021). Vorschlag für eine Verordnung zur Festlegung harmonisierter Vorschriften für Künstliche Intelligenz (AI Act). https://eur-lex.europa.eu/legal-content/DE/TXT/?uri=CELEX%3A52021PC0206. Zugegriffen am 15.12.2025.

EU. (2024). Verordnung (EU) 2024/1689 zur Festlegung harmonisierter Vorschriften für künstliche Intelligenz. https://eur-lex.europa.eu/legal-content/DE/TXT/?uri=CELEX%3A32024R1689. Zugegriffen am 15.12.2025.

Eubanks, V. (2018). *Automating inequality: How high-tech tools profile, police, and punish the poor*. St. Martin's Press.

Europäische Union. (2016). *Verordnung (EU) 2016/679 des Europäischen Parlaments und des Rates vom 27. April 2016 (Datenschutz-Grundverordnung)*. Amtsblatt der Europäischen Union. https://eur-lex.europa.eu/legal-content/DE/TXT/?uri=CELEX%3A32016R0679. Zugegriffen am 08.05.2025.

Luccioni, A., Alabdulkarim, A., Chang, M., McGuffie, K., & Benrimoh, D. (2023). Stable bias: Analyzing societal representations in diffusion models. In: *Proceedings of the 2023 ACM Conference on Fairness, Accountability, and Transparency*. https://doi.org/10.1145/3593013.3594096.

Mehrabi, N., Morstatter, F., Saxena, N., Lerman, K., & Galstyan, A. (2021). A survey on bias and fairness in machine learning. *ACM Computing Surveys, 54*(6), 1–35. https://doi.org/10.1145/3457607

Schulz, S., & Floridi, L. (2022). What is responsible artificial intelligence? *Philosophy & Technology, 35*, 93. https://doi.org/10.1007/s13347-022-00588-8

Stöcker, C. (2018). Algorithmen vor Gericht: Menschen sind so schlau wie die teure Maschine. *Spiegel Online*. https://www.spiegel.de/wissenschaft/mensch/algorithmen-vor-gericht-menschen-sind-so-schlau-wie-die-teure-maschine-a-1190111.html. Zugegriffen am 15.12.2025.

Verordnung (EU). 2016/679. Datenschutz-Grundverordnung (DSGVO). https://eur-lex.europa.eu/legal-content/DE/TXT/?uri=CELEX:32016R0679. Zugegriffen am 15.12.2025.

Künstliche Intelligenz verstehen

8

In den vergangenen Jahren hat sich die Künstliche Intelligenz (KI) von einem Nischenthema der Forschung zu einer Schlüsseltechnologie entwickelt, die inzwischen viele, wenn nicht nahezu alle Bereiche des täglichen Lebens durchdringt. Ob in Navigationssystemen, bei automatisierten Übersetzungen, in digitalen Assistenzsystemen oder in personalisierten Lernangeboten, KI ist längst Teil unseres Alltags geworden, manchmal sogar, ohne dass wir es wissen.

Da scheint es nur naheliegend, dass auch für den Bildungsbereich diese Entwicklung hochrelevant scheint, denn Lehrkräfte stehen zunehmend vor der Aufgabe, Schülerinnen und Schüler auf eine Lebens- und Arbeitswelt vorzubereiten, in der KI-Systeme selbstverständlich sowohl beruflich als auch privat genutzt werden. In dieser Rolle kommt ihnen eine große Verantwortung zuteil und um dieser gerecht zu werden, scheint es unerlässlich, ein grundlegendes Verständnis für die Funktionsweise, die Besonderheiten, die Einsatzmöglichkeiten sowie die Chancen und Risiken Künstlicher Intelligenz zu entwickeln.

In der Wirtschaft wird das Potenzial von KI häufig betont: von der Optimierung interner Abläufe (Barenkamp, 2022) bis hin zur Entwicklung innovativer Geschäftsmodelle (Knapp & Wagner, 2019). Doch auch in der Schule eröffnet KI, wie in den vorangeführten Kapiteln erwähnt, neue Möglichkeiten wie etwa für individualisierte Lernangebote, für adaptive Rückmeldesysteme oder für die Diagnostik von Lernständen. Dieser Umstand bringt aber vor allem auch neue ethische und pädagogische Fragen mit sich, die kritisch reflektiert werden müssen.

Dieses Kapitel bietet zunächst einen Überblick über die Entstehung und Entwicklung der KI. Es handelt sich dabei nicht nur um einen technischen Rückblick, sondern auch um eine Grundlage für ein besseres Verständnis aktueller Diskussionen. Anschließend wird erläutert, worin sich traditionelle Softwareent-

M. Barenkamp, S. Barenkamp, *Künstliche Intelligenz im Schulunterricht*,
https://doi.org/10.1007/978-3-658-50909-5_8

wicklung von KI-basierten Systemen unterscheidet: Während klassische Programme Schritt für Schritt nach festen Regeln arbeiten, lernen KI-Systeme auf Basis von Daten, selbstständig Muster zu erkennen und Entscheidungen zu treffen.

Darüber hinaus werden die Begriffe Künstliche Intelligenz, Maschinelles Lernen und Deep Learning voneinander abgegrenzt. Dies ist ein wichtiges Orientierungswissen, das hilft, die Dynamik aktueller Entwicklungen besser einzuordnen. Abschließend werden die zwei grundlegenden Funktionsweisen moderner KI, konkret die prädiktive und die generative KI, vorgestellt. Beide Formen spielen bereits heute in Bildung und Gesellschaft eine zunehmende Rolle und werden künftig noch stärker den Unterricht und das Lernen beeinflussen.

8.1 Die Historie der Künstlichen Intelligenz

Die Entwicklung der Künstlichen Intelligenz lässt sich, wie in Abb. 8.1 dargestellt, in mehrere bedeutende Phasen unterteilen. Jede dieser Epochen war geprägt von spezifischen Fortschritten, Rückschlägen und teils radikalen Veränderungen im wissenschaftlichen Denken. Von den visionären Anfängen in den 1950er-Jahren über sogenannte „KI-Winter" bis hin zu den Durchbrüchen der letzten Jahre verläuft die Geschichte der KI alles andere als geradlinig und spiegelt nicht nur technologische Entwicklungen wider, sondern auch den Wandel gesellschaftlicher

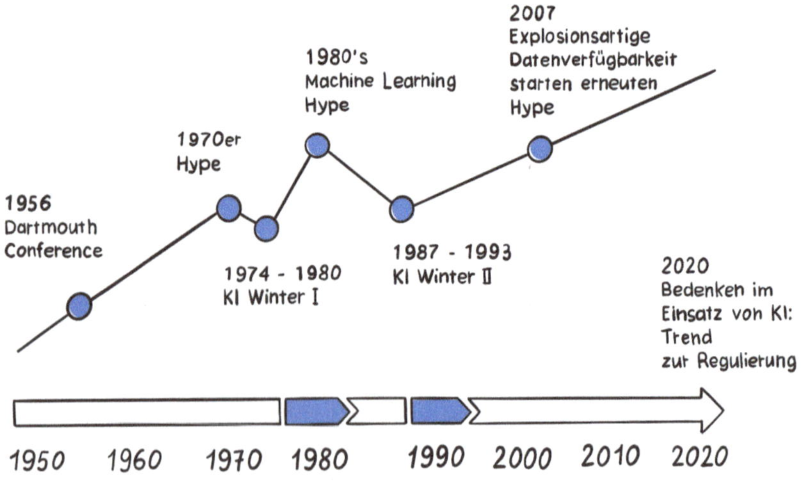

Abb. 8.1 Die Geschichte der KI

Erwartungen. Insofern lässt sich auch durchaus die Frage stellen, ob sich die Geschichte möglicherweise wiederholen könnte und die KI abermals große Erwartungen erzeugt, die sie am Ende nicht halten kann.

Für Lehrkräfte bietet ein Blick auf diese Entwicklung nicht nur historisches Hintergrundwissen, sondern auch eine wertvolle Grundlage, um die gegenwärtige Bedeutung von KI besser einordnen und kritisch reflektieren zu können, um Schülerinnen und Schülern darzulegen, dass KI keinesfalls eine neumodische Erscheinung, sondern seit vielen Jahrzehnten die Wissenschaft prägt. Der folgende Abschnitt beschreibt die wesentlichen Meilensteine der KI-Entwicklung von den ersten theoretischen Konzepten bis zu den Herausforderungen moderner Systeme im Bildungs- und Gesellschaftskontext (Russell & Norving, 2021).

Die Ursprünge der Künstlichen Intelligenz reichen zurück bis in die Mitte des 20. Jahrhunderts. Bereits in dieser frühen Phase beschäftigten sich Wissenschaftlerinnen und Wissenschaftler mit der Frage, ob Maschinen grundsätzlich in der Lage sein könnten, Denkprozesse des Menschen nachzuahmen. Eine zentrale Figur dieser Anfangszeit war der britische Mathematiker und Kryptoanalytiker Alan Turing, denn mit seinem 1950 veröffentlichten Artikel „Computing Machinery and Intelligence" legte er den Grundstein für eine neue Disziplin.

In diesem Text stellte Turing die bis heute zentrale Frage: „Können Maschinen denken?" Um diese Frage greifbar zu machen, entwickelte er ein pragmatisches Testverfahren, das als Turing-Test bekannt wurde und das noch heute eingesetzt wird zur Beantwortung der Frage, „Wie intelligent ein Computersystem ist", insbesondere im Kontext moderner Sprachmodelle wie ChatGPT ist genau diese Fragestellung aktueller denn je.

Im Zentrum dieses Gedankenexperiments steht das sogenannte „Imitation Game" (Abb. 8.2). Dabei kommuniziert ein menschlicher Fragesteller schriftlich mit zwei unsichtbaren Gesprächspartnern: einer weiteren Person und einer Maschine. Ziel des Spiels ist es, herauszufinden, wer der Mensch und wer die Maschine ist. Gelingt es der Maschine, ihr Gegenüber so zu täuschen, dass keine klare Unterscheidung mehr möglich ist, gilt sie im Sinne des Tests als „intelligent".

Turings Ansatz war bewusst praxisnah: Ihm ging es nicht darum, ob Maschinen tatsächlich „denken" wie Menschen oder ein Bewusstsein haben. Entscheidend war allein das beobachtbare Verhalten, also ob eine Maschine überzeugend genug agiert, um als menschlich wahrgenommen zu werden. Diese Sichtweise veränderte die damalige Diskussion grundlegend: Statt sich in philosophischen Fragen zu verlieren, schlug Turing ein überprüfbares Kriterium vor, das den Weg für eine experimentelle KI-Forschung ebnete (Turing, 2021).

Wie beschrieben dient auch heute noch der Turing-Test als Denkmodell insbesondere dann, wenn es darum geht, mit Schülerinnen und Schülern über die

Abb. 8.2 Der Turing Test

Grenzen maschineller Intelligenz, über Glaubwürdigkeit in der Kommunikation oder über die Frage zu sprechen, was eigentlich „Verstehen" bedeutet. In einer Welt, in der KI-Systeme in der Lage sind, sehr menschlich wirkende Texte zu erzeugen, bietet dieser historische Bezug einen spannenden Einstieg in die Diskussion mit Schülerinnen und Schülern in aktuelle ethische und didaktische Fragestellungen.

Die offizielle Geburtsstunde der Künstlichen Intelligenz wird häufig auf das Jahr 1956 datiert (Moor, 2006). In diesem Jahr fand an der amerikanischen Dartmouth University eine Konferenz statt, auf der eine Gruppe führender Wissenschaftler erstmals das Ziel formulierte, Maschinen zu entwickeln, die intelligentes Verhalten zeigen können. Diese sogenannte Dartmouth-Konferenz gilt als Startpunkt eines eigenständigen Forschungsfeldes, das bis heute Technik, Gesellschaft und Bildung gleichermaßen beeinflusst.

Die Jahre nach der Konferenz werden oft als „Goldene Ära der KI" bezeichnet. Sie waren geprägt von großem Optimismus und einem festen Glauben daran, dass Maschinen schon bald menschenähnlich denken könnten und somit der Menschheit einen Großteil der täglichen Arbeit abnehmen könne. Forscher wie John McCarthy, Marvin Minsky, Allen Newell und Herbert A. Simon, die heute als Pioniere der KI gelten, entwickelten erste Programme, die einfache Probleme lösen oder logische Schlussfolgerungen ziehen konnten. All dies waren Fähigkeiten, die zuvor ausschließlich Menschen zugeschrieben wurden.

Ein besonders anschauliches Beispiel aus dieser Zeit ist die Arbeit des IBM-Informatikers Arthur Samuel, der ein Computerprogramm entwickelte, das das Brettspiel Dame spielen konnte (Schaeffer & Lake, 1996). Das Besondere an diesem Programm war seine Fähigkeit, durch wiederholtes Spielen zu lernen und seine Strategien zu verbessern. Samuel zeigte, dass ein Computer nicht nur vordefinierten Regeln folgen kann, sondern in der Lage ist, aus Erfahrung zu lernen und dadurch seine Leistung zu steigern. Für damalige Verhältnisse war das ein Durchbruch, der die Vorstellungskraft vieler Menschen beflügelte.

Was bedeutet dies nun genau? Wenn man davon spricht, dass Maschinen aus Erfahrungen lernen und dieses Wissen anwenden, dann bedeutet dies im Wesentlichen, dass sie aus konkreten Beispielen Abstrahieren und Generalisieren können und dieses generische Wissen auf neue, unbekannte Situationen schlüssig anwenden können. Ein Beispiel: Wenn ein Mensch durch eine Tür geht, die er noch nie vorher gesehen oder benutzt hat, dann wird er diese Herausforderung vermutlich mit einer atemberaubenden Kompetenz und Souveränität lösen können und wie selbstverständlich die Tür öffnen. Doch ist diese vermeintliche triviale Situation eigentlich bereits ein Sinnbild dafür, wie wir Gelerntes souverän in neuen, unbekannten Situationen anwenden? Denn genau dieser Mensch hat in seiner Vergangenheit irgendwann einmal eine Tür erstmalig öffnen müssen und hat durch Ausprobieren oder durch Abschauen („Lernen am Modell") gesehen, wie genau diese Tür zu öffnen ist. Er war also in der Lage, den Türdrücker zu erkennen und seine Nutzung zu verstehen – nämlich durch Drücken die Tür öffnen zu können. Diese konkrete Situation mit genau dieser Tür ermöglichte nun, dass er dieses Konzept des „Türdrückerdrückens" generalisieren konnte und fortan Türen, die bisher unbekannt waren, ebenfalls mit diesem Wissen öffnen konnte. Es wurde also eine konkrete Erfahrung so generalisiert, dass sie auf neue, aber ähnliche Situationen schlüssig angewandt werden konnte, denn nicht jeder Drücker sieht exakt identisch aus oder ist absolut gleich zu benutzen. Und mit jeder neuen geöffneten Tür wächst der Erfahrungsschatz und damit die Souveränität beim Öffnen einer Tür. Genau dieses Konzept sollte nun auch den Maschinen gelingen.

In dieser Phase entstand somit das Bild einer nahen Zukunft, in der Maschinen Aufgaben übernehmen würden, die bislang den Menschen vorenthalten schienen von der Problemlösung bis hin zur Sprachverarbeitung. Entsprechend groß war die Bereitschaft, KI-Forschung finanziell zu fördern: Sowohl staatliche Institutionen als auch private Unternehmen stellten erhebliche Mittel bereit, um innovative Projekte zu unterstützen.

Beispielhaft für diese Aufbruchsstimmung sind Entwicklungen wie der General Problem Solver (Ernst & Newell, 1967), ein System zur automatisierten Problemlösung, oder das Programm ELIZA (Weizenbaum, 1966), das in der Lage war, einfache Gespräche mit einem Nutzer zu führen und dabei den Anschein eines echten Dialogs zu erwecken. ELIZA gilt als ein Vorläufer heutiger Chatbots und veranschaulicht, wie früh Forscher begannen, Sprache als Schnittstelle zwischen Mensch und Maschine zu etablieren.

Doch trotz aller Fortschritte zeigte sich allerdings schnell, dass viele Hoffnungen einfach zu ambitioniert gewesen waren. Zwar konnten die entwickelten Programme in begrenzten Bereichen für die damalige Zeit beachtliche Leistungen erzielen, doch von einer „Allgemeinen Intelligenz", also der beschriebenen Fähigkeit, flexibel mit neuen, komplexen Situationen umzugehen, waren sie weit entfernt. Diese Erkenntnis markierte das Ende der ersten Euphoriephase und bereitete den Boden für die Herausforderungen, die in den folgenden Jahren auf die KI-Forschung zukommen sollten.

Trotz der sehr großen Erwartungen und der technologischen Fortschritte der 1950er- und 1960er-Jahre geriet die Künstliche Intelligenz in den 1970er-Jahren in eine deutliche Krise. Ebendiese Phase ist heute als der erste „KI-Winter" bekannt. In dieser Zeit wich die anfängliche Euphorie einer tiefen Ernüchterung der Technologie gegenüber. Die von Wissenschaftlern und Entwicklern formulierten Versprechen hatten sich in der Praxis nicht oder nur unzureichend erfüllt, was zu wachsender Skepsis und einem drastischen Rückgang der finanziellen Unterstützung führte.

Die Ursachen für diesen Rückschritt waren vielfältig, lassen sich aber im Kern auf zwei zentrale Probleme zurückführen: Einerseits waren die theoretischen Modelle der damaligen KI zwar grundsätzlich korrekt, dennoch waren sie aber noch nicht ausgereift genug, um mit der Komplexität realer Anwendungen Schritt zu halten. Andererseits ist aus heutiger Sicht schnell nachvollziehbar, dass die technische Infrastruktur schlicht zu schwach war, um die ambitionierten Ideen der Forschung umzusetzen (Perplexity, 2024).

Ein typisches Beispiel für diese Diskrepanz zwischen Theorie und Praxis waren die sogenannten Expertensysteme. Diese Programme sollten das Wissen von Fachleuten in bestimmte Anwendungsbereiche übertragen. Tatsächlich funktionierten sie jedoch nur in sehr eng definierten, gut strukturierten Kontexten. Sobald die Umgebung komplexer oder weniger vorhersehbar wurde, versagten die Systeme. Die Erwartungen an eine flexibel einsetzbare KI, wie sie in der Goldenen Ära propagiert wurden, konnten somit nicht erfüllt werden.

Zudem reichte die Rechenleistung der damals verfügbaren Computer bei Weitem nicht aus, um anspruchsvollere Lernprozesse oder die Verarbeitung großer Datenmengen zu ermöglichen. Kurzum: Die Konzepte sind zwar durchgehend

Abb. 8.3 Das Chinesische Zimmer

erfolgreich theoretisch formuliert worden, doch fehlten die nötigen technischen Mittel, um sie praktisch umzusetzen. Ohne ausreichende Datenverarbeitung und Speicherkapazitäten konnten die Algorithmen ihr Potenzial nicht entfalten.

Als Folge dessen wurden viele Forschungsprojekte eingestellt oder stark reduziert. Unternehmen und öffentliche Förderinstitutionen zogen sich zurück, die Gelder versiegten. Die KI-Forschung wurde zunehmend auf die Universitäten beschränkt, wo sie unter schwierigen Bedingungen weitergeführt wurde und dies häufig abseits der öffentlichen Wahrnehmung.

In dieser Phase traten nicht nur technologische Grenzen zutage, sondern auch grundlegende philosophische Zweifel. Eine zentrale Rolle spielte hierbei der amerikanische Philosoph John Searle. Mit seinem berühmten Gedankenexperiment des „Chinesischen Zimmers" (Searle, 1980) lieferte er einen kritischen Beitrag zur Frage, ob Maschinen überhaupt in der Lage sein können, echtes Verständnis zu entwickeln (Abb. 8.3).

Searle beschreibt darin die Vorstellung, dass jemand in einem geschlossenen Raum sitzt, ohne Chinesisch zu verstehen. Durch einen Schlitz erhält er Nachrichten auf Chinesisch, zu denen er mithilfe eines Handbuchs passende Antworten ausgibt (ebenfalls auf Chinesisch), die er anschließend wieder hinausgibt. Dieser profane Sachverhalt ist für Außenstehende nicht ersichtlich, sodass es für diese so wirkt, als würde er die Sprache beherrschen. Doch in Wirklichkeit folgt er lediglich syntaktischen Regeln, ohne den Sinn der Zeichen zu verstehen.

Searles Argument lautete: So wie der Mensch im Raum lediglich Zeichen verarbeitet, ohne sie zu verstehen, verarbeiten auch Computer Informationen nur regelbasiert und zwar ohne echtes Bewusstsein, ohne Intention, ohne Semantik. Auch wenn ein Computer den Turing-Test jemals bestehen würde und nach außen hin intelligent erscheint, bedeutet das eben nicht, dass er tatsächlich „versteht" und somit als „intelligent“ im menschlichen Sinne bezeichnet werden kann. Dieses Gedankenexperiment sorgte für eine intensive Debatte über die Grenzen maschineller Intelligenz und die Frage, ob maschinelles Verhalten jemals mit menschlichem Denken gleichgesetzt werden kann.

Diese kritische Perspektive prägte die KI-Diskussion in den späten 1970er-Jahren maßgeblich. Sie trug dazu bei, dass die Forschung ihre ursprüngliche Zielsetzung hinterfragte und sich zunehmend auf realistischere, klarer definierte Anwendungsfelder konzentrierte. Der KI-Winter zeigte anschaulich, dass technologische Entwicklungen in der Regel nicht linear verlaufen und dass Rückschläge und konzeptionelle Hürden integraler Teil des wissenschaftlichen Fortschritts sind.

Im Rückblick kann man jedoch sagen, dass diese Phase keineswegs eine Sackgasse war und dieser KI-Winter die Grundlagen für spätere Erfolge legte. Indem er Schwächen offenlegte, zwang er die Forschung dazu, sich neu zu orientieren, robuster zu denken und langfristig tragfähigere Ansätze zu entwickeln (Russell & Norving, 2021). Für Lehrerinnen und Lehrer zeigt sich hier exemplarisch, wie eng Technik, Philosophie und gesellschaftliche Erwartungen miteinander verknüpft sind und wie wichtig es ist, technologische Entwicklungen auch kritisch zu begleiten und Erwartungen in einem realistischen Verhältnis zu den Möglichkeiten definiert werden müssen.

In den 1980er-Jahren erlebte die Künstliche Intelligenz eine neue Blütephase. Nachdem die Forschung in den 1970er-Jahren durch den ersten KI-Winter stark gebremst worden war, führten technische Durchbrüche, neue Algorithmen und vor allem die Wiederentdeckung früherer Konzepte zu einem erneuten Aufschwung. Diese Phase war nun wieder geprägt von großer Euphorie und der Hoffnung, dass die Entwicklung intelligenter Maschinen mit diesen neuen bzw. wiederentdeckten Ansätzen kurz vor dem Durchbruch stünde (Russell & Norving, 2021).

Parallel dazu entstanden weitere Lernalgorithmen, die das maschinelle Lernen auf eine breitere Basis stellten und Unternehmen entdeckten in dieser Zeit zunehmend das wirtschaftliche Potenzial von Machine Learning, insbesondere für die Optimierung von Produktionsprozessen, die Qualitätskontrolle oder die Analyse von Marktbewegungen. Diese Entwicklungen machten deutlich, dass KI nicht nur ein theoretisches Konzept war, sondern in der Praxis zunehmend echte Lösungen bieten konnte.

Eine zentrale Rolle in dieser Phase spielten auch die zuvor kurz genannten Expertensysteme. Sie basierten auf der Idee, das Wissen erfahrener Fachleute in ein regelbasiertes System zu übertragen. Diese Systeme konnten dann zumindest innerhalb eines eng definierten Fachbereichs auf dieser Basis eigenständig Entscheidungen treffen. In der damaligen öffentlichen Wahrnehmung galten Expertensysteme als erster realistischer Schritt in Richtung echter künstlicher Intelligenz.

Viele Unternehmen investierten massiv in die Entwicklung und Anwendung solcher Systeme, denn sie erhofften sich dadurch Effizienzsteigerungen, Kostensenkungen und eine Stabilisierung von Prozessen. Und tatsächlich waren die Anwendungsbereiche vielfältig: In der Medizin unterstützten Expertensysteme bei der Diagnosestellung, in der chemischen Industrie bei der Planung von Reaktionsprozessen und in der Finanzbranche bei der Analyse von Investitionsentscheidungen.

Dieser Boom in Forschung und Entwicklung sorgte für eine neue Welle der Begeisterung. Großunternehmen wie IBM und Xerox setzten gezielt auf KI-basierte Systeme und auch staatliche Förderungen nahmen wie zuvor wieder zu. Besonders ambitioniert war das japanische Projekt „Fifth Generation Computer Systems“, das von der Regierung mit dem Ziel gestartet wurde, eine technologische Vorreiterrolle im Bereich intelligenter Computersysteme einzunehmen (Moto-Oka, 2012). Expertensysteme galten in dieser Zeit als Fundament einer zukünftigen Wirtschaft, in der automatisierte Entscheidungsfindung zur Schlüsselressource werden sollte.

Doch wie schon in der ersten Goldenen Ära zeigte sich auch in dieser Phase bald, dass viele der (zu) hohen Erwartungen mit den verfügbaren Mitteln nur schwer umzusetzen waren. Dies war eine Erkenntnis, die schließlich zum zweiten Einschnitt in der Geschichte der KI führen sollte.

Der große Optimismus, der die zweite „Goldene Ära“ der Künstlichen Intelligenz geprägt hatte, hielt nicht lange an. Schon gegen Ende der 1980er-Jahre machte sich abermals Ernüchterung breit. Wieder stand die Welt vor der Situation, dass viele der ehrgeizigen KI-Projekte die in sie gesetzten Erwartungen nicht erfüllen konnten und auch die praktische Anwendung erwies sich als weit schwieriger als zunächst angenommen.

Besonders das besagte „Fifth Generation Computer Systems“-Projekt in Japan enttäuschte. Obwohl es mit großen staatlichen Mitteln ausgestattet war und den Anspruch hatte, die internationale Technologieführerschaft im Bereich intelligenter Computersysteme zu übernehmen, blieben die Resultate hinter den Erwartungen zurück – ähnlich wie bei den in den 1980er-Jahren stark beworbenen Expertensystemen, die ja in eng definierten Anwendungsbereichen durchaus nützliche Ergebnisse geliefert hatten, sich jedoch in komplexen, dynamischen Umgebungen als wenig flexibel erwiesen.

Diese Phase wird heute als der zweite „KI-Winter“ bezeichnet. Er begann etwa 1987 und dauerte bis in die frühen 1990er-Jahre an (Crevier, 1993). Wie bereits beim ersten KI-Winter wurde die Forschung stark eingeschränkt: Öffentliche Fördergelder wurden gekürzt, private Investoren zogen sich zurück und zahlreiche KI-spezialisierte Firmen mussten ihre Aktivitäten reduzieren oder ganz einstellen.

Auch auf technologischer Ebene blieb der erhoffte Fortschritt aus, denn die verfügbare Rechenleistung war noch immer nicht ausreichend, um komplexere KI-

Modelle effizient zu betreiben. Zwar existierten theoretische Ansätze, doch fehlte es an der nötigen Hardware und Software-Infrastruktur, um diese im großen Stil zu nutzen. Die Folge war eine spürbare Stagnation: Viele Forschungsprojekte wurden abermals eingestellt, laufende Programme nicht verlängert und das öffentliche Interesse an Künstlicher Intelligenz ebbte deutlich ab.

Trotz dieser Rückschläge hatte der zweite KI-Winter auch hier eine reinigende Wirkung, denn in dieser Phase wurde deutlicher als zuvor, welche Voraussetzungen für den nachhaltigen Erfolg von KI notwendig sind, insbesondere im Hinblick auf Datenverfügbarkeit, Rechenleistung und praktische Anwendungsnähe. Diese Erfahrungen bereiteten schließlich den Boden für die nächste Entwicklungswelle, die Mitte der 1990er-Jahre einsetzen sollte.

In den frühen 1990er-Jahren begann eine erneute Aufwärtsbewegung in der Entwicklung Künstlicher Intelligenz. Die damaligen technologischen Fortschritte ermöglichten es, viele der Hindernisse, die während des zweiten KI-Winters unüberwindbar schienen, nun endlich zu überwinden. Vor allem zwei Entwicklungen trugen dazu bei: eine deutliche Steigerung der Rechenleistung und die zunehmende Verfügbarkeit großer Datenmengen (Mitchell, 1997).

Ein entscheidender Moment in dieser Phase war der Sieg des IBM-Computers Deep Blue über den damaligen Schachweltmeister Garry Kasparow im Jahr 1997 (Hsu, 2002).

Dieses Ereignis hatte große Symbolkraft, denn Deep Blue war in der Lage, mehrere Millionen Schachstellungen pro Sekunde zu berechnen und hochkomplexe Strategien zu analysieren. Das System kombinierte gezielt Rechenstärke mit ausgefeilten Suchalgorithmen, um aus Milliarden möglicher Züge die vielversprechendsten Varianten herauszufiltern. Kasparow unterlag in einem Wettkampf, der weltweit Aufmerksamkeit erregte (Abb. 8.4).

Auch wenn Deep Blue aus heutiger Sicht nicht im eigentlichen Sinne „intelligent“ war, denn das System arbeitete nicht mit Intuition oder Erfahrungswissen, sondern mit roher Rechenleistung, zeigte dieses Duell doch eindrucksvoll, wie Maschinen in klar abgegrenzten, regelbasierten Aufgabenbereichen menschliche Expertise übertreffen können. Der Sieg von Deep Blue war daher nicht nur ein technischer, sondern auch ein symbolischer Durchbruch. Er leitete eine neue Phase ein, in der KI erstmals als ernstzunehmendes Werkzeug in Wirtschaft, Wissenschaft und Gesellschaft zunehmend Beachtung fand. Auch wenn dieses Beispiel aus dem Schachsport stammt, lässt es sich übrigens sehr gut auch didaktisch nutzen, beispielsweise zur Diskussion über strategisches Denken, algorithmische Entscheidungslogik oder als Ausgangspunkt für die Reflexion über maschinelles Können versus menschliche Kreativität im Unterricht.

Abb. 8.4 Deep Blue beim Schach

In den folgenden Jahren wurden weitere, erhebliche Fortschritte erzielt. Die Algorithmen im Bereich des maschinellen Lernens wurden leistungsfähiger, robuster und vielseitiger und konnten nun auch mit deutlich größeren und komplexeren Datenmengen umgehen. Unternehmen erkannten das Potenzial und begannen, KI-Systeme in vielen Bereichen von der Finanzanalyse über medizinische Diagnostik bis hin zur Verarbeitung natürlicher Sprache einzusetzen.

Ein entscheidender Impuls kam auch von der zunehmenden Verfügbarkeit sogenannter Big Data (Mayer-Schönberger & Cukier, 2013). Die explosionsartige Zunahme digitaler Datenquellen stellte der Forschung erstmals die notwendige Datenbasis zur Verfügung, um KI-Modelle umfassend zu trainieren. Dadurch konnten maschinelle Lernverfahren nicht nur in der Theorie verbessert, sondern auch in der Praxis angewendet werden. Die daraus gewonnenen Erkenntnisse ermöglichten völlig neue Anwendungen und sorgten für eine rasche Expansion der KI in nahezu alle gesellschaftlichen Bereiche.

Seit den 2010er-Jahren erlebt die Künstliche Intelligenz einen anhaltenden Aufschwung. Zahlreiche technologische Meilensteine, insbesondere im Bereich des Deep Learning und der Verarbeitung natürlicher Sprache, haben dazu geführt, dass KI-Systeme heute in einem Ausmaß eingesetzt werden, das noch wenige Jahre zuvor als Science-Fiction galt. Unternehmen wie Google, Amazon, Meta, OpenAI oder Anthropic gehören heute zu den führenden Akteuren in der Entwicklung moderner KI-Technologien (Stanford, 2024).

Ein zentraler Faktor dieser Entwicklung ist das sogenannte Deep Learning. Dabei handelt es sich um eine spezielle Form des maschinellen Lernens, die auf tiefen neuronalen Netzen basiert. Diese Netzwerke bestehen aus vielen miteinander verbundenen Schichten mit Neuronen, die in der Lage sind, große Datenmengen zu analysieren und dabei komplexe Muster zu erkennen. Nun war es erstmals möglich, solche Netzwerke mit realistischen Datenmengen zu trainieren und damit maschinelles Lernen auf eine neue Ebene zu heben.

Diese Konzepte werden in folgenden Abschn. 8.2.2 ff. ausführlich beschrieben. An dieser Stelle reicht es, sich die Analogie zum menschlichen Gehirn deutlich zu machen.

Neuronale Netze orientieren sich in ihrer Struktur im Kern an der Funktionsweise des menschlichen Gehirns (Abb. 8.5). Sie bestehen aus vielen miteinander verbundenen künstlichen Neuronen, die auf Basis großer Datenmengen lernen, Muster zu erkennen und Vorhersagen zu treffen.

Ein künstliches Neuron lässt sich in seinem Grundprinzip gut mit einem biologischen Neuron vergleichen, auch wenn die Funktionsweise stark vereinfacht ist. In beiden Fällen geht es darum, Informationen aufzunehmen, zu verarbeiten und

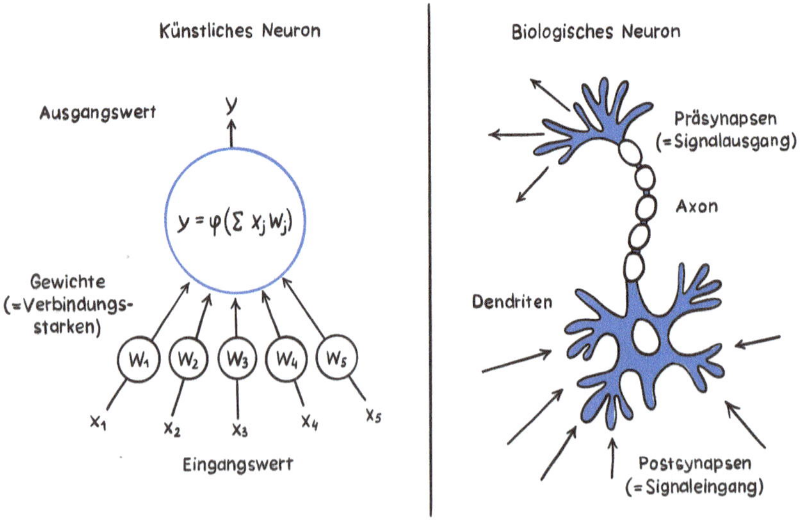

Abb. 8.5 Künstliches und menschliches Neuron

weiterzugeben. Beim biologischen Neuron geschieht dies durch Dendriten, die elektrische Signale aus der Umgebung empfangen und zum Zellkörper weiterleiten. Wird ein bestimmter Schwellenwert überschritten, feuert das Neuron ein Signal durch das Axon über sogenannte Synapsen weiter an andere Nervenzellen.

Das künstliche Neuron arbeitet nach einem ähnlichen Prinzip, das allerdings mathematisch formuliert wird: Es empfängt mehrere Eingangswerte (vergleichbar mit Signalen), multipliziert diese mit bestimmten Gewichtungen (die die Bedeutung der einzelnen Eingänge widerspiegeln), summiert sie auf und entscheidet dann basierend auf einer Aktivierungsfunktion, ob ein Ausgangswert „weitergegeben" wird oder nicht, also das Neuron aktiviert wurde. Die Gewichtungen lassen sich dabei im Lernprozess anpassen, sodass das künstliche Neuron immer besser auf bestimmte Muster reagieren kann.

Diese Analogie hilft, die Funktionsweise künstlicher neuronaler Netze auch im Klassenzimmer greifbarer zu machen. Sie verdeutlicht, wie Technik sich von biologischen Strukturen inspirieren lässt, ohne diese eins zu eins zu kopieren (Goodfellow et al., 2016).

Ein bekannter und wichtiger Meilenstein dieser Entwicklung war der Sieg des von DeepMind entwickelten KI-Systems AlphaGo gegen den weltbekannten Go-Spieler Lee Sedol im Jahr 2016 (Silver et al., 2016). Dieses Ereignis erregte weltweit Aufmerksamkeit, da Go als eines der anspruchsvollsten Strategiespiele überhaupt gilt. Während sich Spiele wie Schach noch mit einem sogenannten Brute-Force-Ansatz, also durch das systematische Durchrechnen aller Möglichkeiten, bewältigen lassen, ist dies bei Go aufgrund der enormen Anzahl an möglichen Spielverläufen kaum realisierbar (Abb. 8.5). AlphaGo wählte daher einen anderen Weg und kombinierte Deep Learning mit einer sogenannten Monte-Carlo-Tree-Suche. So konnte es auf diese Weise nicht nur wahrscheinliche Züge berechnen, sondern auch strategisch bewerten (Abb. 8.6).

Der Schlüssel zum Erfolg lag in zwei neuronalen Netzen: Das erste prognostizierte erfolgversprechende Züge auf Grundlage der aktuellen Spielsituation, das zweite bewertete die Stellung hinsichtlich der Gewinnwahrscheinlichkeit. Trainiert wurde AlphaGo zunächst mit menschlichen Spielzügen (überwachtes Lernen) und anschließend durch Millionen selbst gespielter Partien (Verstärkungslernen). Auf diese Weise konnte das System eigenständig dazulernen und neue Strategien entwickeln. Das Erstaunliche war, dass darunter auch Spielzüge waren, die menschliche Experten überraschten und als besonders kreativ galten.

AlphaGos Erfolg zeigte deutlich, worin sich moderne KI-Systeme von früheren unterscheiden: Während Deep Blue 1997 noch auf reine Rechenleistung setzte, zeichnete sich AlphaGo durch seine Fähigkeit aus, langfristige Strategien zu entwickeln und flexible Lösungen zu finden.

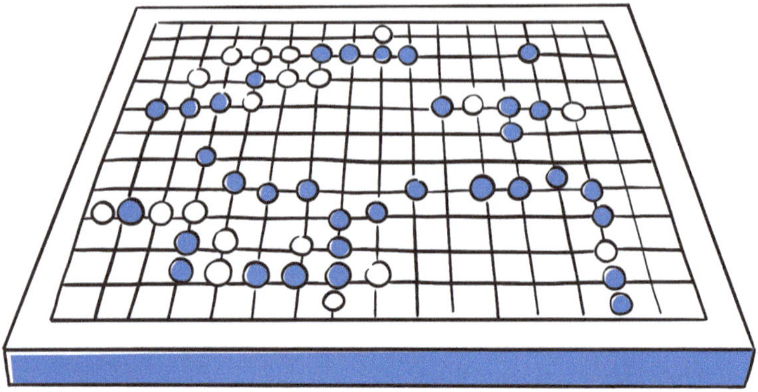

Abb. 8.6 Brettspiel Go

In der Folgezeit wurden die Methoden, die bei AlphaGo zum Einsatz kamen, auf viele andere Anwendungsbereiche übertragen. Besonders große Fortschritte gab es bei der Bilderkennung und Sprachverarbeitung. Mit sogenannten Convolutional Neural Networks (CNNs) gelang es, Bildinhalte automatisiert zu erkennen und zu klassifizieren. Dies ist eine Technologie, die heute unter anderem bei medizinischen Diagnosen, Sicherheitskameras oder der automatischen Verschlagwortung von Fotos in sozialen Netzwerken zum Einsatz kommt.

Ein weiterer wichtiger Durchbruch wurde im Bereich der Verarbeitung natürlicher Sprache erzielt. Mit Hilfe von Natural Language Processing (NLP) lernen KI-Systeme, Sprache zu verstehen, zu interpretieren und sinnvoll zu erzeugen. Die Entwicklung sogenannter Transformer-Modelle, wie BERT oder GPT (Generative Pre-trained Transformer), hat hier für einen erheblichen Qualitätssprung gesorgt, denn diese Modelle können nicht nur Texte analysieren, sondern auch kohärente, kontextbezogene Antworten generieren. Dieses Prinzip wird heutzutage in Chatbots, Übersetzungsdiensten oder automatisierten Textgenerierungssystemen genutzt.

Diese Technologien sind inzwischen tief in den Alltag vieler Menschen vorgedrungen. Sprachassistenten wie Alexa oder Siri, automatische Textvorschläge beim Tippen, personalisierte Nachrichtenfeeds oder Produktempfehlungen im Onlinehandel basieren auf diesen Technologien. Plattformen wie Facebook, Instagram oder YouTube nutzen KI-Algorithmen, um Inhalte zu filtern und an das Nutzerverhalten anzupassen. Dies ist letztlich eine Entwicklung, die einerseits Komfort schafft, andererseits aber auch kritisch hinterfragt werden muss.

Auch wirtschaftlich hat KI weitreichende Auswirkungen. Unternehmen nutzen KI, um Prozesse zu automatisieren, Kundendaten auszuwerten oder ihre Logistik zu optimieren. Im E-Commerce gehören dynamische Preisgestaltung, personalisierte Werbung und automatisierter Kundensupport heute zum Standard. Amazon beispielsweise nutzt KI, um Einkaufserlebnisse zu personalisieren und Lagerhaltung sowie Lieferprozesse maximal effizient zu gestalten.

Ein besonders zukunftsweisendes Feld ist das autonome Fahren. Fahrzeuge, die mithilfe von KI ihre Umgebung analysieren und eigenständig Entscheidungen treffen, könnten den Straßenverkehr revolutionieren. Unternehmen wie Tesla, Waymo oder Uber investieren in die Entwicklung solcher Systeme mit dem Ziel, sicherere, effizientere und umweltfreundlichere Mobilität zu ermöglichen. Doch trotz aller Fortschritte stellen sich hier neben technischen auch rechtliche und gesellschaftliche Fragen. Die Integration in bestehende Infrastrukturen, die Sicherheit im Mischverkehr sowie klare gesetzliche Regelungen sind bislang nicht vollständig gelöst (NHTSA National Highway Traffic Safety Administration, 2023).

Insgesamt lässt sich sagen, dass die moderne Ära der KI einen tiefgreifenden Wandel darstellt. Künstliche Intelligenz ist längst keine theoretische Disziplin mehr, sondern eine praxisnahe, wirtschaftlich relevante und gesellschaftlich wirksame Technologie. Für Lehrerinnen und Lehrer ist es deshalb zentral, Entwicklungen nicht nur technisch zu verstehen, sondern auch pädagogisch einzuordnen: Welche Chancen bietet KI für den Unterricht? Wo liegen Risiken? Und wie lassen sich Schülerinnen und Schüler befähigen, KI-Systeme souverän, kritisch und verantwortungsvoll zu nutzen?

8.2 Künstliche Intelligenz, Maschinelles Lernen und Deep Learning

Die Begriffe „Künstliche Intelligenz", „Maschinelles Lernen" und „Deep Learning" werden im Alltag häufig synonym verwendet. Tatsächlich beschreiben sie jedoch unterschiedliche Konzepte, die eng miteinander verbunden, aber klar voneinander abgrenzbar sind.

Um das Potenzial dieser Technologien zu verstehen und insbesondere, um sie im schulischen Kontext kompetent einordnen und vermitteln zu können, ist es hilfreich, diese Unterscheidungen zu kennen. Die folgenden Abschnitte erläutern deshalb, worin sich KI, Maschinelles Lernen und Deep Learning unterscheiden, wie sie technisch funktionieren und wo ihre jeweiligen Stärken und Einsatzbereiche liegen.

8.2.1 Künstliche Intelligenz

Der Begriff „Künstliche Intelligenz" der in den bisherigen Kapiteln bereits mehrfach verwendet wurde, ist der umfassendste und allgemeinste unter den drei zentralen Konzepten. Er beschreibt Systeme oder Maschinen, die in der Lage sind, Aufgaben zu erfüllen, für die normalerweise menschliche Intelligenz erforderlich ist. Dazu zählen beispielsweise das Verstehen und Verarbeiten natürlicher Sprache, die Analyse und Interpretation von Bildern, das Treffen von Entscheidungen auf Grundlage großer und komplexer Datenmengen sowie die Lösung vielschichtiger Probleme. Künstliche Intelligenz ist somit ein Sammelbegriff für verschiedene technologische Ansätze und Verfahren, mit denen Maschinen dazu befähigt werden sollen, „intelligent" zu handeln (Russell & Norving, 2021).

Innerhalb des Begriffs KI lassen sich unterschiedliche Kategorien unterscheiden, die sich in ihrem Anspruch und ihrer Leistungsfähigkeit erheblich voneinander unterscheiden:

Schwache KI (englisch: Weak AI) bezeichnet Systeme, die für eine klar umrissene Aufgabe entwickelt wurden. Sie verfügen über keine allgemeine Intelligenz, sondern sind darauf ausgelegt, spezifische Funktionen zu übernehmen. Ein Beispiel hierfür sind Sprachassistenten wie Siri oder Alexa. Diese Systeme können beispielsweise Musik abspielen oder einfache Fragen beantworten, verfügen aber nicht über ein umfassendes Verständnis der Welt oder über echtes Bewusstsein.

Starke KI (englisch: Strong AI) hingegen zielt darauf ab, die vollständige Bandbreite menschlicher kognitiver Fähigkeiten abzubilden. Eine solche KI könnte flexibel auf unterschiedlichste Anforderungen reagieren, eigenständig lernen und ähnlich wie ein Mensch komplexe Denkprozesse nachvollziehen. Bislang existiert eine solche Form von KI allerdings nur als theoretisches Konzept. Sie ist Gegenstand intensiver Forschung und ethischer Debatten. Im Kapitel „Wird es eine allgemeine KI geben können?" wird auf diese Fragestellung noch näher eingegangen. Insofern sind alle Formen von KI, die im Alltag eingesetzt werden, als schwache KI zu klassifizieren.

Ein weiteres Unterscheidungskriterium innerhalb der KI-Forschung betrifft die verwendeten methodischen Ansätze. Man unterscheidet hier zwischen symbolischer KI und konnektionistischer KI. Die symbolische KI arbeitet mit expliziten, regelbasierten Systemen, die logische Schlussfolgerungen ziehen können, etwa nach dem Prinzip „Wenn A, dann B". Diese Form war in den frühen Jahrzehnten der KI-

Forschung vorherrschend. Demgegenüber steht die konnektionistische KI, die auf künstlichen neuronalen Netzen basiert und in der Lage ist, aus Beispielen zu lernen. Diese datengetriebenen, lernbasierten Verfahren bilden heute dank des Erfolgs von maschinellem Lernen und Deep Learning den dominierenden Ansatz in der Praxis (Russell & Norving, 2021).

Das Verständnis dieser Unterscheidungen hilft nicht nur dabei, aktuelle Entwicklungen besser einzuordnen, sondern auch bei der kritischen Bewertung von KI-Systemen im schulischen Umfeld. Lehrkräfte, die mit Begriffen wie starker und schwacher KI oder symbolischer und konnektionistischer KI sicher umgehen können, sind besser gerüstet, um Chancen und Risiken im Unterricht, im Kollegium oder in der Diskussion mit Eltern und Schulträgern fundiert zu beurteilen.

8.2.2 Maschinelles Lernen

Maschinelles Lernen, auch ML oder Machine Learning genannt, ist ein spezialisierter Teilbereich der Künstlichen Intelligenz. Ziel ist es, Maschinen so zu konstruieren, dass sie aus Daten lernen und ihre Leistung mit zunehmender Erfahrung verbessern können, ohne für jede einzelne Aufgabe manuell programmiert worden zu sein. Der Übergang erfolgt dabei von klassischen, regelbasierten Systemen hin zu datengetriebenen Methoden.

Die Grundidee besteht darin, dass ein System Muster in vorhandenen Daten erkennt und diese Muster nutzt, um Vorhersagen zu treffen oder Entscheidungen abzuleiten. Ein Beispiel aus dem schulischen Alltag wäre eine Software, die basierend auf den bisherigen Leistungen einer Schülerin oder eines Schülers dessen Lernstand analysiert und Empfehlungen für individuelle Übungsaufgaben generiert.

Maschinelles Lernen lässt sich in verschiedene Typen unterteilen, je nachdem, wie der Lernprozess gestaltet ist:

- **Überwachtes Lernen (Supervised Learning):** Beim überwachten Lernen wird das Modell mit einem Datensatz trainiert, bei dem jede Eingabe mit einer bekannten Ausgabe verknüpft ist. Ziel ist es, diese Beziehungen so gut zu erlernen, dass das Modell bei neuen, unbekannten Daten möglichst präzise Vorhersagen treffen kann (Hastie et al., 2009). Ein einfaches Beispiel ist ein Lernprogramm zur Bildklassifikation, das darauf trainiert wird, Tiere auf Bildern zu erkennen, um etwa zu unterscheiden, ob ein Bild einen Hund zeigt oder nicht (Abb. 8.7). Überwachtes Lernen kommt auch in Bildungssystemen zum Einsatz, die automatisch Aufgaben zuordnen oder Leistungsprognosen berechnen.

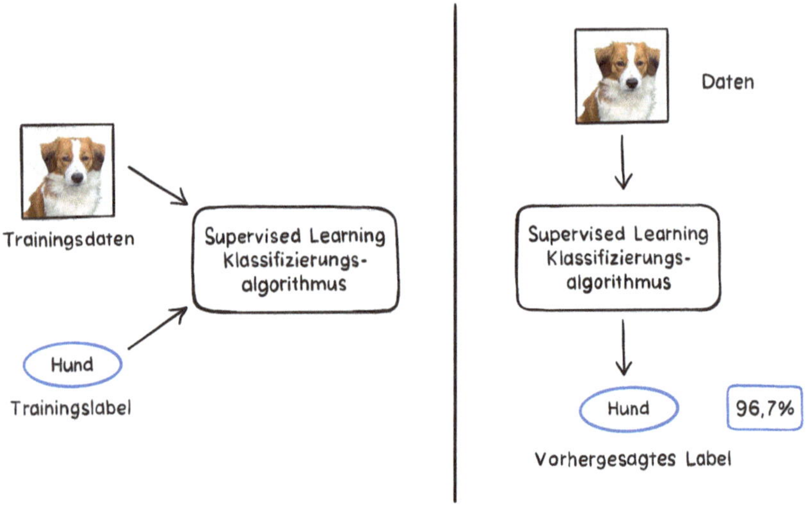

Abb. 8.7 Supervised Learning

- **Unüberwachtes Lernen (Unsupervised Learning):** Bei dieser Methode erhält das Modell keine vorgegebenen Lösungen. Stattdessen versucht es eigenständig, Strukturen oder Muster in den Daten zu identifizieren (Goodfellow et al., 2016). Die Abb. 8.8 verdeutlicht diesen Vorgang anhand eines Beispiels aus dem naturwissenschaftlichen Unterricht. Trainingsdaten mit Bildern von Hunden und Katzen werden einer Anwendung zugeführt, die selbstständig Gemeinsamkeiten und Unterschiede erkennt. Ohne dass ihr vorab Kategorien vorgegeben wurden, bildet sie Gruppen, die sich nach typischen Merkmalen wie Fellstruktur, Körperform oder Gesichtsausdruck unterscheiden. Wird der Anwendung anschließend ein neues Tierbild gezeigt, ordnet sie es der passenden Gruppe zu. Auf diese Weise erfahren Schülerinnen und Schüler, wie maschinelles Lernen eigenständig Muster erkennt und wie solche Verfahren in der Praxis genutzt werden können, etwa bei der automatischen Sortierung von Bildern oder der Erkennung von Tierarten in digitalen Archiven.
- **Bestärkendes Lernen (Reinforcement Learning):** Beim bestärkenden Lernen agiert das Modell in einer Umgebung und erhält je nach Verhalten eine Rückmeldung in Form von Belohnung oder Strafe (Sutton & Barto, 2018). Ziel ist es, durch diese Rückmeldungen Strategien zu erlernen, die langfristig den größten Erfolg bringen. Der Informatiker Arthur Samuel, der ein selbstlernendes Damespiel-Programm entwickelte, gilt als Pionier dieses Ansatzes (Samuel,

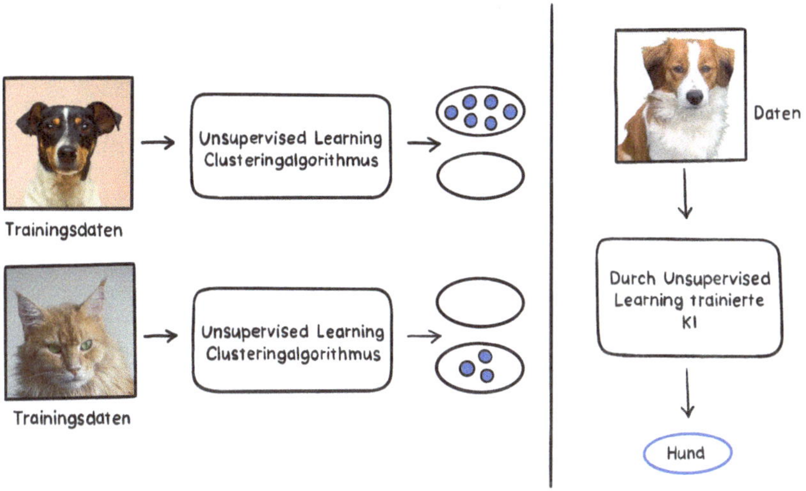

Abb. 8.8 Unsupervised Learning

1959). Im schulischen Kontext lassen sich Elemente des Reinforcement Learnings in Lernsoftware beobachten, die Lernwege individuell anpasst, etwa durch Fortschrittsanzeigen oder motivierende Rückmeldungen (Abb. 8.9).

- **Bestärkendes Lernen mit menschlichem Feedback (Reinforcement Learning with Human Feedback):** Hierbei wird der Lernprozess durch gezieltes menschliches Feedback ergänzt. Diese Methode ist besonders hilfreich in sensiblen Anwendungsfeldern wie der Verarbeitung natürlicher Sprache oder ethischer Entscheidungssituationen. Menschen geben Bewertungen darüber ab, ob die Handlung eines Systems sinnvoll, hilfreich oder akzeptabel war und tragen so dazu bei, dass KI-Systeme menschliche Werte und Kontexte besser berücksichtigen (Stiennon et al., 2020). Solche Modelle kommen beispielsweise in dialogbasierten Systemen wie Chatbots zum Einsatz, die in Lernplattformen verwendet werden.

Ein wesentlicher Aspekt des maschinellen Lernens ist aber auch die Fähigkeit von Modellen, sogar ohne Beispiele (siehe supervised/unsupervised learning) aus der Vergangenheit zu lernen. Dieser Vorgang wird als Zero-Shot, One-Shot oder Few-Shot Learning bezeichnet. Diese Techniken erweisen sich insbesondere in Situationen als wertvoll, in denen nur begrenzt Trainingsdaten zur Verfügung stehen, dennoch aber robuste Modelle entwickelt werden müssen. Dies ist eine Situation, die im Bildungsbereich durchaus häufig vorkommt, etwa bei neuen Themen oder seltenen Fehlerarten in Prüfungen.

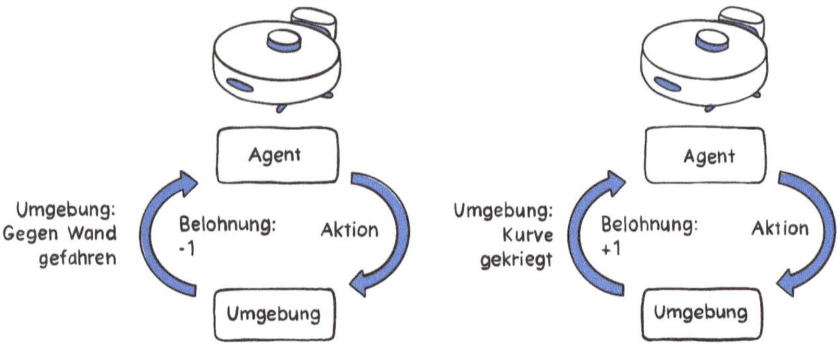

Abb. 8.9 Reinforcement Learning

- **Zero-Shot Learning:** Bei dieser Methode wird ein Modell mit einer Aufgabe konfrontiert, für die es keine konkreten Trainingsbeispiele gesehen hat. Es nutzt sein vorhandenes Wissen, um die neue Situation trotzdem zu bewältigen (Xian et al., 2018). Ein anschauliches Beispiel aus dem schulischen Umfeld wäre ein Schüler, der gelernt hat, Pferde zu erkennen. Wenn er nun hört, dass ein Zebra einem Pferd ähnelt, aber Streifen hat, kann er ein Zebra identifizieren, obwohl er noch nie eines gesehen hat (Abb. 8.10). Für ein KI-System bedeutet das, dass es auf der Grundlage semantischer Zusammenhänge zu einer zutreffenden Schlussfolgerung ohne explizites Training kommt.
- **One-Shot Learning:** Hierbei wird ein Modell mit nur einem einzigen Beispiel trainiert (Fei-Fei et al., 2006). Das ist vergleichbar mit einem Schüler, dem man einmal ein Bild eines Zebras zeigt und erklärt, woran man es erkennt. Anschließend kann er auch andere Zebras identifizieren (Abb. 8.11). In der Informatik ist dies besonders nützlich, wenn nur sehr wenige Trainingsdaten verfügbar sind wie etwa beispielsweise für seltene medizinische Befunde oder neue Kategorien in Lernsystemen.

Als Modell beschrieben verallgemeinert dieses somit von einem Beispiel auf die gesamte Kategorie, was insbesondere in Anwendungsfällen von Vorteil ist, bei denen Daten nur begrenzt oder gar nicht verfügbar sind.

- **Few-Shot Learning:** In dieser Variante lernt das System eine neue Aufgabe auf der Grundlage weniger Beispiele (Vinyals et al., 2016). Das Kind, das nach dem Ansehen mehrerer Zebras lernt, diese Tiere künftig sicher zu erkennen, illustriert dieses Prinzip (Abb. 8.12). In der schulischen Praxis können solche Ansätze dazu beitragen, Lernplattformen zu gestalten, die auch bei selten auftretenden Antwortmustern valide Rückmeldungen geben.

Abb. 8.10 Zero Shot Learning

Abb. 8.11 One Shot Learning

Few-Shot Learning erweist sich insbesondere in realen Szenarien als vorteilhaft, in denen die Sammlung großer Mengen an Trainingsdaten nicht möglich ist, jedoch eine hohe Genauigkeit in der Erkennung und Klassifikation gefordert wird.

Diese Lernmethoden, insbesondere Zero-, One- und Few-Shot Learning, sind eng mit Deep-Learning-Verfahren verknüpft. Sie sind essenziell für Anwendungen,

Abb. 8.12 Few Shot Learning

bei denen Flexibilität und schnelles Generalisieren erforderlich sind, etwa in der automatischen Texterkennung, der Analyse komplexer Schülerlösungen oder in der Sprachverarbeitung. Da sie ohne große Datenmengen auskommen, sind sie besonders interessant für Schulen, in denen personenbezogene Daten nicht in großem Umfang gesammelt oder genutzt werden dürfen.

Maschinelles Lernen bildet somit auch im Bildungsbereich das Rückgrat vieler moderner KI-Systeme. Lehrkräfte profitieren davon, wenn sie Grundprinzipien und Begriffe dieser Systeme verstehen. Dies erleichtert nicht nur die Einschätzung der Qualität und Aussagekraft von KI-Anwendungen, sondern ist auch eine wichtige Voraussetzung, um Schülerinnen und Schüler kompetent und verantwortungsvoll im Umgang mit datenbasierten Technologien zu begleiten.

8.2.3 Deep Learning

Deep Learning, auch abgekürzt als DL, ist ein spezialisierter Teilbereich des maschinellen Lernens, der auf sogenannten tiefen neuronalen Netzen basiert. Diese Netze bestehen aus vielen hintereinandergeschalteten Schichten von künstlichen „Neuronen", die darauf ausgelegt sind, in großen Datenmengen eigenständig Muster zu erkennen. Deep-Learning-Modelle sind besonders leistungsfähig bei Aufgaben, die für herkömmliche Verfahren des maschinellen Lernens nur schwer zu bewältigen sind, beispielsweise bei der automatischen Erkennung von Sprache, der Analyse von Bildern oder der Interpretation komplexer Texte.

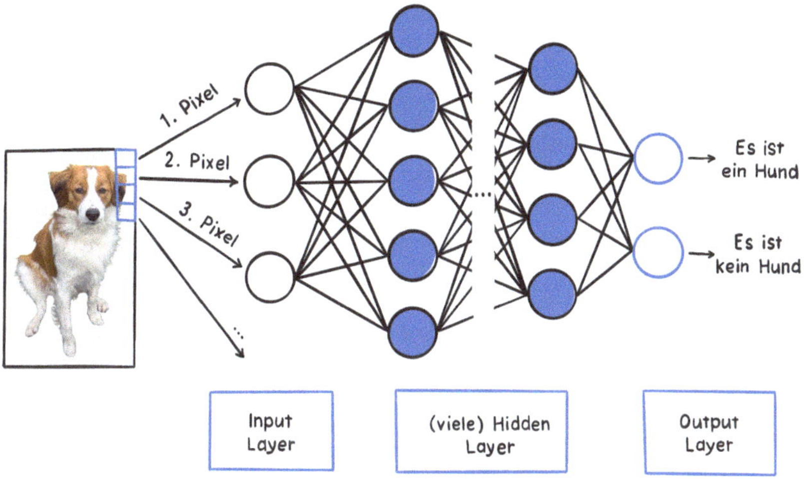

Abb. 8.13 Beispiel eines tiefen neuronalen Convolutional Neural Networks

Der Begriff „deep" bezieht sich dabei auf die Anzahl der Zwischenschichten im neuronalen Netz. Jede dieser Schichten übernimmt eine spezifische Rolle in der Datenverarbeitung. Die Informationen werden schrittweise von den Eingabeschichten über zahlreiche Zwischenstufen bis hin zur Ausgabeschicht weitergegeben. In jeder Schicht findet eine Transformation der Daten statt, wodurch das Modell zunehmend abstraktere Merkmale erkennt (Abb. 8.13).

Ein einfaches Beispiel lässt sich anhand der Bilderkennung veranschaulichen: In den ersten Schichten erkennt das Netz einfache visuelle Elemente wie Linien und Kanten. Die mittleren Schichten kombinieren diese zu Formen oder Konturen. In den letzten Schichten entsteht daraus ein vollständiges Objekt wie etwa ein Gesicht, ein Auto oder ein Tier. Diese hierarchische Struktur ermöglicht es Deep-Learning-Systemen, visuelle Informationen auf eine Weise zu analysieren, die der menschlichen Wahrnehmung ähnelt.

In den vergangenen Jahren haben sich bestimmte Netzarchitekturen besonders bewährt und stark weiterentwickelt:

- Convolutional Neural Networks (CNNs) sind auf die Verarbeitung von Bildern spezialisiert. Sie erkennen Muster und Strukturen in Bilddaten und werden unter anderem für automatische Diagnoseverfahren in der Medizin, für Bilderkennung in Sicherheitsanwendungen oder für das automatische Tagging von Fotos in sozialen Netzwerken eingesetzt. Auch in Bildungsszenarien können

CNNs etwa genutzt werden, um handschriftliche Prüfungen zu analysieren oder visuelle Lerntools zu entwickeln.

- Recurrent Neural Networks (RNNs) eignen sich besonders für die Analyse von zeitlichen oder sequenziellen Daten wie beispielsweise Sprache, Musik oder Text. Sie berücksichtigen den Kontext vorheriger Elemente in einer Sequenz und sind damit in der Lage, zusammenhängende Informationen über längere Zeiträume hinweg zu verarbeiten. Ein RNN kann zum Beispiel in einem digitalen Sprachtrainer verwendet werden, um gesprochene Sätze in Echtzeit zu interpretieren.
- Transformer-Modelle stellen einen weiteren großen Entwicklungsschritt dar. Sie wurden ursprünglich für die Verarbeitung natürlicher Sprache entwickelt, haben sich aber inzwischen in vielen Anwendungsfeldern durchgesetzt. Modelle wie BERT oder GPT basieren auf dieser Architektur. Sie sind in der Lage, komplexe sprachliche Zusammenhänge zu erfassen und Texte zu generieren, die stilistisch und semantisch sehr nah an menschlicher Kommunikation liegen. In schulischen Anwendungen begegnet man ihnen unter anderem in Chatbots, automatisierten Übersetzungsdiensten oder Schreibassistenten.

Deep Learning gilt heute als Motor zahlreicher Innovationen im Bereich der Künstlichen Intelligenz. Seine Fähigkeit, mit großen Datenmengen umzugehen und auch subtile Muster zu erkennen, hat dazu geführt, dass viele KI-Anwendungen erst durch Deep Learning überhaupt möglich wurden. Beispiele hierzu finden sich in der Diagnostik, der Sprachverarbeitung oder der automatischen Texterstellung. Gerade für Lehrkräfte ist es deshalb wichtig, nicht nur die grundlegende Funktionsweise zu verstehen, sondern auch die Chancen und Herausforderungen dieser Technologie im schulischen Kontext einschätzen zu können.

Ein zentrales Einsatzfeld ist die Verarbeitung komplexer visueller Daten. Deep-Learning-Modelle können beispielsweise handschriftliche Lösungen in Klassenarbeiten analysieren, typische Fehlerbilder erkennen oder geometrische Zeichnungen automatisch auswerten. Auch bei der Erkennung von gestischen Eingaben, insbesondere in barrierefreien oder inklusiven Lernszenarien, können Deep-Learning-Verfahren zum Einsatz kommen. So lassen sich Lernumgebungen gestalten, in denen Schülerinnen und Schüler durch Bewegung, Mimik oder Zeichnungen mit digitalen Systemen interagieren.

Ein weiteres bedeutendes Feld ist die Verarbeitung natürlicher Sprache. Anwendungen wie automatische Zusammenfassungen von Schülertexten, sprachlich differenzierte Rückmeldungen oder die adaptive Anpassung von Arbeitsaufträgen an verschiedene Sprachstände nutzen Deep-Learning-Modelle, um sprachliche

Vielfalt im Klassenzimmer zu unterstützen. Auch die automatische Generierung von Lernaufgaben oder Erklärtexten in verschiedenen Sprachniveaus oder Differenzierungsstufen basiert häufig auf solchen Systemen.

Die Fähigkeit dieser KI-Modelle, auch in komplexen Situationen Muster zu erkennen und darauf zu reagieren, eröffnet neue Perspektiven für individualisiertes Lernen, adaptive Diagnostik und sprachlich-kulturelle Teilhabe im Unterricht. Dabei bleibt die Lehrkraft immer die entscheidende Instanz, denn KI kann zwar strukturieren, vorschlagen und entlasten, aber sie ersetzt nicht die pädagogische Entscheidung, welche Intervention für wen tatsächlich sinnvoll ist.

In den vergangenen Jahren hat sich Deep Learning damit zu einem der leistungsfähigsten und gleichzeitig flexibelsten Instrumente im Bereich der Künstlichen Intelligenz entwickelt. Seine besondere Stärke liegt in der Fähigkeit, Probleme zu lösen, die mit traditionellen Methoden des maschinellen Lernens kaum zu bewältigen sind. Die Gründe sind vielfältig, denn Daten können zu unstrukturiert, die Muster zu komplex oder die Reaktionen zu fein abgestimmt sein.

Für Lehrerinnen und Lehrer bietet sich hier eine doppelte Perspektive: Einerseits geht es darum zu verstehen, welche Technologien den Alltag, und auch im schulischen Umfeld, zunehmend prägen. Andererseits eröffnet das Wissen um Deep Learning neue Wege, um Unterrichtsmaterialien, Lernunterstützung oder individuelle Förderung künftig mit digitalen Mitteln zu gestalten. Als aktuell fortschrittlichster Bereich des maschinellen Lernens wird Deep Learning auch in Zukunft eine zentrale Rolle bei der Entwicklung intelligenter Systeme spielen und damit auch im Bildungsbereich weiter an Bedeutung gewinnen.

8.2.4 Training von Deep-Learning-Modellen

Der Trainingsprozess eines Deep-Learning-Modells lässt sich gut mit einem menschlichen Lernvorgang vergleichen. Wer eine neue Fähigkeit wie etwa ein Musikinstrument oder das Lösen mathematischer Aufgaben erlernt, macht zunächst Fehler, reflektiert diese und verbessert sich mit der Zeit. Ganz ähnlich funktioniert das Lernen in künstlichen neuronalen Netzen: Durch wiederholtes Durchlaufen von Beispielen, ständiges Korrigieren der internen Berechnungen und systematische Anpassung ihrer Parameter entwickeln sie nach und nach die Fähigkeit, Muster zu erkennen und Vorhersagen zu treffen.

Zu Beginn des Trainings werden dem Modell große Mengen an Daten zur Verfügung gestellt. Diese bestehen typischerweise aus Eingaben wie Bilder, Texte oder Zahlen sowie den dazugehörigen richtigen Ergebnissen, den sogenannten Labels oder Zielwerten. Im Fall eines Bildklassifizierungsmodells könnten das beispielsweise Fotos von Hunden und Katzen sein, jeweils mit der richtigen Bezeichnung. Das Ziel besteht darin, dass das Modell eine Abbildungsregel erlernt, die neue, unbekannte Bilder korrekt zuordnet beispielsweise als „Hund“ oder „Katze“.

Beim Training durchläuft das neuronale Netz zunächst einen sogenannten Vorwärtsdurchlauf. Dabei werden die Eingabedaten Schicht für Schicht verarbeitet, bis das System am Ende eine Vorhersage trifft. Diese wird dann mit dem tatsächlichen Ergebnis verglichen, wodurch ein Fehlerwert entsteht (man spricht auch vom „Verlust“). Die Höhe dieses Fehlers zeigt an, wie stark das Modell aktuell noch danebenliegt.

Damit das Modell aus diesem Fehler lernen kann, folgt im nächsten Schritt der Rückwärtsdurchlauf. Mithilfe des sogenannten Backpropagation-Algorithmus wird der Fehler durch das Netzwerk zurückgeleitet, und es wird berechnet, wie stark jedes einzelne Gewicht im Netz zur Fehlervorhersage beigetragen hat. Ziel ist es, diese Gewichte so zu verändern, dass der Fehler beim nächsten Durchlauf kleiner wird. Es handelt sich hierbei also um eine schrittweise Optimierung, die über viele Wiederholungen hinweg zur Verbesserung der Modellleistung führt.

Dieser Prozess, bestehend aus Vorwärts- und Rückwärtsdurchlauf, wird sehr viele Male wiederholt, in der Regel über mehrere sogenannte Epochen (Abb. 8.14). In jeder Epoche wird der gesamte Trainingsdatensatz mindestens einmal durchlau-

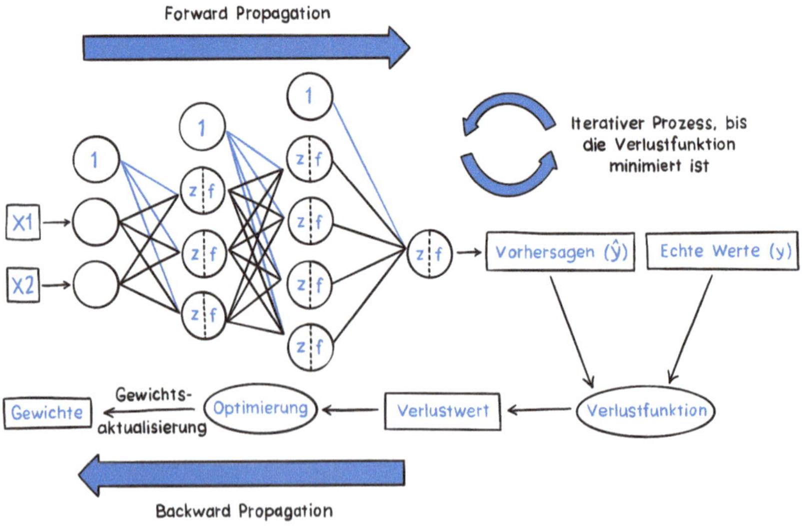

Abb. 8.14 Übersicht eines Trainings

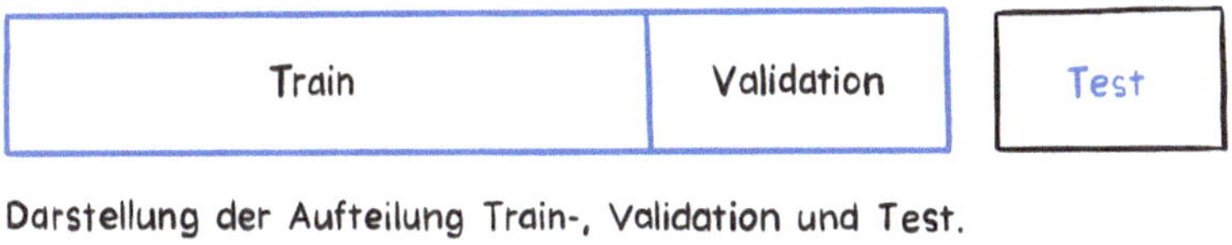

Abb. 8.15 Aufteilung der Daten

fen. Damit das Lernen effizienter erfolgt, werden die Daten meist in kleinere Gruppen unterteilt, sogenannte Batches. So lassen sich Gewichte schon nach wenigen Beispielen anpassen, bevor der nächste Datenabschnitt folgt.

Um die Leistungsfähigkeit des Modells zuverlässig beurteilen zu können, wird der Datensatz typischerweise in drei Teile gegliedert (Abb. 8.15): ein Trainingsdatensatz, mit dem das Modell lernt, ein Validierungsdatensatz zur Feinabstimmung und ein Testdatensatz, der erst ganz am Ende zur Bewertung des Modells verwendet wird. Nur wenn ein Modell auch auf diesen bisher ungesehenen Daten gute Ergebnisse liefert, gilt es als wirklich leistungsfähig.

Vor dem eigentlichen Training müssen zudem einige grundlegende Parameter des Modells festgelegt werden, die sogenannten Hyperparameter. Dazu gehören unter anderem:

- die Lernrate: Sie bestimmt, wie stark die Gewichte bei jedem Schritt angepasst werden.
- die Anzahl der Epochen: Sie gibt an, wie oft das gesamte Training durchlaufen wird.
- die Batch-Größe: Sie definiert, wie viele Datenbeispiele pro Lernschritt verarbeitet werden.
- die Architektur des Netzes: also wie viele Schichten es hat, wie viele Neuronen pro Schicht, und welche Aktivierungsfunktionen verwendet werden.

Die Wahl dieser Einstellungen ist entscheidend für die Leistungsfähigkeit des Modells. In der Praxis erfolgt die Auswahl häufig iterativ: Man testet verschiedene Kombinationen, beobachtet die Ergebnisse und passt die Parameter entsprechend an.

Ein weiterer Aspekt, der im Training eine zentrale Rolle spielt, ist die benötigte Rechenleistung. Tiefe neuronale Netze mit Millionen von Parametern erfordern insbesondere bei großen Datensätzen enorme Rechenkapazitäten. Um die Trainingsdauer auf ein praktikables Maß zu begrenzen, kommen deshalb spezialisierte Hardwarekomponenten wie GPUs (Graphics Processing Units) oder TPUs

(Tensor Processing Units) zum Einsatz. Sie sind dafür optimiert, die vielen parallelen Berechnungen in neuronalen Netzen effizient durchzuführen.

Das Ziel des gesamten Trainingsprozesses ist letztlich die Minimierung des Fehlers, also der Unterschied zwischen dem, was das Modell vorhergesagt hat, und dem, was es hätte vorhersagen sollen (Goodfellow et al., 2016). Je besser diese Optimierung gelingt, desto präziser wird das Modell und desto verlässlicher können seine Ergebnisse später in echten Anwendungssituationen genutzt werden.

8.2.5 Unterschiede und Gemeinsamkeiten

Zusammengefasst lässt sich somit sagen, dass auch wenn die Begriffe Künstliche Intelligenz, Maschinelles Lernen und Deep Learning im Alltag oft austauschbar verwendet werden, handelt es sich somit um klar voneinander abgegrenzte Konzepte. Sie lassen sich auf unterschiedlichen Ebenen verorten, beginnend von der allgemeinen Idee maschineller Intelligenz bis hin zu hoch spezialisierten Verfahren, die auf komplexe Datenmuster reagieren können. Die Zusammenhänge und Unterschiede dieser drei Ebenen lassen sich, wie in Abb. 8.16 dargestellt, noch einmal grundsätzlich wie folgt systematisch ordnen.

Künstliche Intelligenz, also KI, ist der übergeordnete Begriff. Er umfasst alle Systeme, die in der Lage sind, Aufgaben zu übernehmen, für die normalerweise menschliche Intelligenz erforderlich wäre. Das kann einfache Entscheidungsfindung ebenso einschließen wie Sprachverstehen, Problemlösung oder Lernen. KI kann sowohl regelbasiert als auch lernbasiert funktionieren.

Bei regelbasierten Systemen werden Entscheidungen auf Grundlage fester Regeln getroffen, beispielsweise durch sogenannte Wenn-Dann-Anweisungen. Diese sind leicht nachvollziehbar und transparent, aber wenig flexibel. Ein typisches Beispiel aus dem Schulkontext wäre ein digitales Quizsystem, das bei der Eingabe eines bestimmten Wertes immer dieselbe Rückmeldung gibt.

Symbolische KI geht einen Schritt weiter: Hier werden Fakten, Begriffe und deren Beziehungen durch mathematische Logik oder semantische Netze formal beschrieben. Systeme dieser Art können einfache Schlussfolgerungen ziehen, wie zum Beispiel aus den Aussagen „Alle Rechtecke sind Vierecke“ und „Ein Quadrat ist ein Rechteck“ den Schluss „Ein Quadrat ist ein Viereck“.

Demgegenüber stehen lernbasierte Systeme, die ihre Regeln nicht mehr vom Menschen vorgegeben bekommen, sondern selbstständig aus Beispielen ableiten. Sie entwickeln auf Basis von Daten ein Modell, das Vorhersagen oder Entscheidungen trifft, ohne dass jede Regel manuell formuliert wurde. Genau an dieser Stelle beginnt das Maschinelle Lernen.

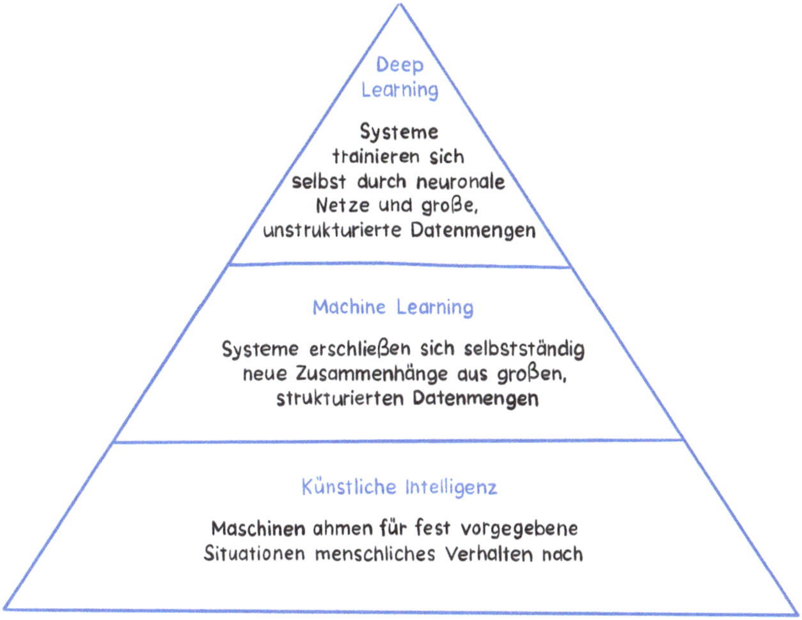

Abb. 8.16 Zusammenhang von KI, Machine Learning und Deep Learning

Maschinelles Lernen (ML) ist ein Teilgebiet der KI, das sich darauf spezialisiert, Strukturen in Daten zu erkennen und daraus selbstständig Handlungsanweisungen oder Klassifikationen abzuleiten. Es benötigt strukturierte Daten und ist besonders geeignet für Aufgaben, bei denen es um Mustererkennung, Prognosen oder das Anpassen an neue Situationen geht. Ein Beispiel wäre ein Lernsystem, das auf Basis der bisherigen Leistungen eines Schülers Vorschläge für passende Übungsaufgaben macht.

Deep Learning (DL) wiederum ist ein hoch spezialisierter Teilbereich des maschinellen Lernens. Es nutzt sogenannte tiefe neuronale Netze, um besonders komplexe und abstrakte Muster in sehr großen Datenmengen zu erkennen. DL ist besonders leistungsfähig, wenn es darum geht, Inhalte zu analysieren, die für klassische ML-Methoden zu vielfältig oder zu subtil sind. Beispiele sind automatische Bildklassifikation, Sprachassistenten oder adaptive Systeme im Bereich des autonomen Fahrens.

Die Begriffe stehen also nicht nebeneinander, sondern bauen systematisch aufeinander auf: Deep Learning ist eine Methode des maschinellen Lernens, das wiederum ein Teilgebiet der umfassenderen Künstlichen Intelligenz darstellt. Diese

Strukturierung hilft dabei, aktuelle Entwicklungen besser einzuordnen und die Leistungsfähigkeit moderner Systeme differenziert zu verstehen.

Die Kombination dieser Ansätze ermöglicht heute den Aufbau hoch entwickelter KI-Systeme, die oft unbemerkt, aber mit weitreichenden Auswirkungen, tief in unseren Alltag integriert sind. In der Schule, im Beruf und im gesellschaftlichen Leben werden solche Systeme künftig noch stärker präsent sein. Lehrkräfte, die diese Zusammenhänge durchdringen, schaffen eine wichtige Grundlage für eine kritische und verantwortungsvolle Auseinandersetzung mit der Technologie nicht nur für sich selbst, sondern auch für ihre Schülerinnen und Schüler (Barenkamp, 2024).

8.2.6 Machine vs. Deep Learning an einem konkreten Beispiel

Stellen Sie sich vor, Sie haben eine große Sammlung digitaler Fotos, auf denen entweder ein Hund oder eine Katze zu sehen ist. Die Aufgabe besteht nun darin, alle Bilder korrekt zu sortieren: Links kommen alle Bilder mit Hunden, rechts alle mit Katzen. Für uns Menschen ist das meist eine leichte Aufgabe. Wir werfen einen kurzen Blick auf das Bild, erkennen bestimmte Merkmale wie etwa Ohrenform, Körperbau oder Fellmuster und entscheiden intuitiv, um welches Tier es sich handelt.

Doch wie sähe es aus, wenn man diese Aufgabe einem Computer überträgt? Wie soll eine Maschine erkennen, ob auf einem Bild ein Hund oder eine Katze zu sehen ist, ohne ein Verständnis für Tiere, Proportionen oder Körpermerkmale zu haben? Genau an dieser Stelle kommen Verfahren der Künstlichen Intelligenz ins Spiel, genauer gesagt: Machine Learning und Deep Learning.

Beide Ansätze verfolgen das Ziel, dem Computer beizubringen, solche Unterscheidungen selbstständig vorzunehmen, also ohne, dass ein Mensch jede mögliche Regel manuell vorgibt. Dennoch unterscheiden sie sich in ihrer Funktionsweise und vor allem darin, wie stark der Mensch in den Lernprozess eingreifen muss. Die folgenden beiden Unterkapitel stellen die beiden Methoden anhand genau dieses Beispiels gegenüber und zeigen, wie Maschinen lernen können, zwischen Hund und Katze zu unterscheiden und zwar entweder durch manuelle Vorgaben oder durch selbstgesteuerte Merkmalsextraktion.

Traditioneller Machine Learning-Ansatz und manuelle Feature-Extraktion
Maschinelles Lernen ist, kurz zur Auffrischung, der Teilbereich der Künstlichen Intelligenz, der Computern die Fähigkeit verleiht, auf Grundlage von Daten zu lernen, ohne für jede einzelne Aufgabe explizit programmiert zu werden. Das be-

deutet: Der Computer muss nicht regelbasiert erklärt bekommen, wie man einen Hund von einer Katze unterscheidet. Stattdessen lernt er durch Beispiele, welche Merkmale typisch für das eine oder das andere Tier sind.

Dieser Lernprozess funktioniert ähnlich wie beim Menschen: Zeigt man einem Kind viele verschiedene Bilder von Hunden und Katzen und benennt die Tiere, wird es irgendwann in der Lage sein, sie eigenständig zu unterscheiden. Es erkennt etwa, dass Katzen meist spitzere Ohren haben, Hunde tendenziell größer sind, dass sich Schnauzenform, Fellmuster oder Augenstellung unterscheiden. Der Computer speichert (auf seine eigene Weise) ganz ähnliche Informationen.

Damit ein Computer diese Fähigkeit entwickeln kann, muss man ihm zunächst zahlreiche Bilder zeigen. Diese Bilder dienen als Trainingsdaten. Im Fall unseres Beispiels bestehen diese Trainingsdaten aus Fotos, die entweder einen Hund oder eine Katze zeigen und dies jeweils mit der entsprechenden Kennzeichnung als „Hund“ oder „Katze“. Ziel ist es, dass das Modell aus diesen Beispielen allgemeingültige Regeln ableitet, um auch neue, bisher unbekannte Bilder korrekt zu klassifizieren.

Abb. 8.17 veranschaulicht, wie ein solcher klassischer Machine Learning-Ansatz funktioniert: Zunächst erfolgt die sogenannte Feature-Extraktion. Der Begriff „Feature“ bezeichnet ein Merkmal oder eine Eigenschaft eines Objekts, die zur Unterscheidung oder Klassifikation genutzt werden kann.

Beim traditionellen Ansatz ist diese Extraktion jedoch keine Aufgabe des Modells, sondern muss vom Menschen vorbereitet werden. Entwickler entscheiden

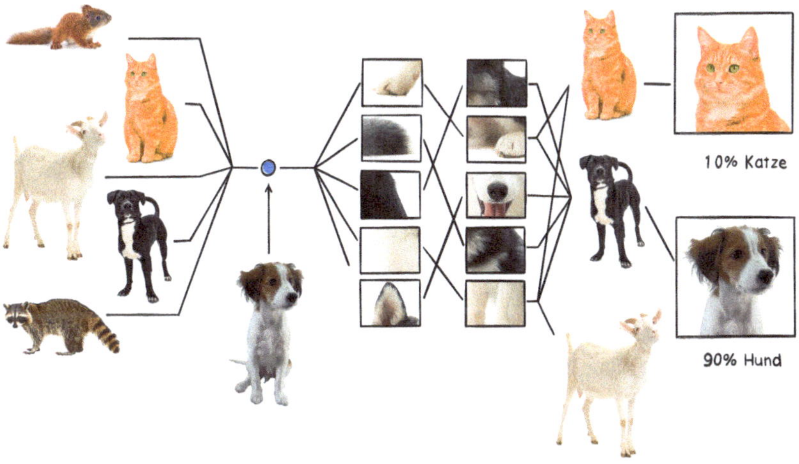

Abb. 8.17 Feature Extraktion bei Katzen und Hunden

also vorab, welche Merkmale relevant sind. Dies ist somit ein Prozess, der sowohl Fachwissen als auch Intuition erfordert. Mögliche Features, die Hunde und Katzen voneinander unterscheiden, könnten etwa sein:

- Hunde haben meist größere Körper als Katzen.
- Katzen besitzen tendenziell spitze, aufrechte Ohren, während Hunde häufig rundere oder hängende Ohren haben.
- Die Schnauze von Hunden ist oft länger und ausgeprägter, bei Katzen dagegen kürzer und runder.
- Das Fellmuster unterscheidet sich: Katzen haben häufiger Streifen oder Punkte, Hunde meist einheitlichere Färbungen.

Diese Merkmale erscheinen uns auf den ersten Blick selbstverständlich, doch ein Computer erkennt sie nicht automatisch. Vielmehr müssen die entsprechenden Bilddaten in eine numerische Form übersetzt werden, die eine Analyse ermöglicht. Digitale Bilder bestehen aus Pixeln, die jeweils durch Zahlenwerte für Helligkeit und Farbe beschrieben werden. Ein Farbbild enthält pro Pixel meist drei Werte: einen für Rot, einen für Grün und einen für Blau. Der Computer sieht also kein Tier, er sieht lediglich Zahlenreihen.

Im ersten Schritt der Verarbeitung wird jedes Bild in eine numerische Matrix überführt. Diese Matrix bildet die Grundlage für die Feature-Extraktion: Hier kann der Computer etwa mithilfe von Kantenerkennungsalgorithmen feststellen, wo sich Farbkontraste abrupt verändern.

Entscheidend ist, dass der Mensch vorgibt, auf welche Features geachtet werden soll. Beispielsweise könnte man dem Modell beibringen, speziell auf die Ohrenform zu achten. Dabei nutzt man Bildanalyseverfahren, um spitze versus abgerundete Formen zu erkennen. Oder man misst die Größe des Tieres im Bild und verwendet diese als Hinweis auf seine Klassenzugehörigkeit.

Sind die Features einmal extrahiert, werden sie dem Algorithmus gemeinsam mit dem Label („Hund“ oder „Katze“) als Teil des überwachten Lernens übergeben. Der Lernalgorithmus analysiert die Daten und versucht, eine mathematische Funktion zu finden, die die Merkmale mit der richtigen Tierzuordnung in Verbindung bringt.

Ein besonders anschaulicher Lernalgorithmus ist der Entscheidungsbaum (Abb. 8.18). Dieses Verfahren erstellt eine Art Abfragestruktur, in der anhand einfacher Ja-Nein-Fragen Schritt für Schritt eine Entscheidung gefällt wird:

- Sind die Ohren spitz? → Ja → Katze
- Ist das Objekt groß? → Ja → Hund
- Hat das Fell Streifen? → Ja → Katze

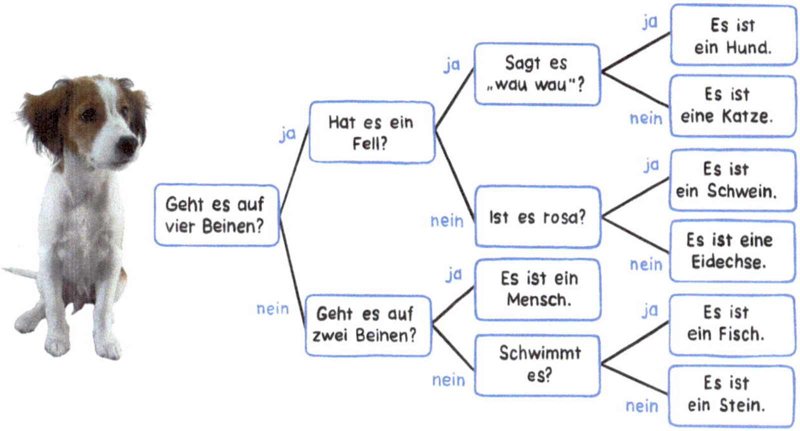

Abb. 8.18 Entscheidungsbaum

Mit jeder neuen Ebene des Baumes verfeinert sich die Klassifikation. Je mehr Daten zur Verfügung stehen, desto differenzierter kann der Baum wachsen und desto besser wird die Klassifikationsleistung.

Nach dem Training wird das Modell auf einem separaten Testdatensatz angewendet, also auf Bilder, die während des Trainings nicht verwendet wurden. Dadurch kann objektiv überprüft werden, wie gut das Modell auf neue Situationen generalisiert. Die Auswertung zeigt, wie viele Bilder korrekt zugeordnet wurden und wie viele Fehlklassifikationen auftreten.

Häufig zeigt sich, dass das Modell in Grenzfällen Probleme hat: etwa, wenn Katzen besonders groß erscheinen oder Hunde untypisch gezeichnet sind. Auch bestimmte Rassen, die visuell uneindeutig wirken, können das System überfordern. In solchen Fällen beginnt der Optimierungsprozess: Neue Features werden hinzugefügt, der Algorithmus angepasst oder weitere Trainingsdaten eingespielt.

Dieser klassische Machine Learning-Ansatz ist transparenter, weil der Mensch kontrolliert, welche Merkmale das System verwendet. Er ist jedoch auch aufwendiger, da das Modell nur so gut sein kann, wie die vorgelagerten menschlichen Entscheidungen zur Merkmalsauswahl.

Man könnte auch sagen: Je besser ein Mensch das Problem versteht und beschreiben kann (feature extraction), desto besser kann das Modell arbeiten. Gerade bei komplexen, schlecht greifbaren Klassifikationsaufgaben stößt dieser Ansatz an seine Grenzen. Genau hier setzt Deep Learning an, wie im folgenden Abschnitt beschrieben.

Deep Learning-Ansatz mit automatischer Feature-Extraktion
Im Unterschied zum traditionellen Machine Learning erfordert Deep Learning keine manuelle Definition der Merkmale, auf die das System bei der Klassifikation achten soll. Stattdessen lernt das Modell *selbstständig*, welche Eigenschaften relevant sind und das direkt aus den Rohdaten. Diese Fähigkeit macht Deep Learning besonders leistungsfähig bei komplexen Aufgaben wie der Bilderkennung, bei denen die relevanten Merkmale sehr vielfältig und schwer vorhersehbar sind.

Auch beim Deep-Learning-Ansatz beginnt der Prozess mit einer großen Sammlung an Bildern von Hunden und Katzen. Allerdings ist der Datenbedarf *wesentlich höher* als beim klassischen Machine Learning. Für ein leistungsfähiges Modell werden in der Regel hunderttausende, mitunter sogar Millionen von Bildern benötigt, damit das neuronale Netz die vielfältigen Merkmale zuverlässig erkennen und generalisieren kann.

Die Bilddaten müssen in numerischer Form vorliegen. Dazu werden die Bilder, wie bereits beschrieben, in Matrizen aus Pixelwerten umgewandelt. Zudem werden sie vor dem Training in der Regel auf eine einheitliche Auflösung gebracht und normalisiert, um die Berechnungen zu stabilisieren und den Lernprozess zu beschleunigen.

Der zentrale Unterschied liegt nun darin, dass die Merkmalsextraktion nicht vom Menschen vorgenommen wird, sondern vom Deep-Learning-Modell selbst. Zum Einsatz kommt hier meist ein sogenanntes Convolutional Neural Network, kurz CNN. Diese spezielle Netzarchitektur ist besonders gut geeignet für visuelle Daten und hat sich bei der Bildklassifikation als Standardverfahren etabliert.

Abb. 8.19 zeigt schematisch, wie ein Deep-Learning-Ansatz für die Unterscheidung von Hunden und Katzen aufgebaut sein kann. Das Netzwerk besteht aus mehreren aufeinanderfolgenden Schichten, die jeweils unterschiedliche Funktionen übernehmen. Die wichtigsten Komponenten werden in Abb. 8.20 näher erläutert:

- **Convolutional Layers:** Diese Faltungsschichten analysieren lokale Bildbereiche mithilfe kleiner Filter. Sie erkennen einfache Muster wie Kanten, Ecken oder Farbverläufe. Jede Schicht lernt neue, zunehmend komplexere Merkmale, indem sie die Ergebnisse vorheriger Schichten weiterverarbeitet. Die entstehenden sogenannten Feature Maps zeigen, wo im Bild bestimmte Merkmalsmuster auftreten.
- **Pooling Layers:** Diese Schichten reduzieren die Größe der Feature Maps, indem sie die wichtigsten Informationen extrahieren und zusammenfassen. Dadurch wird die Rechenlast verringert und das Modell robuster gegenüber Verschiebungen, Verzerrungen oder leichten Bildveränderungen.

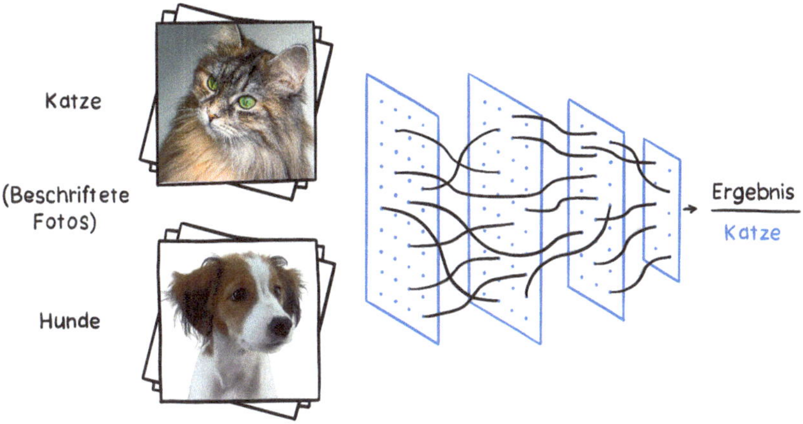

Abb. 8.19 Deep Learning Ansatz bei Hunden und Katzen

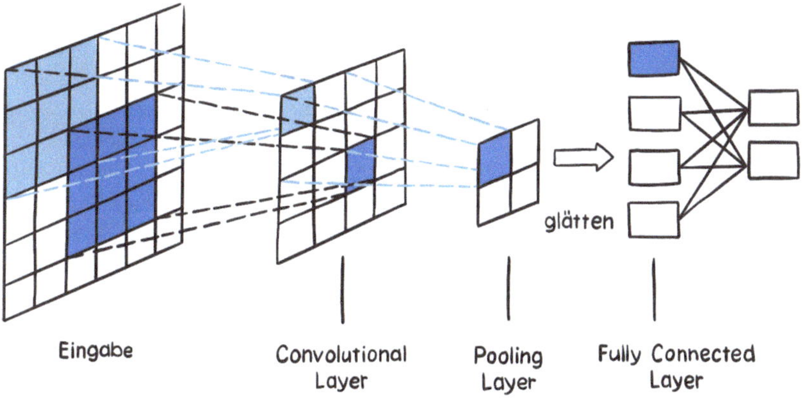

Abb. 8.20 Beispiel einer Netzwerkarchitektur

- **Fully Connected Layers:** In den abschließenden Schichten werden alle extrahierten Merkmale zusammengeführt und zu einer endgültigen Entscheidung verarbeitet. Hier erfolgt die eigentliche Klassifikation: Das Modell gibt als Ergebnis etwa die Wahrscheinlichkeit aus, dass das Bild einen Hund oder eine Katze zeigt.

Das Besondere an dieser Architektur ist, dass das Modell bei jedem Durchlauf dazulernt. Im Training vergleicht es seine Vorhersage mit dem tatsächlichen Ergebnis, berechnet den Fehler und passt seine internen Gewichtungen so an, dass dieser

Fehler beim nächsten Mal geringer ausfällt. Dieser Vorgang wiederholt sich über viele sogenannte Epochen, also Trainingsdurchläufe über den gesamten Datensatz hinweg.

Im Gegensatz zu Entscheidungsbäumen oder anderen klassischen Algorithmen sind Deep-Learning-Modelle weniger transparent. Es ist oft nicht nachvollziehbar, welche konkreten Merkmale im Bild ausschlaggebend für eine bestimmte Entscheidung waren. Man spricht daher vom sogenannten Black-Box-Charakter solcher Modelle. Gleichzeitig zeigen sie eine beeindruckende Leistungsfähigkeit – insbesondere bei sehr feinen Unterscheidungen, die für den Menschen schwer zu beschreiben, aber für das Modell erkennbar sind.

Nach dem Training erfolgt – wie beim klassischen Machine Learning – eine Überprüfung des Modells anhand eines separaten Testdatensatzes. Diese Evaluation zeigt, wie gut das Modell auf bisher unbekannte Daten reagiert und ob es zur praktischen Anwendung taugt.

Ist das Modell noch nicht genau genug, gibt es mehrere Optimierungsmöglichkeiten. Eine zentrale Maßnahme ist das Hinzufügen weiterer Trainingsdaten. Je mehr verschiedene Beispiele das Netzwerk sieht, desto robuster wird seine Fähigkeit zur Generalisierung. Eine andere Möglichkeit ist die Anpassung der Netzwerkarchitektur – etwa durch Veränderung der Schichtanzahl, der Filtergrößen oder der Aktivierungsfunktionen. Auch Regularisierungstechniken wie Dropout helfen dabei, ein Überanpassen auf die Trainingsdaten zu vermeiden.

Zur Veranschaulichung: Angenommen, Ihnen steht ein Datensatz mit einer Million Bildern zur Verfügung, die jeweils entweder einen Hund oder eine Katze zeigen. Die Bilder enthalten Tiere in unterschiedlichen Posen, Lichtverhältnissen, Größen und Rassen. Vor dem Training werden die Bilder auf eine einheitliche Auflösung skaliert und normalisiert. Anschließend wird ein geeignetes Netzwerk konfiguriert, das während des Trainings lernt, immer differenzierter zwischen den beiden Tierarten zu unterscheiden.

Am Ende des Prozesses steht ein leistungsfähiges Modell, das in der Lage ist, auch auf neuen Bildern die Tierart zuverlässig zu identifizieren. Eine denkbare Anwendung wäre etwa eine mobile App, die ein aufgenommenes Foto analysiert und direkt anzeigt, ob darauf ein Hund oder eine Katze zu sehen ist. Ein solches System kann innerhalb von Sekundenbruchteilen Entscheidungen treffen – auf Basis eines zuvor langwierigen, aber systematisch durchgeführten Lernprozesses.

Deep Learning zeigt hier seine besondere Stärke: Es kann extrem komplexe Muster in sehr großen Datenmengen erkennen, ohne dass der Mensch vorgibt, worauf genau zu achten ist. Dieser Grad an Autonomie macht es zur derzeit leistungsfähigsten Methode für viele Aufgaben im Bereich der Künstlichen Intelligenz.

8.2.7 Vorteile des Deep Learning-Ansatzes

Der Deep-Learning-Ansatz bietet eine Reihe von Vorteilen gegenüber traditionellen Machine-Learning-Methoden. Insbesondere bei Aufgaben wie der Bild- oder Spracherkennung zeigt sich, dass neuronale Netze durch ihre besondere Struktur zu sehr leistungsfähigen Ergebnissen führen können. Die wichtigsten Vorteile im Überblick:

- **Automatische Feature-Extraktion:** Einer der größten Pluspunkte von Deep Learning besteht darin, dass die Merkmale, die für die Klassifikation benötigt werden, automatisch durch das Netzwerk gelernt werden. Es ist nicht mehr notwendig, dass ein Mensch vorab entscheidet, auf welche Merkmale geachtet werden soll. Das reduziert nicht nur den Aufwand erheblich, sondern macht den Einsatz auch dort möglich, wo das manuelle Herausarbeiten von Merkmalen schwierig oder gar unmöglich wäre.
- **Höhere Genauigkeit:** Deep-Learning-Modelle erreichen in vielen Bereichen eine signifikant höhere Genauigkeit als klassische Machine-Learning-Algorithmen. Dies liegt daran, dass sie auch sehr komplexe und nichtlineare Zusammenhänge in den Daten erkennen können, die für herkömmliche Verfahren schwer zu erfassen sind.
- **Skalierbarkeit:** Ein weiterer Vorteil ist die gute Skalierbarkeit. Deep-Learning-Modelle lassen sich besonders gut mit großen Datenmengen trainieren. Im Gegenteil zu klassischen Ansätzen verbessert sich ihre Leistung mit zunehmender Datenmenge sogar deutlich.
- **Flexibilität:** Die Grundarchitektur eines Deep-Learning-Modells lässt sich mit relativ geringem Aufwand auf unterschiedliche Aufgaben anwenden. Das bedeutet, dass das gleiche Netzkonzept – etwa ein Convolutional Neural Network – sowohl zur Erkennung von Hunderassen als auch zur Analyse medizinischer Bilder eingesetzt werden kann, lediglich durch Anpassung der Trainingsdaten.

8.2.8 Herausforderungen und Grenzen des Deep Learning-Ansatzes

Trotz aller Vorteile gibt es auch klare Herausforderungen und Grenzen, die beim Einsatz von Deep Learning berücksichtigt werden müssen:

- **Datenintensität:** Deep-Learning-Modelle benötigen große Mengen an Trainingsdaten, um leistungsfähig zu sein. In vielen praktischen Szenarien stehen jedoch nur begrenzte Datenmengen aus Datenschutzgründen, durch eingeschränkten Zugang oder schlicht durch fehlende Daten zur Verfügung.

- **Rechenressourcen:** Das Training tiefer neuronaler Netze ist sehr rechenintensiv. In der Regel wird spezialisierte Hardware benötigt, etwa moderne Grafikprozessoren (GPUs) oder Tensor Processing Units (TPUs). Ohne diese technischen Voraussetzungen ist der Aufbau leistungsfähiger Modelle kaum möglich.
- **Erklärbarkeit:** Deep Learning wird häufig als „Black Box" beschrieben. Das bedeutet, dass man oft nicht nachvollziehen kann, welche internen Zusammenhänge genau zur getroffenen Entscheidung geführt haben. Gerade in sicherheitskritischen Bereichen, zum Beispiel im medizinischen oder juristischen Umfeld, ist dies problematisch, weil dort nachvollziehbare Entscheidungen erforderlich sind.
- **Überanpassung (Overfitting):** Wie bereits beschrieben, besteht die Gefahr, dass ein Deep-Learning-Modell nicht generalisiert, sondern lediglich die Trainingsdaten auswendig lernt. In diesem Fall erzielt es zwar gute Ergebnisse auf bekannten Daten, versagt jedoch bei neuen, unbekannten Beispielen. Um dem entgegenzuwirken, kommen Techniken wie Regularisierung, Dropout oder Datenaugmentation zum Einsatz.

Ein **Tensor** ist eine geordnete Anordnung von Zahlen in mehreren Dimensionen. Man kann sich das vorstellen wie eine Zahlentabelle, die sich nicht nur in Zeilen und Spalten, sondern auch in weitere Richtungen ausdehnen kann, etwa bei einem Bild mit Höhe, Breite und Farbinformation. In der künstlichen Intelligenz werden Daten wie Bilder, Ton oder Text in dieser Form dargestellt, damit sie vom System rechnerisch verarbeitet werden können.

8.2.9 Wann welchen Ansatz wählen?

Die Entscheidung zwischen einem klassischen Machine-Learning-Modell und einem Deep-Learning-Ansatz hängt von verschiedenen Faktoren ab. Abb. 8.21 veranschaulicht den Zusammenhang beider Verfahren.

Vereinfacht lässt sich sagen: Wenn das zugrunde liegende Problem vom Menschen gut beschrieben werden kann, also wenn relevante Merkmale gezielt identifizierbar sind und nur eine begrenzte Menge an qualitativ hochwertigen Daten zur Verfügung steht, ist klassisches Machine Learning oft die bessere Wahl. Wenn dagegen das Problem sehr komplex ist, für den Menschen schwer zu formalisieren

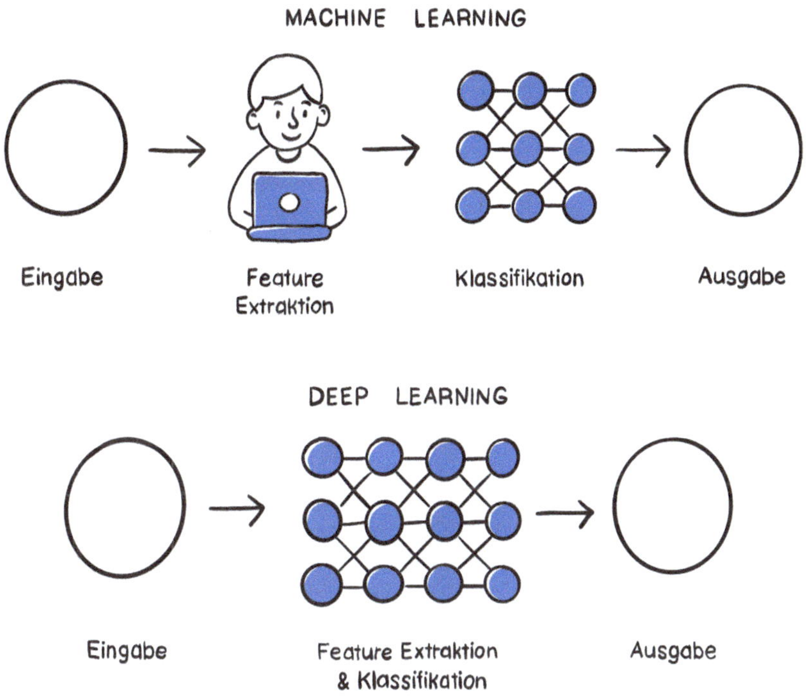

Abb. 8.21 Deep Learning und Machine Learning

und gleichzeitig große Mengen an Daten vorhanden sind, spielt Deep Learning seine Stärken aus. In solchen Fällen kann ein neuronales Netz relevante Zusammenhänge erkennen und zu einer funktionalen Lösung gelangen, die auf manuellem Weg nur schwer zu erreichen wäre.

In der Praxis greift diese Vereinfachung jedoch oft zu kurz. Die Auswahl des geeigneten Ansatzes sollte stets unter Berücksichtigung folgender Aspekte erfolgen:

- **Datenmenge:** Stehen große, vielfältige und repräsentative Datenmengen zur Verfügung, ist Deep Learning häufig die leistungsstärkere Lösung. Bei kleineren Datensätzen sind klassische Verfahren oft stabiler und robuster.
- **Rechenressourcen:** Wenn leistungsfähige Hardware verfügbar ist, kann der Einsatz von Deep Learning sinnvoll sein. Ohne entsprechende technische Ausstattung können traditionelle Methoden schneller und effizienter implementiert werden.

- **Komplexität der Aufgabe:** Bei sehr anspruchsvollen Klassifizierungsproblemen, etwa der Erkennung spezifischer Merkmale innerhalb von Bildern mit hoher Variabilität, bietet Deep Learning klare Vorteile. Für klar definierte, einfach strukturierte Aufgaben reicht häufig ein traditioneller Algorithmus aus.
- **Erklärbarkeit:** Wenn Entscheidungen transparent nachvollziehbar sein müssen, beispielsweise im Bildungsbereich, in der Medizin oder im Finanzwesen, sind klassische Machine-Learning-Verfahren mit besser interpretierbaren Entscheidungsstrukturen häufig vorzuziehen.
- **Zeit- und Ressourcenaufwand:** Der Aufbau und das Training von Deep-Learning-Modellen ist aufwendig. Der Prozess erfordert nicht nur umfangreiche Rechenzeit, sondern auch eine sorgfältige Konfiguration und Nachjustierung des Modells. Wenn schnelles Prototyping oder unkomplizierte Anwendbarkeit im Vordergrund stehen, kann ein traditioneller Ansatz vorteilhaft sein.

Das bereits durchgängig verwendete Beispiel der Hunde- und Katzenerkennung zeigt die jeweiligen Stärken und Grenzen anschaulich: Klassische Machine-Learning-Methoden benötigen manuell definierte Merkmale und funktionieren mit kleineren Datenmengen. Sie sind leichter interpretierbar, schneller zu implementieren und ressourcenschonender, aber dafür in ihrer Leistungsfähigkeit oft begrenzt.

Deep Learning hingegen erlaubt die automatische Extraktion hochkomplexer Merkmale direkt aus Rohdaten, erzielt bei entsprechendem Training oft eine deutlich höhere Genauigkeit und ist prädestiniert für große, variantenreiche Datenbestände. Dafür sind hohe Rechenleistung, umfangreiche Daten und mehr Entwicklungsaufwand erforderlich, und die interne Funktionsweise ist in der Regel nicht leicht erklärbar.

In der praktischen Anwendung zeigt sich daher, dass beide Ansätze ihre Berechtigung haben. Sie werden je nach Anwendungsfall einzeln oder auch kombiniert eingesetzt. Tab. 8.1 fasst die zentralen Unterscheidungsmerkmale zusammen und bietet eine erste Orientierung für die Auswahl des geeigneten Modells.

Unabhängig von der gewählten Methode zeigen beide Ansätze: Machine Learning und Deep Learning sind mächtige Werkzeuge, um Klassifizierungsaufgaben zu lösen. Sie eröffnen sowohl im Alltag als auch in spezialisierten Anwendungsfeldern neue Möglichkeiten – sei es in der Automatisierung, in der Analyse komplexer Sachverhalte oder in der Entwicklung individueller, intelligenter Systeme.

Tab. 8.1 Vergleich ML und DL

Kriterium	Machine Learning	Deep Learning
Feature-Extraktion	Manuell durch den Entwickler definiert	Automatisch durch das neuronale Netz gelernt
Datenanforderungen	Weniger Daten erforderlich	Große Datenmengen notwendig
Komplexität der Merkmale	Beschränkt auf vordefinierte, oft einfache Merkmale	Kann komplexe und abstrakte Merkmale erkennen
Rechenaufwand	Gering bis moderat	Hoch, insbesondere für das Training
Genauigkeit	Gut, aber oft niedriger als Deep Learning	Höher, besonders bei großen und komplexen Datensätzen
Erklärbarkeit	Höher, da die Entscheidungsregeln klar definiert sind	Geringer, da die internen Prozesse schwer nachvollziehbar sind
Flexibilität	Weniger flexibel, erfordert oft spezifische Anpassungen	Hoch, kann für verschiedene Aufgaben mit minimalen Änderungen verwendet werden

8.2.10 Herausforderungen und Grenzen

Trotz der beachtlichen Fortschritte im Bereich des maschinellen Lernens und des Deep Learning bestehen weiterhin zentrale Herausforderungen, die bei der Anwendung berücksichtigt werden müssen. Auch wenn heutige Systeme in der Lage sind, komplexe Aufgaben zu lösen und in vielen Fällen eine hohe Genauigkeit erreichen, darf man ihre Grenzen nicht übersehen.

Ein grundlegendes Problem liegt im fehlenden Begriffsverständnis der Modelle. Ein Deep-Learning-System kann zwar aus Millionen von Bildern lernen, zwischen einem Hund und einer Katze zu unterscheiden, doch es versteht nicht, was ein „Hund" oder eine „Katze" im eigentlichen Sinne ist. Der Computer erkennt keine semantische Bedeutung, sondern lediglich statistische Muster in den Trainingsdaten.

Das führt zu Schwierigkeiten bei der Generalisierung. Ein Modell, das erfolgreich mit Bildern trainiert wurde, auf denen Hunde und Katzen in typischen Haltungen, Farben oder Lichtverhältnissen zu sehen sind, kann leicht überfordert sein, wenn es auf eine ungewohnte Darstellung trifft. Ein Hund mit einem Halloween-Kostüm oder eine Katze, die sich in einer ungewöhnlichen Pose befindet, kann vom System möglicherweise nicht mehr korrekt eingeordnet werden, weil diese Variante im Trainingsdatensatz nicht oder nur unzureichend repräsentiert war.

Ein weiteres Problemfeld betrifft die sogenannte Verzerrung, im Englischen als „Bias" bezeichnet. Wenn die Trainingsdaten nicht ausgewogen sind, zum Beispiel weil sie nur bestimmte Rassen, Perspektiven oder Bildausschnitte enthalten, wird das Modell lernen, genau diese Merkmale als typisch anzusehen. Das kann zu Fehlklassifikationen führen, sobald es mit neuen, anders gelagerten Beispielen konfrontiert wird. Ein Hund, der nicht der dominanten Rasse im Datensatz entspricht, wird womöglich nicht als solcher erkannt, weil die Vielfalt im Trainingsmaterial nicht ausreichend war.

Diese Verzerrungen entstehen oft unbewusst dadurch, dass frei verfügbare Bilder aus dem Internet bestimmte visuelle Muster stärker repräsentieren als andere. Ein hoher Anteil an Studiofotos, eine bevorzugte Darstellung von hellen Tieren oder eine bestimmte Kameraperspektive können das Modell in eine Richtung lenken, die bei der späteren Anwendung problematisch ist. Die Modelle lernen, was ihnen gezeigt wird und nicht, was in der Realität objektiv existiert.

All diese Herausforderungen verdeutlichen: Künstliche Intelligenz funktioniert nicht magisch, sondern ist stark abhängig von der Qualität, Vielfalt und Repräsentativität der Trainingsdaten. Der bewusste und kritische Umgang mit Daten, Methoden und Einsatzgebieten bleibt daher eine unverzichtbare Voraussetzung für den sinnvollen und verantwortungsvollen Einsatz von lernenden Systemen.

8.2.11 Vermeintliche Fähigkeiten und der Irrtum menschlicher Zuschreibung

Ein wesentliches Problem im Umgang mit KI-Systemen ergibt sich hierbei übrigens weniger aus der Technik selbst, sondern vielmehr aus der Art und Weise, wie wir Menschen ihre Leistungen interpretieren. Die hohe Prognosegenauigkeit und Leistungsfähigkeit vieler aktueller Systeme, sei es bei der Bildklassifikation, Texterkennung oder Sprachausgabe, führt mitunter dazu, dass man ihnen weitergehende Fähigkeiten zuschreibt, die sie allerdings gar nicht besitzen. In der Praxis beobachtet man immer wieder, dass Nutzer aus der erfolgreichen Bewältigung einer spezifischen Aufgabe den Schluss ziehen, ein System könne automatisch auch verwandte oder logisch anschließende Aufgaben lösen. Dies ist in der Regel eine Annahme, die trügerisch ist.

Dieses Missverständnis basiert auf einem zutiefst menschlichen Denkreflex, welches man an dem aktuellen Beispiel erläutern kann, denn wenn ein System so verlässlich zwischen Hunden und Katzen unterscheiden kann, warum sollte es dann nicht auch ein Pferd erkennen können? Schließlich handelt es sich ja ebenfalls um ein Tier, es hat vier Beine, Ohren, Fell, die Gemeinsamkeiten scheinen somit offensichtlich. Jeder Mensch könnte dies! Doch genau hierin liegt ein fundamentaler Trugschluss: Dieses Modell erkennt keine Kategorien im semantischen Sinne, es „weiß“ also nicht, *was* ein Tier ist, es abstrahiert nicht und versteht keine Zusammenhänge. Es erkennt lediglich Muster, die es zuvor gesehen hat. Hat ein System ausschließlich Bilder von Hunden und Katzen gelernt, fehlt ihm jegliche Vorstellung von einem Pferd. Wird ihm dennoch ein solches Bild vorgelegt, versucht es, die ihm vorliegenden Informationen in die bekannten Kategorien einzuordnen mit möglicherweise grotesken Ergebnissen. So kann es durchaus vorkommen, dass das Pferd mit einer Wahrscheinlichkeit von acht Prozent als Katze klassifiziert wird und dies nicht, weil das System „dumm“ ist, sondern weil es schlichtweg nie ein Pferd gesehen hat und mit seinen beschränkten Vergleichsmöglichkeiten arbeitet.

Diese Form des Irrtums hat tiefgreifende Konsequenzen für den schulischen und pädagogischen Einsatz. Wer KI-Systeme unreflektiert verwendet und ihnen Fähigkeiten unterstellt, die über ihr tatsächliches Gelerntes hinausgehen, riskiert Fehlinterpretationen und möglicherweise auch falsche pädagogische oder diagnostische Entscheidungen. Das gilt etwa für Anwendungen, die zur automatisierten Analyse von Schülerantworten, zur Förderdiagnostik oder im Bereich des adaptiven Lernens eingesetzt werden. Wer sich auf die scheinbare Kompetenz eines Modells verlässt, ohne seine Grenzen zu kennen, kann schnell in eine trügerische Sicherheit geraten.

Daher ist es essenziell, künstliche Intelligenz nicht als autonom handelndes oder „verstehendes“ System zu betrachten, sondern als Werkzeug, das gezielt gesteuert und kritisch hinterfragt werden muss. Die Verantwortung liegt nicht bei der Maschine, sondern stets bei den Menschen, die sie einsetzen. Lehrkräfte und auch Schülerinnen und Schüler müssen lernen, diese Systeme richtig einzuordnen, sie zu kontrollieren und mit ihren Ergebnissen bewusst umzugehen. Nur so kann verhindert werden, dass sich ein falscher Gebrauch einschleicht und die Systeme in Kontexten genutzt werden, für die sie weder trainiert noch geeignet sind.

8.2.12 Herkömmliche Programmierung und Erstellung von KI-Modellen

Ein weiterer wichtiger Aspekt bei dem Verständnis für die Konzepte der KI ist die Differenzierung zur klassischen Softwareentwicklung, denn die Entwicklung von Software und der Einsatz von KI stellen zwei grundlegend verschiedene Ansätze dar, die jeweils eigene Methoden, Herausforderungen und Anwendungsmöglichkeiten aufweisen. Während herkömmliche Programmierung auf klar definierten

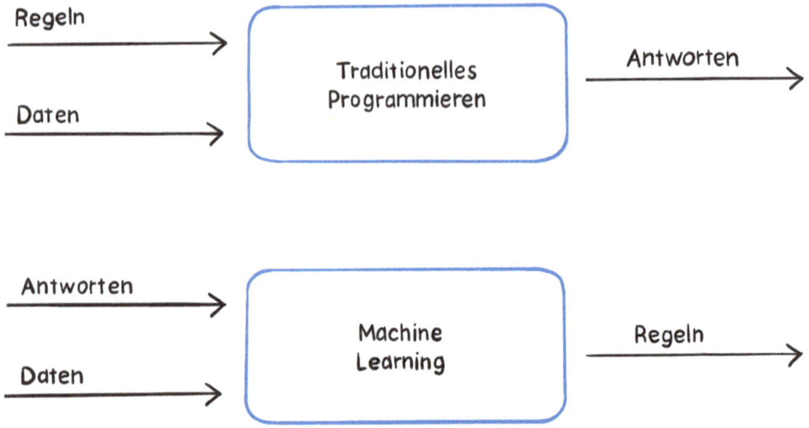

Abb. 8.22 Klassische Programmierung vs. Training von Modellen

Regeln basiert, eröffnet die Programmierung von KI-Modellen neue Möglichkeiten, indem Maschinen in die Lage versetzt werden, aus Erfahrungen zu lernen, sich an neue Situationen anzupassen und sich mit Unsicherheiten der Datenlage auseinandersetzen (Abb. 8.22).

Die beeindruckenden Fähigkeiten und die Flexibilität, die KI-Modelle bieten, sind unbestritten. Allerdings bringen sie offensichtlich eine Reihe von Herausforderungen mit sich, die in der traditionellen Programmierung nicht in gleichem Maße auftreten.

Die Erstellung von KI-Modellen ist insgesamt mit einer Reihe von Herausforderungen verbunden, allerdings ist die Abhängigkeit von Daten eine der größten. Die Qualität des Modells steht nämlich in direktem Zusammenhang mit der Qualität und Menge der Daten, die für das Training verwendet werden. Sind die Daten verzerrt, unvollständig oder von geringer Qualität, ist auch das Modell unzuverlässig oder im schlimmsten Fall fehlerhaft. Daher stellt die Datenerfassung und -vorbereitung einen entscheidenden Schritt im Entwicklungsprozess dar, der oft genauso viel Aufwand erfordert wie die eigentliche Modellierung selbst.

Ein weiteres großes Problem stellt die Erklärbarkeit von KI-Entscheidungen dar. Im Gegensatz zu herkömmlichen Programmen, deren Entscheidungsprozesse aufgrund ihrer expliziten Logik leicht nachvollziehbar sind, sind die Entscheidungsprozesse von KI-Modellen oft komplex und für Menschen schwer zu verstehen. Die Entwicklung von Techniken zur „Erklärbarkeit" von KI (auch bekannt als „Explainable AI") stellt daher ein aktives Forschungsfeld dar, das darauf abzielt, die Entscheidungsfindung von KI-Systemen transparenter und nachvollziehbarer zu machen.

Ein weiteres spezifisches Problem bei der Entwicklung von KI-Systemen ist die Notwendigkeit der kontinuierlichen Modellpflege. Da sich die zugrunde liegenden Daten und Umgebungen ständig ändern können, kann es vorkommen, dass KI-Modelle regelmäßig aktualisiert und neu trainiert werden, um ihre Genauigkeit und Relevanz zu erhalten. Dies erfordert nicht nur technologische Ressourcen, sondern auch ein fortlaufendes Monitoring und eine kontinuierliche Anpassung der Modelle (Parisi et al., 2019).

8.2.13 Drei Wellen der Künstlichen Intelligenz

Um die Entwicklung Künstlicher Intelligenz besser einordnen und didaktisch greifbar machen zu können, hat sich in der aktuellen Diskussion ein Strukturmodell etabliert, das zunehmend Verbreitung findet. Die Rede ist von den sogenannten drei Wellen der KI, die sich durch unterschiedliche technologische Paradigmen und Funktionsweisen auszeichnen und gleichzeitig unterschiedliche Auswirkungen auf die Bildungswelt haben. Diese Gliederung bietet eine hilfreiche Orientierung, insbesondere für Lehrkräfte, die sich mit der Frage beschäftigen, welche Formen von KI bereits heute genutzt werden können, welche Systeme sich gegenwärtig durchsetzen und welche Entwicklungen noch bevorstehen (Abb. 8.23).

Die erste Welle umfasst jene KI-Systeme, die vor allem auf die Analyse und Prognose bestehender Daten ausgerichtet sind. Sie erkennen Muster, treffen Vorhersagen und berechnen Wahrscheinlichkeiten. Beispiele dafür sind Empfehlungssysteme auf Lernplattformen oder automatisierte Lernstandsdiagnosen, die gezielt Hinweise auf Förderbedarfe geben. Technologisch basieren diese Systeme meist auf überwachtem maschinellem Lernen und statistischen Verfahren, die auf große Mengen strukturierter Daten zurückgreifen. In vielen schulischen Anwendungen etwa bei der Ermittlung individueller Lernfortschritte oder der Zuweisung von Übungsmaterial sind diese prädiktiven Verfahren bereits im Einsatz.

Die zweite Welle beschreibt eine neue Generation von KI-Systemen, die in der Lage sind, auf Basis vorhandener Daten neue Inhalte zu erzeugen. Hierzu zählen unter anderem Textgeneratoren, Bildgeneratoren oder Programme zur automatisierten Erstellung von Präsentationen und Lernmaterialien. Grundlage dieser Systeme sind große neuronale Netze, insbesondere die sogenannten Transformer-Modelle, die durch die Analyse umfangreicher Sprach- und Bilddaten gelernt haben, kontextangemessen neue Inhalte zu produzieren. Im schulischen Alltag eröffnen sich damit neue Formen des kreativen Arbeitens, etwa durch die Verwendung von KI-generierten Schreibimpulsen, Bildern oder Dialogen im Unterricht.

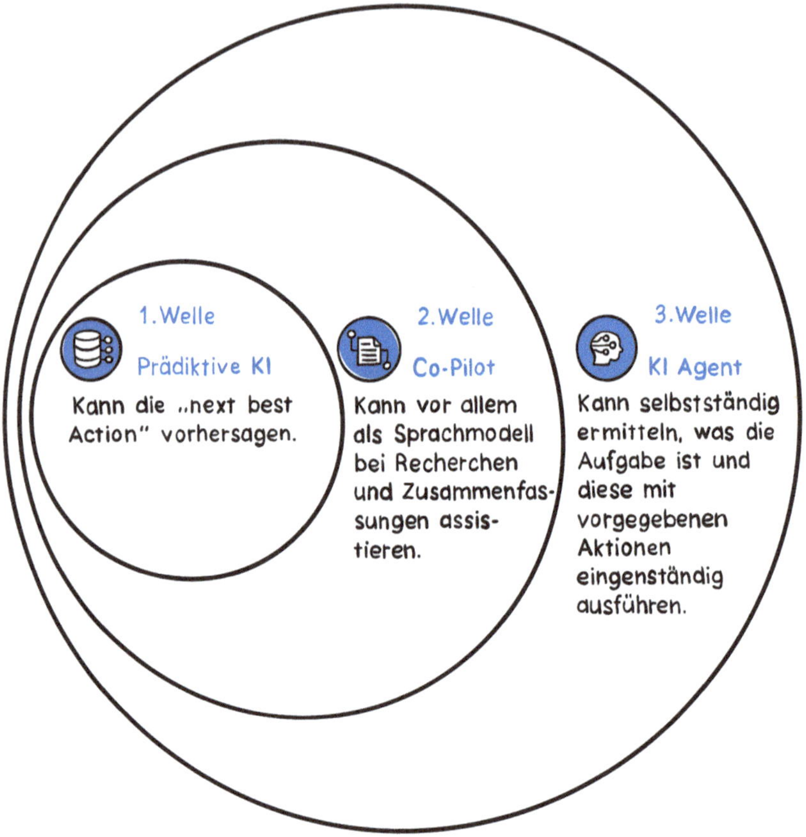

Abb. 8.23 die drei Wellen der KI

Gleichzeitig stellt sich hier auch die Frage nach der Bewertung solcher Leistungen und der Rolle menschlicher Kreativität im Lernprozess.

Die dritte Welle der KI geht über die Fähigkeiten der ersten beiden Stufen hinaus. Sie beschreibt Systeme, die in komplexen Umgebungen eigenständig handeln, Entscheidungen treffen und Ziele verfolgen können. Solche agentenbasierte KI-Systeme kombinieren analytische Fähigkeiten mit generativen Prozessen, sind aber zusätzlich in der Lage, auf Rückmeldungen aus ihrer Umwelt zu reagieren und ihr Verhalten daran anzupassen. Sie agieren nicht mehr nur reaktiv, sondern proaktiv, planen Handlungsabläufe, erkennen Zielkonflikte und optimieren ihre Entscheidungen. In der Bildung könnten solche Systeme beispielsweise als lernbegleitende Assistenten eingesetzt werden, die nicht nur Inhalte liefern, sondern auch pädagogisch sinnvoll auf individuelle Lernverläufe eingehen, Rückfragen beantworten oder zur Reflexion anregen.

Im weiteren Verlauf dieses Kapitels werden die drei Wellen nicht nur benannt, sondern differenziert dargestellt. So werden prädiktive und generative Systeme in den folgenden Abschnitten technisch erläutert, anhand konkreter Beispiele veranschaulicht und hinsichtlich ihres Potenzials für den schulischen Einsatz eingeordnet. Auch agentenbasierte Systeme werden ausführlicher betrachtet und im Kontext digitaler Lernumgebungen sowie neuer pädagogischer Szenarien analysiert. Die hier vorgestellte Einteilung dient somit als konzeptioneller Rahmen, um die Vielfalt aktueller KI-Entwicklungen verständlich und anschlussfähig zu strukturieren und um Orientierung zu geben für alle, die KI nicht nur nutzen, sondern auch in ihrer pädagogischen Tiefe begreifen wollen.

8.2.14 Prädiktive KI

Prädiktive Künstliche Intelligenz bezeichnet Systeme, die auf Grundlage historischer Daten Muster erkennen und daraus Prognosen über zukünftige Entwicklungen ableiten können (Mitchell, 1997). Dabei werden Methoden des maschinellen Lernens mit statistischen Verfahren kombiniert, um verborgene Zusammenhänge in den Daten aufzudecken, die für den Menschen häufig nicht unmittelbar erkennbar sind. Ziel ist es, auf Basis vergangener Beobachtungen möglichst präzise Vorhersagen über noch nicht eingetretene Ereignisse zu treffen.

Die Arbeitsweise prädiktiver KI beginnt mit der Sammlung und Aufbereitung umfangreicher Datensätze. Diese werden anschließend in ein lernfähiges Modell eingespeist, das mithilfe maschinellen Lernens trainiert wird. Während des Trainings lernt das Modell, Regelmäßigkeiten in den Daten zu erkennen, Zusammenhänge zwischen verschiedenen Variablen herzustellen und Wahrscheinlichkeiten für zukünftige Entwicklungen zu berechnen. Sobald das Modell trainiert ist, kann es auf neue, bislang unbekannte Daten angewendet werden, um Vorhersagen zu generieren.

Ein klassisches Beispiel für die zugrunde liegende Methodik ist das Regressionsmodell. Es dient dazu, den Einfluss bestimmter Einflussgrößen (unabhängige Variablen) auf eine Zielgröße (abhängige Variable) zu modellieren. Ergänzt wird dieses Verfahren häufig durch Entscheidungsbäume, Random Forests oder neuronale Netze. Diese Methoden unterscheiden sich in der Art, wie sie Zusammenhänge erkennen und verarbeiten, verfolgen aber alle dasselbe Ziel: möglichst präzise Vorhersagen auf Basis vergangener Daten zu treffen. Die Modelle können fortlaufend aktualisiert und verbessert werden, sobald neue Daten hinzukommen.

Prädiktive KI wird bereits in vielen gesellschaftlichen Bereichen eingesetzt. Auch im Bildungsbereich gewinnt sie zunehmend an Bedeutung – insbesondere durch die Möglichkeit, Lernprozesse besser zu verstehen, personalisiert zu unterstützen und schulorganisatorische Prozesse effizienter zu gestalten.

Im schulischen Kontext ergeben sich daraus von der frühzeitigen Identifikation individueller Lernbedarfe über die adaptive Gestaltung von Unterricht bis hin zur datenbasierten Optimierung schulorganisatorischer Abläufe vielfältige Anwendungsmöglichkeiten:

- **Frühwarnsysteme zur Lernstandsprognose:** Auf Basis vergangener Leistungsdaten, Teilnahmeverhalten, Hausaufgabeneinsendungen oder digitaler Aktivitäten in Lernplattformen kann prädiktive KI Hinweise darauf geben, ob Schülerinnen oder Schüler Gefahr laufen, Lernziele zu verfehlen. So könnten Lehrkräfte frühzeitig aufmerksam gemacht werden, wenn ein Lernrückstand droht und gezielt unterstützende Maßnahmen ergreifen.
- **Individuelle Lernpfade:** Prädiktive Modelle können verwendet werden, um das wahrscheinlich nächste Leistungsniveau einer Schülerin oder eines Schülers vorherzusagen und darauf basierend passende Aufgaben vorzuschlagen. Lernplattformen nutzen diese Technologie bereits, um adaptive Lernumgebungen zu schaffen, in denen sich der Schwierigkeitsgrad automatisch an das Leistungsvermögen anpasst.
- **Prognosen zur Schulentwicklung:** Auch auf organisatorischer Ebene kann prädiktive KI unterstützen. Durch die Analyse von Anmeldezahlen, demografischen Entwicklungen und schulstatistischen Daten lassen sich beispielsweise künftige Klassengrößen oder Raumbedarfe besser planen. Ebenso kann die Nachfrage nach bestimmten Schulformen oder Angeboten prognostiziert werden.
- **Prüfungs- und Klausurplanung:** Schulen, die regelmäßig große Datenmengen zur Leistungsentwicklung und Notenverteilung sammeln, können mit Hilfe prädiktiver Modelle abschätzen, wie sich Leistungsgruppen entwickeln. Das kann dazu beitragen, Ressourcen wie Förderunterricht oder Prüfungsformate gezielter zu planen.

Diese Beispiele verdeutlichen das Potenzial prädiktiver KI, datenbasierte Entscheidungen im Bildungswesen zu verbessern, Risiken früher zu erkennen und individuelle Lernprozesse gezielter zu unterstützen. Gleichzeitig zeigen sie aber auch: Der Erfolg solcher Systeme hängt maßgeblich von der Qualität, Vielfalt und ethisch verantwortungsvollen Nutzung der zugrunde liegenden Daten ab.

8.2.15 Grenzen und falsche Erwartungen an prädiktive KI

Modelle der prädiktiven Künstlichen Intelligenz sind in der Lage, sehr spezifische Aufgaben mit beeindruckender Genauigkeit zu erfüllen. Ihre Spezialisierung auf eng definierte Problemstellungen macht sie zu leistungsfähigen *Werkzeugen*, die in vielen Bereichen erfolgreich eingesetzt werden. Gerade diese Spezialisierung führt jedoch immer wieder zu Missverständnissen. Zur Erinnerung: Menschen neigen dazu, die Fähigkeiten solcher Modelle zu überschätzen und sie in Anwendungskontexten zu verwenden, für die sie nicht entwickelt oder trainiert wurden. Die Folge sind enttäuschte Erwartungen und Fehlinterpretationen der tatsächlichen Leistungsfähigkeit von KI-Systemen.

Ein zentrales Merkmal prädiktiver Modelle ist ihre enge Aufgabenbindung. Es wurde bereits dargestellt, dass ein KI-System, das darauf trainiert wurde, Hunde und Katzen anhand von Bilddaten zu unterscheiden, diese Aufgabe mit nahezu perfekter Sicherheit lösen kann. Dies ist möglich, weil das Modell in der Trainingsphase Millionen von Bildern analysiert hat und gelernt hat, feine visuelle Unterschiede zu erkennen und korrekt einzuordnen.

Es wurde ebenfalls dargelegt, dass Menschen diese hohe Genauigkeit jedoch häufig falsch interpretieren. Wenn ein Mensch Hunde von Katzen unterscheiden kann, wird in der Regel auch erwartet, dass er ein anderes Tier, zum Beispiel ein Zebra, zumindest als „nicht Hund und nicht Katze“ identifiziert. Diese menschliche Schlussfolgerung wird unbewusst auch auf KI-Systeme übertragen und dies ist eine Annahme, die so nicht zutrifft.

Was passiert, wenn das trainierte Modell mit einem Bild eines Zebras konfrontiert wird, ist daher nun klar. Da es in den Trainingsdaten keine Zebras kennengelernt hat, ist das Modell nicht in der Lage, das Tier korrekt zuzuordnen. Stattdessen wird es das Bild statistisch bewerten und möglicherweise fälschlicherweise eine gewisse Wahrscheinlichkeit dafür berechnen, dass es sich um eine Katze handelt und dies einfach deshalb, weil die erkannten Muster am ehesten denen ähneln, die es bei Katzen gelernt hat. Eine völlig korrekte Reaktion ist in diesem Fall gar nicht möglich, weil dem Modell schlicht die Kategorie „Zebra“ unbekannt ist.

Dieser Effekt ist offenkundig kein Fehler des Systems, sondern eine logische Folge seiner statistischen Arbeitsweise. KI-Modelle analysieren Daten anhand der Muster, die ihnen im Training vermittelt wurden. Sie können außerhalb dieses Rahmens keine sinnvollen Schlüsse ziehen. Dass sie dies dennoch oft tun sollen, liegt an einer verbreiteten anthropomorphen Sichtweise auf KI: Wir schreiben Maschinen menschliche Denk- und Lernfähigkeiten zu, obwohl ihre Mechanismen grundlegend anders funktionieren.

Menschen lernen nicht nur durch Wiederholung, sondern auch durch Abstraktion, Transfer und semantisches Verstehen. Ein Kind, das noch nie ein Zebra gesehen hat, kann dennoch dessen tierische Eigenschaften erkennen und es als etwas Neues, aber Ähnliches wie ein Pferd oder einen Esel einordnen. Ein KI-Modell dagegen bleibt auf seinen spezifischen Trainingsbereich beschränkt. Es besitzt keine konzeptuelle Vorstellung von Tieren, Kategorien oder Ähnlichkeiten, sondern verarbeitet Zahlenmuster ohne Bedeutung oder Kontextverständnis.

Diese Begrenzung führt in der Praxis zu überzogenen Erwartungen. Wenn ein Modell in einem Bereich herausragende Leistungen zeigt, wird häufig angenommen, dass dies auch in benachbarten oder gänzlich anderen Bereichen möglich sei. Wird diese Erwartung enttäuscht, leidet nicht nur das Vertrauen in das konkrete Modell, sondern mitunter das Vertrauen in KI-Technologie im Allgemeinen. Die Geschichte der Künstlichen Intelligenz zeigt, dass solche Zyklen aus überhöhten Hoffnungen und anschließender Ernüchterung zu sogenannten KI-Wintern geführt haben, also Phasen, in denen Forschung und Anwendung stagnieren, weil die Erwartungen zu groß und die Enttäuschungen zu tief waren.

Im Zebra-Beispiel zeigt sich deutlich: Die schlechte Klassifikation ist kein Versagen der KI, sondern ein falscher Anwendungsfall. Das Modell wurde nie darauf trainiert, Zebras zu erkennen oder Tiere allgemein zu klassifizieren. Es ist also nicht überraschend, dass es in dieser Situation keine adäquate Lösung findet. Die Verantwortung liegt in solchen Fällen nicht bei der Technologie, sondern bei den Menschen, die sie außerhalb ihres vorgesehenen Einsatzbereichs anwenden.

Wer ein KI-System nutzt, muss dessen Grenzen kennen und respektieren. Eine realistische Einschätzung der Möglichkeiten ist ebenso entscheidend wie eine klare Kommunikation über die Einsatzgrenzen gegenüber Kolleginnen und Kollegen, Schülerinnen und Schüler oder Entscheidungsträgern. Nur so kann das Vertrauen in KI erhalten bleiben und ihr Einsatz verantwortungsvoll gelingen.

Soll ein KI-Modell für neue Anwendungsbereiche erweitert werden, ist dies grundsätzlich möglich. Eine solche Erweiterung kann beispielsweise mithilfe von Transfer Learning erfolgen. Dabei wird ein bestehendes Modell nicht komplett neu trainiert, sondern gezielt um neue Daten ergänzt. Das Modell „lernt" also zusätzlich, wie eine neue Kategorie, in diesem Fall etwa das Zebra, aussieht und erweitert dadurch seine Klassifikationsfähigkeit.

Im konkreten Fall könnte das ursprünglich auf Hunde und Katzen trainierte Modell um Bilder weiterer Tierarten ergänzt werden. Dadurch entsteht ein Modell zur allgemeinen Tiererkennung. Das Vorgehen ist effizient, weil bereits vorhandene Strukturen und Gewichtungen im neuronalen Netz genutzt werden können. Gleichzeitig ist es ein gutes Beispiel dafür, wie KI-Modelle an neue Aufgaben angepasst werden können, aber eben nur dann, wenn die Datenbasis entsprechend erweitert wird (Goodfellow et al., 2016).

8.2.16 Grenzen und falsche Erwartungen an generativer KI

Generative Künstliche Intelligenz hat in den vergangenen Jahren erhebliche Fortschritte gemacht. Modelle wie GPT, DALL·E oder Stable Diffusion können auf beeindruckende Weise Texte, Bilder oder sogar Musik erzeugen. Ihre Fähigkeit, auf Grundlage riesiger Mengen an Trainingsdaten neue Inhalte zu generieren, hat die Art und Weise, wie kreative Prozesse technisch unterstützt werden können, grundlegend verändert. Gleichzeitig entstehen durch diese Entwicklungen neue Missverständnisse und überzogene Erwartungen hinsichtlich dessen, was generative KI tatsächlich leisten kann.

Ein weitverbreiteter Irrtum liegt in der Annahme, dass generative KI „kreativ" im menschlichen Sinne sei. Menschliche Kreativität beruht auf der Fähigkeit zur Abstraktion, zur Entwicklung neuartiger Ideen, auf emotionaler Erfahrung und auf einem tiefgreifenden Verständnis von Kontext, Bedeutung und Zielsetzung. Generative KI hingegen funktioniert nicht auf der Basis von Intuition oder Verstehen, sondern durch statistische Mustererkennung. Sie verarbeitet große Mengen an Daten, erkennt darin Regelmäßigkeiten und erstellt darauf basierend neue Inhalte, die zwar neu arrangiert sind, aber im Prinzip innerhalb der Grenzen des Bekannten bleiben.

Ein besonders anschauliches Beispiel dafür ist die Textgenerierung. Ein Sprachmodell wie GPT kann beeindruckend flüssige Texte verfassen, die grammatikalisch korrekt und stilistisch überzeugend erscheinen. Doch das Modell versteht nicht, was es schreibt. Es kennt keine Bedeutung, verfolgt kein Ziel und hat kein Bewusstsein für Richtigkeit oder Tiefe. Deshalb kann es vorkommen, dass Texte sachlich falsch, widersprüchlich oder oberflächlich sind, selbst, wenn sie auf den ersten Blick überzeugend wirken. Gerade im schulischen Kontext kann das problematisch sein, etwa wenn Schülerinnen und Schüler KI-generierte Texte übernehmen, ohne deren inhaltliche Validität einschätzen zu können.

Auch die Bildgenerierung verdeutlicht diese Grenze. Modelle wie DALL·E können Bilder erzeugen, die oft erstaunlich realistisch wirken. Dennoch fehlen ihnen grundlegende Konzepte über Raum, Anatomie oder physikalische Gesetzmäßigkeiten. So entstehen etwa Bilder mit falsch proportionierten Händen, verzerrten Perspektiven oder unlogischen Objektanordnungen wie eine Katze mit fünf Beinen. Dies sind allesamt Fehler, die ein menschlicher Künstler meist vermeiden würde, weil er ein Verständnis für den dargestellten Inhalt besitzt.

Ein weiteres Missverständnis liegt in der Vorstellung, dass generative KI universell einsetzbar sei und beliebige kreative oder produktive Aufgaben übernehmen könne. In der Realität sind solche Systeme auf bestimmte Aufgabenbereiche spezialisiert, ähnlich wie ein Klassifizierungssystem, das Hunde und Katzen unterscheiden kann. Ein Sprachmodell, das gut darin ist, unterhaltsame Blogartikel zu schreiben, kann nicht automatisch auch wissenschaftlich fundierte Fachtexte erstellen, zumindest nicht ohne entsprechende Trainingsdaten, Kontextwissen und manuelle Nachbearbeitung. Gleiches gilt für Bildgeneratoren: Ein Modell, das auf künstlerische Darstellungen optimiert ist, eignet sich nicht für die Erstellung technischer Illustrationen oder naturgetreuer Lehrmaterialien.

Im Bildungsbereich führt das zu praktischen Herausforderungen. So wird in der Schule mitunter angenommen, dass eine generative KI für alle Arten von Aufgaben verwendet werden kann von der Erzeugung von Erklärtexten, über Aufgabenstellungen, Tafelbildern bis hin zu vollständigen Unterrichtsmaterialien. Tatsächlich hängt die Qualität solcher Ergebnisse stark von der Formulierung der Eingabe, der Auswahl des geeigneten Modells sowie von der anschließenden Kontrolle und Nachbearbeitung ab. Ohne diese Bedingungen ist das Risiko groß, fehlerhafte, oberflächliche oder unpassende Inhalte zu erhalten.

Zudem wird häufig übersehen, dass auch generative Modelle keine allwissenden Systeme sind. Sie können nur das reproduzieren, was sie in ihren Trainingsdaten gelernt haben. Das führt dazu, dass Inhalte aus bestimmten Perspektiven oder mit bestimmten kulturellen Vorannahmen bevorzugt dargestellt werden, während andere Sichtweisen kaum vorkommen. Besonders im Schulbereich, wo Diversität, Inklusion und differenzierte Wissensvermittlung zentrale Anforderungen sind, kann dies zu Verzerrungen führen, wenn unreflektiert auf KI-Generiertes zurückgegriffen wird.

Ein weiteres Hindernis entsteht, wenn erwartet wird, dass ein KI-Modell flexibel zwischen völlig unterschiedlichen Aufgabenbereichen wechseln kann wie beispielsweise beim Verfassen eines naturwissenschaftlichen Arbeitsblatts zur automatisierten Korrektur einer Erörterung im Fach Deutsch. In der Praxis benötigt jede dieser Aufgaben eigene, spezialisierte Modelle oder gezielt angepasste Trainingsdaten. Ein Modell, das auf Kreativschreiben trainiert wurde, verfügt nicht automatisch über das analytische Vokabular und das Strukturverständnis, um argumentative Texte fachgerecht zu bewerten.

Wenn generative KI in Schule, Hochschule oder Wirtschaft sinnvoll eingesetzt werden soll, müssen die spezifischen Anwendungsgrenzen erkannt und beachtet werden. Wird die Einsatzgrenze überschritten, ist die Enttäuschung oft vorprogrammiert. Ein realitätsnaher und differenzierter Umgang mit KI, der sowohl ihre Potenziale als auch ihre Beschränkungen berücksichtigt, ist daher unerlässlich. Dies gilt umso mehr, als generative KI mittlerweile in vielen Bildungsanwendungen vom interaktiven Lernassistenten über Schreibtrainer bis hin zu automatisierten Feedbacksystemen integriert ist.

Soll ein KI-Modell tatsächlich neue Aufgabentypen oder Inhalte beherrschen, ist in der Regel eine Erweiterung notwendig. Dies kann über Techniken wie Transfer Learning erfolgen, bei denen ein bereits trainiertes Modell mit neuen, gezielten Daten nachtrainiert wird. So lässt sich ein bestehendes Sprachmodell beispielsweise durch zusätzliche Datensätze zu naturwissenschaftlicher Fachsprache oder zu kindgerechter Didaktik ergänzen, um es für den Einsatz im Unterricht besser nutzbar zu machen (Pan & Yang, 2010).

8.2.17 Zusammenwirken von prädiktiver und generativer KI

Um die Unterschiede zwischen prädiktiver und generativer KI an dieser Stelle noch einmal klar hervorzuheben, schauen wir uns nachfolgend typische Anwendungsbeispiele für beide Bereiche an (Tab. 8.2).

Prädiktive und generative KI werden in der Regel somit als zwei separate Disziplinen innerhalb der KI betrachtet, die jeweils spezifische Aufgaben erfüllen. Die wahre Stärke dieser Technologien zeigt sich jedoch, wenn sie miteinander kombiniert werden (Abb. 8.24). Durch das Zusammenwirken von prädiktiver und gene-

Tab. 8.2 Übersicht über prädiktive und Generative KI

Typische Beispiele für prädiktive KI	Typische Beispiele für generative KI
Lernstandsprognose: Erkennung potenzieller Leistungseinbrüche auf Basis von Bearbeitungsmustern	**Aufgabengenerierung:** Erstellung individualisierter Übungsformate passend zum Lernstand
Frühwarnsysteme: Analyse von Verhaltensmustern zur frühzeitigen Identifikation von Risikoschülern	**Automatisierte Rückmeldung:** Generierung von Feedbacktexten zu offenen Schülerantworten
Planung adaptiver Lernpfade: Vorhersage geeigneter Lernmaterialien für verschiedene Kompetenzstufen	**Erstellen von Lernmaterialien:** Formulierung von Texten, Beispielen oder Visualisierungen zu Unterrichtsinhalten
Prüfungsdiagnostik: Prognose zu erwartbaren Fehlern auf Grundlage bisheriger Leistungen	**Dynamische Prüfungsformate:** Automatische Erstellung differenzierter Testversionen nach Anforderungsniveau
Unterrichtsplanung: Analyse aggregierter Klassendaten zur Optimierung von Stoffverteilungsplänen	**Erstellung von Erklärtexten:** Didaktisch angepasste Wiederholungen in einfacher Sprache oder mit Beispielen
Schulentwicklung: Analyse von Schulentwicklungsdaten zur Planung von Fortbildungen oder Maßnahmen	**Simulation von Unterrichtsszenarien:** Erzeugung hypothetischer Fallbeispiele für pädagogische Diskussionen

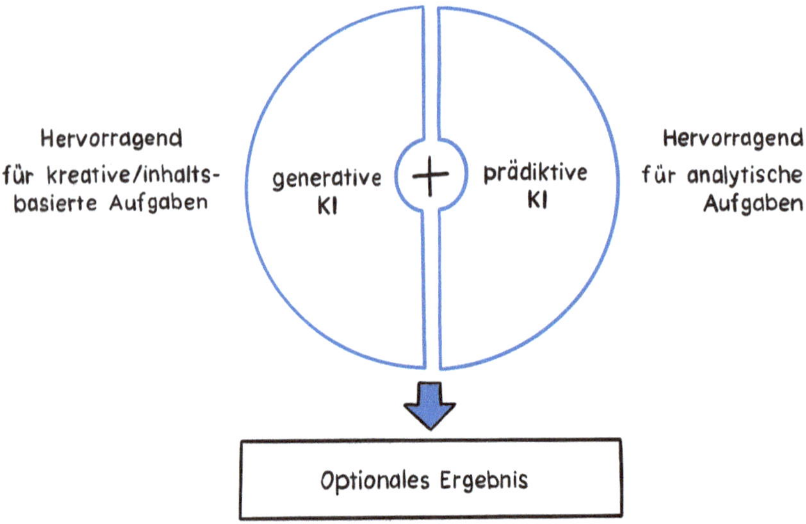

Abb. 8.24 Prädiktive und Generative KI in Kombination

rativer KI können Unternehmen und Organisationen völlig neue Möglichkeiten erschließen, die weit über das hinausgehen, was durch den Einsatz einer dieser Technologien allein erreicht werden könnte.

8.2.18 Verknüpfung von Datenanalyse und Kreativität

Die Kombination aus prädiktiver und generativer KI eröffnet im schulischen Kontext neue Möglichkeiten für eine dateninformierte und zugleich kreative Unterrichtsgestaltung. Während prädiktive Systeme in der Lage sind, aus einer Vielzahl von Lernverlaufsdaten Muster zu erkennen und Prognosen abzuleiten, können generative Modelle auf dieser Grundlage gezielt Inhalte erstellen, die auf die spezifischen Bedürfnisse einzelner Schülerinnen und Schüler zugeschnitten sind. Das Ziel ist dabei nicht die Automatisierung pädagogischer Prozesse, sondern ihre sinnvolle Unterstützung.

Ein besonders anschauliches Beispiel bietet der individualisierte Kompetenzerwerb in digitalen Lernumgebungen. Eine prädiktive KI kann etwa erkennen, dass ein Schüler regelmäßig bei Aufgaben zur Bruchrechnung scheitert, während er im Bereich der Geometrie sogar überdurchschnittlich abschneidet. Auf Basis dieser Diagnose generiert eine zweite KI passende Übungseinheiten: mal visuell unterstützt, mal sprachlich vereinfacht oder mit alltagsnahen Beispielen versehen. Das Besondere ist, dass die so erzeugten Lerninhalte nicht statisch vorgegeben sind, sondern dynamisch entstehen und in Anlehnung am jeweiligen Lernstand und Lernverhalten.

Auch für die Unterrichtsplanung ergeben sich neue Perspektiven. Prädiktive Analysen können Hinweise liefern, wann in einer Klasse mit Motivationsabfällen oder Überforderungstendenzen zu rechnen ist. Als Datengrundlage kann hierfür beispielsweise auf frühere Leistungsdaten oder zeitliche Rhythmen zurückgegriffen werden. Eine generative KI kann nun auf dieser Basis alternative Erklärwege, Zusatzmaterialien oder differenzierende Aufgabenstellungen bereitstellen, die den Verantwortlichen helfen, gezielt gegenzusteuern. Besonders in heterogenen Lerngruppen ermöglicht dies eine präzisere Förderung ohne zusätzlichen Korrekturaufwand.

In Prüfungssituationen lässt sich dieses Prinzip ebenfalls anwenden. Hierbei könnte ein System auf Basis vorangegangener Lernverläufe prognostizieren, welche Inhalte von welchen Schülerinnen und Schülern mit hoher Wahrscheinlichkeit korrekt oder fehlerhaft bearbeitet werden und generative Verfahren können dann unterschiedliche Prüfungsvarianten entwerfen, die gleichwertige Anforderungen enthalten, aber in Sprache, Struktur oder Kontext variieren. So können Förderbedarfe, Sprachsensibilität oder fachspezifischer Schwerpunktsetzung optimal eingesetzt und genutzt werden.

Der kreative Mehrwert entsteht dabei nicht durch Zufall, sondern durch strukturierte Datenanalyse. Kreativität als solches wird hierbei nicht ersetzt, sondern gerahmt: Die Lehrkraft bleibt immer die entscheidende Instanz, die die Auswahl trifft, Zusammenhänge erkennt und pädagogisch verantwortet. So wird deutlich, dass Datenanalyse und kreative Inhaltserstellung keine Gegensätze sind, sondern sich in einem didaktisch durchdachten Setting sinnvoll ergänzen können, wenn KI als Werkzeug kompetent eingesetzt wird. Voraussetzung dafür ist zudem eine valide Datengrundlage, eine klare Zielorientierung und ein kritisch-reflektierter Umgang mit den technologischen Möglichkeiten und das insbesondere dort, wo Entscheidungen pädagogische Konsequenzen für die Lernbiografie junger Menschen haben.

Gerade in einer zunehmend datenbasierten Schulentwicklung zeigt sich, dass das Zusammenspiel von Analyse und Generierung nicht nur auf der Ebene des individuellen Lernens wirkt, sondern auch Impulse für die strategische Gestaltung von Bildungsprozessen im Ganzen liefern kann.

8.2.19 KI-Agenten

Während prädiktive und generative KI-Systeme meist als spezialisierte Werkzeuge betrachtet werden, tritt nunmehr mit dem Konzept der KI-Agenten eine erweiterte Systemlogik in den Vordergrund. Es handelt sich um Einheiten, die nicht nur reagieren, sondern sogar eigenständig planen, handeln und sich an veränderte Umgebungen anpassen können. Ein KI-Agent agiert dabei ausschließlich innerhalb eines definierten Handlungsraumes, verfolgt konkrete Ziele, interpretiert Umgebungszustände und trifft auf dieser Basis Entscheidungen. Dies unterscheidet sich somit nicht von einem Lebewesen, das sich in einem komplexen System zurechtfinden muss. Diese Perspektive eröffnet neue Möglichkeiten, stellt aber auch besondere Anforderungen an das Verständnis künstlicher Intelligenz im Bildungskontext.

Zentral für die Charakterisierung eines KI-Agenten ist der Grad der Autonomie. Im Unterschied zu klassischen Programmen, die lediglich auf Eingaben reagieren, entscheidet ein Agent selbstständig, welche Aktionen er wann und wie ausführt. Diese Autonomie wird durch die Fähigkeit zur Perzeption (Wahrnehmung der Umgebung), zur Intervention (Handlung in der Umgebung) und zur Evaluation (Rückmeldung aus der Umwelt) ermöglicht (Russell & Norvig, 2021). Die Qualität eines Agenten bemisst sich nicht zuletzt daran, wie effektiv er seine Handlungen unter sich verändernden Bedingungen und oft ohne vollständige Information im Hinblick auf ein gesetztes Ziel auswählt.

Neben der Autonomie treten weitere Merkmale in den Vordergrund wie beispielsweise Reaktivität, also die Fähigkeit, ad-hoc auf Veränderungen in der Umwelt zu reagieren oder auch Proaktivität, im Sinne eines vorausschauendenden Handelns im Sinne langfristiger Ziele sowie soziale Interaktivität, also die Fähigkeit zur Koordination mit anderen Agenten oder Menschen, beispielsweise in Multi-Agenten-Systemen (Wilensky & Rand, 2015). Einfache Beispiele für agentenähnliche Systeme begegnen uns bereits im Alltag etwa bei automatisierten Lerncoaches, die den Lernfortschritt verfolgen, Handlungsvorschläge machen und gezielt Inhalte wiederholen. Komplexere Formen, etwa in Form digitaler Verhandlungspartner oder adaptiver Simulationsfiguren, kommen in der Bildung bislang nur punktuell zum Einsatz doch ihr Potenzial ist erheblich.

Gerade im schulischen Kontext eröffnen KI-Agenten neue und innovative didaktische Szenarien. In agentenbasierten Lernumgebungen können Schülerinnen und Schüler nicht nur Inhalte rezipieren, sondern *im Dialog* mit dem System Hypothesen aufstellen, testen und kritisch reflektieren. Ein Beispiel ist der Einsatz von Simulationsagenten in sozialwissenschaftlichen Planspielen, in denen Entscheidungsprozesse nachvollzogen und durchgespielt werden wie etwa im Politik- oder Ethikunterricht. Auch in MINT-Fächern lassen sich dynamische Systeme modellieren, bei denen Agenten Umwelteinflüsse adaptiv interpretieren und ihr Verhalten darauf abstimmen. Der didaktische Mehrwert liegt hierbei nicht nur in der inhaltlichen Vermittlung, sondern in der Förderung von Systemdenken, Perspektivübernahme und argumentativem Handeln (VanLehn, 2011).

Ebenso bieten agentenbasierte Simulationsumgebungen Möglichkeiten zur professionellen Weiterentwicklung etwa in Form von virtuellen Klassenraumszenarien, in denen Lehramtsstudierende mit simulierten Schüleragenten interagieren und Unterrichtssituationen reflektieren können (Baylor, 2002). Der Transfer solcher Szenarien in die Lehrkräfteausbildung ist bereits Gegenstand internationaler Forschung und bietet Ansatzpunkte für eine zukunftsweisende Didaktik digitaler Professionalisierung.

Gleichzeitig müssen die Grenzen und Herausforderungen solcher Systeme realistisch eingeschätzt werden. Die Gestaltung von KI-Agenten erfordert ein tiefes Verständnis von Zielen, Umweltmodellen und Bewertungsfunktionen und ist anfällig für Fehlsteuerungen, wenn diese Parameter ungenau, voreingenommen oder unzureichend definiert sind. Besonders im Bildungsbereich stellt sich die Frage, wie sich pädagogische Werte wie Offenheit, Individualität oder Empathie in Systeme übersetzen lassen, die nach Effizienz und Zieloptimierung streben. Die Kritik daran ist berechtigt, wenn Agenten Entscheidungen vorstrukturieren oder zu dominant in Lernprozesse eingreifen, denn dann droht die Selbstbestimmung der Schülerinnen und Schülern in den Hintergrund zu treten.

Gerade deshalb braucht es eine fundierte pädagogische und ethische Auseinandersetzung mit KI-Agenten und dies nicht erst im praktischen Einsatz, sondern bereits in der Konzeptionsphase. Lehrkräfte, die das Agentenparadigma verstehen, sind besser in der Lage, Potenziale von Risiken zu unterscheiden und verantwortungsbewusste Entscheidungen zu treffen wie etwa über den Einsatz digitaler Tutorensysteme, Simulationsumgebungen oder Lernassistenzsysteme im Unterricht.

KI-Agenten markieren, soviel darf vorausgeschickt werden, einen nächsten Entwicklungsschritt der Künstlichen Intelligenz, der über rein reaktive Systeme hinausgeht. Sie agieren zielgerichtet, adaptiv und oft in komplexer Wechselwirkung mit ihrer Umwelt. Damit stellen sie nicht nur technologische, sondern auch bildungstheoretische und didaktische Herausforderungen. Ihre Integration in das Bildungssystem verlangt daher nicht nur technisches Know-how, sondern auch eine sorgfältige didaktische Gestaltung und ein Verständnis dafür, wie autonome Systeme im Dienst menschlichen Lernens sinnvoll eingesetzt werden können.

8.2.20 Optimierung von Bildungsprozessen und Innovation

Die Kombination von prädiktiver und generativer Künstlicher Intelligenz eröffnet somit im Bildungswesen neue Wege zur Optimierung bestehender Prozesse und zur Entwicklung innovativer Lehr- und Lernkonzepte. Während sich die prädiktive KI auf die Analyse großer Datenmengen zur Erkennung von Mustern und zur Erstellung von Prognosen konzentriert, kann die generative KI diese Erkenntnisse in konkreten didaktischen oder organisatorischen Lösungen umsetzen. Gemeinsam bilden sie ein synergetisches System, das sowohl Effizienzsteigerung als auch kreative Weiterentwicklung gleichermaßen unterstützt.

Als ein praxisnahes Beispiel kann das Schulmanagement genannt werden. Prädiktive KI kann in diesem Kontext genutzt werden, um auf Basis historischer Daten Muster im Krankheits- oder Fehlzeitenverhalten zu erkennen und vorauszusagen, wann etwa Vertretungssituationen vermehrt auftreten. Die generative KI kann auf dieser Grundlage automatisch Stundenpläne oder Vertretungspläne entwerfen, die nicht nur auf den prognostizierten Bedarf abgestimmt sind, sondern auch pädagogisch sinnvolle Alternativen vorschlagen, indem sie Fächer mit hohem Förderbedarf in Randstunden vermeidet oder Vertretungen bevorzugt durch fachlich qualifiziertes Personal ansetzt.

Auch in der Unterrichtsgestaltung zeigt sich das Potenzial dieser Verbindung. Prädiktive KI kann aus den verfügbaren Leistungsdaten, Bearbeitungszeiten oder Antwortverhalten ableiten, welche Themen einzelnen Schülerinnen und Schülern besondere Schwierigkeiten bereiten. Die generative KI ist dann wiederum in der Lage, darauf basierend individuelle Lernmaterialien, vereinfachte Erklärtexte, angepasste Übungsformate oder motivierende Beispiele aus dem Interessensbereich der Schülerinnen und Schüler zu erstellen. So entsteht ein adaptiver Lernprozess, bei dem Analyse und kreative Materialentwicklung Hand in Hand gehen (Ying -Yang-Prinzip).

Ein weiteres Einsatzfeld liegt in der Schulentwicklung und pädagogischen Innovation. Hier können Schulen mithilfe prädiktiver KI langfristige Entwicklungen analysieren, etwa zur Wahl bestimmter Schulformen, zur Nachfrage nach Ganztagsangeboten oder zur Veränderung von Klassengrößen. Generative KI-Modelle könnten auf Grundlage dieser Erkenntnisse Konzepte für neue Kursangebote, Raumkonzepte oder organisatorische Modelle vorschlagen. Ein durchaus denkbarer Anwendungsfall ist hier auch die Entwicklung dynamischer Schulcurricula, die regelmäßig anhand von Lernstandserhebungen und Kompetenzanalysen iterativ angepasst und optimiert werden.

Diese systematische Verbindung prädiktiver und generativer Verfahren geht somit weit über die bloße Kombination von Datenanalyse und Inhaltserstellung hinaus. Sie ermöglicht einen iterativen Innovationsprozess: Prädiktive KI liefert fortlaufend neue Einblicke und Entwicklungen, generative KI setzt diese in konkrete Handlungsoptionen um und die Wirksamkeit dieser Vorschläge kann wiederum durch neue Analysen überprüft und verfeinert werden. So entsteht ein kontinuierlicher Verbesserungsprozess (KVP) auf Ebene einzelner Lernprozesse, auf der Ebene von Schulklassen oder sogar im Rahmen strategischer Schulentwicklung.

Bereits heute gibt es erste konkrete Umsetzungen dieses Ansatzes. In Lernplattformen etwa analysieren prädiktive Systeme das Nutzungsverhalten von Schülerinnen und Schülern und identifizieren Stellen, an denen häufige Fehler oder Abbrüche auftreten. Generative Systeme passen daraufhin die Inhalte an und sie formulieren beispielsweise Aufgaben neu, schlagen alternative Erklärwege vor oder entwickeln personalisierte Lernpfade. An Hochschulen werden KI-gestützte Systeme eingesetzt, um aus dem bisherigen Studienverlauf von Studentinnen und Studenten potenzielle Abbruchsrisiken zu identifizieren. Anschließend generiert das System automatisch dedizierte Beratungsangebote oder Empfehlungstexte für die Studienberatung.

In der Lehrkräftefortbildung könnten prädiktive Systeme zum Beispiel durch die Auswertung digitaler Fortbildungsportale erfassen, welche Kompetenzen in einem Kollegium besonders stark oder schwach ausgeprägt sind. Generative Systeme könnten daraufhin individualisierte Fortbildungsangebote entwickeln, Vorschläge für kollegiale Hospitationen machen oder Materialien zur internen Weiterbildung generieren.

Es ist daher absehbar, dass das Zusammenspiel von prädiktiver und generativer KI künftig eine noch zentralere Rolle in der Steuerung und Weiterentwicklung von Bildungsprozessen spielen wird. Die Möglichkeit, auf der einen Seite präzise Einblicke in aktuelle Herausforderungen zu gewinnen und auf der anderen Seite unmittelbar umsetzbare Lösungen zu entwickeln, wird nicht nur die Effizienz als solches verbessern, sondern auch Raum für mehr Individualisierung und Innovation im Bildungssystem schaffen. In der Tab. 8.3 werden weitere denkbare Anwendungsbeispiele im Überblick dargestellt.

Das Zusammenspiel von prädiktiver und generativer KI lässt sich somit als ein ausgewogenes Wechselspiel zwischen Analyse und Gestaltung verstehen. Während prädiktive KI für datenbasierte Präzision steht, die Muster erkennt, fundierte Vorhersagen trifft und potenzielle Entwicklungen identifiziert, bringt die generative KI eine gestalterische Komponente ein und nutzt die erkannten Strukturen, um neue Inhalte zu entwickeln, alternative Lösungsansätze zu entwerfen oder vermeintlich kreative Antworten auf bestehende Herausforderungen zu formulieren.

Gerade im schulischen und pädagogischen Kontext zeigte sich in den vergangenen Beispielen, wie wertvoll dieses Zusammenspiel sein kann: Prädiktive Systeme analysieren Lernverläufe und zeigen auf, wo Lernbarrieren bestehen und generative Systeme reagieren darauf, indem sie neue Erklärtexte, differenzierte Übungsformate oder adaptive Aufgabenstellungen passgenau für die jeweilige Schülerin oder den jeweiligen Schüler bereitstellen.

Diese wechselseitige Ergänzung kann als ein pädagogisches Gleichgewicht betrachtet werden, denn einerseits zeigt die analytische Perspektive auf das, was war

Tab. 8.3 Anwendungsfälle der hybriden Nutzung von KI

Anwendungsfall	Beschreibung
Frühwarnsystem für Lernschwierigkeiten	Prädiktive KI analysiert Leistungsdaten, Bearbeitungszeiten und Fehlermuster, um frühzeitig Hinweise auf mögliche Lernrückstände zu geben. Generative KI erstellt darauf basierend individuelle Förderpläne, differenzierte Übungsformate oder alternative Erklärungen für betroffene Schülerinnen und Schüler.
Automatisierte Erstellung von Aufgaben	Prädiktive Modelle erkennen, welche Themen Schülerinnen und Schüler besonders fordern oder überfordern. Generative KI erstellt dazu passende Aufgabenstellungen mit unterschiedlichen Schwierigkeitsgraden – angepasst an das Leistungsniveau der Schülerinnen und Schüler.
Digitale Schulorganisation	Prädiktive KI prognostiziert Fehlzeiten oder Vertretungsbedarfe im Kollegium. Generative KI entwickelt automatisch sinnvolle Vertretungspläne, Raumverteilungen oder Stundenplanalternativen.
Individualisierte Lernpfade	Prädiktive KI wertet das Lernverhalten auf digitalen Plattformen aus und erkennt, welche Inhalte bereits sicher beherrscht werden. Generative KI schlägt darauf aufbauend neue Inhalte oder Lernsequenzen vor, um gezielt Kompetenzlücken zu schließen.
Adaptive Lernplattformen	Prädiktive Modelle bewerten den Lernfortschritt von Schülerinnen und Schülern und identifizieren Wissenslücken. Generative KI erstellt individuelle Lernmaterialien oder Übungen, die auf die individuellen Bedürfnisse abgestimmt sind.
Intelligente Prüfungsplanung	Prädiktive Modelle analysieren den bisherigen Lernverlauf einer Klasse und prognostizieren typische Fehler oder Unsicherheiten. Generative KI erstellt darauf abgestimmte Prüfungsformate oder alternative Fragestellungen.
Unterrichtsentwicklung mit KI	Prädiktive KI analysiert Unterrichtsevaluationen oder Lernergebnisse vergangener Einheiten. Generative KI schlägt neue didaktische Szenarien oder methodische Variationen für künftige Stunden vor.
Unterstützung bei Elterngesprächen	Prädiktive Modelle identifizieren auf Basis von Lern- und Sozialdaten mögliche Förderbedarfe oder Auffälligkeiten. Generative KI kann strukturierte Gesprächsleitfäden oder individualisierte Gesprächsprotokolle vorschlagen.

und ist, andererseits skizziert die kreative Gestaltung dessen, was daraus werden kann. Die Verbindung aus Vorhersagekraft und Gestaltungspotenzial schafft daher eine neue Qualität im Umgang mit Daten und Lernprozessen. Sie unterstützt nicht nur eine individuellere Förderung, sondern eröffnet auch jenseits standardisierter Abläufe und starrer Lehrpläne neue Spielräume für pädagogische Innovation. In dieser Perspektive wird deutlich, dass die Zukunft der Bildung nicht allein in der Automatisierung liegt, sondern im cleveren Zusammenspiel von datenbasierter Einsicht und kreativer Gestaltung. Beide Ansätze stehen daher nicht im Widerspruch, sondern bilden ein sinnvolles Ganzes, das zur Weiterentwicklung schulischer Bildung beitragen kann, wird es fachkundig, chancenorientiert und mündig eingesetzt.

8.3 Sprache als besondere Herausforderung

Sprache ist mehr als ein Mittel zur Kommunikation. Sie ist Träger von Wissen, Ausdruck kultureller Prägung, Spiegel von Emotionen und Werkzeug des Denkens. In der menschlichen Interaktion bildet sie den zentralen Zugang zur Welt, sei es durch Erklären, Argumentieren, Erzählen oder Nachfragen. Für die Entwicklung künstlicher Intelligenz bedeutet dies eine besonders anspruchsvolle Aufgabe, denn Sprache ist nicht nur formell strukturiert, sondern auch kontextabhängig, mehrdeutig und implizit. Sie erschließt sich nicht allein durch Grammatik und Syntax, sondern durch Bedeutung, Intention und Situation. Genau in dieser Vielschichtigkeit liegt die Herausforderung, Sprache maschinell zu verarbeiten oder gar zu verstehen.

Das Teilgebiet der künstlichen Intelligenz, das sich mit der algorithmischen Verarbeitung natürlicher Sprache beschäftigt, wird als Natural Language Processing, kurz NLP, bezeichnet (Jurafsky & Martin, 2023). Zu seinen Aufgaben gehören unter anderem die Zerlegung von Texten in Einheiten, das Erkennen von Satzstrukturen, die Klassifikation von Texten nach Themen oder die automatisierte Erkennung von Stimmungen. In vielen Anwendungen, auch im Bildungsbereich, sind diese Verfahren längst im Alltag angekommen, etwa bei automatischen Übersetzungen, in Chatbots oder in Grammatikprüfungen von Textverarbeitungsprogrammen.

Doch NLP beschränkt sich zunächst auf die Oberfläche der Sprache. Es erkennt, was gesagt wird, aber nicht zwingend, was gemeint ist. Um die Bedeutung sprachlicher Äußerungen zu erfassen, bedarf es einer tiefer gehenden Verarbeitung, wie sie im Teilbereich des Natural Language Understanding, kurz NLU, angestrebt wird (Bender & Koller, 2020). Hierbei geht es um die Modellierung jener Mechanismen, die es Maschinen ermöglichen sollen, aus sprachlichen Zeichen Handlungsimplikationen, semantische Beziehungen oder diskursive Zusammenhänge abzuleiten. In der Praxis zeigt sich jedoch, dass dies nur näherungsweise gelingt. Die Systeme operieren nicht mit echtem Verstehen im menschlichen Sinn, sondern mit Wahrscheinlichkeiten, die aus großen Mengen von Textdaten abgeleitet werden.

Der Übergang von regelbasierten hin zu datengetriebenen Verfahren stellt einen tiefgreifenden Paradigmenwechsel dar. Moderne Sprachverarbeitung verzichtet zunehmend auf explizit programmierte Grammatiken und setzt stattdessen auf maschinelles Lernen, insbesondere auf neuronale Netzwerke, die statistische Muster in Sprachdaten erkennen. Die semantische Bedeutung eines Wortes ergibt sich dann nicht aus einer vordefinierten Definition, sondern aus seiner Verwendung in einem bestimmten Kontext, wie sie durch sogenannte Wort-Embeddings abgebildet wird (Eisenstein, 2019). Solche Repräsentationen verorten Wörter als Punkte in einem hochdimensionalen Raum, wobei semantische Ähnlichkeit durch räumliche Nähe dargestellt wird. Dadurch können beispielsweise Analogiebeziehungen erkannt oder Bedeutungsverschiebungen modelliert werden.

Für den schulischen Kontext ist diese Entwicklung von besonderer Relevanz. Viele KI-gestützte Anwendungen, die im Unterricht zum Einsatz kommen, beruhen auf Verfahren der Sprachverarbeitung. Ob es sich um automatische Zusammenfassungen, personalisierte Leseempfehlungen, Feedbacksysteme für Schreibaufgaben oder dialogorientierte Lernassistenten handelt. Sie alle setzen voraus, dass Maschinen mit Sprache arbeiten können. Lehrkräfte stehen daher vor der Aufgabe, solche Systeme nicht nur zu nutzen, sondern auch zu verstehen. Dies betrifft sowohl die technischen Grundlagen als auch die Grenzen der jeweiligen Modelle. Denn maschinelle Sprachverarbeitung ist nicht neutral. Sie reflektiert die Daten, auf denen sie basiert, und reproduziert dabei auch kulturelle und gesellschaftliche Muster, wie zahlreiche Studien zur Bias-Problematik zeigen (Caliskan et al., 2017).

In einer Zeit, in der Schülerinnen und Schüler zunehmend mit generativen Sprachmodellen interagieren, etwa in Form von Textgeneratoren wie GPT, wird es umso wichtiger, ein kritisches Verständnis für deren Funktionsweise zu fördern. Dabei geht es nicht nur um technische Bildung im engeren Sinne, sondern um die Fähigkeit, Sprache als Medium der Bedeutungsproduktion zu reflektieren. Wer weiß, wie Maschinen Sprache analysieren, gewinnt auch neue Einsichten in die Strukturen menschlicher Kommunikation.

Die folgenden Abschnitte widmen sich den zentralen Prinzipien der maschinellen Sprachverarbeitung. Sie unterscheiden zunächst zwischen der reinen Verarbeitung sprachlicher Daten und dem Versuch, deren Bedeutung zu modellieren. Anschließend werden verschiedene Modellarchitekturen vorgestellt. Ein konkretes Beispiel zeigt, wie semantische Relationen in einem Vektorraum mathematisch abgebildet werden können. Ziel ist es, ein differenziertes Verständnis für die Funktionsweise, die Möglichkeiten und die Grenzen von KI-Systemen zu vermitteln, die Sprache nicht nur verarbeiten, sondern erzeugen.

8.3.1 Semantische Repräsentation in Vektorräumen

Die zentrale Herausforderung bei der maschinellen Verarbeitung von Sprache liegt darin, Bedeutung in eine Form zu überführen, die für ein mathematisches System bearbeitbar ist. Während Menschen in Sprache nicht nur Zeichen, sondern Inhalte, Konnotationen und Absichten erkennen, benötigen Maschinen eine numerische Repräsentation, die semantische Strukturen erfassbar macht. Moderne Verfahren setzen hierfür auf sogenannte Embeddings, also Vektorrepräsentationen von Wörtern oder größeren sprachlichen Einheiten, die auf der Verwendung in realen Sprachkontexten basieren.

Die theoretische Grundlage dieses Ansatzes bildet die distributionelle Hypothese, die davon ausgeht, dass Wörter mit ähnlicher Bedeutung in ähnlichen Kontexten auftreten. Bereits Firth (1957) hatte formuliert, dass man die Bedeutung eines Wortes aus seinem Gebrauch ableiten könne. Dieses Prinzip wurde mit dem Aufkommen neuronaler Netze erstmals in großem Stil operationalisiert. Anstatt Wörter symbolisch zu kodieren, etwa durch Kategorien oder Regeln, werden sie als Punkte in einem hochdimensionalen Raum dargestellt. Die Position eines Wortes in diesem Raum ergibt sich aus der Art und Weise, wie es in großen Mengen realer Texte verwendet wird (Eisenstein, 2019).

Ein solches Vektormodell bildet semantische Nähe durch geometrische Nähe ab. Wörter wie „Schule“ und „Unterricht“ liegen typischerweise näher beieinander als „Schule“ und „Ziegelstein“, weil sie häufiger in ähnlichen Kontexten vorkommen. Damit entsteht ein semantischer Raum, in dem auch komplexe Bedeutungsrelationen abgebildet werden können. Besonders eindrucksvoll zeigt sich das in der Möglichkeit, Analogien rechnerisch zu modellieren. Ein bekanntes Beispiel veranschaulicht dies: Wird vom Vektor für „König“ der Vektor für „Mann“ subtrahiert und der Vektor für „Frau“ addiert, ergibt sich ein Punkt, der nahe bei „Königin“ liegt (Mikolov et al., 2013). Diese Operation spiegelt semantische Verschiebungen auf rein numerischer Ebene wider (Abb. 8.25).

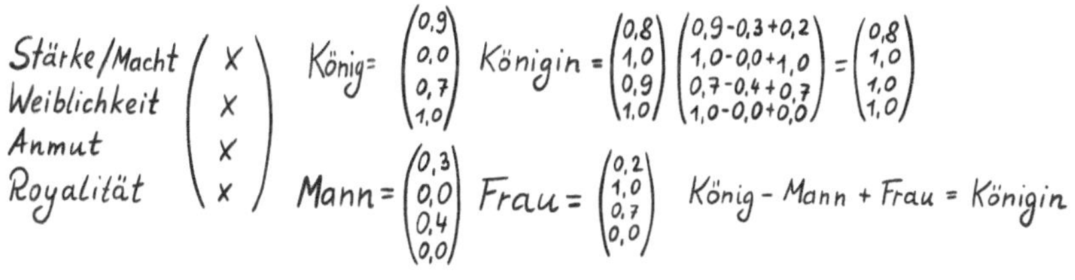

Abb. 8.25 Zahleninterpretation von Wörtern

Die semantische Tiefe eines solchen Raums ist jedoch nicht unbegrenzt. Er bildet nur ab, was in den zugrunde liegenden Daten enthalten ist. Vorurteile, stereotype Sprachmuster oder einseitige Perspektiven schlagen sich direkt in der Geometrie des Vektorraums nieder. Studien wie die von Bolukbasi et al. (2016) zeigen, dass Wort-Embeddings geschlechterbezogene Verzerrungen enthalten können. So wurde beispielsweise rekonstruiert, dass der Vektor für „Computerprogrammierer" systematisch näher bei „Mann" lag, während „Hausfrau" näher bei „Frau" verortet war. Solche strukturellen Verzerrungen wirken sich unmittelbar auf die Funktionsweise nachgelagerter Anwendungen aus, etwa bei automatischen Empfehlungssystemen, Textklassifikationen oder Feedbackalgorithmen.

Für den schulischen Kontext ist es entscheidend, diese Formen semantischer Repräsentation zu verstehen. Denn viele Anwendungen, mit denen Schülerinnen und Schüler heute arbeiten, basieren auf eben diesen Vektorräumen. Ob bei der automatischen Textzusammenfassung, der Inhaltsanalyse von Schüleraufsätzen oder der Formulierungshilfe in Lernplattformen, überall dort kommen Modelle zum Einsatz, die Bedeutung nicht verstehen, sondern kontextuell rekonstruieren. Ihre Leistungsfähigkeit ist bemerkenswert, aber sie beruht nicht auf Interpretation, sondern auf Wahrscheinlichkeitsverteilungen.

Lehrkräfte sollten daher in der Lage sein, den Unterschied zwischen funktionaler Semantik und menschlichem Sprachverstehen zu vermitteln. Gerade in einem Umfeld, in dem zunehmend generative Systeme eingesetzt werden, ist es wichtig, Schülerinnen und Schülern zu zeigen, auf welcher Grundlage diese Systeme arbeiten. Sie sollen nicht nur anwenden, sondern auch reflektieren können, wie Bedeutung mathematisch modelliert wird und welche Grenzen dieser Modellierung bestehen.

Die semantische Repräsentation durch Vektoren bildet das Fundament für viele der weiterentwickelten Modelle, die Sprache nicht nur auf Wortebene, sondern auch auf der Ebene ganzer Sätze oder Texte verarbeiten können. In den folgenden Abschnitten wird aufgezeigt, wie auf dieser Grundlage rekurrente Netze, LSTM-Modelle und Transformer-Architekturen entwickelt wurden, die Sprache nicht nur als statische Einheit, sondern als dynamische Sequenz modellieren.

8.3.2 Sprache als Sequenz

Sprache erschließt sich nicht allein über die Bedeutung einzelner Wörter, sondern vor allem durch den Zusammenhang, in dem diese Wörter stehen. Wer etwa den Satz hört: *„Ich bin auf der Bank"*, versteht dessen Bedeutung erst, wenn der weitere Kontext bekannt ist. Sitzt die Person dort, um sich nach einem langen Spaziergang auszuruhen oder ist sie kurz beim Geldautomaten? Erst der nachfolgende Teil

„um mich auszuruhen" oder *„um Geld abzuheben"* macht deutlich, ob von einer Parkbank oder einem Geldinstitut die Rede ist. Genau dieses Prinzip, dass Sprache erst über zeitliche Abfolgen und Kontexte Sinn stiftet, stellt für Maschinen eine besondere Herausforderung dar.

Um Sprachverarbeitung auch für Computer zu ermöglichen, braucht es daher Modelle, die nicht nur Wörter isoliert betrachten, sondern deren Abfolge und Zusammenhang mitdenken können. Frühe Ansätze in der KI griffen hierfür auf sogenannte rekurrente neuronale Netze zurück (RNNs). Diese Netze enthalten Schleifen, über die Informationen von einem Zeitschritt an den nächsten weitergegeben werden. Damit fließt das Wissen aus früheren Wörtern in die Bewertung der späteren mit ein. Ein Begriff wird also nicht für sich genommen interpretiert, sondern im Kontext dessen, was zuvor gesagt bzw. geschrieben wurde (Goodfellow et al., 2016).

Gerade bei sprachlichen Aufgaben, die stark vom Kontext abhängen, erwies sich dieser Ansatz zwar als vielversprechend, zeigte aber ebenso rasch Grenzen. In langen Sätzen oder Texten fällt es klassischen RNNs schwer, Informationen über weite Distanzen hinweg zu bewahren. Hierbei handelt es sich um ein Phänomen, bei dem frühere (also vordere) Inhalte des Satzes nach und nach an Einfluss verlieren. In schulischer Sprache lässt sich das gut an einem Satz wie diesem verdeutlichen: „Wenn der Schüler, der letzte Woche krank war, heute wieder fehlt, dann…". Um den Satz grammatikalisch korrekt zu beenden, muss das System verstehen, wer hier eigentlich das Subjekt ist. Genau das gelingt einfachen RNNs oft nicht mehr zuverlässig, wenn zu viel sprachlicher „Ballast" dazwischenliegt.

Um diese Schwächen zu überwinden, wurden sogenannte Long Short-Term Memory-Netze, kurz LSTMs, entwickelt. Diese Architektur, erstmals beschrieben von Hochreiter und Schmidhuber (1997), enthält eine Art kontrollierten Speicher, der gezielt entscheidet, welche Informationen behalten und welche verworfen werden sollen. Mithilfe spezieller Mechanismen kann das Netz etwa erkennen, dass ein Subjekt auch nach mehreren Einschüben noch relevant ist, wie etwa in einem Satz, in dem eine Schülerin zu Beginn genannt wird und ihre Handlung am Ende des Satzes grammatikalisch korrekt weitergeführt werden muss.

Gleichwohl bleibt ein wichtiger Vorbehalt bestehen. Auch LSTM-Netze „verstehen" Sprache nicht im menschlichen Sinn. Ihre Leistung beruht auf der Berechnung von Wahrscheinlichkeiten und nicht auf einem semantischen Erfassen von Inhalten. Wenn ein Modell erkennt, dass nach dem Satz „Ich bin auf der Bank" wahrscheinlich eine Erläuterung folgt, welche Bank gemeint ist, dann basiert diese Einschätzung auf statistischen Mustern und nicht auf einem tatsächlichen Textverständnis.

Trotz dieser Einschränkung markieren LSTMs einen entscheidenden Fortschritt in der Sprachverarbeitung. Erstmals war es möglich, zusammenhängende Texte mit gewisser Kohärenz maschinell zu erzeugen, Fragen im Kontext vorheriger Aussagen zu beantworten und umfangreiche Texte automatisiert einzuordnen. Die nächste Entwicklungsstufe bestand schließlich darin, Sprachmodelle zu konstruieren, die nicht mehr streng linear arbeiten, sondern mit sogenannten Aufmerksamkeitsmechanismen (Attention) in der Lage sind, verschiedene Kontextelemente parallel zu gewichten. Wie das genau funktioniert und welche neuen Potenziale sich daraus für Schule und Unterricht ergeben wird im folgenden Abschnitt erläutert.

8.3.3 Transformer-Modelle und Aufmerksamkeitsmechanismen

Trotz der Fortschritte, die durch rekurrente Architekturen wie LSTM erzielt wurden, zeigten sich weiterhin strukturelle Grenzen bei der Verarbeitung komplexer sprachlicher Zusammenhänge. Sprache enthält, wie bereits ausgeführt, Rückbezüge, thematische Sprünge, Parallelstrukturen und Bedeutungsverschiebungen, die sich durch rein sequenzielle Modelle nur bedingt erfassen lassen. Hinzu kommt der Umstand, dass rekurrente Netze Informationen immer nur schrittweise verarbeiten, was bei längeren Texten zu ineffizientem Lernen und einem Verlust an globalem Zusammenhang führen kann. Der entscheidende Durchbruch gelang mit der Entwicklung sogenannter Transformer-Modelle, die erstmals eine vollständig parallele Verarbeitung von Sprache ermöglichten (Vaswani et al., 2017).

Die grundlegende Idee besteht darin, auf die rekursive Weitergabe von Informationen zu verzichten und stattdessen ein Verfahren zu verwenden, das es dem Modell erlaubt, auf alle Positionen einer Eingabesequenz gleichzeitig zuzugreifen. Dies geschieht durch den sogenannten Attention-Mechanismus, der es ermöglicht, jedem Wort eines Satzes je nach Kontext eine unterschiedliche Relevanz zuzuschreiben. Ein Modell kann damit entscheiden, dass bei der Interpretation eines bestimmten Wortes nicht allein seine Position entscheidend ist, sondern auch andere, möglicherweise weit entfernte Wörter, die für die Bedeutung relevant sind.

Ein einfaches Beispiel illustriert diesen Mechanismus: In dem Satz „Die Schülerin sagte der Lehrerin, dass sie Hilfe brauche“ ist ohne zusätzlichen Kontext nicht eindeutig klar, auf wen sich das Pronomen „sie“ bezieht. Ein Transformer-Modell analysiert in einem solchen Fall die gesamte Eingabesequenz gleichzeitig und gewichtet die möglichen Bezugspunkte nach deren semantischer Wahrscheinlichkeit. Dies geschieht nicht deterministisch, sondern auf der Basis gelernten

Verhaltens aus umfangreichen Sprachkorpora. Das System entscheidet, welches Wort für die Interpretation besonders wichtig ist, und richtet seine „Aufmerksamkeit“ entsprechend aus.

Formal wird dies durch sogenannte Selbst-Attention-Strukturen umgesetzt. Dabei wird jeder Token, also jedes Wort oder Zeichen, mit einer gewichteten Kombination aller anderen Tokens der Sequenz angereichert. Dies erlaubt es dem Modell, die Relevanz jedes Kontextelements dynamisch zu berechnen und dadurch auch bei langen oder verschachtelten Sätzen konsistente Bedeutungsbezüge herzustellen. Diese Architektur löst nicht nur das Problem des Informationsverlustes bei langen Sequenzen, sondern beschleunigt auch das Training erheblich, da alle Positionen gleichzeitig verarbeitet werden können.

Transformer-Modelle bilden heute die Grundlage nahezu aller leistungsfähigen Sprachsysteme. Sie ermöglichen Anwendungen, die weit über klassische Textklassifikation oder maschinelle Übersetzung hinausgehen. Besonders relevant für den schulischen Bereich sind jene Systeme, die in der Lage sind, Texte zu generieren, Fragen zu beantworten, Zusammenfassungen zu erstellen oder Feedback zu geben, das sich nicht nur auf Form, sondern auch auf Inhalt bezieht. Systeme wie ChatGPT, die auf der GPT-Architektur basieren, zeigen, dass maschinelle Sprachmodelle mittlerweile in der Lage sind, Texte zu erzeugen, die in Stil und Kohärenz kaum mehr von menschlichen Produktionen zu unterscheiden sind (Brown et al., 2020).

Gleichzeitig ist es wichtig zu verstehen, dass auch diese Modelle keine Bedeutung im menschlichen Sinne erfassen. Sie berechnen Wahrscheinlichkeiten für Textfolgen auf der Grundlage ihrer Trainingsdaten, ohne über Weltwissen im eigentlichen Sinne zu verfügen. Die scheinbare Kohärenz entsteht nicht aus Verstehen, sondern aus statistischer Passung. Ein Transformer-Modell weiß nicht, was es sagt, sondern nur, wie wahrscheinlich bestimmte Wörter aufeinander folgen. Diese epistemische Grenze ist besonders im Bildungskontext relevant. Lehrkräfte sollten in der Lage sein, Schülerinnen und Schülern zu vermitteln, dass solche Systeme auf Mustererkennung beruhen, nicht auf Bedeutungserfassung.

Transformer-Modelle stellen dennoch einen qualitativen Sprung dar, weil sie es ermöglichen, Sprache als ein ganzheitliches Gefüge zu analysieren und zu erzeugen. Sie erfassen kontextuelle Bezüge nicht nur lokal, sondern global. Dies eröffnet vielfältige didaktische Möglichkeiten von der automatisierten Inhaltsanalyse über individuelle Lernbegleitung bis hin zu dynamisch generierten Lernmaterialien. Zugleich stellt sich die Aufgabe, diese Technologien kritisch zu hinterfragen und ihre Grenzen offen zu benennen. Nur wer versteht, wie ein Transformer-Modell funktioniert, kann verantwortungsvoll mit seinen Ergebnissen umgehen.

Literatur

Barenkamp, M. (2022). Künstliche Intelligenz als Unterstützungsfunktion der Vorhersage und Prozessexzellenz im Process Mining. *Wirtschaftsinformatik & Management, 14*(3), 160–170. https://doi.org/10.1365/s35764-022-00404-8

Barenkamp, M. (2024). EU-Taxonomie zur Wesentlichkeitsanalyse – Künstliche Intelligenz ist unabdingbar. *Board, 3*(24), 114–119.

Baylor, A. L. (2002). Expanding preservice teachers' metacognitive awareness of instructional planning through agent-based simulation. *Educational Technology Research and Development, 50*(2), 5–22. https://doi.org/10.1007/BF02504945

Bender, E. M., & Koller, A. (2020). Climbing towards NLU: On meaning, form, and understanding in the age of data. In *Proceedings of the 58th Annual Meeting of the Association for Computational Linguistics* (S. 5185–5198) https://doi.org/10.18653/v1/2020.acl-main.463

Bolukbasi, T., Chang, K. W., Zou, J. Y., Saligrama, V., & Kalai, A. T. (2016). Man is to computer programmer as woman is to homemaker debiasing word embeddings. *Advances in Neural Information Processing Systems, 29*, 4349–4357.

Brown, T. B., et al. (2020). Language models are few-shot learners. *Advances in Neural Information Processing Systems, 33*, 1877–1901.

Caliskan, A., Bryson, J. J., & Narayanan, A. (2017). Semantics derived automatically from language corpora contain human-like biases. *Science, 356*(6334), 183–186. https://doi.org/10.1126/science.aal4230

Crevier, D. (1993). *AI The tumultuous history of the search for artificial intelligence*. Basic Books.

Eisenstein, J. (2019). *Introduction to natural language processing*. MIT Press.

Ernst, G. W., & Newell, A. (1967). Some issues of representation in a general problem solver. In *Proceedings of the April 18–20, 1967, Spring Joint Computer Conference* (S. 583–600).

Fei-Fei, L., Fergus, R., & Perona, P. (2006). One-shot learning of object categories. *IEEE Transactions on Pattern Analysis and Machine Intelligence, 28*(4), 594–611.

Firth, J. R. (1957). *Papers in linguistics* (S. 1934–1951). Oxford University Press.

Goodfellow, I., Bengio, Y., & Courville, A. (2016). *Deep learning*. MIT Press.

Hastie, T., Tibshirani, R., & Friedman, J. (2009). *The elements of statistical learning: Data mining, inference, and prediction*. Springer Science & Business Media.

Hochreiter, S., & Schmidhuber, J. (1997). Long short-term memory. *Neural Computation, 9*(8), 1735–1780.

Hsu, F. (2002). *Behind deep blue: Building the computer that defeated the world chess champion*. Princeton University Press.

Jurafsky, D., & Martin, J. H. (2023). *Speech and language processing* (Bd. 3). https://web.stanford.edu/~jurafsky/slp3/. Zugegriffen am 15.12.2025.

Knapp, P., & Wagner, C. (2019). Künstliche Intelligenz schafft neue Geschäftsmodelle im Mittelstand. In P. Buxmann & H. Schmidt (Hrsg.), *Künstliche Intelligenz*. Springer Gabler. https://doi.org/10.1007/978-3-662-57568-0_10

Mayer-Schönberger, V., & Cukier, K. (2013). *Big data: A revolution that will transform how we live, work, and think*. Houghton Mifflin Harcourt.

Mikolov, T., Chen, K., Corrado, G., & Dean, J. (2013). Efficient estimation of word representations in vector space. *arXiv preprint*. arXiv:1301.3781.

Mitchell, T. M. (1997). *Machine learning*. McGraw-Hill.
Moor, J. (2006). The Dartmouth College artificial intelligence conference. *The Next Fifty Years AI Magazine, 27*(4), 87–87.
Moto-Oka, T. (2012). *Fifth generation computer systems*. Elsevier.
NHTSA-National Highway Traffic Safety Administration. (2023). *Automated driving systems: A vision for safety 2.0.*
Pan, S., & Yang, Q. (2010). A survey on transfer learning. *IEEE Transactions on Knowledge and Data Engineering, 22*(10), 1345–1359. https://doi.org/10.1109/TKDE.2009.191
Parisi, G., Kemker, R., Part, J., Kanan, C., & Wermter, S. (2019). Continual lifelong learning with neural networks. *A Review Neural Networks, 113*, 54–71.
Perplexity. (2024). Der erste KI-Winter. https://www.perplexity.ai/page/the-first-ai-winter-HD65QjFVSACU.fHaSKdwIw. Zugegriffen am 09.10.2024.
Russell, S., & Norvig, P. (2021). *Artificial intelligence: A modern approach*. Pearson.
Samuel, A. (1959). Some studies in machine learning using the game of checkers. *IBM Journal of Research and Development, 3*(3), 210–229.
Schaeffer, J., & Lake, R. (1996). Solving the game of checkers. *Games of No Chance, 29*, 119–133.
Searle, J. (1980). Minds, brains, and programs. *Behavioral and Brain Sciences, 3*(3), 417–424.
Silver, D., et al. (2016). Mastering the game of Go with deep neural networks and tree search. *Nature, 529*(7587), 484–489.
Stanford. (2024). The AI Index Report Measuring trends in AI. https://aiindex.stanford.edu/report/. Zugegriffen am 09.10.2024.
Stiennon, N., et al. (2020). Learning to summarize from human feedback. *Advances in Neural Information Processing Systems, 33*, 3008–3021.
Sutton, R., & Barto, A. (2018). *Reinforcement learning: An introduction*. MIT Press.
Turing, A. M. (2021). Computing machinery and intelligence (1950). In A. P. Saygin (Hrsg.), *Turing and artificial intelligence: How Alan Turing created new cognitive and computational concepts* (S. 147–165). MIT Press. https://doi.org/10.7551/mitpress/12274.003.0016
VanLehn, K. (2011). The relative effectiveness of human tutoring, intelligent tutoring systems, and other tutoring systems. *Educational Psychologist, 46*(4), 197–221. https://doi.org/10.1080/00461520.2011.611369
Vaswani, A., Shazeer, N., Parmar, N., et al. (2017). Attention Is All You Need. Advances in Neural Information Processing Systems 30: Annual Conference on Neural Information Processing Systems 2017, Long Beach, 4–9 December 2017, 5998–6008
Vinyals, O., Blundell, C., Lillicrap, T., Kavukcuoglu, K., & Wierstra, D. (2016). Matching networks for one shot learning. In *Advances in Neural Information Processing Systems, 29*, 3630–3638.
Weizenbaum, J. (1966). ELIZA – A computer program for the study of natural language communication between man and machine. *Communications of the ACM, 9*(1), 36–45.
Wilensky, U., & Rand, W. (2015). *An introduction to agent-based modeling: Modeling natural, social, and engineered complex systems with NetLogo*. MIT Press.
Xian, Y., et al. (2018). Zero-shot learning-a comprehensive evaluation of the good, the bad and the ugly. *IEEE Transactions on Pattern Analysis and Machine Intelligence, 41*(9), 2251–2265.

9 Bildung im Zeitalter intelligenter Systeme – Ein Ausblick

Wie wird Schule in zehn oder fünfzehn Jahren aussehen? Welche Aufgaben übernehmen intelligente Systeme und welche bleiben unersetzlich menschlich? Wie können Bildungsprozesse durch KI gerechter, individueller und inklusiver gestaltet werden, ohne neue Abhängigkeiten oder Ungleichheiten zu schaffen? Dieses abschließende Kapitel wirft einen fundierten Blick in die Zukunft: Es stellt Szenarien vor, diskutiert neue Berufsbilder, zeigt internationale Entwicklungen und reflektiert die Rolle von Schule und Bildung in einer Gesellschaft, die zunehmend von algorithmischen Strukturen geprägt ist. Dabei bleibt der Anspruch klar, denn Bildung soll nicht nur reagieren, Bildung soll gestalten.

9.1 Wie verändert sich Lehren und Lernen bis 2035?

Im Jahr 2035 wird schulisches Lehren und Lernen nicht mehr nur von pädagogischen Überzeugungen und traditionellen Unterrichtsformen geprägt sein, sondern maßgeblich durch intelligente Systeme mitgestaltet werden. Bereits heute zeichnet sich eine Entwicklung ab, die zeigt, dass Bildung nicht am Rande der digitalen Transformation steht, sondern sie ist mittendrin. Doch wie genau werden sich Bildungsprozesse verändern, wenn algorithmische Systeme, adaptive Lernplattformen und lernfähige Assistenten zum festen Bestandteil schulischer Praxis geworden sind?

Zunächst einmal wird sich der Blick auf Wissen fundamental wandeln. In einer Welt, in der Informationen jederzeit verfügbar sind, verschiebt sich der Fokus von der bloßen Wissensaneignung hin zur Bewertung, Einordnung und Reflexion von Informationen. Der kompetente Umgang mit digitalen Werkzeugen und KI-

M. Barenkamp, S. Barenkamp, *Künstliche Intelligenz im Schulunterricht*,
https://doi.org/10.1007/978-3-658-50909-5_9

gestützten Entscheidungshilfen wird zur Schlüsselkompetenz und Schülerinnen und Schüler müssen lernen, zwischen maschinell generierten und menschlich verantworteten Aussagen zu unterscheiden, Quellen zu bewerten und algorithmische Verzerrungen zu erkennen. Dieser Paradigmenwechsel verlangt nicht nur technisches Know-how, sondern auch ein tiefes Verständnis gesellschaftlicher, ethischer und erkenntnistheoretischer Zusammenhänge (Heid & Wernsmann, 2023; Schiff, 2021).

Zugleich wird die Personalisierung von Lernprozessen eine neue Qualität erreichen. Adaptive Systeme werden in der Lage sein, Lernstände in Echtzeit zu analysieren und darauf basierend individuelle Lernpfade vorzuschlagen und dies nicht mehr nur auf Basis von Tests, sondern auch gestützt durch Verhaltensmuster, Antwortzeiten oder sogar emotionale Rückmeldesignale. Lehrkräfte erhalten dadurch neue diagnostische Möglichkeiten, können gezielter fördern und entlastet werden, dies allerdings nur dann, wenn sie die Funktionsweise dieser Systeme verstehen und kritisch reflektieren können (Walkington, 2013; Ifenthaler & Yau, 2020).

Ein weiteres zentrales Element wird die stärkere Vernetzung von schulischem und außerschulischem Lernen sein. Schon jetzt findet ein erheblicher Teil des Lernens außerhalb institutionalisierter Strukturen statt wie beispielsweise auf YouTube, in Lern-Apps oder bei Online-Tutorials. Diese Entwicklungen werden sich weiter intensivieren und Schulen müssen darauf reagieren, indem sie eben nicht versuchen, informelle Lernorte zu ersetzen, sondern diese bewusst in ihre Didaktik integrieren. KI kann hier eine Brückenfunktion übernehmen und sie erkennt Interessen, schlägt passende Inhalte vor und verbindet formales mit informellem Lernen. Lernbiografien werden dadurch flüssiger, individueller und weniger durch Jahrgangsgrenzen strukturiert.

Ein Beispiel für diese neue Form der Unterstützung bieten KI-basierte Avatare, wie sie derzeit in der Hochschullehre erprobt werden. An der Technischen Universität Graz wurden Lehrvideos für Online-Kurse mithilfe von Avataren produziert, die auf realen Personen basieren. Dabei kamen nicht nur vorgefertigte KI-Figuren zum Einsatz, sondern auch digital modellierte Abbilder tatsächlicher Lehrpersonen einschließlich ihrer Stimme, Mimik und typischen Sprechweise. Diese konnten anschließend in mehreren Sprachen Vorträge halten, ohne dass die reale Person anwesend sein musste (Schön & Ebner, 2025).

Solche Verfahren eröffnen auch für den schulischen Kontext denkbare Einsatzszenarien. So könnte eine Lehrkraft, die etwa aufgrund von Krankheit oder Elternzeit vorübergehend nicht unterrichten kann dennoch virtuell präsent bleiben. Ein Avatar, trainiert mit der Stimme und Ausdrucksweise der Lehrkraft, könnte bekannte Inhalte vermitteln und damit ein Stück Kontinuität für die Schülerinnen und Schüler schaffen. Auch für ergänzende Nachhilfesequenzen oder individuelle

Wiederholungsphasen am Nachmittag wären solche Lösungen denkbar, insbesondere wenn die virtuelle Begleitperson nicht anonym bleibt, sondern hierdurch eine vertraute pädagogische Figur darstellt.

Gleichzeitig zeigt dieses Beispiel aber auch, wie wichtig eine klare pädagogische und ethische Rahmung bleibt. Auch wenn ein Avatar spricht, muss die Verantwortung für Inhalte, Methodenwahl und mediale Umsetzung stets bei der echten Lehrkraft liegen. Die technische Möglichkeit ersetzt nicht die pädagogische Beziehungsarbeit, denn was schulisches Lernen im Kern ausmacht, ist nicht allein die Vermittlung von Wissen, sondern das Zusammenspiel aus Vertrauen, Intuition, situativem Gespür und menschlicher Nähe. Wie bereits dargestellt, sind diese Aspekte nicht automatisierbar und gerade deshalb bleiben sie auch in einer digital erweiterten Schule unverzichtbar. Besonders deutlich wird das, wenn man jene Situationen betrachtet, in denen mehr gefragt ist als das bloße Präsentieren von Inhalten. Ein Avatar kann zwar zuverlässig die Lehrmaterialien vortragen, die für den Tag vorgesehen sind, doch er reagiert nicht auf Unterrichtsstörungen, erkennt keine nonverbalen Signale und stellt keine klärenden Rückfragen, wenn Unsicherheiten entstehen. Gerade diese Momente, in denen Kinder sich innerlich zurückziehen, ein fragender Blick aufflackert oder die Aufmerksamkeit abzudriften droht, sind für die Lehrkraft entscheidend und dies nicht nur für die Stoffvermittlung, sondern vor allem für die Beziehungsgestaltung und das individuelle Eingehen auf Lernprozesse. Digitale Systeme verfügen über keine Intuition, kein situatives Feingefühl und keine empathische Wahrnehmung. Sie folgen programmatischen Abläufen, können aber weder Stimmungen deuten noch pädagogisch flexibel agieren. Das bedeutet somit auch in naher Zukunft, dass auch wenn der technische Rahmen die Durchführung einer Unterrichtsstunde formal absichern kann, der eigentliche Kern schulischer Bildung bleibt, an eine reale pädagogische Präsenz gebunden. Wer diesen Unterschied nicht ernst nimmt, läuft Gefahr, Bildung auf eine bloße Inhaltsvermittlung zu reduzieren und damit zentrale Wirkfaktoren gelingenden Lernens auszublenden.

Somit ist die Digitalisierung der Bildung bis 2035 kein Selbstläufer, sondern sie ist vielmehr an pädagogische, politische und infrastrukturelle Bedingungen geknüpft. Technisch ist vieles möglich, doch entscheidend wird sein, wie Schule diese Möglichkeiten nutzt. KI kann helfen, Chancengleichheit zu fördern, beispielsweise durch automatisierte Übersetzungen, barrierefreie Darstellungen oder vorausschauende Frühwarnsysteme für gefährdete Lernbiografien, aber gleichzeitig droht sie auch, soziale Ungleichheiten zu verstärken, wenn Zugang, Ausstattung oder Medienkompetenz ungleich verteilt bleiben (KMK, 2021; Bitkom, 2023).

Für Lehrkräfte bedeutet dies eine doppelte Herausforderung, denn sie müssen nicht nur selbst lernbereit bleiben, sondern auch ihre professionelle Rolle neu definieren. Im Jahr 2035 werden sie nicht durch KI ersetzt, sondern in ihrer Funktion als Lernbegleiter, Bezugsperson und Wertevermittler gestärkt, wenn sie über die notwendige Ausbildung und Kompetenz verfügen. Fortbildungsangebote müssen daher nicht nur technische Fertigkeiten vermitteln, sondern auch Raum für ethische Diskussionen, kollegiale Reflexion und didaktische Entwicklung bieten (Lipowsky & Rzejak, 2019; Eickelmann & Drossel, 2020).

Auch die Unterrichtskultur wird sich verändern und Klassenräume der Zukunft sind hybride Räume, die analoge und digitale Lernformen, synchrones und asynchrones Arbeiten, individuelle Vertiefung und kollaboratives Problemlösen miteinander verbinden. Der Frontalunterricht tritt zugunsten projektorientierter, interaktiver und multimedial gestützter Lernsettings zurück.

Im Sinne der sich wandelnden Unterrichtskultur, in der hybride Lernräume analoge und digitale Lernformen, individuelles und kollaboratives Arbeiten sowie synchrone und asynchrone Prozesse vereinen, stellt die Alemannenschule Wutöschingen ein zukunftsweisendes Beispiel dar. Dort wurde der klassische Frontalunterricht weitgehend durch projektorientierte, multimedial unterstützte Lernformate ersetzt. Schülerinnen und Schüler arbeiten in offenen Lernsettings, unterstützt durch digitale Werkzeuge wie die eigens entwickelte Lernplattform „DiLer“ (Digitale Lernumgebung), Tablets im 1:1-Einsatz und eine Raumarchitektur, die als „dritter Pädagoge“ wirkt (Sigloch, o. J.). Statt starrer Klassenzimmer gibt es Inputräume, Lernateliers, Marktplätze und Rückzugsorte, also flexibel gestaltete Lernzonen für individuelles oder kooperatives Arbeiten (Toczkowski, 2020). Die Schule wurde 2019 mit dem Deutschen Schulpreis ausgezeichnet und gilt als Vorreiterin im Bereich digital gestützter, selbstgesteuerter Lernkultur (IfaK, 2021).

Schließlich ist auch die Rolle der Schülerinnen und Schüler neu zu denken, denn sie werden stärker zu Gestaltern ihres Lernens, entwickeln eigene Lernstrategien und reflektieren ihren Fortschritt in personalisierten Dashboards. Diese Entwicklung birgt Chancen für Selbstbestimmung und Motivation, erfordert aber gleichzeitig neue Formen der Begleitung, der Orientierung und der Verantwortung. Nicht alle Schülerinnen und Schüler sind gleich selbstorganisiert, nicht alle profitieren gleichermaßen von digitaler Freiheit. Schule muss daher Orte der Struktur, der sozialen Interaktion und des Werteerlebens bleiben und dies auch und vor allem im Jahr 2035.

Hierbei lässt sich abschließend sicherlich sagen, dass Lehren und Lernen bis 2035 individueller, vernetzter und datenbasierter sein wird, aber es bleibt weiterhin ein zutiefst menschlicher Prozess. Die Technik liefert Werkzeuge, keine Wahrheiten und entscheidend wird sein, wie wir diese Werkzeuge gestalten, regulieren und pädagogisch einbetten. Wenn Bildung im Zeitalter der KI gelingen soll, braucht sie keine technologische Euphorie, sondern reflektierte Innovation, getragen von Lehrkräften, Schülerinnen und Schülern sowie einer konstruktiven Gesellschaft. Der Lehrerberuf wird somit auch im Jahr 2035 ein Beziehungsberuf bleiben.

9.2 KI und Chancengerechtigkeit – Verstärker oder Ausgleich?

Eine intensiv diskutierte Frage im Zuge der Digitalisierung des Bildungssystems ist jene nach der sozialen Gerechtigkeit. Trägt Künstliche Intelligenz letztlich wirklich dazu bei, bestehende Ungleichheiten zu verringern oder verschärft sie diese eventuell sogar? Die Antwort fällt differenziert aus, denn KI kann beides sein. Auf der einen Seite ein machtvolles Instrument zur Förderung individueller Potenziale und zugleich ein Verstärker struktureller Benachteiligung, wenn sie unreflektiert eingesetzt wird.

Intelligente Systeme ermöglichen eine bislang unerreichte Form der Individualisierung im Bildungsbereich. Schülerinnen und Schüler erhalten durch adaptive Lernsysteme passgenaue Aufgaben, können in ihrem eigenen Tempo lernen und erhalten kontinuierliches Feedback und dies unabhängig von der Schulform, der Klassengröße oder dem Leistungsstand. Besonders Kinder, die im klassischen Frontalunterricht leicht über- oder unterfordert werden, profitieren sehr von diesen Systemen. Sie können Stärken ausbauen, Schwächen gezielt bearbeiten und erhalten Lernwege, die auf ihre individuellen Bedürfnisse abgestimmt sind (OECD, 2021; Kuhl et al., 2020).

Ebenso können KI-gestützte Spracherkennung und Übersetzungstechnologien Barrieren abbauen, etwa für Kinder mit Migrationshintergrund oder nicht-deutscher Erstsprache. Auch Schüler mit körperlichen oder kognitiven Beeinträchtigungen erfahren durch KI-Anwendungen erstmals relevant neue Möglichkeiten der Teilhabe, beispielsweise durch automatische Textvergrößerungen, Sprachausgaben oder intelligente Assistenzsysteme zur Bedienung digitaler Lernumgebungen. Insofern ermöglicht KI das Potenzial, Bildung inklusiver zu gestalten, wenn sie bewusst gestaltet und gezielt eingesetzt wird (UNESCO, 2021).

Doch diese Potenziale realisieren sich nicht automatisch, denn sie sind eng verknüpft mit infrastrukturellen, personellen und didaktischen Rahmenbedingungen. Und genau hier beginnt die Problematik, denn die Verfügbarkeit und Nutzbarkeit von KI-Systemen hängt stark von äußeren Faktoren ab, angefangen von der technischen Ausstattung der Schule über die digitale Kompetenz der Lehrkräfte, der Unterstützung durch das Elternhaus bis hin zur Verlässlichkeit der Internetverbindung. In dieser Hinsicht droht KI, soziale Ungleichheiten nicht zu beseitigen, sondern eventuell sogar zu verstärken. Kinder aus bildungsnahen Haushalten haben in der Regel besseren Zugang zu digitalen Geräten, erhalten häufiger Unterstützung beim Lernen und sind mit selbstorganisiertem Arbeiten vertrauter. Fehlt diese Unterstützung, geraten sie im digitalisierten Bildungssystem schnell ins Hintertreffen (Bertelsmann Stiftung, 2022; Zierer, 2023).

Um dem entgegenzuwirken, kann es hilfreich sein, den häuslichen Hintergrund der Schülerinnen und Schüler genauer zu betrachten, um gezielt Unterstützungsbedarfe zu identifizieren. Schulen könnten in solchen Fällen durch Kooperationen mit Fördervereinen, Stiftungen oder lokalen Sponsoren zusätzliche Ausstattung bereitstellen und so gezielt benachteiligte Kinder unterstützen.

Auch algorithmische Verzerrungen („Bias") können die Chancengerechtigkeit gefährden. Wenn Trainingsdaten nicht divers genug sind, beispielsweise weil sie auf einer bestimmten Sprachvarietät, Kultur oder Lebenswelt basieren, führt das zu Modellen, die bestimmte Gruppen systematisch benachteiligen könnten. Ein KI-System zur automatisierten Leistungsdiagnostik könnte beispielsweise Schüler mit Migrationshintergrund, deren sprachlicher Ausdruck vom Standard abweicht, fälschlich als leistungsschwach einstufen. Diese Gefahr ist real und erfordert ein hohes Maß an Sensibilität bei der Entwicklung und Anwendung solcher Systeme (Eubanks, 2018; European Commission, 2020).

Ein weiteres Risiko besteht in der datenbasierten Etikettierung von Schülerinnen und Schülern. Werden Lernprofile zu eng definiert und durch Algorithmen dauerhaft zementiert, kann das zu einer Form der „Algorithmischen Determination" führen, also zu der Vorstellung, ein bestimmter Schüler werde auf Basis seiner bisherigen Daten immer nur ein bestimmtes Lernniveau erreichen. Die Gefahr besteht darin, dass Potenziale nicht erkannt, sondern vorzeitig festgeschrieben werden. KI darf nie zum Instrument der Begrenzung werden, sondern muss Offenheit und Entwicklungsspielraum ermöglichen (Selwyn, 2019).

Für die Schule bedeutet das, dass der Einsatz von KI aktiv gesteuert und begleitet werden muss und dies nicht nur technisch, sondern auch pädagogisch und ethisch. Lehrkräfte spielen eine Schlüsselrolle, wenn es darum geht, technologische Hilfsmittel gerecht zu nutzen, Ergebnisse einzuordnen und, wo nötig, zu relativieren. Es braucht Schulungen, die nicht nur vermitteln, wie KI funktioniert, sondern vor allem auch, welche Wirkung sie auf Lernbiografien, Gruppendynamiken und Bildungsgerechtigkeit entfalten kann. Inklusion im digitalen Raum ist keine technische Funktion, sondern ein pädagogisches Prinzip.

Gleichzeitig sind politische und strukturelle Maßnahmen gefragt. Hier braucht es Investitionen in Infrastruktur und dies nicht nur in Städten, sondern vor allem und gerade auch im ländlichen Raum. Es braucht sozialkompensatorische Programme, die benachteiligten Schülern den Zugang zu Endgeräten, digitalen Lernräumen und Förderangeboten sichern. Und es braucht eine ethisch fundierte Regulierung von Bildungs-KI, die Transparenz, Fairness und Datenschutz garantiert.

KI ist somit kein neutraler Verstärker, sondern ein Spiegel der gesellschaftlichen Verhältnisse, in denen sie eingesetzt wird. Sie kann bestehende Ungleichheiten reproduzieren oder ihnen bewusst entgegenwirken. Entscheidend ist wie so oft, wie wir sie gestalten und nutzen, wie bewusst wir mit ihr umgehen und welche pädagogische Haltung wir ihr gegenüber einnehmen. In einer gerechten Schule der Zukunft ist KI nicht das Ende der Chancengleichheit, sondern ihr Werkzeug.

9.3 Neue Berufsbilder in der Bildung

Die Künstliche Intelligenz im Bildungssystem führt nicht nur zu veränderten Lehr- und Lernprozessen, sondern bringen auch neue Anforderungen an die Akteure innerhalb des Systems mit sich. Während die Lehrkraft ihre Rolle neu interpretiert, wie bereits dargestellt, entstehen zugleich ganz neue berufliche Profile, die in klassischen Schulstrukturen bislang nicht vorgesehen waren. Die Bildungslandschaft steht damit vor einer strukturellen Transformation, die weit über technologische Anpassungen hinausgeht.

Eines der zentralen neuen Berufsbilder ist das des Educational Data Analysts. Dieser arbeitet an der Schnittstelle zwischen Pädagogik, Statistik und Informatik. Seine Aufgabe besteht darin, die wachsenden Datenmengen, die durch digitale Lernsysteme generiert werden, beispielsweise zu Lernverläufen, Bearbeitungszeiten oder Kompetenzprofilen, so aufzubereiten, dass sie für Lehrkräfte und Schulleitungen als Entscheidungsgrundlage dienen können. Ziel ist nicht die Kontrolle, sondern die Unterstützung pädagogischer Maßnahmen wie Früherkennung von Lernschwierigkeiten, Identifikation besonders förderbedürftiger Schüler oder die Evaluation ganzer Schulentwicklungsprozesse (Ifenthaler & Yau, 2020). Damit dies gelingt, braucht es sowohl datentechnische Expertise als auch ein tiefes Verständnis pädagogischer Prozesse, also eine Kombination, die in herkömmlichen Lehrer- oder Verwaltungsrollen nicht oder kaum abgebildet ist.

Ein weiteres neues Profil ist der KI-Pädagoge bzw. die KI-Koordinatorin. Diese Person ist weder reine IT-Fachkraft noch klassische Lehrkraft, sondern eine Vermittlungsfigur. Sie begleitet Schulen bei der Einführung KI-gestützter Systeme, berät Kollegien didaktisch, koordiniert Fortbildungsangebote und steht als Ansprechpartner für ethische, technische und pädagogische Fragen bereit. In ihrer Funktion ähnelt sie heutigen Medienpädagogen, doch der Fokus liegt stärker auf der intelligenten Systemintegration, auf Algorithmenverständnis und auf der Ausgestaltung hybrider Unterrichtsszenarien (Zorn & Weidner, 2023). Gerade kleinere Schulen, die keine eigene IT-Abteilung besitzen, sind auf solche Rollen angewiesen, um die digitale Transformation nachhaltig zu gestalten.

Mit dem verstärkten Einsatz digitaler Plattformen und Lernanalytik gewinnen auch Instructional Designer und Curriculum Engineers an Bedeutung. Sie entwickeln digitale Lernangebote, entwerfen adaptive Aufgabenformate und gestalten kompetenzorientierte Lernpfade, die sich dynamisch an den Lernstand des Schülers anpassen. Dabei greifen sie nicht nur auf pädagogische, sondern auch auf psychologische und datengestützte Erkenntnisse zurück. Ihre Arbeit findet oft an Schnittstellen zu Bildungsverlagen oder hochschulnahen Entwicklungszentren statt, doch auch Schulen und Schulträger werden diese Expertise zunehmend benötigen, um Lernplattformen konzeptionell und didaktisch weiterzuentwickeln (Kerres, 2018; Mayer, 2020).

Im Hochschulbereich zeichnet sich zudem die Etablierung des AI-Ethikbeauftragten ab, eine Rolle, die künftig auch im schulischen Kontext an Bedeutung gewinnen könnte. Diese Funktion kümmert sich um die ethische Prüfung eingesetzter Systeme, etwa hinsichtlich Diskriminierungsrisiken, Datenschutzfragen oder Fairness in Bewertungsprozessen. Angesichts der zunehmenden Automatisierung pädagogischer Teilprozesse wird es notwendig sein, diese kritisch zu reflektieren und institutionell abzusichern. Es geht um Fragen wie: Welche Daten dürfen erhoben werden? Wie transparent ist die KI-Logik? Wer trägt Verantwortung bei Fehlentscheidungen? Die Antworten darauf können nicht allein durch technische Parameter gegeben werden, denn sie benötigen pädagogische, rechtliche und ethische Aushandlungen (Eubanks, 2018; UNESCO, 2021).

Nicht zuletzt verändern sich auch bestehende Berufsbilder, denn Schulleitungen etwa übernehmen vermehrt strategische Aufgaben im Bereich der digitalen Schulentwicklung und benötigen dafür Kompetenzen im Bereich Datenmanagement, IT-Sicherheit und Prozesssteuerung. Auch Verwaltungsmitarbeiter müssen sich mit digitalen Plattformen, automatisierten Anmelde- oder Dokumentationsverfahren und KI-gestützter Ressourcenplanung auseinandersetzen. Fortbildungsanbieter entwickeln spezialisierte Programme für diese neuen Anforderungen, doch bislang fehlt vielerorts noch die strukturelle Verankerung dieser Rollen im Bildungsapparat.

All diese Entwicklungen zeigen, dass die Zukunft der Bildung nicht nur von technischen Innovationen bestimmt wird, sondern von den Menschen, die diese gestalten. Neue Berufsbilder sind kein Nebenprodukt, sondern Voraussetzung einer gelingenden Digitalisierung. Sie erfordern klare Kompetenzprofile, rechtliche Rahmungen und berufliche Entwicklungspfade. Vor allem aber brauchen sie eine

Kultur der Zusammenarbeit, in der pädagogisches und technisches Denken nicht nebeneinanderstehen, sondern gemeinsam Bildungsräume gestalten.

9.4 Internationale Perspektiven und Trends

Die Integration Künstlicher Intelligenz in Bildungssysteme ist ein globales Phänomen, doch die Wege, die einzelne Länder dabei einschlagen, unterscheiden sich zum Teil erheblich. Während einige Staaten ambitionierte Strategien verfolgen und Bildung als zentrales Anwendungsfeld für KI-Technologien begreifen, agieren andere zögerlicher oder stehen vor strukturellen Hürden. Ein internationaler Vergleich macht deutlich, dass die Entwicklung nicht nur technologisch geprägt ist, sondern immer auch bildungskulturelle, gesellschaftliche und politische Besonderheiten widerspiegelt.

Ein häufig genanntes Vorbild ist Estland, das bereits frühzeitig in digitale Bildung investiert hat. Das landesweite Programm ProgeTiger fördert seit der Vorschule digitale Kompetenzen, einschließlich Programmieren und algorithmischem Denken. Die Schulen sind flächendeckend mit moderner Infrastruktur ausgestattet und Lehrkräfte erhalten gezielte Weiterbildungen im Bereich der digitalen Didaktik. Künstliche Intelligenz wird dort somit nicht als isoliertes Fachthema verstanden, sondern als Querschnittsthema in nahezu allen Bildungsstufen. Besonders bemerkenswert ist hier die konsequente Einbindung von Ethik und gesellschaftlicher Reflexion in die Lehrpläne (Education Estonia, 2022).

Auch Finnland gilt als Vorreiter in der systematischen Auseinandersetzung mit KI. Mit der Initiative Elements of AI wurde ein Onlinekurs entwickelt, der nicht nur für Studentinnen und Studenten, sondern für die gesamte Bevölkerung inklusive schulischer Anschlussformate konzipiert ist. Erklärtes Ziel ist es, ein breites, gesellschaftliches Grundverständnis von KI zu etablieren. Schulen profitieren von offenen Lernmaterialien, universitären Partnerschaften und einer starken Vernetzung mit Forschungseinrichtungen. Dabei bleibt das Bildungsverständnis stets humanistisch geprägt, denn Technologie wird als Mittel zur Stärkung individueller Potenziale und gesellschaftlicher Teilhabe verstanden (University of Helsinki, 2023).

China hingegen verfolgt eine ganz andere Strategie. Hier wird KI im Bildungssystem primär als Mittel zur Effizienzsteigerung und zentralisierten Steuerung eingesetzt. Intelligente Überwachungssysteme in Klassenzimmern, Gesichtserkennung zur Anwesenheitskontrolle oder KI-basierte Bewertungssysteme sind keine Ausnahmen, sondern integraler Bestandteil eines umfassenden Bildungsmonitorings. Zugleich investiert der Staat massiv in adaptive Lernplattformen, die

Millionen Schülerinnen und Schüler gleichzeitig bedienen können. Kritik an diesen Entwicklungen, etwa im Hinblick auf Datenschutz oder pädagogische Autonomie, wird im internationalen Diskurs zunehmend laut (Zhou, 2020; OECD, 2021).

In den USA und Großbritannien dominiert ein stärker marktorientierter Zugang. Hier sind es vor allem privatwirtschaftliche Unternehmen, die innovative KI-Lösungen für den Bildungsbereich entwickeln. Plattformen wie Khan Academy, Duolingo oder Coursera integrieren zunehmend adaptive Lernverfahren, Sprachmodelle und Echtzeitfeedback, teils in enger Kooperation mit Schulen, teils als ergänzende außerschulische Angebote. Die Rolle des Staates liegt hier häufig eher in der Förderung digitaler Infrastruktur und der Sicherstellung von Standards, weniger in der direkten Systemsteuerung. Die Vielfalt an Ansätzen ist groß, doch sie geht oft einher mit einer ungleichen Verteilung von Zugangsmöglichkeiten (Selwyn, 2019).

Ein besonderes Augenmerk verdient an dieser Stelle übrigens Afrika. Während viele Länder des Kontinents mit infrastrukturellen Defiziten kämpfen, entstehen in urbanen Regionen innovative Bildungsprojekte, die mobile Technologien und KI nutzen, um Bildungsmangel zu kompensieren. Wichtiger Bestandteil ist hier das SMS-basierte Lernen, ein didaktisches Konzept, bei dem Lerninhalte und Aufgabenstellungen über klassische Textnachrichten (Short Message Service) direkt auf das Mobiltelefon der Schülerinnen und Schüler gesendet werden. Dies ermöglicht Bildungszugänge auch dort, wo keine stabile Internetverbindung, keine modernen Smartphones oder digitalen Lernplattformen zur Verfügung stehen, was in vielen Regionen Afrikas häufig der Fall ist.

Die Vorteile liegen auf der Hand, denn SMS funktioniert auf nahezu jedem Mobiltelefon, unabhängig vom Modell oder Betriebssystem. Schülerinnen und Schüler können Aufgaben empfangen, darauf antworten und erhalten daraufhin eine automatisierte, oft durch KI generierte Rückmeldung, zum Beispiel zur Richtigkeit ihrer Antwort oder zu nächsten Lernschritten. In Kombination mit einfachen Datenbanken lassen sich so individuelle Lernpfade abbilden, selbst wenn die technische Infrastruktur insgesamt niedrigschwellig ist.

Plattformen wie M-Shule in Kenia kombinieren dieses SMS-basiertes Lernen mit KI-gesteuerten Rückmeldesystemen und zeigt eindrucksvoll, wie intelligente Technologien auch unter schwierigen Bedingungen Bildung zugänglich machen können. Internationale Organisationen wie die UNESCO unterstützen solche Ansätze gezielt, etwa durch Förderprogramme und technologische Partnerschaften (UNESCO, 2021).

Diese globalen Beispiele zeigen somit, es gibt nicht *den einen* richtigen Weg in der KI-gestützten Bildung. Vielmehr entwickeln sich vielfältige Modelle, abhängig von politischer Vision, technologischer Ausstattung, gesellschaftlicher Offenheit und pädagogischem Leitbild. Was sich jedoch als gemeinsamer Trend beobachten lässt, ist die zunehmende Verlagerung von Bildung in datenbasierte Kontexte mit Chancen für Individualisierung, aber auch Risiken für Gerechtigkeit und Transparenz.

Deutschland bewegt sich in diesem internationalen Vergleich eher im Mittelfeld. Projekte wie „KI macht Schule" (Fraunhofer IAIS, 2022) oder Modellversuche zur personalisierten Lernbegleitung sind zwar erste Schritte, doch es fehlt vielerorts an systematischer Strategie, flächendeckender Infrastruktur und klar definierten Berufsbildern. Der internationale Blick kann hier Impulse liefern, und zwar für die Ausbildung von Lehrkräften, für die Entwicklung ethischer Leitlinien und auch für eine gesamtgesellschaftliche Debatte über den Bildungsbegriff im digitalen Zeitalter.

Letztlich zeigt die internationale Perspektive eines sehr deutlich, dass Bildung im KI-Zeitalter nicht nur eine Frage der Technik, sondern eine Frage der Haltung zu sein scheint. Länder, die diese Haltung aktiv gestalten, beispielsweise durch Beteiligung, Transparenz und Vertrauen, werden am ehesten in der Lage sein, das Potenzial Künstlicher Intelligenz im Sinne eines aufgeklärten, gerechten und zukunftsfähigen Bildungssystems zu nutzen.

Literatur

Bertelsmann Stiftung. (2022). Monitor Digitale Bildung: Die Schulen im digitalen Zeitalter. https://www.bertelsmann-stiftung.de. Zugegriffen am 05.05.2025.

Bitkom. (2023). Digitale Bildung 2023: Künstliche Intelligenz in der Schule. https://www.bitkom.org. Zugegriffen am 05.05.2025.

Education Estonia. (2022). ProgeTiger Programme. https://educationestonia.org/progetiger/. Zugegriffen am 05.05.2025.

Eickelmann, B., & Drossel, K. (2020). *Digitalisierung in der Lehrerbildung: Perspektiven aus der Bildungsforschung*. Waxmann.

Eubanks, V. (2018). *Automating inequality: How high-tech tools profile, police, and punish the poor*. St Martin's Press.

European Commission. (2020). Ethics Guidelines for Trustworthy AI. https://digital-strategy.ec.europa.eu. Zugegriffen am 05.05.2025.

Fraunhofer IAIS. (2022). KI macht Schule. https://www.kimachtschule.de/. Zugegriffen am 05.05.2025.

Heid, U., & Wernsmann, M. (2023). Künstliche Intelligenz und Bildung: Interdisziplinäre Perspektiven. *Zeitschrift für Didaktik der Gesellschaftswissenschaften, 14*(2), 35–52.

IfaK. (2021). Digitales Lernen an der Alemannenschule Wutöschingen. In: *Praxisbeispiele*. https://ifak-kindermedien.de/theorie-und-praxis/praxisbeispiele/digitales-lernen-wutoeschingen/. Zugegriffen am 31.07.2025.

Ifenthaler, D., & Yau, J. Y.-K. (2020). Utilising learning analytics to support study success in higher education. *Educational Technology Research and Development, 68*, 1961–1990.

Kerres, M. (2018). *Mediendidaktik: Konzeption und Entwicklung digitaler Lernangebote* (5. Aufl.). De Gruyter Oldenbourg.

KMK. (2021). Lehren und Lernen in der digitalen Welt. https://www.kmk.org. Zugegriffen am 05.05.2025.

Kuhl, P., Kaplan, F., & Narayanan, S. (2020). AI in education: The challenge of equity. *Nature Machine Intelligence, 2*(6), 277–279.

Lipowsky, F., & Rzejak, D. (2019). Wirkungen von Lehrerfortbildungen auf die Unterrichtsqualität. In Terhart et al. (Hrsg.), *Handbuch der Forschung zum Lehrerberuf* (2. Aufl., S. 1279–1296). Waxmann.

Mayer, R. E. (2020). *Multimedia Learning* (3. Aufl.). Cambridge University Press.

OECD. (2021). *Digital education outlook: Pushing the frontiers with artificial intelligence, blockchain and robots*. OECD Publishing.

Schiff, D. (2021). Teaching artificial intelligence ethics using a multi-disciplinary approach. *AI and Society, 36*, 389–401.

Schön, S., & Ebner, M. (2025). KI als Lehrer Technische Universität Graz. https://tugraz.elsevierpure.com/de/clippings/ki-als-lehrer. Zugegriffen am 29.09.2025.

Selwyn, N. (2019). *Should robots replace teachers?AI and the future of education*. Polity Press.

Sigloch, M. (o.J.). 5 Fragen – 5 Antworten zu Schule_digital. *Wissensschule.de*. https://www.wissensschule.de/5-fragen-5-antworten-schule_digital-mit-mirko-sigloch/. Zugegriffen am 31.07.2025.

Toczkowski, T. (2020). Lernkultur – Lernen, was man nicht googeln kann. *Das Deutsche Schulportal*. https://deutsches-schulportal.de/schulkultur/lernen-was-man-nicht-googeln-kann/. Zugegriffen am 31.07.2025.

UNESCO. (2021). AI and Education: Guidance for policy-makers. https://unesdoc.unesco.org

University of Helsinki. (2023). Elements of AI. https://www.elementsofai.com. Zugegriffen am 05.05.2025.

Walkington, C. (2013). Using adaptive learning technologies to personalize instruction. *Journal of Educational Psychology, 105*(4), 932–945.

Zhou, L. (2020). China's AI education ambitions: Surveillance, standardization and state power. *Journal of Comparative and International Education, 50*(6), 701–717.

Zierer, K. (2023). Digitale Bildungsungleichheit. In K. Zierer (Hrsg.), *Digitale Schule: Eine Zwischenbilanz*. UTB.

Zorn, I., & Weidner, M. (2023). KI-Kompetenzen in der Lehrerbildung. In M. Berghäuser et al. (Hrsg.), *Künstliche Intelligenz und Bildung: Eine interdisziplinäre Einführung*. Springer VS.

FSC
www.fsc.org
MIX
Papier | Fördert gute Waldnutzung
FSC® C083411

Kolibri 360 GmbH
Ferdinand-Jühlke-Straße 7
99095 Erfurt, Deutschland
produktsicherheit@kolibri360.de